DEIN COACH ZUM ERFOLG!

W0405725

Dein ActiveBook auf MySTARK:

Du kannst auf alle digitalen Inhalte (Prüfung 2022, interaktive Aufgaben, Videos) online zugreifen. Registriere dich dazu unter **www.stark-verlag.de/mystark** mit deinem **persönlichen Zugangscode**:

C12570-003190

Die Inhalte dieser Auflage stehen bis Schuljahresende zur Verfügung.

MySTARK

Das ActiveBook *bietet dir:*

- Viele interaktive Übungsaufgaben zu prüfungsrelevanten Themenbereichen
- Sofortige Ergebnisauswertung
- Detailliertes Feedback
- Lernvideos zu zentralen Themen

DEIN COACH ZUM ERFOLG!

So kannst du interaktiv lernen:

Interaktive Aufgaben

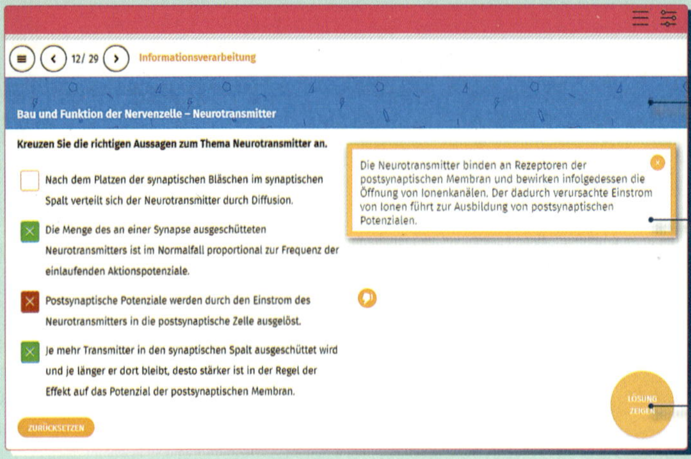

Prüfungsrelevante Themenbereiche

Hilfreiches Feedback bei falschen Antworten

Sofortige Ergebnisauswertung

Lernvideos

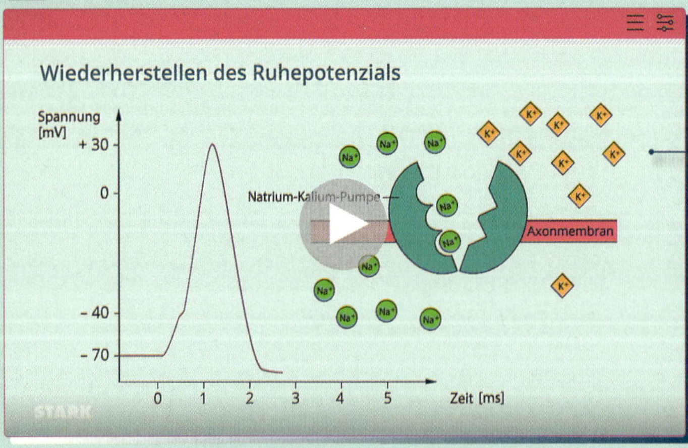

Lernvideos zu wichtigen Themen

Systemvoraussetzungen:

- Mindestens 1024×768 Pixel Bildschirmauflösung
- Chrome, Firefox oder ähnlicher Webbrowser
- Adobe Reader oder kompatibler anderer PDF-Reader
- Internetzugang

2023

Abitur

Original-Prüfungsaufgaben
mit Lösungen

Berlin · Brandenburg

Biologie

STARK

© 2022 Stark Verlag GmbH
19. ergänzte Auflage
www.stark-verlag.de

Das Werk und alle seine Bestandteile sind urheberrechtlich geschützt. Jede vollständige oder teilweise Vervielfältigung, Verbreitung und Veröffentlichung bedarf der ausdrücklichen Genehmigung des Verlages. Dies gilt insbesondere für Vervielfältigungen, Mikroverfilmungen sowie die Speicherung und Verarbeitung in elektronischen Systemen.

Inhalt

Sobald die Original-Prüfungsaufgaben 2022 freigegeben sind, können Sie sie als PDF auf der Plattform MyStark herunterladen (Zugangscode vgl. Farbseiten zu Beginn des Buches).

Original-Abituraufgaben Brandenburg

Sobald die Original-Prüfungsaufgaben 2022 freigegeben sind, können Sie sie als PDF auf der Plattform MyStark herunterladen (Zugangscode vgl. Farbseiten zu Beginn des Buches).

Autorinnen und Autoren

Dana Beyer	Lösungen EA-Abiturprüfungen Brandenburg 2019 und 2020, Lösungen GK- und LK-Abiturprüfungen Brandenburg 2021
Dr. Felix Hacker	Lösungen GK- und LK-Abiturprüfungen Brandenburg 2022
Dr. Benjamin Heynoldt	Lösungen EA-Abiturprüfungen Brandenburg 2019 und 2020, Lösungen GK- und LK-Abiturprüfungen Brandenburg 2021 und 2022
Dr. Marcel Humar	Lösungen GK- und LK-Abiturprüfung Berlin 2019 bis 2022
Dr. Ole Müller	Übungsaufgaben Berlin 1 und 2
Dr. Ruggero Noto La Diega	Lösungen GK- und LK-Abiturprüfung Berlin 2019 bis 2021
Hans-Werner Schmidt	Hinweise und Tipps zur Abiturprüfung
Noë Trenz	Lösungen GK- und LK-Abiturprüfung Berlin 2022

Vorwort

Liebe Schülerinnen und Schüler,

das vorliegende Buch unterstützt Sie, sich optimal auf das **Abitur in Berlin** und **in Brandenburg** vorzubereiten. Dazu finden Sie in diesem Band die zentral gestellten **Abituraufgaben der Jahre 2019 bis 2022** für den Grund- und den Leistungskurs in Berlin sowie **Übungsaufgaben** für die mündliche Abiturprüfung in Berlin. Für die Vorbereitung auf die Abiturprüfung in Brandenburg sind die zentral gestellten **Abituraufgaben der Jahre 2019 bis 2020 (EA)** und **2021 bis 2022 (GK und LK)** enthalten. Sobald die **Prüfung 2022** freigegeben ist, kann sie als PDF auf der Plattform MyStark heruntergeladen werden.

Mithilfe dieser umfangreichen Aufgabensammlung können Sie die systematische Herangehensweise an Lösungsansätze und Lösungen trainieren und entsprechend der Anforderungen im Zentralabitur üben.
Die von unseren Autorinnen und Autoren verfassten **ausführlichen Lösungsvorschläge** zu den Aufgaben dienen Ihnen bei der Klausur- und Abiturvorbereitung als Kontrolle und Hilfestellung. Mit dem Nachvollziehen der Lösungen können Vorkenntnisse reaktiviert, Wissenslücken geschlossen sowie die Beurteilung und Darstellung von Ergebnissen geübt und vertieft werden.
Weiterführende Informationen sowie **Hinweise und Tipps** zur Herangehensweise an die Aufgabenstellungen sind durch kursiven Druck abgehoben.

Weiterhin enthält der Band „**Tipps und Hinweise zur Abiturprüfung**“, die Ihnen helfen, die formalen Rahmenbedingungen für das Abitur kennenzulernen. Erläuterungen zu den Prüfungsanforderungen, zum Umgang mit den Operatoren lassen Sie die Prüfungssituation besser einschätzen. Die anschließenden „**Tipps zum Umgang mit Prüfungsaufgaben**“ zeigen Ihnen konkret, wie Sie erfolgreich an die Aufgaben der Abiturklausur herangehen können.
Lernen Sie gerne am **PC** oder **Tablet**? Nutzen Sie das **ActiveBook** auf der Plattform MyStark, um mithilfe von **interaktiven Aufgaben** Ihr biologisches Fachwissen effektiv zu trainieren. Außerdem stehen Ihnen hier hilfreiche **Lernvideos** zu zentralen Themen zur Verfügung (vgl. Farbseiten zu Beginn des Buches).

ActiveBook
Interaktives Training

Sollten nach Erscheinen dieses Bandes noch wichtige Änderungen in der Abitur-Prüfung vom Ministerium für Bildung, Jugend und Sport (Brandenburg) oder von der Senatsverwaltung für Bildung, Wissenschaft und Forschung (Berlin) bekannt gegeben werden, finden Sie aktuelle Informationen dazu ebenfalls auf der Plattform MyStark.

Für Ihre Abiturprüfung wünscht Ihnen das Autorenteam viel Erfolg!

Stichwortverzeichnis 2019 – 2021

Hinweise und Tipps zur Abiturprüfung

Die schriftliche Abiturprüfung

1 Die zentrale schriftliche Prüfung in Brandenburg

Die **zentral gestellte schriftliche Abiturprüfung in Brandenburg** gibt es seit dem Schuljahr 2004/2005. Die Aufgaben werden im Auftrag vom Ministerium für Bildung, Jugend und Sport von einer Fachkommission erstellt und von fachkundigen Gutachtern bewertet. Die Prüfung aller Schüler*innen des Leistungskurses wird am gleichen Tag zum gleichen Zeitpunkt abgelegt. An einem anderen Termin legen die Schüler*innen des Grundkurses zeitgleich ihre Prüfung ab. Wenige Tage vor der Abiturprüfung werden der Schulleitung die zentralen Aufgabenstellungen übergeben. Zwei Tage vor dem Prüfungstermin können Ihre Fachlehrkräfte die Aufgaben das erste Mal einsehen. Die Gesamtbearbeitungszeit für die Abiturprüfung des Leistungskurses beträgt 270 Minuten, die des Grundkurses ist mit 210 Minuten angesetzt. Sie beinhaltet eine individuelle Einlese- und Auswahlzeit für die Prüflinge, die 30 Minuten nicht überschreiten sollte. Sie (als Prüfling) bearbeiten die Prüfungsaufgabe, die aus dem verpflichtenden Teil A und einem der Wahlteile B und C besteht. Die Wahlteile B und C basieren auf fachspezifischem Material. Im Prüfungsteil A wird zusätzlich eine praktische Aufgabe z. B. ein Schülerexperiment, ein Lehrer-Demonstrationsexperiment oder ein Simulationsexperiment bearbeitet. Ein mögliches Schülerexperiment können Sie in der Prüfungszeit bei Bedarf wiederholen. Ein Lehrer-Demonstrationsexperiment wird im Regelfall am Anfang der Prüfung gezeigt. Die drei Teile (A, B und C) der Prüfungsaufgabe beinhalten jeweils unterschiedliche Themen, sind voneinander unabhängig und zeitlich gleichwertig. Als Hilfsmittel stehen Ihnen die zugelassenen Wörterbücher der deutschen Rechtschreibung (z. B. der Duden) und die an der Schule verwendeten und zugelassenen Taschenrechner und Formelsammlungen zur Verfügung. Bei den Prüfungen 2021 und 2022 gab es als Reaktion auf die Einschränkungen durch die Corona-Pandemie 30 Minuten mehr Bearbeitungszeit.
Die jährliche Schwerpunktsetzung für die Prüfungsinhalte finden Sie unter:
http://bildungsserver.berlin-brandenburg.de/unterricht/pruefungen/abitur-brandenburg/zentrale-schriftliche-abiturpruefung-2023/

2 Die zentrale schriftliche Prüfung in Berlin

Das erste **Zentralabitur für das Fach Biologie** wurde in **Berlin** im Schuljahr 2012/2013 durchgeführt. In der zentralen Prüfung werden Themen aus allen Kurshalbjahren berücksichtigt.

Grundlage der schriftlichen Aufgaben sind die verbindlichen Vorgaben des gültigen Rahmenlehrplans für die gymnasiale Oberstufe des Landes Berlin sowie die einheitliche Prüfungsordnung in der Abiturprüfung Biologie (EPA, *www.kmk.org/fileadmin/veroeffentlichungen_beschluesse/1989/1989_12_01-EPA-Biologie.pdf*).
Die Aufgaben sind kontextorientiert und materialbezogen.
Eine Aufgabenstellung besteht aus vier Aufgabenblöcken. Jeder Block setzt sich wiederum aus drei bis fünf Teilaufgaben zusammen. Die vier Aufgabenblöcke sind folgenden Themenbereichen zugeordnet:

A Funktionszusammenhänge und deren molekulare Grundlagen
   1. Kurshalbjahr: Physiologische Grundlagen ausgewählter Lebensprozesse und
   3. Kurshalbjahr: Grundlagen und Anwendungsfelder der Genetik

B Vernetzte Systeme
   2. Kurshalbjahr: Ökologie und Nachhaltigkeit

C Entwicklungsprozesse
   4. Kurshalbjahr: Evolution und Zukunftsfragen

Die Prüfung besteht aus zwei A-Blöcken und jeweils einem B- und C-Block. Sie (als Prüfling) wählen aus den vier Aufgabenblöcken einen aus den Aufgabenblöcken A1 und A2 und einen aus den Aufgabenblöcken B und C zur Bearbeitung aus. Jeder Block geht zu 50 % in die Wertung ein. Inhaltliche Vernetzungen der Themen der einzelnen Kurshalbjahre sind in fast allen Aufgaben enthalten. Die Gesamtbearbeitungszeit beträgt 270 Minuten für den Leistungskurs und 210 Minuten für den Grundkurs, jeweils einschließlich einer Auswahlzeit von 30 Minuten. Bei den Prüfungen 2021 und 2022 gab es als Reaktion auf die Einschränkungen durch die Corona-Pandemie 30 Minuten mehr Bearbeitungszeit und aus den vier Aufgabenblöcken konnten zwei ohne weitere Bedingungen ausgewählt werden.
Die Fachaufsicht Biologie legt Schwerpunkte für die zentralen Abiturklausuren fest und veröffentlicht diese rechtzeitig. Die aktuellen Prüfungsschwerpunkte findet man für den Grund- und den Leistungskurs im Internet unter:
http://www.berlin.de/sen/bildung/schule/pruefungen-und-abschluesse/abitur/

3 Schwerpunkte der schriftlichen Prüfung

Ihre Fachlehrer*innen in der Qualifikationsphase unterrichten Sie verbindlich nach den curricularen Vorgaben in der Qualifikationsphase der gymnasialen Oberstufe. In diesem Lehrplanwerk sind alle inhaltlichen Grundlagen, fachspezifischen Methoden und Arbeitstechniken festgeschrieben, die auch in der Prüfung abgefragt werden können. Diese curricularen Vorgaben (Curriculum: Theorie des Lehr- und Lernablaufes) wie auch alle weiteren Vorschriften sind im Internet veröffentlicht:
https://bildungsserver.berlin-brandenburg.de/biologie

In den Schulen beschließen die Fachkonferenzen (die Lehrer*innen, die Sie in Biologie unterrichten), wie diese Rahmenpläne ausgestaltet werden können. Dabei stehen den Lehrerinnen und Lehrern Freiräume in der Interpretation der einzelnen Inhalte offen. Zur besseren Strukturierung und Erschließung der Inhalte von Texten und Materialien sind in den EPA die **Basiskonzepte** formuliert. Die Basiskonzepte, deren Anwendung im Unterricht permanent erfolgen sollte, sollen dem Schüler bzw. der

Schülerin die Sichtweisen auf die biologischen Sachverhalte vereinfachen und strukturieren, um Zusammenhänge leichter offen zu legen (siehe folgende Tabelle).

Grundlegendes Beherrschen von Methoden – Arbeit mit Fachtexten – Hypothesenbildung – Analyse und Interpretation von grafischen Darstellungen und Messkurven – Praktisches Arbeiten (Planen und Auswerten von Experimenten ohne Durchführung, Mikroskopieren, zeichnerisches Darstellen) – Bewerten von Modellen
Basiskonzepte – Struktur und Funktion – Reproduktion – Kompartimentierung – Steuerung und Regelung – Stoff- und Energieumwandlung – Information und Kommunikation – Variabilität und Angepasstheit

Grundlegende Arbeitsmethoden und Basiskonzepte, die Sie nach den EPA anwenden sollten

4 Struktur und Anforderungen der Prüfungsaufgaben

Die Aufgaben der Abiturprüfung sollen **Qualifikationen (Kompetenzen)** in möglichst großer Breite überprüfen. Deshalb müssen Sie mit der Lösung der Aufgaben den Anforderungen aus den drei Grundbereichen Reproduktion, Reorganisation und Lösen komplexer, problemorientierter Aufgaben gerecht werden.

- Den überwiegenden Anteil (in **Brandenburg** bis zu 50 %, in **Berlin** 50–60 %) stellen dabei Aufgaben zum selbstständigen Auswählen, Anordnen und Darstellen bekannter Sachverhalte in einen abzuleitenden Zusammenhang sowie Aufgaben zum selbstständigen Übertragen des Gelernten auf neue Situationen und Zusammenhänge dar (**Anforderungsbereich II**).
- Die reine Wiedergabe von Sachverhalten und die Beschreibung von gelernten und geübten Arbeitstechniken (**Anforderungsbereich I**) macht den zweitgrößten Anteil an der geforderten Prüfungsleistung aus (in **Berlin** 30–40 %).
- Darüber hinaus enthält jeder Aufgabenkomplex Aufgabenteile, die ein planmäßiges Verarbeiten komplexer Gegebenheiten mit dem Ziel der selbstständigen Gestaltung und Problemlösung dienen sollen (Deuten, Folgern, Werten, Hypothesen bilden, Experimente planen usw.). Das sind die anspruchsvollsten Aufgaben aus dem **Anforderungsbereich III** (in **Berlin** 10–20 % der Aufgaben).

Jede Aufgabe enthält sogenannte **Operatoren** (Fragewörter, Arbeitsanweisungen). Operatoren sind Handlungsaufforderungen, die dem Lösungsansatz eine formale und inhaltliche Richtung geben. Bevor Sie die Lösungen angehen, sollten Sie prüfen, ob Sie entsprechend der Operatoren die richtige Lösungsstrategie verfolgen.

4.1 Qualifikationen/Kompetenzen

Einerseits geht es in der Abiturprüfung um einen guten Überblick über das geforderte Basiswissen der Biologie, wie es in den Rahmenrichtlinien und in den thematischen Schwerpunkten skizziert ist. Andererseits ist es auch wichtig, Strukturen und Inhalte neuer biologischer Aufgabenstellungen erfassen zu können, mit dem eigenen Wissen zu verknüpfen und zu angemessenen Lösungen zu kommen. Diese Fähigkeiten, die über das reine, angelernte Wissen hinausgehen, werden als **Qualifikationen** oder **Kompetenzen** bezeichnet. Daraus ergibt sich, dass der hauptsächliche Anspruch der Prüfungsaufgaben nicht im Wiedergeben von lückenlosem Detailwissen liegt, sondern in der Anwendung Ihres Fachwissens und im kompetenten, selbstständigen Umgang mit neuen, bisher unbekannten biologischen Sachverhalten. Diese werden Ihnen in den Materialien zur Prüfungsaufgabe z. B. als Versuchsbeschreibungen, Diagramme, Tabellen und Skizzen biologischer Objekte vorgelegt. Sie sollen bei Ihrer Bearbeitung Qualifikationen in den folgenden vier Bereichen nachweisen können.

Kompetenzbereich Fachkenntnisse
„Fachwissen" bedeutet hier nicht die bloße Wiedergabe von Fakten, Sie sollen vielmehr Ihre Kenntnisse zur Anwendung bringen. Mithilfe der in den Materialien dargestellten biologischen Phänomene, Zusammenhänge und Modelle sollen Sie die relevanten Teile Ihres Wissens gezielt abrufen und in strukturierten Darstellungen und Erklärungen anwenden können.

Kompetenzbereich Methoden
Unter „Methodenkompetenz" versteht man, dass Sie biologische Systeme analysieren und deren Eigenschaften beschreiben und erklären können. Ebenso müssen Sie in der Lage sein, biologische Ergebnisse und Erkenntnisse in komplexere Zusammenhänge zu stellen. Dazu sollten Sie z. B.

- Informationsquellen erschließen und nutzen (also Texte analysieren und interpretieren und die Informationen daraus gezielt auswählen, die Kernaussagen erkennen und diese mit dem erworbenen Wissen verknüpfen)
- Hypothesen entwickeln und Kriterien zur Überprüfung ausarbeiten
- unterscheiden können, welche Fragestellungen sich naturwissenschaftlich untersuchen lassen und welche nicht
- naturwissenschaftliche Modelle anwenden und deren Gültigkeitsbereiche prüfen, ggf. neue Modellvorstellungen entwickeln können
- Definitionen, Regeln und Gesetzmäßigkeiten formulieren können
- Sachverhalte mithilfe von Tabellen, Diagrammen, Grafiken, Skizzen o. Ä. veranschaulichen können
- biologische Phänomene präzise beschreiben, vergleichen und erklären können
- zwischen funktionaler und kausaler Betrachtungsweise unterscheiden (d. h. Zweck und Ursache eines biologischen Phänomens auseinander halten) können
- komplexe und dynamische Systeme wie Organismen und Ökosysteme untersuchen, analysieren und Zusammenhänge klären
- auch die Denkweisen und Erkenntnisse der Natur-, Gesellschafts- oder Geisteswissenschaften mit einbeziehen können.

Kompetenzbereich Kommunikation
Dieser Bereich zielt auf Ihr Verständnis und Ihren Umgang mit den vielfältigen Materialien und deren sprachliche Verwertung ab. Sie sollen beweisen, dass Sie die relevanten Informationen aus den Materialien herausziehen und Ihre Darstellung der Aufgabenstellung angemessen auf das Wesentliche reduzieren können **und nicht**

einfach alles aufschreiben, was Sie zu dem Thema wissen.
Entscheidend ist auch, dass Sie in der schriftlichen Prüfung einerseits die angemessene Fachsprache verwenden, um biologische Phänomene und Sachverhalte sowie naturwissenschaftliche Ergebnisse und Erkenntnisse darzustellen und zu diskutieren. Andererseits sollen Sie Ihre Aufzeichnungen auch allgemein verständlich, übersichtlich und strukturiert gestalten.

Kompetenzbereich Reflexion
Da die Forschungsergebnisse der Biologie immer stärkere Bedeutung z. B. in der medizinischen Anwendung erhalten, sollen Sie hier biologische Ergebnisse und Erkenntnisse in fachübergreifenden Zusammenhängen analysieren und bewerten. Besonders wichtig ist es, Anwendungsmöglichkeiten sowie Chancen und Risiken biologischer Forschungsergebnisse in Bereichen wie Gesundheit und Ernährung, Biotechnologie, Reproduktionsbiologie, Medizin und Umwelt angemessen diskutieren zu können.

4.2 Die Anforderungsbereiche

Die Prüfungsanforderungen gliedern sich in sog. **Anforderungsbereiche (AFB oder AB)** mit unterschiedlichen Niveaustufen, die dann zusammen mit der Komplexität der vorgelegten Materialien den Schwierigkeitsgrad einer Aufgabe bestimmen. Die Anforderungsbereiche unterscheiden sich vor allem im Grad der Selbstständigkeit bei der Bearbeitung der Aufgaben sowie in der Komplexität der gedanklichen Verarbeitungsprozesse.
Während die Reproduktion einfacher Inhalte zum AFB I gehört, wird die selbstständige Anwendung von Fachwissen und Fachmethoden am vorgelegten Material sowie die Herstellung neuer Zusammenhänge dem AFB II zugeordnet. Zum AFB III gehören relativ komplexe Anforderungen wie das fundierte Beurteilen und Bewerten des Materials, das Planen geeigneter Experimente zur Lösung biologischer Probleme oder das Entwickeln von aus dem Material oder dem eigenen Fachwissen sinnvoll begründeten Hypothesen.
Im Einzelnen bedeutet dies:

Der **Anforderungsbereich I** umfasst im Fach Biologie u. a.
- die Reproduktion von Basiswissen (Kenntnisse von Fakten, Zusammenhängen und Methoden)
- die Nutzung bekannter Methoden und Modelle in vergleichbaren Beispielen
- die Entnahme von Informationen aus Fachtexten und Umsetzen der Informationen in einfache Schemata (Stammbäume, Fließdiagramme o. Ä.)
- die Darstellung von Daten, Tabellen, Diagrammen oder Abbildungen mithilfe der Fachsprache

Der **Anforderungsbereich II** beinhaltet im Fach Biologie u. a.
- die Anwendung des Basiswissens in neuartigen Zusammenhängen
- die Übertragung und Anpassung von Modellvorstellungen auf unbekannte Beispiele
- die sachgerechte und strukturierte Darstellung komplexer biologischer Abläufe im Zusammenhang einer Aufgabenstellung

- die Auswahl bekannter Daten, Fakten und Methoden zur Herstellung neuer Zusammenhänge
- die gezielte Entnahme von Informationen aus vielschichtigen Materialien oder einer wissenschaftlichen Veröffentlichung unter einem vorgegebenen Aspekt
- die Auswertung von unbekannten Untersuchungsergebnissen unter bekannten Aspekten
- die Beurteilung und Bewertung eines bekannten biologischen Sachverhalts
- die Unterscheidung von Alltagsvorstellungen und wissenschaftlichen Erkenntnissen

Der **Anforderungsbereich III** umfasst im Fach Biologie u. a.
- die Entwicklung eines eigenständigen Zugangs zu einem biologischen Phänomen, z. B. die Planung eines geeigneten Experimentes oder Gedankenexperimentes
- die selbstständige, zusammenhängende Verarbeitung verschiedener Materialien unter einer selbstständig entwickelten Fragestellung
- die Entwicklung eines komplexen gedanklichen Modells bzw. eigenständige Modifizierung einer bestehenden Modellvorstellung
- die Entwicklung fundierter Hypothesen auf der Basis verschiedener Fakten, experimenteller Ergebnisse, Materialien und Modelle
- die Reflexion biologischer Sachverhalte in Bezug auf das Menschenbild
- die materialbezogene und differenzierte Beurteilung und Bewertung biologischer Anwendungen
- die Argumentation auf der Basis nicht eindeutiger Rohdaten: Aufbereitung der Daten, Fehleranalyse und Herstellung von Zusammenhängen
- die kritische Reflexion biologischer Fachbegriffe vor dem Hintergrund komplexer und widersprüchlicher Informationen und Beobachtungen

Der **Schwerpunkt aller Prüfungsaufgaben** liegt dabei immer auf dem **AFB II**, daneben werden der AFB I und – in deutlich geringerem Maße als der AFB I – der AFB III berücksichtigt. Das heißt, dass Sie nur durch reine Reproduktion keine ausreichende Leistung erzielen können.

4.3 Umgang mit Operatoren

Die in den einzelnen Arbeitsaufträgen zum Tragen kommenden Anforderungsbereiche können Sie oft schon anhand der Beschreibungen der jeweiligen Tätigkeiten, die von Ihnen verlangt werden, abschätzen. Solche Handlungsanweisungen, so genannte **Operatoren**, signalisieren Ihnen z. B., was genau Sie mit den angebotenen Materialien machen sollen.

Während z. B. beim „Nennen" biologische Sachverhalte, Phänomene und Merkmale einfach wiedergegeben oder aufgezählt werden dürfen (AFB I), erfordert das „Bewerten" selbstständige Deutungen und Begründungen in Form strukturierter, zusammenhängender Texte unter Verwendung der komplexen Materialien (AFB III).

Mit dem Arbeitsauftrag „Erläutern Sie" wird von Ihnen die verständliche, anschauliche Darstellung eines Sachverhalts unter Verwendung weiterer Informationen z. B. aus dem Material erwartet, sodass der von Ihnen dargestellte Sachverhalt gut nachvollzogen werden kann (AFB II).

Die Operatoren sowie deren Beschreibung in der folgenden Tabelle sollten Sie daher sehr genau studieren, damit Sie exakt wissen, was von Ihnen verlangt wird. In der Aufgabensammlung finden Sie außerdem viele Beispiele zum Einsatz dieser Operatoren, an denen Sie den Umgang mit solchen Handlungsanweisungen üben können.

Operator	**Beschreibung der erwarteten Leistung**	**AFB**
Ableiten	auf der Grundlage wesentlicher Merkmale sachgerechte Schlüsse ziehen	II
Analysieren/ Untersuchen	wichtige Bestandteile oder Eigenschaften auf eine bestimmte Fragestellung hin herausarbeiten	II
Auswerten	Daten, Einzelergebnisse usw. in einen Zusammenhang stellen und ggf. zu einer Gesamtaussage zusammenführen	II, III
Begründen	Sachverhalte auf Regeln und Gesetzmäßigkeiten bzw. kausale Beziehungen von Ursachen und Wirkung zurückführen	II, III
Belegen	passende Aussagen/Informationen aus Material zuordnen	I, II
Beschreiben	Strukturen, Sachverhalte oder Zusammenhänge strukturiert und fachsprachlich richtig mit eigenen Worten wiedergeben	I (II)
Beurteilen	zu einem Sachverhalt ein selbstständiges Urteil unter Verwendung von Fachwissen und -methoden formulieren und begründen	III
Bewerten	einen Gegenstand an erkennbaren Wertkategorien oder an bekannten Beurteilungskriterien messen	III, (II)
Darstellen	Sachverhalte, Zusammenhänge, Methoden etc. strukturiert und ggf. fachsprachlich wiedergeben	I (II)
Diskutieren/ Erörtern	Argumente und Beispiel zu einer Aussage oder These einander gegenüberstellen und abwägen	III
Erklären	einen Sachverhalt mithilfe eigener Kenntnisse in einen Zusammenhang einordnen sowie ihn nachvollziehbar und verständlich machen	II, III
Entwickeln	eigenständige Überlegungen zu einem Sachverhalt oder eine Methode nachvollziehbar darstellen	II, III
Erläutern	einen Sachverhalt veranschaulichend darstellen und durch zusätzliche Informationen verständlich machen	II
Ermitteln	einen Zusammenhang oder eine Lösung finden und das Ergebnis formulieren	II
Formulieren	kurze prägnante Texte/Aussagen notieren, z. B. Wiedergabe von Definitionen	I, II
Hypothese entwickeln/ aufstellen	begründete Vermutung auf der Grundlage von Beobachtungen, Untersuchungen, Experimenten oder Aussagen formulieren	III
Interpretieren/ Deuten	fachspezifische Zusammenhänge in Hinblick auf eine gegebene Fragestellung begründet darstellen	II, III

Nennen/ Angeben	Elemente, Sachverhalte, Begriffe, Daten ohne Erläuterungen aufzählen	I
Protokollieren	Beobachtungen oder die Durchführung von Experimenten detailgenau zeichnerisch einwandfrei bzw. fachsprachlich richtig wiedergeben	I
Skizzieren	Sachverhalte, Strukturen oder Ergebnisse auf das Wesentliche reduziert übersichtlich grafisch darstellen	I, II
Stellung nehmen	zu einem Gegenstand, der an sich nicht eindeutig ist, nach kritischer Prüfung und sorgfältiger Abwägung ein begründetes Urteil abgeben	III
Überprüfen/ Prüfen	Sachverhalte oder Aussagen an Fakten oder innerer Logik messen und eventuelle Widersprüche aufdecken	II, III
Vergleichen	Gemeinsamkeiten, Ähnlichkeiten und Unterschiede ermitteln	II
Zeichnen	eine möglichst exakte grafische Darstellung beobachtbarer oder gegebener Strukturen anfertigen	I (II)
Zusammen-fassen	das Wesentliche in konzentrierter Form herausstellen	I, II

5 Bewertung der schriftlichen Abiturprüfung

Die Bewertung Ihrer Prüfungsarbeit erfolgt durch Ihre betreuende Lehrkraft in 12.2, die die Arbeit als erste durchsieht und bewertet, einer zweiten Lehrkraft als Korreferent*in, die die Arbeit ebenfalls genau durchsieht und gleichfalls eine Note festsetzt.

Als Grundlage für die Beurteilung wird ein **Erwartungshorizont** herangezogen, in dem für jede einzelne Teilaufgabe der erwartete Inhalt und die möglichen Bewertungseinheiten aufgelistet sind. Eine Zuordnung der o. g. Anforderungsbereiche (AFB I–III) zu den erwarteten Teilleistungen ist ebenfalls enthalten. An diesem Erwartungshorizont soll sich die Fachlehrerin oder der Fachlehrer orientieren.

Dabei werden nicht nur die fachliche Richtigkeit und Vollständigkeit berücksichtigt, sondern auch die Schlüssigkeit Ihrer Argumentation, die Qualität Ihrer Darstellung (klarer Aufbau und richtige Verwendung der Fachsprache) sowie gegebenenfalls die Kreativität und Eigenständigkeit bei Ihren Lösungen.

- Zur **Qualität** gehören u. a. das Erfassen der Aufgabe, die Genauigkeit der Kenntnisse und Einsichten, die Sicherheit in der Beherrschung der Methoden und der Fachsprache, Stimmigkeit und Differenziertheit der Aussage, Herausarbeitung des Wesentlichen, Anspruchsniveau der Problemerfassung, Fähigkeit zur kritischen Würdigung der Bedingtheit und Problematik eigener und fremder Auffassungen, Differenziertheit und Adäquatheit des Urteils.
- Zur **Quantität** gehören u. a. der Umfang der Kenntnisse und Einsichten, die Breite der Argumentationsbasis und Vielfalt der Aspekte und Bezüge.
- Die **Kommunikations- und Darstellungsfähigkeit** erweist sich in dem Vermögen, die Aufgabenstellung zu erfassen, und in der Fähigkeit, sich in einer angemessenen Weise (u. a. durch Klarheit und Eindeutigkeit der Aussage, Übersichtlichkeit der Gliederung und inhaltliche Ordnung) verständlich zu machen.

Als Grundlage für die Einordnung der Qualität Ihrer Leistungen dienen die Angaben im Erwartungshorizont, mit dessen Hilfe Ihre Teilleistungen in Bewertungseinheiten umgesetzt werden. Auch Lösungen, die im Erwartungshorizont nicht erfasst worden waren, fachlich aber richtig sind und schlüssig dargestellt wurden, werden angemessen berücksichtigt. (Das kann z. B. der Fall sein, wenn Sie einen biologischen Sachverhalt durch eine eigene Meinung beurteilen oder begründete Hypothesen aufstellen sollten.) Ihre Arbeit kann mit ausreichend bewertet werden, wenn Sie annähernd die Hälfte der im Erwartungshorizont beschriebenen Bewertungseinheiten erreicht haben, d. h. hierfür müssen Sie mehr als nur reproduktive Leistungen des AFB I erbringen. Ein mit sehr gut beurteiltes Prüfungsergebnis erreichen Sie nur mit Leistungen auch aus dem AFB III.
Bei allem Bemühen um korrekte Inhalte dürfen Sie aber auch die äußere Form und die sprachliche Richtigkeit nicht vernachlässigen, denn schwerwiegende und gehäufte Verstöße gegen Grammatik, Rechtschreibung und Zeichensetzung oder gegen die äußere Form führen in **Brandenburg** zu einem **Abzug von bis zu zwei Punkten** (ein Punkt für die äußere Form, ein Punkt für die Rechtschreibung). In **Berlin** geht die sprachliche Qualität mit **10%** in die Gesamtleistung ein. Unübersichtliche Textstellen werden u. U. erst gar nicht bewertet.

6 Tipps zum Umgang mit den schriftlichen Prüfungsaufgaben

Im Folgenden können wir Ihnen nur eine kurze Auflistung der wichtigsten Punkte geben, die Sie beim Bearbeiten der Aufgaben beachten sollten. Ebenso kann an dieser Stelle nur exemplarisch auf einige Aspekte der Analyse von Materialien eingegangen werden.

6.1 Zeiteinteilung bei der schriftlichen Prüfung

Wie bereits angesprochen, sollte die Auswahl Ihres Prüfungsthemas sorgfältig erfolgen. Wichtig ist hierbei, dass Sie sich zunächst einen Überblick über alle Aufgaben und Materialien verschaffen, auch wenn Sie aufgrund der thematischen Überschriften schon eine Vorentscheidung gefällt haben. Vielleicht verbirgt sich in der Aufgabe ein „Haken", den Sie bei der schnellen Durchsicht nicht gesehen haben!
Für die weitere Bearbeitung setzen Sie sich einen Zeitplan, damit Ihnen nicht am Ende die Zeit für die letzte Aufgabe oder das Korrekturlesen fehlt. Lassen Sie unter jeder Aufgabe etwas Platz, um nachher noch ergänzen zu können. Die Einzelschritte, die im Folgenden noch genauer erläutert werden, könnten sein (natürlich können Sie auch Ihren eigenen Algorithmus wählen):

A Lesen der Gesamtaufgabe
B Analysieren der Teilaufgaben
C Anfertigen einer Stoffsammlung
D Erstellen einer Gliederung für die Einzelaufgaben
E Überprüfen auf Vollständigkeit
F Darstellen der Ergebnisse

Zum Schluss sollten Sie – sofern es möglich ist – noch einmal 10 bis 20 Minuten einplanen, um Ihre Lösungen noch einmal zu lesen und eventuelle Fehler (Grammatik, Zeichensetzung, Rechtschreibung) zu berichtigen. Denken Sie daran, dass Ihnen für eine mangelhafte äußere Form bis zu zwei Notenpunkte abgezogen werden können!

Eine lesbare Schrift und eine übersichtliche Gestaltung sind deshalb besonders wichtig. Zuletzt sollten Sie die Seiten vollständig durchnummerieren.

6.2 Bearbeitung der schriftlichen Aufgaben

Nachdem Sie sich einen Überblick anhand der Teilaufgaben und Materialien über die in den zwei Prüfungsaufgaben angesprochenen thematischen Schwerpunkte geschaffen und die für Sie am besten geeignete Aufgabe herausgesucht haben, muss diese nun entsprechend der Kompetenzen, Anforderungsbereiche und Operatoren von Ihnen bearbeitet werden. Dabei erleichtern Ihnen einige systematische Arbeitsschritte das Erarbeiten der zu den Anforderungen jeder Teilaufgabe passenden Lösung. Die ausführliche Bearbeitung einer schriftlichen Abituraufgabe könnte nach den folgenden Gesichtspunkten ablaufen:

A Lesen der Gesamtaufgabe

Die zu bearbeitenden Aufgaben stehen generell in einem gemeinsamen Kontext, berühren jedoch unterschiedliche Themengebiete der Biologie. In den meisten Fällen gibt ein kurzer Informationstext eine Einführung in die zu bearbeitenden Sachinhalte. Manchmal sind in diesem Text auch wichtige Informationen zur Bearbeitung der Aufgabe „versteckt“.

Das in der Aufgabenstellung zu bearbeitende Material ist den einzelnen Teilaufgaben zugeordnet, sodass sich diese weitgehend nacheinander „abarbeiten“ lassen. Dennoch ist es sinnvoll, sich zunächst einen Überblick über die Gesamtaufgabe zu verschaffen.

B Analysieren der Teilaufgaben

Nachdem Sie sich ein Bild von der zu bearbeitenden Thematik gemacht haben, sollten Sie sich gezielt mit den einzelnen Arbeitsaufträgen auseinandersetzen:

- Unterstreichen Sie die Arbeitsanweisungen/Operatoren unter Berücksichtigung der Organisationsebene (z. B. Zelle, Organismus, Ökosystem).
- Kennzeichnen Sie Informationen, die für den zu bearbeitenden Sachverhalt wichtig sein könnten. Beachten Sie dabei auch die Einführungstexte zu den Aufgaben!
- Gliedern Sie komplexe Aufgabenstellungen in Teilschritte.
- Kennzeichnen Sie am Material die Zuordnung zur Teilaufgabe.

C Anfertigen einer Stoffsammlung auf der Grundlage des Materials

Wenn Sie Klarheit über die Arbeitsaufträge gewonnen haben, sollten Sie sich genauer mit den Materialien der einzelnen Aufgaben beschäftigen:

- Markieren Sie wichtige Begriffe bzw. Signalwörter, die den zu bearbeitenden Sachverhalt betreffen, ggf. auch in den Einführungstexten.
- Versuchen Sie inhaltliche Schwerpunkte zu finden.
- Grenzen Sie diese gegeneinander ab und kennzeichnen Sie sie am Rand des Materials.
- Notieren Sie zu jedem Material gesondert wichtige Schlüsselbegriffe/Informationen auf einem Konzeptblatt.
- Vermeiden Sie an diesem Punkt zu ausführliche schriftliche Darstellungen (oft genügt ein Stichwort, um den Gedankengang wieder zu finden).

D Erstellen einer Gliederung für die Einzelaufgaben

- Ordnen Sie die Stichworte übersichtlich vom Allgemeinen zum Detail.
- Behalten Sie auch bei der Auseinandersetzung mit dem Detail immer den Gesamtzusammenhang im Auge.
- Kennzeichnen Sie Zusammenhänge und/oder Beziehungen durch entsprechende Zeichen.
- Beschreiben Sie bei der Auswertung von Grafiken oder Tabellen zunächst kurz die dargestellten Gegebenheiten und erklären Sie diese erst danach.
- Stellen Sie komplexe Sachverhalte wenn möglich grafisch dar (Skizzen, Schaubilder, Fließdiagramme etc.).

E Überprüfen auf Vollständigkeit

- Prüfen Sie, ob alle wesentlichen Inhalte berücksichtigt wurden.
- Kontrollieren Sie, ob Sie alle Bedingungen und Aspekte der Aufgabenstellung erfasst haben. Beachten Sie erneut die einleitenden Informationen zu den Teilaufgaben.
- Überprüfen Sie, ob das vorgegebene Material sinnvoll und angemessen ausgewertet wurde.

F Darstellen der Ergebnisse

- Berücksichtigen Sie bei der Ausformulierung Ihrer Antworten nochmals die vorgegebenen Operatoren.
- Achten Sie auf sprachlich korrekte Formulierungen und eine klare, verständliche Ausdrucksweise. Kurze Sätze sind besser als in einander verschachtelte.
- Verwenden Sie sorgfältig die Fachsprache. Fachbegriffe müssen nur bei ausdrücklicher Aufforderung umschrieben werden (oder wenn Sie bei deren Verwendung unsicher sind).
- Konzentrieren Sie Ihre Aussagen auf das Thema und vermeiden Sie weitschweifige Ausarbeitungen. Dadurch geht der rote Faden verloren!
- Achten Sie auf eine angemessene äußere Form Ihrer Ausführungen.

6.3 Analyse von Grafiken und Tabellen

Ein wesentlicher Bestandteil biologischer Aufgabenstellungen ist die Analyse von Material in Form von Tabellen sowie Grafiken. Die umfassende Untersuchung der dargestellten Sachverhalte ist oft der Schlüssel zu einer erfolgreichen Lösung der Aufgabe.

Daten aus biologischen Experimenten werden häufig in Form von **Tabellen** zusammengefasst. Eine andere Art der Darstellung von Zahlenmaterial sind die zu den Grafiken zählenden **Diagramme**. Zur Auswertung einer Tabelle oder eines Diagramms gibt es einige Grundregeln, die sich auf fast alle Tabellen und Diagramme unterschiedlichen Aufbaus und Inhaltes anwenden lassen.

- Welche Größen sind in der Tabelle/dem Diagramm dargestellt? Achten Sie auf die Überschriften und den Begleittext.
- Was für ein Diagrammtyp liegt vor (z. B. Säulendiagramm, Optimumkurve)?
- Welche Größen sind gegeneinander aufgetragen? Welche ist die variable, welche die abhängige Größe?

- Was sind die Bezugsgrößen: Zahlenarten (absolute Zahlen, Prozentzahlen), Zahlenwerte (gerundet, geschätzt, vorläufig)?
- Welche Auffälligkeiten/Tendenzen sind zu erkennen?
- Was wurde mit welcher Methode untersucht?
- Welche Kategorien werden miteinander in Beziehung gesetzt (z. B. bei Tabellen in Kopfzeile, Spalten und Vorspalten)?
- Welche Besonderheiten weist das Material auf? Bestimmen Sie wesentliche Auffälligkeiten!
- Welche Hauptaussagen lassen sich formulieren (Trends/Tendenzen)?
- Welche Teilaussagen lassen sich machen (Minima, Maxima, Zunahme, Abnahme, Stagnation, Zahlensprünge, Anomalien, Gleichmäßigkeiten und regelhafte Verläufe, unterschiedliche Phasen, Wechselbeziehungen zwischen verschiedenen Variablen/Merkmalen ...)?
- Welcher Arbeitsauftrag ist mit dem Diagramm/der Tabelle verbunden? (Unabhängig davon sollten Sie Ihre Lösung damit beginnen, eine kurze Beschreibung der Darstellung auf der Basis der o. g. Fragestellungen zu geben.)
- Welche Antwort gibt die Tabelle/das Diagramm auf die Fragestellung? Zu welchen Teilbereichen lassen sich keine Aussagen treffen?
- Welche Aussagen werden durch die Daten nahe gelegt?
- Welche neuen Fragen werden durch die Informationen der Tabelle/des Diagramms aufgeworfen?
- Was sind mögliche Ursachen für die der Tabelle/dem Diagramm entnommenen Sachverhalte?

Abbildungen in der Biologie zeigen meist entweder Strukturen (z. B. einen Blattquerschnitt) oder Prozesse (z. B. die Transformation einer Zelle). Der erste Schritt Ihrer Lösung sollte auch hier immer darin bestehen, die bildlich dargestellte Information in Worte zu fassen. Die weitere Analyse ist dann sehr stark von der Art der Abbildung und der damit verbundenen Fragestellung abhängig. Aber auch hier gibt es wieder einige Grundregeln, die zu beachten sind:

- Wie ist die Abbildung zustande gekommen? Ist es z. B. die Skizze eines mikroskopischen Bildes oder die schematische Darstellung eines Experimentes? (Beachten Sie dabei auch den vorangestellten Text, die Bildunterschrift und die angegebene Quelle.)
- Welchem Themengebiet ist die Abbildung zuzuordnen (z. B. Zellbiologie oder Gentechnik)?
- Was wissen Sie über die dargestellten Strukturen oder Abläufe? Welche Fachbegriffe können Sie zuordnen?
- Was sind die wichtigen Merkmale der dargestellten Objekte oder Sachverhalte? Vergleichen Sie Teilabbildungen miteinander. Formulieren Sie Kern- und Teilaussagen.
- Welche Arbeitsanweisung ist mit der Abbildung verknüpft? Sollen Sie z. B. die Abbildung zur Begründung oder Erläuterung eines Sachverhaltes verwenden oder wird von Ihnen eine Hypothese über den Ablauf eines dargestellten Experimentes erwartet?

- Welche für die Beantwortung der Fragestellung relevanten Informationen lassen sich aus den Darstellungen entnehmen und welche Fragen stellen sich?
- Welche Ursachen und Mechanismen könnten hinter den dargestellten Prozessen stecken? Wie sind auftretende Besonderheiten zu erklären?

6.4 Darstellung der Ergebnisse

Bei der Erstellung Ihrer Lösungen sollten Sie sich, neben der fachlichen Richtigkeit, um **sprachliche Richtigkeit und eine angemessene äußere Form** bemühen. Alle Antworten sollten Sie (sofern es nicht ausdrücklich anders verlangt ist, z. B. die Angabe als Tabelle oder Skizze) durchgehend in vollständigen Sätzen unter Verwendung der passenden **Fachbegriffe** formulieren.
Auch wenn zur Beantwortung der Aufgabe kein Fließtext gefordert wird, sollten die unkommentierte Aufzählung einzelner Schlagwörter (Ausnahme: Operator „Nennen“) sowie unbeschriftete Skizzen und Tabellen vermieden werden.
Bei allen Lösungen sollten Sie außerdem beachten,

- dass Sie sich bei der Bearbeitung der Aufgabe an den Operator der Aufgabenstellung halten, damit Sie die **Lösung im Sinne der Aufgabenstellung** erstellen. Sie sollten z. B. beim Operator „Nennen/Angeben“ keine weiteren Erklärungen angeben, dies wäre auch nicht im Sinne einer sinnvollen Zeiteinteilung bei der Prüfung.
- dass die Darstellung **logischen und erkennbaren Ordnungsprinzipien** folgt. Für längere Teilantworten bietet sich die „klassische“, aus dem Deutschunterricht bekannte Einteilung in eine kurze Einleitung (meist reichen hier 1–2 Sätze), einen in sinnvolle Absätze gegliederten Hauptteil und Schlusssatz an.
- dass die Ausführungen **eindeutig formuliert** sind und soweit sinnvoll auch mit anderen Teilen Ihrer Klausur verknüpft werden.

Die mündliche Abiturprüfung

Diese Aufgabenstellung wird von Ihrer Lehrkraft erstellt. Diese leitet auch das Prüfungsgespräch, an dem in der Regel eine protokollierende Fachlehrkraft und ein weiteres Mitglied des Fachausschusses teilnehmen. Das zum Prüfungsbeginn ausgehändigte Aufgabenblatt enthält meist drei (**Brandenburg**) bzw. zwei (**Berlin**) materialbezogene Aufgabenstellungen (**Berlin:** eine Aufgabe aus dem Wahlsemester, eine aus dem 4. Kurshalbjahr). Sie haben in **Brandenburg** 30 Minuten, in **Berlin** 20 Minuten Zeit, sich individuell auf die Prüfung vorzubereiten. Bei Prüfungen mit einem experimentellen Teil kann die Vorbereitungszeit verlängert werden.

Tipps:

- *Nutzen Sie die Möglichkeit sowohl die Tafel wie auch eine in der Vorbereitungszeit selbst erstellte Folie in den Prüfungsvortrag einzubeziehen. Eine leere Folie und Folienstifte können Sie mitbringen. Fragen Sie nach einem Overheadprojektor.*
- *Der Prüfungsvortrag sollte gut strukturiert sein, das Thema nicht verlassen und die Aufgabenteile miteinander verknüpft werden.*
- *Kurze Hinweise auf weitergehende Bezugspunkte/praktische Anwendungen verdeutlichen Ihr Wissen.*

1 Ablauf der Prüfung in Brandenburg

Die Prüfung selbst dauert in der Regel 20 Minuten und gliedert sich in einen ersten und einen zweiten Prüfungsteil. Die Leistungen in diesen beiden Abschnitten gehen zu gleichen Anteilen in die Bewertung ein. Im ersten Prüfungsteil erfolgt ein sach- und fachgerechter, zusammenhängender Vortrag auf Basis der erhaltenen Fragen und der in der Vorbereitungszeit erstellten Aufzeichnungen. Die Fragen sind inhaltlich auf die vorgegebene Thematik (nicht Kurshalbjahr) begrenzt. Der Vortrag sollte zeitlich so gestaltet sein, dass er 12 Minuten nicht wesentlich überschreitet. Beachten Sie das Zeitmanagement der Prüfung. Anhand der Prüfungsfragen beider Prüfungsteile sind Leistungen in allen drei Anforderungsbereichen zu erbringen, die aus mindestens zwei Schulhalbjahren stammen. Im zweiten Teil der Prüfung können zu korrigierende Inhalte des ersten Teils oder völlig neue Aspekte und Themen im Mittelpunkt stehen. Theoretisch hat jedes Mitglied des Fachprüfungsausschusses ein Fragerecht.

2 Ablauf der Prüfung in Berlin

Das Prüfungsgespräch dauert 20 Minuten. Der erste Teil der Prüfung ist bei jeder der beiden Aufgaben (die Reihenfolge der Aufgaben wird von Ihnen selbst gewählt) eine selbstständige Darstellung durch Sie (als Prüfling). Daran schließt sich ein Prüfungsgespräch an.

Hinweise zur Benutzung dieses Buches

Dieses Buch enthält **Übungsaufgaben** für die mündliche Abiturprüfung in Berlin. Darüber hinaus finden Sie die zentral gestellten **EA-Abituraufgaben** der Jahre 2019 und 2020 und die **Leistungskurs- und Grundkursaufgaben** 2021 und 2022 für **Brandenburg** zur Vorbereitung auf die Prüfung sowie die **Leistungskurs- und Grundkursaufgaben** der Jahre 2019 bis 2022 für **Berlin**. Selbstverständlich können von den Schülern und Schülerinnen beider Bundesländer **alle** Aufgaben zur Vorbereitung auf das Abitur genutzt werden.
Zu allen Aufgaben bieten wir Ihnen vollständige und ausführliche **Lösungsvorschläge**. Viele der Lösungsvorschläge sind zusätzlich mit **methodischen Hinweisen** versehen. Diese Hinweise erläutern – sofern nötig – kurz den Operator sowie die Herangehensweise an die Teilaufgabe und geben Ihnen konkrete Tipps, was bei der jeweiligen Aufgabe zu beachten ist. Alle Tipps und Hinweise erkennen Sie am *kursiven* Druck und zusätzlich an den Rauten am Seitenrand.
Ideal zur Überprüfung des biologischen Fachwissens und zum Aufdecken von Wissenslücken sind die im **ActiveBook** enthaltenen **interaktiven Aufgaben**. Daneben finden Sie dort hilfreiche **Lernvideos**, die komplizierte Zusammenhänge einfach erklären (vgl. Farbseiten zu Beginn des Buches).

Biologie (Berlin): Mündliche Abiturprüfung
Übungsaufgabe 1: Ökologie

Thema: Ökologie von Ameisenlöwen

Die Larven der Ameisenjungfern (Insekten) werden in der populärwissenschaftlichen Literatur häufig als „Ameisenlöwen" bezeichnet. Bei etwa 10 % dieser räuberischen Insektenarten bauen die Larven Fangtrichter in den Boden, indem sie das sandige Substrat durch ruckartige Bewegungen des Kopfes ausschleudern. In Brandenburg sind die Trichter der Gefleckflügeligen Ameisenjungfer *(Myrmeleon formicarius)* häufig an sandigen Wegen von Kiefernwäldern oder am Rande sandiger Offenflächen zu finden.

Aufgabenstellung

1 Erläutern Sie den Begriff „Toleranzbereich".

2 Beschreiben Sie die im Material dargestellten Ergebnisse der Untersuchungen von KITCHING. Erläutern Sie ökologische Zusammenhänge zwischen Wassergehalt sowie der Temperatur, der Trichterwand und der Trichterbeschaffenheit.

3 Entwickeln Sie ein Experiment zur Überprüfung der Hypothese, die Faktoren Wassergehalt und Temperatur des Bodensubstrates würden das Habitatwahlverhalten der Larven beeinflussen.

Mögliche Zusatzfragen:

4 Erläutern Sie die Grundaussagen des Minimum-Gesetzes.

5 Beschreiben Sie weitere Beispiele von Anpassungen bei Pflanzen und Tieren an ähnlich extreme Standortfaktoren.

Material

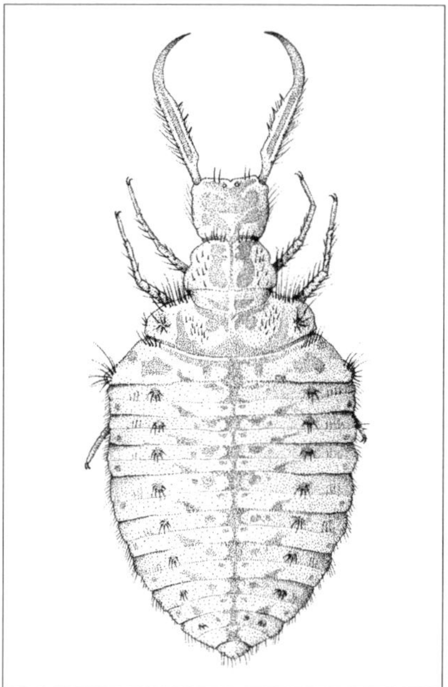

Abb. 1:
Larve von *Myrmeleon formicarius*
Dr. Ole Müller, www.bioscience-art.de

Aufgrund der besonderen Faktoren im Lebensraum sind die Larven sowohl im Verhalten als auch physiologisch und morphologisch hochgradig angepasst. Zwei dieser Anpassungen sind der spezialisierte Beutefang und die Fähigkeit zur aktiven Habitatwahl. Am Grunde der Trichter warten die Larven auf vorbeikommende Beute, die durch Ausschleudern von Sand oder passiv durch das Einrutschen der Trichterwände gefangen wird. Gehäuft werden Insekten, u. a. auch Ameisen, gefangen.

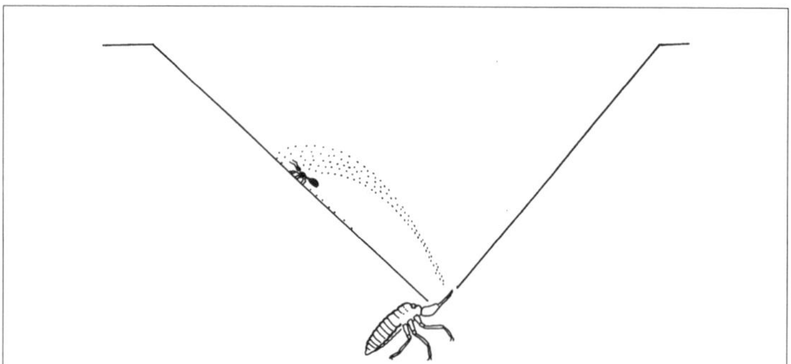

Abb. 2: Larve im Fangtrichter
Dr. Ole Müller, www.bioscience-art.de

Von KITCHING wurde festgestellt, dass die Größe der Trichter von verschiedenen Umweltfaktoren abhängig ist:

Wassergehalt des Sandes der Trichterwand [%]	**Trichter-durchmesser/ Körperlänge**	**Temperatur des Sandes des Trichters [°C]**	**Trichter-durchmesser/ Körperlänge**
0,0	4,3	15,0	2,0
1,5	4,0	22,5	2,8
3,6	1,1	26,8	5,7
5,6	0,0	31,0	6,6
8,0	0,0	36,0	7,0

Tab. 1: Trichterdurchmesser in Abhängigkeit des Wassergehaltes und der Temperatur des Trichtersubstrates

nach: Kitching: Some biological and physical determinations of pit size in larvae of Myrmeleon pictifrons Gerstaecker (Neuroptera: Myrmeleonidae), J. Austral. ent. Soc. 23/1984, S. 179–184

Lösungen

1 Gegenüber den verschiedenen Umweltfaktoren besitzt jeder Organismus einen spezifischen physiologischen Toleranzbereich. Er kennzeichnet die Grenzen, in denen dieser Organismus Schwankungen des Umweltfaktors ertragen kann. Unterschreitet oder überschreitet die Intensität eines Faktors den Toleranzbereich, kann der Organismus seine Lebensfunktionen auf Dauer nicht mehr aufrechterhalten.

Toleranzbereiche sind durch drei Festpunkte charakterisiert: **Minimum, Optimum und Maximum**. Dabei kennzeichnet das Minimum die untere, das Maximum die obere Grenze der Intensität eines Faktors. Im Optimum wird die Entwicklung und Fortpflanzung (Vitalität) des Organismus am meisten gefördert.

Nähert sich die Intensität des Faktors den Grenzen des Toleranzbereiches, so befindet sich der Organismus in einem ökologischen **Pessimum**. Im Bereich des Pessimums ist der Organismus in vielen Lebensfunktionen eingeschränkt, seine Vitalität sinkt. Er produziert unter diesen ungünstigen Bedingungen weniger oder keine Nachkommen.

Bewegliche Arten, wie die meisten Tiere, können sich einer ungünstigen Faktorenwirkung durch Abwanderung in andere Habitate entziehen und sich somit ihre optimalen Faktorenintensitäten selber wählen (**Habitatwahlverhalten**).

Toleranzbereiche sind artspezifisch genetisch festgelegt und wie jedes Merkmal individuell verschieden ausgebildet (**Variabilität**). Sie können sich in Folge unterschiedlicher Genexpression im Laufe der Individualentwicklung verändern.

2 *Da die Trichterdurchmesser generell von der Körpergröße abhängig sind (große Larven bauen unter gleichen Bedingungen größere Trichter als kleine Larven), wurden die Daten von Kitching über den Quotienten Trichterdurchmesser/Körperlänge (T : K) vergleichbar gemacht.**Beschreiben** der Ergebnisse:*

Der Trichterdurchmesser ist abhängig vom Wassergehalt des Bodens sowie von der Temperatur des Trichtersubstrates. Mit steigendem Wassergehalt nimmt der Trichterdurchmesser ab. Bei Bodenfeuchtigkeiten ab 5,6 % können die Larven keine Trichter mehr bauen. Mit steigender Substrattemperatur werden größere Trichter angelegt. Die Daten lassen offen, bei welchen Temperaturen keine Trichter mehr angelegt werden können.

***Erläutern** der ökologischen Zusammenhänge:*

Wirkungen der Bodenfeuchte

In feuchten Sandsubstraten lassen sich nur schwer Trichter anlegen, die ihre Funktion als Fangtrichter erfüllen können. Durch die erhöhte Feuchtigkeit der Substratpartikel verändern sich die physikalischen Eigenschaften in Bezug auf ihren Zusammenhalt. Feuchte Substrate rutschen schwer nach. Das Anlegen von Trichtern in feuchtem Boden wird mit erhöhtem Energieaufwand verbunden sein, da sie ebenfalls durch Ausschleudern von Substratpartikeln angelegt werden. Haften viele Partikel durch erhöhte Feuchte zusammen, ist es für die Larve schwer, sie zu bewegen.

Trichter, deren Substrate feucht sind, rutschen nicht nach, wenn Beute hineingerät. Die Beutetiere können über die festen Wände leichter entkommen. In kleinen, feuchten Trichtern ist die Wahrscheinlichkeit, Tiere zufällig zu erbeuten größer als in tiefen Trichtern, da die Larven nicht so weit vom Trichterrand entfernt sind und durchlaufende Beutetiere schnell erbeuten können. In diesem Kosten-Nutzen-Zusammenhang ist die Anlage kleiner Trichter in feuchten Böden günstiger.

Wirkungen der Temperatur

Insekten sind wechselwarme Tiere, die in den meisten Fällen nur passive Thermoregulation betreiben können. Damit sind sämtliche Stoffwechselvorgänge direkt von der Außentemperatur beeinflusst. Bei geringen Temperaturen sinkt die Aktivität von Insekten. Es ist denkbar, dass niedrige Temperaturen des Trichtersubstrates das Vermögen herabsetzten, Substrat auszuschleudern. Deshalb werden die Trichter bei geringen Temperaturen kleiner sein als bei hohen Temperaturen.

Bei hohen Temperaturen besteht in den von Ameisenlöwen genutzten Habitaten die Gefahr der Überhitzung. Sie können ihre Körpertemperatur in bestimmten Grenzen nur über Verhaltensweisen regulieren. Körperhaltungen und Habitatwahl können Überhitzungen entgegenwirken. Die Erhitzung des Substrates erfolgt vor allem durch direkte Sonneneinstrahlung. Große Trichter sind auch tiefer. Der Grund tiefer Trichter ist in gemäßigten Breiten wegen der schrägen Sonneneinstrahlung im Tagesverlauf länger beschattet als der Grund flacher Trichter. Deshalb sind die Tiere in tiefen Trichtern besser vor Überhitzung geschützt.

In flachen Trichtern müssten sich die Larven tief in das Substrat zurückziehen, um der Überhitzung zu entgehen. Dadurch hätten sie kaum Gelegenheit, Beute zu fangen. Tiefe Trichter sind bei höheren Temperaturen also günstiger.

3 *Einige Larven von Ameisenlöwen werden im Labor unter definierten Bedingungen gehalten. Das Wahlverhalten der Tiere entlang eines sich kontinuierlich verändernden Faktors (Gradient) muss auf experimentellem Wege erfasst werden. Dazu sind verschiedene experimentelle Ansätze geeignet, z. B.:*

Die Faktoren **Bodenfeuchte und Bodentemperatur** wirken unter natürlichen Bedingungen häufig gekoppelt. Bei hohen Temperaturen trocknet das Bodensubstrat schnell aus, während es bei niedrigen Temperaturen länger feucht bleibt. Der Zusammenhang erlaubt deshalb auch eine gemeinsame Betrachtung beider Faktorenwirkungen. Sollen die Wirkungen der einzelnen Faktoren analysiert werden, ist es erforderlich, immer nur einen Faktor zu variieren und alle anderen Faktoren möglichst konstant zu halten.
In ein geeignetes Gefäß (Terrarium) wird gleichmäßig befeuchtetes Substrat aus den Lebensräumen der gefangenen Versuchstiere ausgebracht. In einer Vorbereitungsphase wird mit einer Bodenheizung, die nur einen Teil des Versuchsgefäßes beheizt, ein **Temperaturgradient** ausgebildet. Ist diese Vorbereitungsphase lang genug, verändert sich entlang des Temperaturgradienten auch die **Bodenfeuchtigkeit**. Sind die Gradienten ausgebildet, werden die Larven in die Versuchsanordnung eingeführt. Um den Einfluss biotischer Interaktionen zwischen den Versuchstieren zu senken, ist auf eine angemessene **Besatzdichte** zu achten. Nach einer in Vorversuchen ermittelten Zeit (Expositionszeit) werden die **Trichterbauten** im Terrarium **kartiert** und die Faktoren an den einzelnen Trichtern gemessen. Um statistisch gesicherte Ergebnisse zu erhalten, muss in mehreren Versuchsreihen eine möglichst **große Stichprobe** an Tieren untersucht werden.
Ist die formulierte Hypothese richtig, müssten sich die Trichter in bestimmten **Vorzugsbereichen** innerhalb der Gradienten befinden. Damit wäre die Wirksamkeit dieser Faktoren auf das Habitatwahlverhalten nachgewiesen.

4 Auf den Organismus wirken ständig sehr viele verschiedene Faktoren ein. Dabei wird die Vitalität des Organismus besonders durch den Faktor bestimmt, der sich in seiner Intensität am weitesten im Pessimum des entsprechenden Toleranzbereiches befindet (Minimumgesetz von Justus von LIEBIG).

*Einzelne Faktoren können sich in begrenztem Maße ersetzen, ohne dass sich die Vitalität verändert. Dadurch verhalten sich Organismen nicht immer entsprechend ihrer experimentell ermittelten Toleranzbereiche. Dieses abweichende Verhalten unter der Wirkung aller Faktoren beschreibt man mit dem **ökologischen Präsenzbereich**.*

5 *Die Aufgabenstellung ist sehr offen formuliert. Neben den hier ausgeführten Anpassungen an trockene Standorte könnten auch Anpassungen an andere Faktoren beschrieben werden (Salzgehalt, Licht, Temperatur etc.).*

Um ihren inneren Wassergehalt in trockenen Lebensräumen konstant zu halten, entwickelten landlebende Organismen zahlreiche Anpassungen. Dazu zählen unter anderem: **Verdunstungsschutzeinrichtungen**, besondere Anpassungen des Stoffwechsels zur **Rückgewinnung von Wasser**, spezialisierte **Organe** zur Wasseraufnahme, angepasstes **Verhalten** zur Optimierung des Wasserhaushaltes und Wasserspeicher.

Pflanzen extrem heißer und trockener Standorte müssen so viel Wasser wie möglich zurückbehalten. Dazu schützen sie ihren Innenraum durch dicke, wasserundurchlässige **Kutikulabildungen**. **Versenkte Spaltöffnungen** und Schichten **toter Haare** verzögern den Abtransport des aus den Spaltöffnungen abgegebenen Wassers. Pflanzen, die über längere Zeit Wasser speichern können, werden als **Sukkulenten** bezeichnet.

Der **CAM-Mechanismus** *(Crassulacean acid metabolism)* ist eine physiologische Anpassung an trockene Standorte. Unter anderem ist dieser Mechanismus bei Kakteen und Dickblattgewächsen nachgewiesen worden. Er gestattet diesen Pflanzen, das für die Fotosynthese benötigte Kohlenstoffdioxid ausschließlich in der Nacht aufzunehmen, wenn die Temperaturen am Standort ihre Tiefstwerte erreicht haben. Üblicherweise nehmen Pflanzen dieses Gas am Tag über die Spaltöffnungen auf. An heißen Standorten müssen die Spaltöffnungen aber am Tage geschlossen bleiben, um den Wasserverlust niedrig zu halten.

Bei **Tieren** steht der Wasseraufnahme über die Nahrung und über das Trinkwasser die Wasserabgabe über Kot, Harn, Transpiration sowie über innere und äußere Häute gegenüber. Gibt ein Tier auf Dauer mehr Wasser ab, als es aufnimmt, muss es über Habitatwahl neue Wasserquellen aufsuchen. Verdunstungsschutzeinrichtungen wie **hornhaltige Trockenhäute** (Reptilien), hochkonzentrierter **Sekundärharn** (alle Wüstensäuger), **verschließbare Tracheenöffnungen** (Insekten) oder aktive **Wasserdampfaufnahme** über Schleimhäute (Känguruatte) sind einige Anpassungen von Tieren an trockene Lebensräume.

Durch die **Nutzung des bei der biologischen Oxidation anfallenden Wassers** können einige Tiere ganz auf die Aufnahme von Wasser verzichten. Die Larven des Mehlkäfers und der Speckkäfer können auf diese Weise lange Zeit von wasserfreien Stoffen leben, ohne dass ihr innerer Wassergehalt stark abnimmt. Auch Säugetiere wie einige Antilopen, Kamele oder Wüstenmäuse sind dazu in der Lage.

Biologie (Berlin): Mündliche Abiturprüfung
Übungsaufgabe 2: Evolution

Thema: Bänderschnecken

Die Hain-Bänderschnecken *(Cepea nemoralis)* bilden sehr kleine Populationen, deren Individuen durch Häufigkeitsunterschiede bestimmter Merkmale (Morphe) gut gegeneinander abgrenzbar sind. Die Schnecken zeigen einen auffälligen Polymorphismus der Schalenfarbe (gelb, rosa, braun) und der Bänderzahl (0 bis 5).

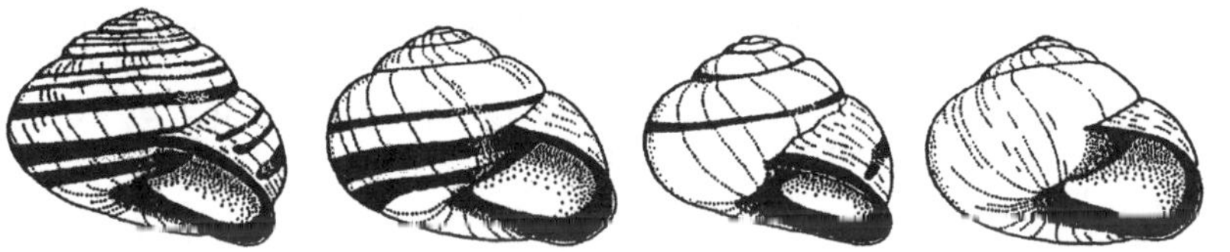

Abb. 1: Polymorphismus der Bänderung bei *C. nemoralis*
verändert nach: Cockburn, A.: An introduction to evolutionary ecology, Blackwell Scientific Publishing, 1991, S. 50

Aufgabenstellung

1 Erläutern Sie die Grundgedanken der Darwin'schen Selektionstheorie.

2 Beschreiben und erklären Sie den im Material dargestellten Zusammenhang zwischen Gehäusetypen und Lebensräumen bei Bänderschnecken.

3 Setzten Sie sich kritisch mit den Aussagen von HUXLEY und MAYR unter Verwendung einer evolutionsbiologischen Argumentation auseinander.

Material

Material 1

In einem Gebiet wurde eine Schneckenpopulation untersucht, deren Lebensraum sich innerhalb von etwa 30 Jahren stark veränderte: Das ursprüngliche Grasland wandelte sich zu einem Lebensraum, in dem der Anteil der Gehölze (Hecken und Bäume) zunahm. Die Hecken boten Singdrosseln, den wichtigsten Fressfeinden von Schnecken, verbesserte Fortpflanzungsmöglichkeiten. Die Bäume hatten Einfluss auf die Bodenvegetation.

Die folgende Tabelle fasst die Ergebnisse der Untersuchung zusammen.

Bänderzahl	**0**	**1**	**2**	**3**	**4**	**5**
A	2	5	5	70	13	5
B	15	30	40	5	5	5

Relative Anteile (%) von Bändermorphen vor (A) und (B) nach dem Einwandern von Singdrosseln in das Heckenhabitat. Die Schalenfarben aller Gehäuse variierten hier nur wenig um die Farbe Gelb.

Material 2

Die große Variabilität der Bänderschnecken innerhalb von Populationen und zwischen Populationen wurde von frühen Vertretern der synthetischen Evolutionstheorie sehr verschieden interpretiert. HUXLEY (1942) behauptete *„the distribution of types appeared to be wholly random"* („die Verteilung der Typen sei anscheinend zufällig") und MAYR (1942) glaubte, die Variation sei *„obviously of very insignificant selective value"* („offensichtlich von sehr geringem selektiven Wert"). Spätere Arbeiten untersuchten die statistische Verteilung der Merkmalsträger in Populationen, die unterschiedliche Habitate bewohnten.

Die Abbildung 2 zeigt die Verteilung von Gehäusetypen in verschiedenen Lebensräumen. Jeder Punkt stellt eine Population dar. Die Wissenschaftler ermittelten den Anteil gelber und „effektiv ungebänderter" Gehäuse in diesen Populationen. Zu effektiv ungebänderten Gehäusen gehören ungebänderte und einfach gebänderte (1 Band) Gehäuse, weil sich Fressfeinde ihnen gegenüber gleich verhalten.

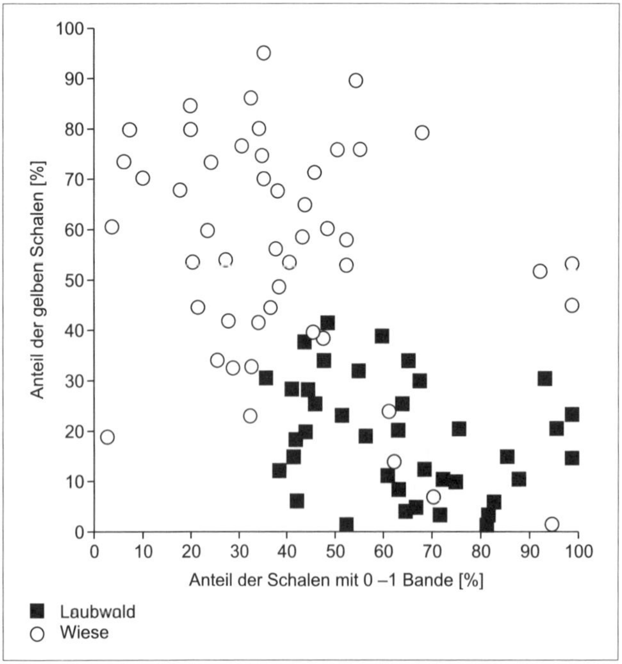

Abb. 2: Verteilung von Gehäusetypen in unterschiedlichen Lebensräumen

Lösung

1 Nach Charles Darwin verändern sich Arten durch einen Auslesevorgang. Der Mechanismus ist mit der Auslese beim Züchtungsvorgang vergleichbar: Ein Züchter wählt diejenigen Individuen für die weitere Zucht aus, die seinem Zuchtziel am nächsten kommen. Die „**natürliche Zuchtwahl**" der Darwin'schen Selektionstheorie basiert auf folgenden Annahmen:

- Eine Art produziert **mehr Nachkommen**, als zur Erhaltung der Art erforderlich sind.
- Die Individuen einer Population unterscheiden sich in ihren Merkmalen **(Variabilität)**.
- Unter den Individuen einer Population herrscht **Konkurrenz** um Ressourcen.
- Individuen, die an die wirkenden Umweltfaktoren **am besten angepasst** sind, bringen besonders viele Nachkommen hervor. Unangepasste Individuen sterben oder bringen weniger Nachkommen hervor.
- Dadurch verändern sich im Laufe vieler Generationen die betreffenden Merkmale innerhalb der Population.

2 Wie aus **Material 1** hervorgeht, können Singdrosseln als natürliche Raubfeinde in relativ kurzer Zeit Schnecken mit bestimmten Merkmalskombinationen (Morphe) selektieren. Im beobachteten Fall veränderte sich der Lebensraum der Schneckenpopulation von Wiesenhabitaten in Richtung Wald. Es ist zu vermuten, dass Falllaub und die Zunahme der Beschattung die Vegetation am Boden veränderten. Außerdem wurde die Population der Singdrosseln durch die aufkommenden Verbuschung (Heckenbildung) begünstigt. Beide Entwicklungen hatten Effekte auf die Schneckenpopulationen. Die gebänderten, gelbschaligen Morphe waren auf dem mit Falllaub und spärlicher Vegetation bedeckten Bodengrund für ihre Fressfeinde viel leichter auffindbar. Die ursprünglich im Grasland vorteilhafte Tarnung gebänderter, gelbschaliger Morphe kehrte sich nun in einen Nachteil um. In Folge der Selektion dieser Morphe veränderte sich in den folgenden 30 Jahren die Zusammensetzung der Schneckenpopulation in Richtung „effektiv ungebänderter" Morphe.
Die Hypothese wird durch die Befunde der Untersuchung aus **Material 2** des Materials gestützt. Populationen, in denen die überwiegende Zahl der Individuen gebänderte (effektiv ungebänderte < 50 %), gelbe Schalen aufweisen, sind vor allem in Habitaten mit Wiesencharakter und in Kräuterbeständen zu finden. Populationen mit effektiv ungebänderten und nicht gelbschaligen (also rosa und braune) Schnecken sind vor allem auf dem Boden von Laubwäldern verbreitet.

3 Betrachtet man die in Material 2 analysierte morphologische Zusammensetzung der Schneckenpopulationen als Resultat einer natürlichen Selektion unter dem Einfluss von Fressfeinden, dann müssen sowohl die Aussage von HUXLEY als auch von die Aussage von MAYR abgelehnt werden.

Wäre die Verteilung, wie Huxley vermutete zufällig, dann sollte sich die prozentuale Verteilung der Bänderung nach den Veränderungen der Rahmenbedingungen (Heckenvegetation, Fressfeinde) nicht verändern. Die Befunde des Material 1 weisen allerdings auf einen Selektionsprozess hin, in dessen Folge die Population genotypisch und phänotypisch verändert wird.
Ungebänderte Morphe werden von den Drosseln offenbar weniger gut erkannt und sind deshalb unter den neuen Bedingungen besser angepasst als stark gebänderte Tiere. Die Aussage von Mayr, die Merkmalsvariation hätte keinen selektiven Wert, ist deshalb nicht zutreffend.

Grundkurs Biologie (Berlin): Abituraufgaben 2019
Aufgabe A1: Physiologische Grundlagen ausgewählter Lebensprozesse

Thema: Der Erreger der Tuberkulose

Jeder vierte Erwachsene in Europa starb zu Beginn des 20. Jahrhunderts an Tuberkulose. Obwohl ROBERT KOCH den Erreger bereits 1882 bestimmen konnte und die hygienischen Verhältnisse sich seitdem deutlich verbessert haben, infizieren sich auch heute noch viele Menschen mit dieser Bakterienart. Die Weltgesundheitsorganisation geht weltweit von über 9 Millionen Neuerkrankungen pro Jahr aus.

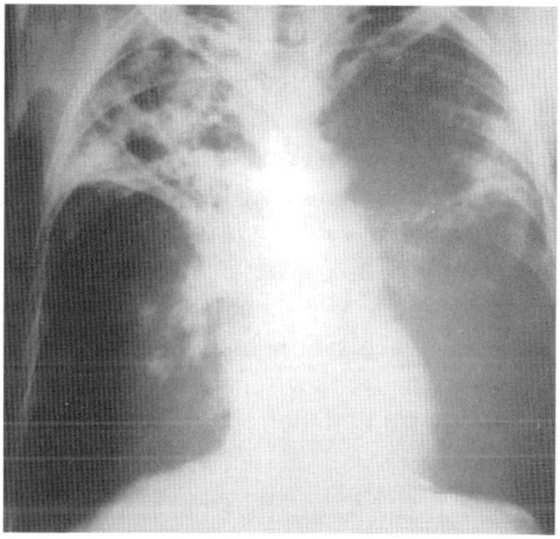

Abb. 1: Lunge eines Tuberkulosekranken

Aufgaben

1	Skizzieren Sie eine Bakterienzelle und beschriften Sie deren Bestandteile. Nennen Sie vier Unterschiede zum Bau einer tierischen Zelle.	11
2	Beschreiben Sie den Vorgang der Phagozytose.	5
3	Stellen Sie den Ablauf einer Tuberkuloseinfektion und fortgeschrittenen Tuberkuloseerkrankung in einer schematischen Übersicht dar.	15
4	Leiten Sie aus dem Aufbau des Bakteriums *Mycobacterium tuberculosis* Gründe für seine hohe Wirksamkeit als Krankheitserreger ab.	10
5	Beurteilen Sie die Effizienz von zwei Therapieansätzen zur Behandlung von Tuberkulose.	9

Material 1: *Mycobacterium tuberculosis*

Der Tuberkuloseerreger *Mycobacterium tuberculosis* ist eine Bakterienart, die nicht ohne Sauerstoffzufuhr leben kann. Dieses stäbchenförmige Bakterium ist von einer besonderen Zellwand umgeben, die bis zu 60 % aus Lipiden besteht. Dadurch ist es besonders unempfindlich gegenüber vielen Chemikalien. Und es gehört zu einer Gruppe von Bakterien, die nach außen hin zusätzlich noch von einer weiteren, sogenannten äußeren Membran umgeben ist. Diese Schicht ist bei *M. tuberculosis* ebenfalls besonders aufgebaut. Sie besteht aus spezifischen Fettsäuren, vor allem langkettigen gesättigten Mykolsäuren mit 30 bis 60 C-Atomen, die sich zwischen und auf den Phospholipiden befinden.

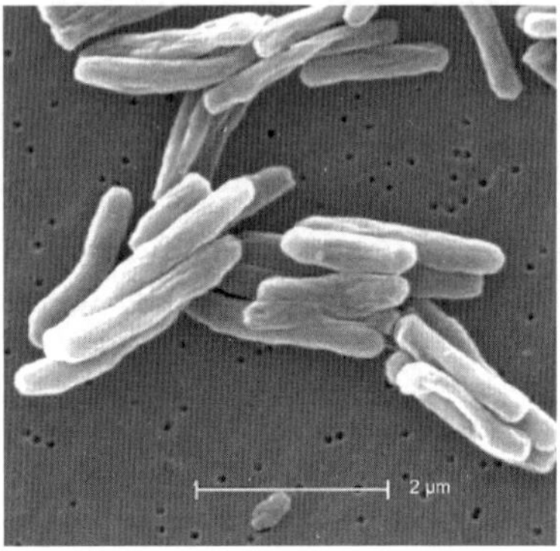

Abb. 2: *M. tuberculosis*, Aufnahme mit dem Rasterelektronenmikroskop

Quelle: Janice Carr/wikipedia

Material 2: Die Krankheit Tuberkulose

Tuberkulose beginnt zunächst mit unspezifischen Symptomen wie Fieber, Nachtschweiß und Gewichtsverlust. Im Verlauf der Erkrankung nimmt der Husten zu, es werden Absonderungen der Atemwegsschleimhaut zusammen mit Krankheitserregern ausgehustet. Die Bakterien können auch andere Organe befallen wie beispielsweise Lymphknoten, Wirbelsäule und Hirnhaut. Das führt zu weiteren Komplikationen im Verlauf der Krankheit.

Die Übertragung von Mensch zu Mensch erfolgt durch erregerhaltige Tröpfchen in der Atemluft. Die eingeatmeten Krankheitserreger gelangen so in die Lungenbläschen. Oberflächenstrukturen der Bakterien wirken als Antigene und rufen eine Immunreaktion hervor. Die Bakterien werden von weißen Blutzellen, Makrophagen, durch Phagozytose umschlossen. Weil es im Anschluss jedoch nicht zum Verschmelzen mit den abbauenden Vesikeln, den Lysosomen, kommt und Enzyme die Bakterienhülle nicht abbauen können, werden die Krankheitserreger nicht zerstört. In den Makrophagen kommt es sogar zur Vermehrung der Bakterien. Infolgedessen sterben die Abwehrzellen ab, dadurch werden weitere Bakterien freigesetzt. Beim Absterben der Zellen werden entzündungsfördernde Substanzen abgegeben, die weitere Makrophagen anlocken. So entstehen Entzündungsherde. Das Lungengewebe kann schwer geschädigt werden.

Material 3: Schematische Darstellungen zur Phagozytose

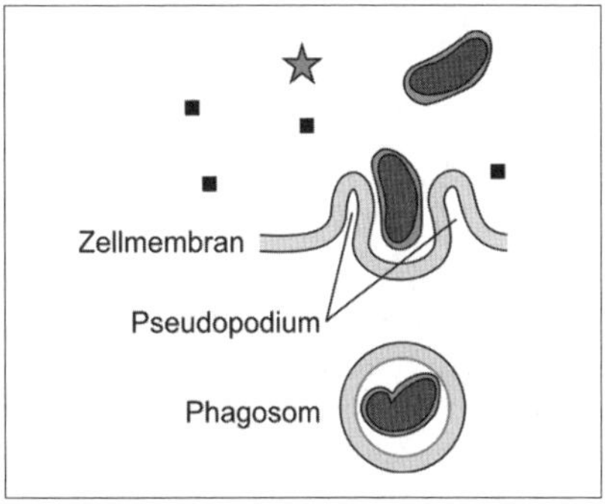

Abb. 3: Phagozytose
Quelle: Mariana Ruiz Villarreal/wikipedia

Material 4: Der Kampf gegen die Krankheit

Ein Drittel der Weltbevölkerung, regional sehr unterschiedlich verteilt, gilt als mit dem Erreger der Tuberkulose dauerhaft infiziert. Die Weltgesundheitsorganisation gibt an, dass ca. 2 Millionen Todesfälle pro Jahr auf diese Erkrankung zurückzuführen sind. Tuberkuloseerreger sind gegenüber vielen Desinfektionsmitteln unempfindlich. Erkrankte werden in Deutschland mit vier verschiedenen Antibiotika gleichzeitig behandelt, wobei deren Wirksamkeit regelmäßig überprüft wird. Einen weiteren Therapieansatz bietet der Wirkstoff Cyclohexylgrisclimycin. Er bindet an die DNA-Polymerase des Krankheitserregers. Außerdem forscht man an der Wirkung des Säureblockers Lanzoprazol, der ein zur Energiegewinnung notwendiges Enzym bei den Bakterien hemmt.

Lösungsvorschläge

1 *Bei der Anfertigung einer Skizze wird auf Übersichtlichkeit und Eindeutigkeit Wert gelegt. Ziehen Sie klare Linien und verzichten Sie dabei auf Schattierungen. Skizzen werden stets beschriftet, dazu werden mit dem Lineal Striche gezogen, die die Beschriftungen eindeutig mit den damit gemeinten Bestandteilen verbinden. Für die Skizze in dieser Aufgabe eignet sich eine abstrakte, ideale Zelle mit rundlicher bzw. ovaler Form, auch wenn es natürlich Bakterien mit spezifischeren Formen wie Kokken oder Stäbchen gibt. Weitere typische Bestandteile einer Bakterienzelle wie Geißel und Plasmide können Sie natürlich noch ergänzen.*

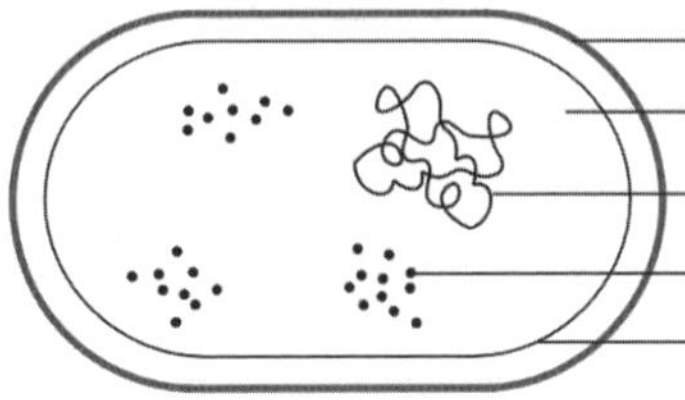

Die Bakterienzelle ist eine prokaryotische Zelle und unterscheidet sich deutlich von der eukaryotischen Zelle eines Tieres. Eine Bakterienzelle (= Prokaryotenzelle) hat keinen **Zellkern**, das Erbgut liegt frei im Cytoplasma vor, hingegen sind die Chromosomen der tierischen Zelle (= Eukaryotenzelle) in einem Zellkern mit Zellmembran eingeschlossen. Die Prokaryotenzelle besitzt im Unterschied zur Eukaryotenzelle weder **Mitochondrien** noch ein **endoplasmatisches Retikulum**. Die Bakterienzelle hat eine **Zellwand**, die tierische Zelle besitzt keine Zellwand.

Es sind nur vier Unterschiede gefordert. Auch Geißel oder Plasmide könnten als Unterscheidungsmerkmal herangezogen werden. Darüber hinaus kann man allgemein sagen, dass die Prokaryotenzelle weniger stark kompartimentiert ist als die Eukaryotenzelle.

2 *Wichtig bei der Beschreibung des Vorgangs der Phagozytose ist, auf die präzise Verwendung der Fachsprache zu achten. Nehmen Sie dazu die Abbildung aus Material 3 zur Hilfe.*

Der Begriff **Phagozytose** bezeichnet die Aufnahme kleiner Lebewesen oder Nahrungspartikel (feste Stoffe) durch eine Zelle. Diese erfolgt durch eine Einstülpung der Zellmembran. Damit einhergehend entstehen auf den beiden Seiten dieser Einstülpung Pseudopodien, die den festen Stoff umschließen. Der Begriff Pseudopodien bezeichnet neben den Scheinfüßchen der Amöbe auch Zellanhänge bzw. Zellausweitungen komplexerer Zellen, die Partikel umschließen und zur Phagozytose führen können. Nun wird das Partikel von der Membran der fressenden Zelle ganz umgeben, ein Vesikel bildet sich. Dieses wird abgeschnürt und ins Zellinnere als Phagosom abgegeben.

Die Wortbestandteile des Begriffs Phagozytose „phagein“ und „kytos“ (aus dem Altgriechischen) stehen für „essen“ und „Gefäß“, womit die Zelle gemeint ist. Wenn es sich nicht um feste Stoffe, sondern flüssige Bestandteile handelt, wird der Vorgang als Pinozytose bezeichnet.

3 *Diese Aufgabe zielt auf die Kompetenz, Informationsquellen zu erschließen (Material 2) und sie verständlich darzustellen. Als übersichtliche Darstellung eignet sich ein Fließschema. Hierzu verzichtet man auf eine Darstellung in Form eines zusammenhängenden Textes (eine solche Beschreibung ist ja im Material 2 gegeben) und skizziert die einzelnen Schritte stichpunktartig der chronologischen Reihenfolge nach.*

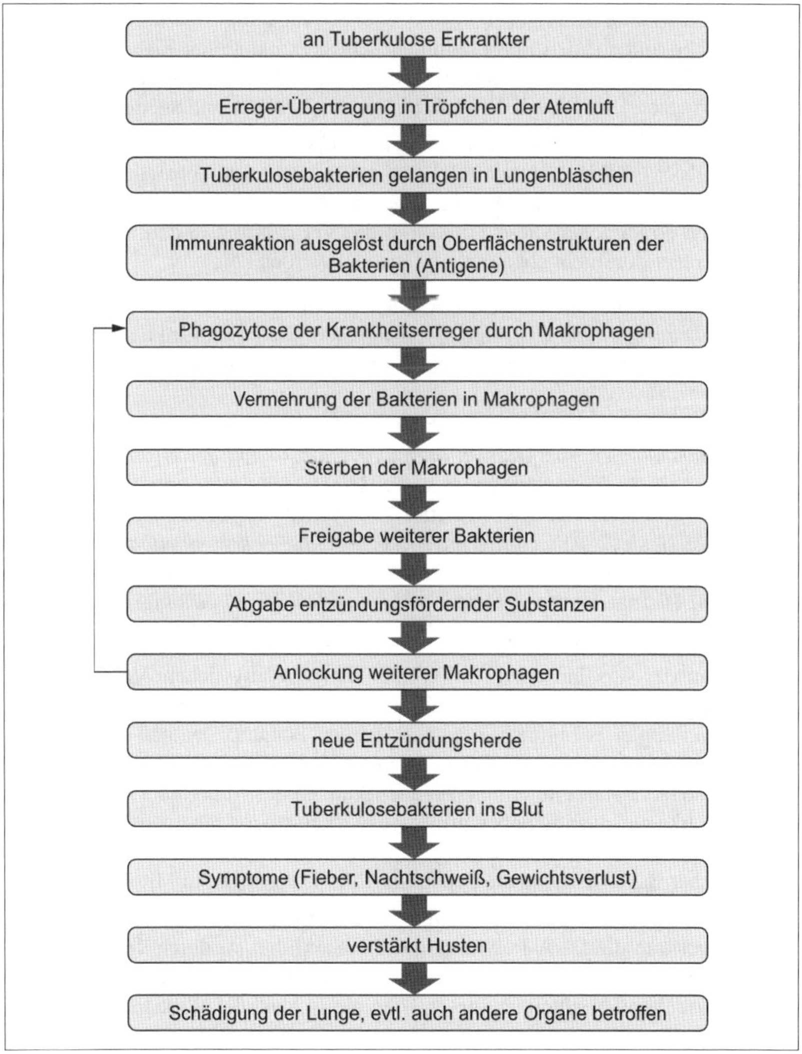

4 *Bei dieser Aufgabe müssen Sie sachliche Zusammenhänge analysieren und verknüpfen. Wichtige Grundlagen zur Lösung der Aufgabe finden Sie in den Materialien 1 und 2.*

Das Bakterium *Mycobacterium tuberculosis* hat eine hohe Wirksamkeit als Krankheitserreger, da es einen ganz speziellen Zellaufbau aufweist. Seine Zellwand besitzt einen sehr hohen Lipidanteil, bis zu 60 %. Zudem wird es von einer weiteren äußeren Membran umgeben. Diese enthält langkettige, gesättigte Mykolsäuren zwischen und auf den Phospholipiden. Diese strukturellen Eigenheiten der Zellwand und der äußeren Membran sind die Grundlagen für die hohe Wirksamkeit des Erregers. Das Tuberkulosebakterium ist so stabiler und unempfindlicher.

Die **lipidreiche Zellwand** und die **mykolsäurehaltige Membran** verhindern zum einen das Verschmelzen mit den Lysosomen sowie den Abbau der Bakterienhülle durch Enzyme. Das hat zur Folge, dass die Erreger nicht abgetötet werden. Zum anderen ermöglichen diese Strukturen die Vermehrung in den Makrophagen, da die Erreger dort nicht abgetötet und verdaut werden können.

Alternativ können Sie nennen, dass die Zellwand mit hohem Lipidanteil die Erregerzelle unempfindlich gegenüber Chemikalien wie Desinfektionsmittel macht. Die Bekämpfung des Krankheitserregers wird so deutlich erschwert.

5 *Zur Lösung dieser Aufgabe des AB III müssen Sie Aussagen (siehe Material 4) aus unterschiedlichen Perspektiven betrachten und sie auf der Grundlage von Fachkenntnissen (aus möglichst vielen der Materialien entnommene Informationen) sachgerecht bewerten. Der Operator „beurteilen" impliziert immer eine auf Fakten basierende Argumentation mit einem abschließenden, möglichst differenzierten und kritischen Fazit. Beachten Sie, dass nur zwei der drei im Material 4 vorgestellten Therapieansätze beurteilt werden sollen, Sie können hier frei wählen.*

1. **Gleichzeitige Behandlung mit vier verschiedenen Antibiotika:** Der Einsatz von vier verschiedenen Antibiotika ist eine relativ sichere Variante, da selbst Bakterien, die bei einem Antibiotikum resistent sind, mit einem der anderen Antibiotika erfolgreich abgetötet werden können. Dadurch wird zudem die Ausbreitung resistenter Formen unterbunden. Ein Nachteil ist jedoch, dass der Patient verstärkt unter den Nebenwirkungen der Antibiotika leidet. Vier Antibiotika gleichzeitig haben große Auswirkungen auf den menschlichen Körper, wie z. B. die Beeinträchtigung der Darmflora (Abtöten für die Verdauung nützlicher Bakterien) und die Schädigung der körpereigenen Mitochondrien.
2. **Therapie mit dem Wirkstoff Cyclohexylgriselimycin:** Dieser Wirkstoff bindet an die DNA-Polymerase des Bakteriums, wodurch die DNA-Replikation unterbunden wird. Dadurch kann sich der Tuberkuloseerreger nicht weiter vermehren. Nachteil bei dieser Therapie ist, dass der Wirkstoff durch den spezifischen Bau des Erregers (vgl. Aufgabe 4) nur schwer hineingelangen und überhaupt wirken kann.

3. **Therapie mit Säureblocker Lanzoprazol:** Dieser Wirkstoff hemmt ein bakterielles Enzym zur Energiegewinnung. Damit werden alle Prozesse im Stoffwechsel der Bakterien, die Energie benötigen wie z. B. das Wachstum, ebenfalls gehemmt. Dies führt wiederum zu einem Absterben des Tuberkuloseerregers.

Mögliches Fazit:
Die Effizienz der Therapieansätze kann von Fall zu Fall unterschiedlich sein. Der zweite Therapieansatz mit dem Wirkstoff Cyclohexylgriselimycin scheint spezifisch auf den Erreger zu wirken, dabei sind für den Menschen weniger Nebenwirkungen zu erwarten. Eine Strategie könnte also darin bestehen, die Therapie zunächst mit Cyclohexylgriselimycin zu beginnen. Leider gelangt der Wirkstoff allerdings nur schwer in die Bakterien hinein. Sollte diese Therapie also nicht anschlagen, müsste man dann schnell auf die Therapieformen 1 oder 3 umsteigen. Bei Therapie 1 ist es ratsam, den Patienten nach Abschluss der Einnahme von Antibiotika mit spezifischen Nahrungsergänzungsmitteln und Lebensmitteln bei der Regeneration der Darmflora zu unterstützen.
Bei einer akuten Infektion im fortgeschrittenen Stadium wäre es jedoch vernünftiger, gleich mit einer stärkeren und sichereren Therapie wie der ersten zu starten, da diese größere Erfolgschancen aufweist. Bei ganz schwierigen Fällen könnte sogar eine Kombination der Therapien sinnvoll sein.

Es ist natürlich im Fazit ausreichend, wenn Sie sich nur auf die zwei Therapieformen beziehen, die Sie gewählt haben.

Grundkurs Biologie (Berlin): Abituraufgaben 2019
Aufgabe A2: Grundlagen und Anwendungsfelder der Genetik

Thema: Fehlerhafte Meiose

Mutationen treten bei Organismen spontan auf und können durch äußere Faktoren hervorgerufen werden. Sie haben meist erhebliche Auswirkungen auf das Funktionieren des Zellstoffwechsels. Neben Mutationen in Körperzellen treten auch Mutationen in der Keimbahn auf, diese haben Einfluss auf die nächste Generation.

Aufgaben

1 Beschreiben Sie Gen-, Chromosomen- und Genom-Mutationen. 9

2 Erläutern Sie die Bedeutungen der Meiose. 6

3 Analysieren Sie die Ursachen für das Zustandekommen der Genotypen der Kinder in Material 1. 12

4 Erläutern Sie anhand von Material 2 und Material 3 die Folgen des nicht ausbalancierten Genbestands beim Genotyp der Kinder in Material 1. 12

5 Erläutern Sie die biologische Bedeutung der Inaktivierung des X-Chromosoms. Entwickeln Sie eine Hypothese zu einem möglichen Einsatz von XIST bei Menschen mit Trisomie 21. 11

Material 1: Entstehung von Trisomie 21

Die folgende Abbildung zeigt in schematischer Form die Weitergabe der elterlichen Chromosomen 21 an die Nachkommen. Die Chromosomen der Eltern besitzen aufgrund einer speziellen Färbetechnik jeweils ein charakteristisches Bandenmuster.

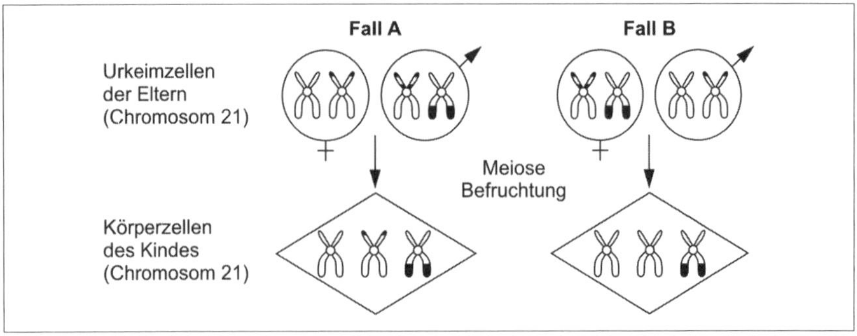

Abb. 1: Entstehung von Trisomie 21

Material 2: Entgiftung im Zellstoffwechsel des Menschen

Sauerstoffradikale können als Nebenprodukt bei der Zellatmung des Menschen entstehen. Sie schädigen die Zellen und sind möglicherweise am Alterungsprozess beteiligt. Das Enzym Peroxiddismutase (SOD) wird durch das Gen SOD1 codiert. Dieses Enzym wandelt die Sauerstoffradikale in Wasserstoffperoxid (H_2O_2) um. Auch Wasserstoffperoxid besitzt eine schädigende Wirkung auf die Zellen. Ein zweites Enzym, die Katalase (CAT), entgiftet das anfallende H_2O_2, indem es dessen Spaltung in Wasser und Sauerstoff katalysiert. Nicht umgewandelte Radikale und Wasserstoffperoxide sind für den Organismus gefährlich (schwarzer Pfeil in Abbildung 2). Untersuchungen ergaben, dass die Konzentration des Enzyms SOD in den Zellen von Kindern mit Trisomie 21 um bis zu 50 % erhöht ist.

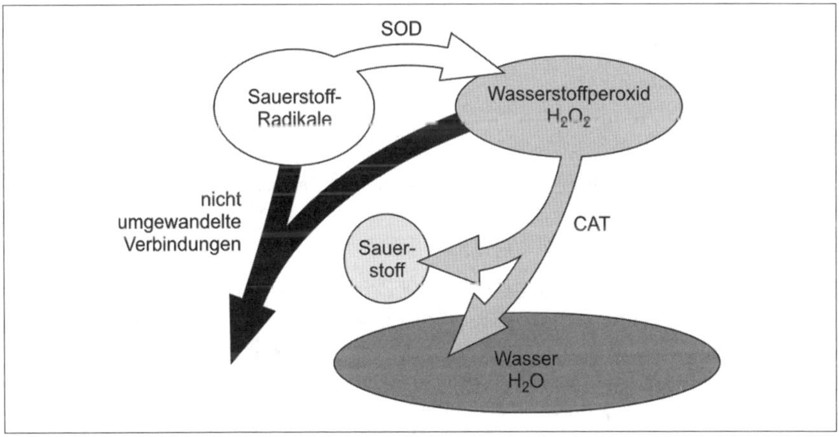

Abb. 2: Entgiftung im Zellstoffwechsel des Menschen

Quelle: nach: Stephen W. Fowkes, Antioxidant Intervention in Down's Syndrome, https://www.ceri.com/downs2.htm

Material 3: Genorte für SOD1 und CAT

Die Abbildung 3 zeigt die Genorte für die Gene der Enzyme Peroxiddismutase und Katalase im menschlichen Chromosomensatz.

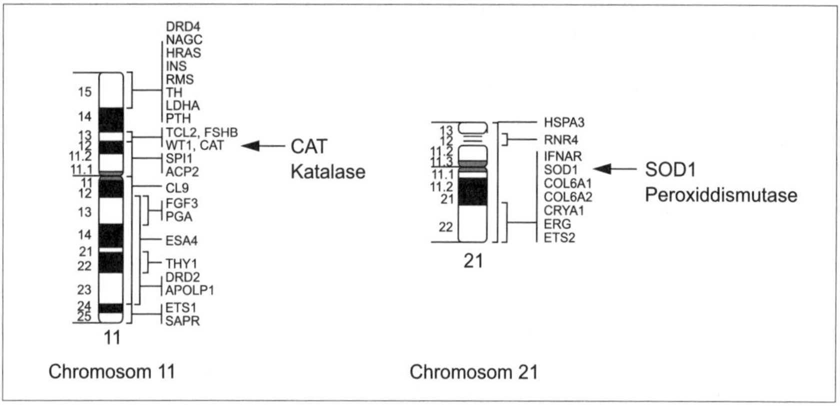

Abb. 3: Schematische Darstellung der Chromosomen 11 und 21 mit den Genorten SOD1 und CAT

Material 4: Stilllegung des X-Chromosoms

Frauen besitzen zwei X-Chromosomen, von denen eines in der frühen embryonalen Entwicklung inaktiviert wird (BARR-Körperchen). Dafür ist ein Gen verantwortlich. Forscher identifizierten nun dieses X-Inaktivierungsgen, kurz XIST. XIST hat im menschlichen Erbgut eine entscheidende Funktion. Es regelt die Aktivität der Gene in den Geschlechtschromosomen von Frauen. Dieses Gen setzt einen Prozess in Gang, bei dem das gesamte Chromosom dicht von Proteinen umhüllt wird, sodass die Gene darauf nicht mehr abgelesen werden. In der Folge werden die auf dem Chromosom codierten Genprodukte nicht mehr gebildet.

Eigene Zusammenstellung nach:
http://www.aerztezeitung.de/medizin/fachbereiche/paediatrie/article/432223/nuetzen-antioxidantien-demenz-mittel-down-syndrom.html;
Stockrahm, S. (2013): Downsyndrom lässt sich im Labor ausknipsen. Zeit online vom 17. Juli 2013 http://www.zeit.de/wissen/gesundheit/2013-07/down-syndrom-chromosom-stilllegung;
wbr/AFP (2013): Down- Syndrom. Forscher schalten überzähliges Chromosom in Zellen ab. Spiegel online vom 18. Juli 2013. www.spiegel.de/wissenschaft/medizin/zell-experiment-zum down-syndrom-ueberzaehliges-chromosom-ausgeschaltet-a-911764.html

Weitere Materialgrundlage:
Sperling, K., Die Chromosomenanomalien beim Menschen, in: Biologie i. uns. Zeit, 5'83, S. 144

Lösungsvorschläge

1 *Diese Aufgabe des AB I verlangt von Ihnen, bekanntes Fachwissen klar strukturiert darzustellen. Der Operator „beschreiben" deutet auf einen Text hin, Skizzen sind nicht unbedingt nötig. Um den geforderten Umfang ungefähr abschätzen zu können, beachten Sie die Punkteangabe mit 9 BE.*

Die **Gen-Mutation** betrifft nur ein Gen und beruht auf einer veränderten Basensequenz. Dies kann durch Einschub, Verlust oder Vertauschen einer oder mehrerer Basen innerhalb einer codierenden Basensequenz erfolgen. Die Folge ist ein mehr oder weniger stark verändertes Genprodukt, das zu Fehlern im Stoffwechsel führen kann, oder das ursprünglich codierte Genprodukt fehlt ganz. Für das betroffene Lebewesen können die Folgen daher von nicht vorhanden bis lebensbedrohlich reichen.

Die Gen-Mutation kann wie folgt gegliedert werden:
Man unterscheidet zwischen Substitution (auch Punktmutation genannt: Ersatz eines Nucleotids und seines komplementären Partners durch ein anderes Nucleotidpaar), Insertion (Einfügung eines oder mehrerer Nucleotidpaare), Deletion (Verlust eines oder mehrerer Nucleotidpaare).
Im Bezug auf die Wirkung unterscheidet man bei Punktmutationen zwischen „stummen Mutationen" (sie bleiben aufgrund der genetischen Redundanz des genetischen Codes bei der Proteinbiosynthese ohne Wirkung), Missense-Mutationen (das veränderte Triplett kodiert für eine andere Aminosäure), Nonsense-Mutationen (durch eine Punktmutation entsteht ein Stopp-Codon, sodass die Proteinbiosynthese frühzeitig abgebrochen wird).
Insertionen oder Deletionen können zur Änderung des Leserasters führen: Rasterschub-Mutationen.

Die **Chromosomen-Mutation** betrifft die Struktur eines Chromosoms. Gründe für diese Art der Mutation sind Fehler bei der Mitose oder der Meiose. Dabei kann ein Stück des betroffenen Chromosoms verloren gehen (Deletion), ein Stück eines anderen Chromosoms in das betroffene Chromosom eingebaut werden (Translokation) oder ein Bruchstück des Chromosoms wird verkehrt herum eingebaut (Inversion). Die Folgen sind meist schwerwiegend.

Die **Genom-Mutation** betrifft die Anzahl einzelner Chromosomen oder auch die Anzahl der Chromosomensätze. Ein Chromosom ist zu viel oder zu wenig vorhanden oder der gesamte Chromosomensatz liegt vervielfacht vor. Die Auswirkungen für das Lebewesen sind meist gravierend.

2 *Die Aufgabenstellung erfordert lediglich eine Erläuterung der Bedeutung der Meiose. Eine Beschreibung der verschiedenen Phasen hingegen ist nicht Gegenstand dieser Aufgabe. „Bedeutung" wird in der Aufgabenstellung im Sinne der Ziele/Ergebnisse und der Bedeutsamkeit dieses Zellteilungsvorgangs verwendet.*

Das Ziel der Meiose liegt in der **Bildung von Keimzellen (Gameten)** für die sexuelle Fortpflanzung. Um den Chromosomensatz von Generation zu Generation konstant zu halten, wird bei der Meiose der ursprüngliche diploide Chromosomensatz halbiert, dadurch entsteht ein **haploider Chromosomensatz**. Im haploiden Chromosomensatz treten die Chromosomen nicht als homologe Chromosomenpaare auf, sondern einzeln. Die besondere Bedeutung der Meiose liegt in der **Steigerung der genetischen Variabilität** durch intrachromosomale Rekombination *(crossing-over)* und interchromosomale Rekombination (beruhend auf der zufälligen Verteilung der Chromosomen auf haploide Keimzellen). Mutation und Rekombination sind im Zusammenspiel mit der Selektion Grundlage evolutiver Prozesse.

3 *Bei dieser Aufgabe des AB II müssen Sie die Informationsquelle (Material 1) genau erschließen, erfassen und analysieren.*

Im **Fall A** erkennt man am Bandenmuster, dass zwei der drei Chromosomen 21 identisch mit denen der Urkeimzelle der Mutter sind, während das dritte Chromosom vom Vater stammt. Daraus lässt sich schließen, dass im Fall A die Ursache für das Zustandekommen des Genotyps des Kindes eine Nondisjunction während der Meiose I der Mutter ist. In der Meiose I werden im Normalfall die homologen Chromosomenpaare, die sich an der Äquatorialebene befinden, durch die Spindelfasern voneinander getrennt und einzeln an die entgegengesetzten Zellpole gezogen. Bei einer Nondisjunction in der Meiose I bleiben die homologen Chromosomenpaare, in diesem Fall das Paar 21, zusammen und wandern somit gemeinsam zu einem Pol und später in dieselbe Keimzelle. Bei der Befruchtung mit einem normalen Spermium entsteht dadurch eine Zygote mit drei Chromosomen 21.

Im **Fall B** erkennt man am Bandenmuster, dass zwei der drei Chromosomen des Kindes identisch mit dem einen Chromosom des Vaters sind, und zwar in der Abbildung der väterlichen Urkeimzelle mit dem linken Chromosom 21. Das dritte Chromosom 21 mit den schwarzen Banden stammt von der Mutter. Die Tatsache, dass zwei Chromosomen des Kindes identisch mit einem Chromosom des Vaters sind, ist als Beweis für eine Nondisjunction während der Meiose II des Vaters zu deuten. Beim normalen Verlauf der Anaphase II trennen sich die Schwesterchromatide eines jeden Chromosoms am Centromer und bewegen sich zu entgegengesetzten Zellpolen.

Nicht zu verwechseln: Bei der Meiose I trennen sich die homologen Chromosomenpaare (beide sind Zwei-Chromatid-Chromosomen). Bei der Meiose II befinden sich in der Metaphase II an der Äquatorialebene einzelne Chromosomen (ebenfalls als Zwei-Chromatid-Chromosomen) und keine Chromosomenpaare.

Eine fehlerhafte Trennung bezüglich Chromosom 21 führt dazu, dass eines der daraus resultierenden Spermien beide Chromatiden von Chromosom 21 trägt. Ähnlich wie beim Fall A führt diese fehlgeschlagene Trennung bei der Befruchtung dazu, dass die Zygote dreimal das Chromosom 21 besitzt, in diesem Fall zweimal vom Vater und einmal von der Mutter.

4 *Zur Lösung dieser Aufgabe müssen Sie Fakten aus unterschiedlichen Quellen (Material 1, 2 und 3) auswerten und in einem neu zu erschließenden Kontext zusammenführen.*

Material 2 veranschaulicht das Zusammenspiel zweier Enzyme: Katalase (CAT) und Peroxiddismutase (SOD). SOD wandelt für den Körper gefährliche Sauerstoffradikale ins ebenfalls für die Zellen schädliche Wasserstoffperoxid (Wasserstoffperoxid ist ein starkes Oxidationsmittel). CAT spaltet jedoch im nächsten Schritt durch eine katalytische Reaktion Wasserstoffperoxid in Wasser und Sauerstoff, womit das potenziell schädliche Wasserstoffperoxid zum Schutz des Organismus fortwährend entfernt wird.
Die Kinder in Material 1 mit Trisomie 21 haben eine bezüglich dieser Vorgänge nicht ausbalancierte Enzymproduktion. Grund dafür ist, dass sich das Gen SOD1 für SOD auf dem Chromosom 21 befindet und somit in jeder Körperzelle dreifach vorhanden ist, während das für CAT kodierende Gen von einer solchen Anomalie nicht betroffen ist, da es sich auf dem Chromosom 11 befindet und demnach in jeder Körperzelle zweimal vorhanden ist.
Aufgrund dieser genetischen Ausstattung kommt es dazu, dass die Konzentration an SOD um bis zu 50 % erhöht ist und es entsteht mehr Wasserstoffperoxid pro Zeiteinheit als CAT spalten kann: Die Konzentration von Wasserstoffperoxid steigt, damit einhergehend kommt es zur Schädigung der Zellen und daraus resultiert womöglich ein vorzeitiges Altern der Kinder in Material 1.

5 *Zur Lösung dieser Aufgabe müssen Sie einen Sachverhalt (die Stilllegung des X-Chromosoms, Material 4) in einen neuen Kontext (die Entwicklung einer Hypothese zu einem möglichen Einsatz von XIST bei Menschen mit Trisomie 21) übertragen.*

Frauen besitzen in ihren Körperzellen zwei X-Chromosomen. Wären beide Geschlechtschromosomen aktiv, würden Frauen (XX) für eine Reihe von Enzymen höhere Konzentrationen aufweisen als Männer (XY). Da bei Frauen ein X-Chromosom in der frühen embryonalen Entwicklung inaktiviert wird, ist das jedoch nicht der Fall. Hinter diesem Vorgang steht ein Gen: das X-Inaktivierungsgen (XIST). Dieses Gen bewirkt, dass die Gene des einen Geschlechtschromosoms nicht mehr abgelesen werden, weil es dicht von Proteinen umgeben ist.

Hypothese:
Menschen mit Trisomie 21 besitzen in ihren Körperzellen das Chromosom 21 in dreifacher Ausführung. Man könnte versuchen, durch Einsatz von XIST ein Chromosom 21 zu inaktivieren, wodurch der Spiegel des Enzyms SOD auf ein normales Level sinken würde.

Grundkurs Biologie (Berlin): Abituraufgaben 2019
Aufgabe B: Ökologie und Nachhaltigkeit

Thema: Tomatenfisch

Süßwasserfische und Tomaten gleichzeitig in einem geschlossenen System aufwachsen zu lassen, das ist Wissenschaftlern vom Berliner Leibniz-Institut für Gewässerökologie und Binnenfischerei (IGB) gelungen. Das „Tomatenfisch-Projekt" setzt sich zum Ziel, Nahrungsmittel ökologisch nachhaltig herzustellen.

Abb. 1: Logo des Tomatenfisch-Projekts
© *Leibniz-Institut für Gewässerökologie und Binnenfischerei (IGB)*

Aufgaben

1 Geben Sie die Definitionen für die Begriffe Produzenten, Konsumenten und Destruenten an. Ordnen Sie die Lebewesen aus dem Tomatenfisch-Projekt zu. 12

2 Stellen Sie die Abhängigkeit des *Tilapia*-Fisches von der Temperatur in einem beschrifteten Diagramm dar. Erklären Sie die Ursachen für den Kurvenverlauf. 12

3 Erläutern Sie den Zusammenhang zwischen den Stoffwechselvorgängen der Bakterien und dem Wachstum der Tomaten innerhalb des Tomatenfisch-Projekts. 6

4 Begründen Sie die dargestellten zwei Möglichkeiten der Ertragssteigerung bei Tomatenpflanzen im Gewächshaus. 10

5 Beurteilen Sie das Tomatenfisch-Projekt hinsichtlich seines Verbrauchs an Ressourcen. 10

Material 1: Anlage des Tomatenfisch-Projekts

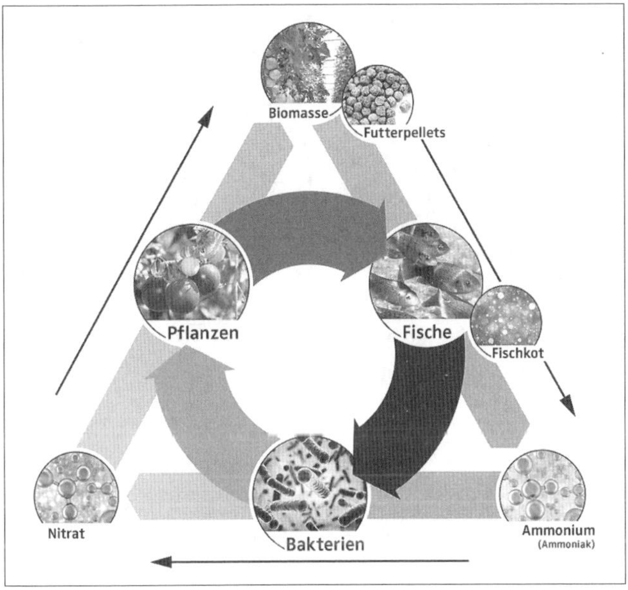

Abb. 2: Lebewesen im Tomatenfisch-Projekt
Quelle: obs/Aquaponik Manufaktur GmbH

Die Fischzucht in Aquakultur und der Anbau von Tomatenpflanzen in einer Nährlösung werden in einem Gewächshaus bei fast gleichbleibender Temperatur von 27 °C miteinander verbunden.

Der Kreislauf beginnt mit der Aufzucht des *Tilapia*-Fisches in großen Wasserbecken. Das Futter wird in Form von Pellets vorrangig aus organischen Abfällen hergestellt. Das von den *Tilapia*-Fischen durch ihre Kiemen ausgeschiedene Kohlenstoffdioxid sammelt sich in den Wasserbecken an und gelangt größtenteils von dort aus in die Luft des Gewächshauses. Über die Kiemen, den Kot und Urin scheiden die Fische stickstoffhaltige Verbindungen aus, die sich im Wasser anreichern. Dieses Wasser wird für den Anbau der Tomatenpflanzen genutzt. Da sie die stickstoffhaltigen Exkremente der Fische nicht direkt aufnehmen können, wird das Wasser vorher biologisch gereinigt, indem es zunächst von größeren Partikeln befreit und anschließend durch einen Biofilter geleitet wird. Dort entsteht durch Stoffwechselvorgänge der Bakterien die Nährlösung für die in Wasserrinnen wurzelnden Tomatenpflanzen. Das durch die Pflanzen verdunstete Wasser gelangt in die Gewächshausatmosphäre, wird aufgefangen und in der Aquakultur-Anlage erneut verwendet. Sie benötigt täglich zusätzlich 3 % Frischwasser. Die gesamte Anlage wird mit Photovoltaik betrieben.

Material 2: Süßwasserfisch *Tilapia*

Der Fisch *Tilapia* gehört zur Famile der Buntbarsche *(Cichliden)*. Er kommt ursprünglich aus subtropischen und tropischen Gebieten, wo er in Seen lebt.
Der ausgewachsene *Tilapia*-Fisch besitzt eine Größe von 30–40 cm und kann ein Körpergewicht von ungefähr 4 kg erreichen. Der *Tilapia* ist ein Allesfresser. Er ist äußerst kälteempfindlich und stellt bei unter 8 °C Wassertemperatur sein Wachstum ein. Wenn das Wasser noch kälter wird, stirbt er. Der bevorzugte Temperaturbereich reicht von 20 °C bis 30 °C, wobei er bei 27 °C am schnellsten wächst. Eine Temperatur von über 40 °C ist für ihn tödlich.

Abb. 3: Einige Monate alte und zum Verzehr geeignete *Tilapien*
Quelle: Aodaodaod/Dreamstime.com

Material 3: Bakterien im Biofilter

Im Biofilter befinden sich die aerob lebenden Bakterien *Nitrosomonas* und *Nitrobacter*, die unter den im Gewächshaus herrschenden Temperaturen eine hohe Stoffwechselaktivität zeigen.

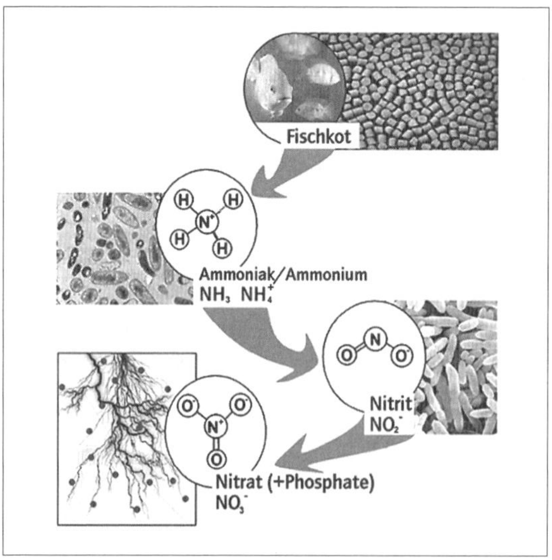

Abb. 4: Stoffwechselvorgänge der Bakterien innerhalb des Biofilters
Quelle: © Stephan Senfberg

Material 4: Ertragssteigerung bei Tomaten

Um die Erträge bei Tomatenpflanzen zu steigern, gibt es verschiedene Möglichkeiten: Die Tomatenpflanzen und ihre Früchte wachsen und reifen im Gewächshaus schneller, wenn sie zusätzlich zum natürlichen Sonnenlicht und bei ungünstigen Lichtverhältnissen mit roten und blauen LED-Lampen bestrahlt werden. LED-Lampen sind zurzeit das leistungsstärkste Leuchtmittel, das sichtbares Licht in unterschiedlichen Farben und damit in unterschiedlichen Wellenlängen ausstrahlt.

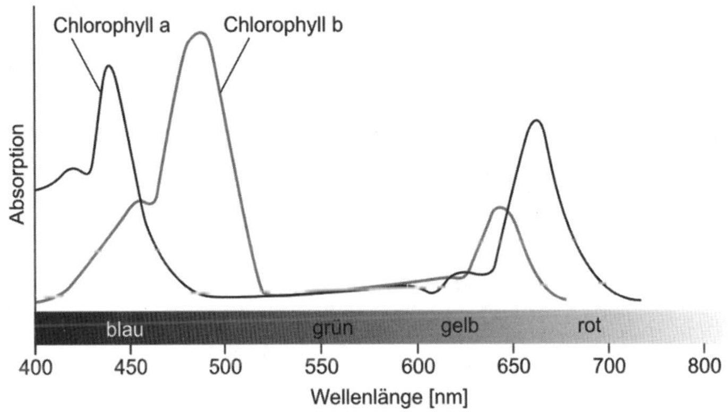

Abb. 5: Absorptionsspektren des Chlorophylls a und b im Bereich des sichtbaren Lichts

Außerdem hat man festgestellt, dass die Tomatenpflanzen im Gewächshaus mit mehr Fischen besser wachsen als mit weniger.
Die atmosphärische Luft enthält ca. 0,04 % Kohlenstoffdioxid.

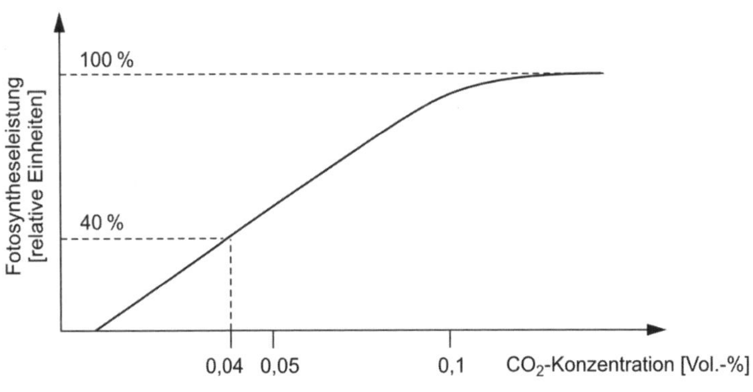

Abb. 6: Abhängigkeit der Fotosynthese von der CO_2-Konzentration

Lösungsvorschläge

1 *Bei dieser Aufgabe sollen die gängigen Definitionen für die Trophiestufen in einem Ökosystem unter Verwendung von Fachbegriffen angeführt werden.*

Produzenten sind autotrophe Organismen, die mithilfe von Licht aus anorganischen Stoffen organische Stoffe (Biomasse) aufbauen (Fotosynthese betreiben). Hierzu zählen alle grünen Pflanzen und Cyanobakterien, die aufgrund ihrer Fotosyntheseaktivität als fotoautotroph bezeichnet werden.
Im vorliegenden Fall: **Tomatenpflanze**

Neben den fotoautotrophen Organismen gibt es auch chemoautotrophe Organismen. Diese gewinnen ihre Energie aus der Oxidation anderer anorganischer Substanzen. Hierzu zählen beispielsweise Schwefelbakterien oder nitrifizierende Bakterien. Diese spielen bei Aufgabe 3 eine Rolle.

Konsumenten sind heterotrophe Organismen, die sich von energiereichen, organischen Stoffen ernähren und diese zur Energiegewinnung nutzen (Zellatmung).
Im vorliegenden Fall: **Tilapia-Fisch**

Man kann zudem zwischen Konsumenten 1. Ordnung (Herbivore), Konsumenten 2. Ordnung (Carnivore) und weiteren unterscheiden.

Destruenten sind heterotrophe Organismen, die sich von den organischen Ausscheidungsprodukten von Lebewesen und der Biomasse toter Organismen ernähren und diese zu anorganischen Stoffen abbauen. Diese stehen nun wieder den Produzenten zur Verfügung.
Im vorliegenden Fall: **Bakterien**

2 *Wichtig bei der Erstellung einer Toleranzkurve ist die saubere Anfertigung mithilfe eines Lineals und korrekter und gleichmäßiger Einteilung der Einheiten sowie die Beschriftung der Achsen. Die y-Achse können Sie mit Intensität der Lebensvorgänge oder Vitalität beschriften. Beachten Sie, dass diese Achse keine Einteilung und in der Regel keine Maßeinheiten aufweist. Durch die Beschreibung wird deutlich, dass das Minimum bei 8 °C liegt, da ein Unterschreiten dieser Grenze den Tod des Fisches zur Folge hat. Das Präferendum (Vorzugsbereich) liegt bei 20–30 °C. Das Optimum ist bei 27 °C und das Maximum bei 40 °C.*

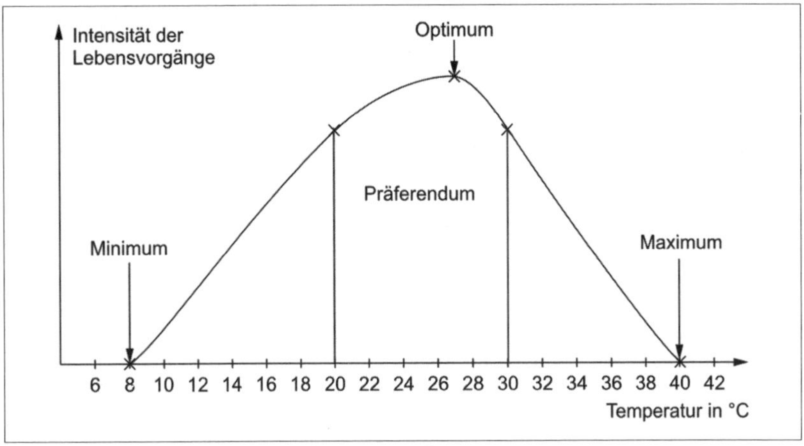

Erklärung:
Um den Kurvenverlauf zu erklären, muss man berücksichtigen, dass der Fisch *Tilapia* und Fische im Allgemeinen ektotherme Organismen sind. Das bedeutet, dass sie von der Wassertemperatur abhängig sind, da diese ihre Körpertemperatur bestimmt. Somit sind auch die Stoffwechselvorgänge und die dabei beteiligten Enzyme im Körper der Fische von der Wassertemperatur abhängig. Steigt diese, erhöht sich also auch die Stoffwechselrate. Dies beruht auf der RGT-Regel (Reaktions-Geschwindigkeit-Temperatur-Regel), die besagt, dass chemische Reaktionen bei höherer Temperatur schneller ablaufen. Unter 8 °C Wassertemperatur ist es für den Tilapia-Fisch zu kalt, er stellt sein Wachstum ein. Danach greift die RGT-Regel: Die Intensität der Lebensvorgänge nimmt mit steigender Temperatur zu. Die Enzyme des *Tilapia*-Fisches scheinen bei einer Temperatur von 27 °C optimal zu arbeiten. Hier ist also das Optimum. Danach nimmt die Intensität der Lebensvorgänge bis 40 °C ab. Bei einer Überschreitung dieser Temperatur denaturieren die Enzyme, was den Tod des Fisches herbeiführt.

Wichtig ist hier der Begriff der Ektothermie in Abgrenzung zur Endothermie. Ektotherme Lebewesen (Fische, Reptilien, Insekten usw.) sind von ihrer Umgebungstemperatur abhängig, endotherme regulieren ihre Körpertemperatur selbst (Säugetiere, Vögel). Dieses Begriffspaar sollte nicht mit den Begriffen poikilotherm und homoiotherm verwechselt werden. Diese beiden Begriffe beschreiben die Schwankung der Körpertemperatur bei Lebewesen. Homoiotherme Organismen zeigen geringe Schwankungen, meist aufgrund von Endothermie. Poikilotherme hingegen zeigen hohe Schwankungen, die häufig, aber nicht ausschließlich durch Ektothermie zu erklären sind.

3 *Die Aufgabe bezieht sich auf den Stickstoffkreislauf. In dem Projekt wird der natürliche Stickstoffkreislauf mit den beteiligten Bakterien modellhaft nachgebildet, wie das Fließschema in der Abbildung (Material 3) aufzeigt. Hieraus können die wichtigsten Informationen abgeleitet werden.*

Fische scheiden die stickstoffhaltigen Verbindungen Ammoniak (NH_3) bzw. Ammonium (NH_4^+) aus.

Anders als Säugetiere scheiden Fische keinen Harnstoff, sondern Ammoniakverbindungen aus.

Diese können von Pflanzen jedoch nicht direkt für ihr Wachstum genutzt werden. Ammoniak wird von den *Nitrosomonas*-Bakterien zu Nitrit (NO_2^-), einer anderen stickstoffhaltigen Verbindung umgewandelt. Diesen Prozess bezeichnet man als Ammoniakoxidation. Das so entstandene Nitrit wird in einem nächsten Schritt von *Nitrobacter*-Bakterien zu Nitrat (NO_3^-) weiter oxidiert. Nitrat ist eine wichtige Stickstoffverbindung für Pflanzen. Das Nitrat wird den Pflanzen zugeführt (Prinzip der Düngung). Nehmen die Pflanzen das Nitrat über die Wurzeln auf, können sie so mit dem Aufbau von körpereigenen Stoffen (vornehmlich Proteinen) beginnen. Dies fördert ihr Wachstum.

4 *Die Ertragssteigerung setzt ein effizientes Wachstum der Tomatenpflanzen voraus. Dies wiederum ist nur durch eine hohe Fotosyntheserate möglich. In dieser Aufgabe des AB II sollen daher zwei Faktoren angeführt werden, die die Fotosyntheseleistung der Tomatenpflanzen erhöhen. Konkrete Informationen dazu finden Sie in Material 4.*

Faktor Licht:
Lichtenergie ist Grundvoraussetzung für die Fotosynthese. Die Farbstoffe Chlorophyll a und b sind entscheidend für diesen Prozess. Diese haben ihr Absorptionsmaximum bei den Wellenlängen um 440 nm (Chlorophyll a) und 480 nm (Chlorophyll b) und um 670 nm (Chlorophyll a) sowie 650 nm (Chlorophyll b); dies entspricht den Farben blau und rot, wie der Abb. 5 zu entnehmen ist. Durch die eingesetzten LED-Lampen werden genau diese Wellenlängen den Pflanzen zur Verfügung gestellt. Dies führt zu einer gesteigerten Fotosyntheseleistung und somit zu stärkerem Wachstum und zur Ertragssteigerung.

Faktor CO_2:
Da der Ausgangsstoff für die Fotosynthese CO_2 ist (vgl. auch die Grundgleichung: $6\ CO_2 + 6\ H_2O \rightarrow C_6H_{12}O_6 + 6\ O_2$), wirkt sich die Konzentration direkt proportional auf die Fotosyntheseleistung aus, wie Abb. 6 zu entnehmen ist. Wird nun die Anzahl der Fische (geben CO_2 bei Atmung ab) erhöht, steigert das die Kohlenstoffdioxidkonzentration im Gewächshaus. Dies ermöglicht eine höhere Fotosyntheseleistung der Pflanzen und eine erhöhte Stärkesynthese. So können die Tomatenpflanzen ein höheres Wachstum aufweisen und der Ertrag kann gesteigert werden.

5 *Diese Aufgabe des AB III fordert einen zusammenhängenden Fließtext, in dem Aspekte aller Materialien berücksichtigt und argumentativ schlüssig dargelegt werden sollten. Hier sind viele Lösungsmöglichkeiten denkbar.*

Um den Verbrauch von Ressourcen zu beurteilen, kann man verschiedene Aspekte wie Energiebedarf, Wasserverbrauch und Düngemittelbedarf betrachten. Der **Energiebedarf** ist durch eine im gesamten Prozess konstante Umgebungstemperatur von 27 °C vergleichsweise gering. Der Einsatz von Photovoltaik ermöglicht emissionsfreien Energiegewinn, der Ausstoß von CO_2 wird vermieden. LED-Lampen sind zudem umweltschonender als Glühlampen und beanspruchen in der Produktion weniger Ressourcen.
Ein geringer **Wasserverbrauch** wird durch den geschlossenen Wasserkreislauf gewährleistet, der Frischwasserbedarf liegt bei nur 3 %.
Da die organischen Abfälle verwertet werden, ergibt sich ein geringerer **Futtermittelbedarf**. Futtermittel verursachen in der Produktion einen hohen Verbrauch an natürlichen Ressourcen (Wasser, Boden etc.).
Durch das Recycling der organischen Abfälle (Nutzung der Ausscheidungen der Fische) zu Düngemittel wird der **Düngemittelbedarf** niedrig gehalten.
Diese Faktoren reduzieren die Belastung der Umwelt und sind insgesamt als **ressourcenschonend** zu bewerten.

Grundkurs Biologie (Berlin): Abituraufgaben 2019
Aufgabe C: Evolution und Zukunftsfragen

Thema: Evolution der karnivoren Pflanzen

Einige Pflanzen haben im Laufe der Evolution eine außergewöhnliche Möglichkeit der Nährstoffversorgung entwickelt: Die Insekten fressenden Pflanzen, auch karnivore Pflanzen genannt, decken ihren Stickstoffbedarf unter anderem durch die Aufnahme von tierischen Stoffen. Über 700 Arten Insekten fangender Blütenpflanzen sind weltweit bekannt.

Abb. 1: Kannenpflanze *Nepenthes*
Quelle: Alastair Robinson/wikipedia, CC BY 3.0

Aufgaben

1 Nennen Sie jeweils drei abiotische und biotische Selektionsfaktoren. Erklären Sie die Bedeutung der abiotischen Selektionsfaktoren an je einem Beispiel bei Pflanzen. 9

2 Erklären Sie die ökologischen Beziehungen zwischen Taupflanze und Wanze. Begründen Sie die Bezeichnung der Wanzenpflanze als präkarnivore Pflanze. 11

3 Erläutern Sie die mögliche Entstehung eines typischen Merkmals der karnivoren Lebensweise bei Pflanzen mithilfe der synthetischen Evolutionstheorie. 14

4 Vergleichen Sie anhand von selbst gewählten Kriterien die karnivoren Pflanzen Taublatt und Venusfliegenfalle. 10

5 Begründen Sie, warum sich im Laufe der Evolution keine größeren, z. B. strauchartigen karnivoren Pflanzen entwickelt haben. 6

Material 1: Wanzenpflanzen als präkarnivore Pflanzen

Abb. 2: Wanze auf einer Taupflanze
Quelle: Denis Barthel/wikipedia, CC BY-SA 3.0

Verführerisch glitzernd locken die Sekrettropfen der Taupflanze *Roridula* Insekten an. Einmal gelandet, verfangen diese sich in den klebrigen Pflanzenhaaren. Der „Klebstoff" ist fast viermal so stark wie der Leim auf käuflichen Fliegenfängern. Weil sie keine Verdauungsenzyme besitzt, kann die Taupflanze allein ihre Beute nicht verwerten.

Doch sie hat einen „Untermieter": die Wanze *Pameridea roridulae*. Das räuberische Insekt ist von einer Art „Anti-Haft-Beschichtung" bedeckt. Auf langen Beinen bewegt sich die Wanze vorsichtig zwischen den Klebhaaren und saugt die gefangenen Insekten aus. Die Ausscheidungen der Wanzen werden von den Blättern der Taupflanze absorbiert und bieten ihr eine zusätzliche Stickstoffquelle. Versuche mit markiertem Stickstoff zeigten, dass Taupflanzen bis zu 70 % ihres Stickstoffbedarfs über diese Exkremente decken.
Die Wanze *Pameridea roridulae* kommt ausschließlich auf Taupflanzen vor, die deshalb im Deutschen auch Wanzenpflanzen heißen. Bei Gefahr fliehen die Wanzen in die Blattachseln, wo zahlreiche Klebhaare sie vor ihren Feinden abschirmen. Auch die Eiablage findet auf der Pflanze statt. Die Larven der Wanze halten sich vorzugsweise auf den Blüten auf und bestäuben dabei die Pflanze.

Material 2: Die Lebensweise karnivorer Pflanzen

Karnivore Pflanzen besiedeln mineralstoffarme Standorte, vor allem stickstoff- und phosphatarme Böden. Oft sind ihre Standorte zeitweise überschwemmt. Sie fangen kleine Tiere, insbesondere Insekten, mit speziellen Einrichtungen, verdauen sie und nehmen deren Abbauprodukte auf. Karnivore Pflanzen betreiben Fotosynthese. Durch die Nutzung tierischer Proteine als Stickstoffquelle ergeben sich Vorteile, die z. B. durch eine vermehrte Bildung von Blättern, Blüten und Samen sichtbar werden.
Dabei müssen karnivore Blütenpflanzen verhindern, dass sie ihre potenziellen Bestäuber verdauen. Daher werden die Blüten meist an sehr langen, blattlosen Sprossachsen gebildet, möglichst weit von den tierfangenden Fallen entfernt.
Die Fangorgane sind durchweg mehr oder weniger stark umgewandelte Blätter zu Klappfallen, Klebfallen, Saugfallen oder Gleitfallen. Die Reizung dieser Organe erfolgt entweder durch den Berührungsreiz des Beutetiers oder wird durch chemische Signale in Form von Stickstoff- und Phosphatverbindungen ausgelöst. Die Verdauung bei karnivoren Pflanzen erfolgt mithilfe von Enzymen, die über Drüsen ausgeschieden werden.

Die Bildung von Fallen ist für eine Pflanze sehr aufwendig, da Fangblätter sehr viel schlechter zur Fotosynthese geeignet sind als normale Laubblätter. Karnivore Pflanzen wachsen daher in der Regel recht langsam. An mineralstoffreichen Standorten, an denen auch viele andere Pflanzenarten zu gedeihen vermögen, werden sie durch das schnellere Wachstum der Konkurrenten oftmals verdrängt. Sie sind daher nur dort konkurrenzfähig, wo andere Pflanzen durch Mangel an Mineralstoffen nicht oder kaum wachsen können. Solche mineralstoffarmen Standorte sind etwa Moore, tropische Regenwälder oder tropische Tafelberge.
Da karnivore Pflanzen einen großen Teil ihres Mineralstoffbedarfs über die Fangblätter und nicht über die Wurzeln decken, sind diese oft spärlich ausgebildet und sehr widerstandsfähig gegen ungünstige Bodenbedingungen.
Die Fangblätter der karnivoren Pflanzen sind oft nicht so lange haltbar wie normale Laubblätter anderer Pflanzen. Die Gleitfallen sind irgendwann zu voll, Klappfallen können nicht unbegrenzt häufig ausgelöst werden, Klebfallen verunreinigen schnell mit Schmutz. Deswegen müssen tierfangende Blätter häufig neu gebildet werden und die Verdauungsenzyme und „Klebstoffe“ müssen ständig nachproduziert werden.

Material 3: Beispiele für die Entwicklung karnivorer Pflanzen

Aus Fossilien und Pollenanalysen konnte man feststellen, dass die komplizierten Klappfallen der Venusfliegenfalle ca. 100 Millionen Jahre für ihre Entwicklung benötigt haben. Sehr wahrscheinlich haben sich die karnivoren Pflanzen aus normalen Pflanzen entwickelt, bei welchen sich bereits bestehende Fähigkeiten wie Bewegung, Sekretabgabe und Nährstoffaufnahme über die Blätter verstärkten und weiterentwickelten. Bei den Blütenpflanzen ist die karnivore Lebensweise fünfmal unabhängig voneinander entstanden.

Beispiele für rezente Arten:

Das Taublatt *Drosophyllum lusitanicum* besitzt Drüsen, die klebrige Sekrete produzieren. Der rötliche Fangschleim lockt die Insekten an und enthält Verdauungsenzyme. Das Taublatt ist eine passive Klebfalle, d. h. die Blätter und Tentakel bewegen sich beim Beutefang nicht.

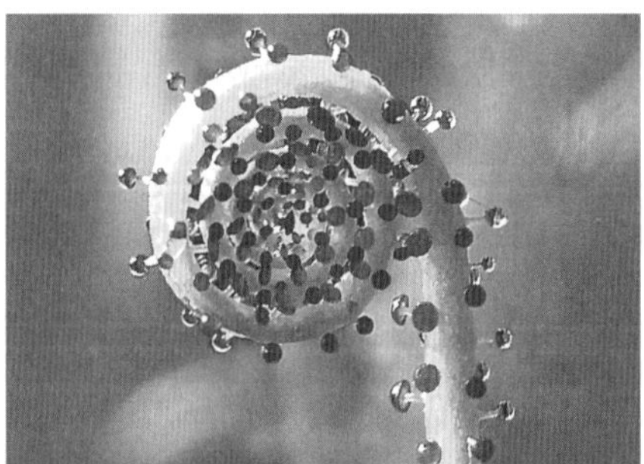

Abb. 3: Taublatt
Quelle: Sylvain Bezy/wikipedia, CC BY-SA 4.0

Beim Sonnentau *Drosera* bilden die Klebdrüsen auch Verdauungsenzyme. Bei den einzelnen Arten sind die Fangblätter unterschiedlich stark beweglich. Die Sonnentauart *Drosera capensis* beispielsweise kann seine Beute durch Ausrichten seiner Tentakel nahezu vollständig einschließen. An den Klebtentakeln sind einfache Erregungsleitungen zu beobachten.

Abb. 4: Sonnentau
© *Nicram Sabod/Shutterstock.com*

Im Laufe ihrer Evolution hat die Venusfliegenfalle *Dionaea muscipula* aktive Klappfallen entwickelt, um an fleischhaltige Beute zu kommen.
Die Falle schnappt erst bei der zweiten Berührung zu – aber nur, wenn diese maximal 30 Sekunden nach der ersten erfolgt. Spezielle Gewebe konzentrieren die Bewegungsfähigkeit auf die Mittelrippe des Blattes. Über Erregungsleitungsbahnen werden diese extrem schnellen Bewegungen ermöglicht.

Abb. 5: Venusfliegenfalle
Quelle: Joe MiGo/wikipedia, CC BY-SA 3.0

Weitere Materialgrundlagen (Texte M 1 bis M 3):
Homann, W.; Grotjohann, N. (2010): Karnivorie – Beutefang bei Pflanzen, in Unterricht Biologie
355129.70.49/nawi/lernprogramme/Carnivore
http://www.spektrum.de/lexikon/biologie/carnivor-pflanzen/12320
http://www.ard.de/home/wissen/Fleischfressende_Pflanzen/1465594/index.html

Lösungsvorschläge

1 *Die Aufgabe enthält die Operatoren „nennen“ und „erklären“. Zunächst sollen biotische Selektionsfaktoren lediglich aufgezählt werden. Hier kommt es darauf an, sich auf Wechselbeziehungen zwischen Lebewesen zu beziehen, die einen spezifischen Selektionsdruck auf Arten ausüben (daher sind unten sowohl die Wechselbeziehungen als auch die Fachbegriffe für die Organismen, die an diesen beteiligt sind, genannt). Für den zweiten Teil (abiotische Selektionsfaktoren) ist eine Erklärung wichtig, wobei auf Grundlagenwissen aus dem Unterricht zurückgegriffen werden sollte. Es sollten chemische oder physikalische Faktoren berücksichtigt werden, die einen Selektionsdruck ausüben.*

biotische Selektionsfaktoren *(nur drei verlangt)*:
- Konkurrenz (interspezifisch wie auch intraspezifisch), Konkurrenten
- Parasitismus, Parasiten
- Nahrungsbeziehungen, Fressfeinde
- Sexualpartner (sexuelle Selektion)

abiotische Selektionsfaktoren *(nur drei verlangt)*:
- Wasser
- Licht
- Mineralstoffe im Boden
- Temperatur

Bedeutungen:
Wasser ist für Pflanzen zum Leben entscheidend, sie benötigen es zum Beispiel für die Fotosynthese, für den Transport und auch zum Aufrechterhalt des Zellinnendrucks. Besonders in trockenen Gebieten, wie Wüsten, ist Wasser ein Selektionsfaktor. Typische Angepasstheiten daran stellen die Blätter der Sukkulenten dar. Zum Beispiel dienen die Blätter von *Aloe vera* als Wasserspeicher.

Licht wirkt als Selektionsfaktor, da es Voraussetzung für die Fotosynthese ist. Ein Beispiel sind Frühblüher wie das Buschwindröschen *(Anemone nemorosa)* im Laubwald. Sie blühen vor Austreiben der Laubblätter der Bäume, wenn noch Licht den Waldboden erreicht.

Als alternatives Beispiel könnte man auch die C3-, C4- bzw. CAM-Pflanzen, die durch spezielle Änderungen in ihrem Stoffwechselweg Licht optimal nutzen können, nennen.

Mineralstoffe im Boden sind ein weiterer wichtiger Selektionsfaktor. So haben Pflanzen im Laufe der Evolution verschiedene Strategien entwickelt, um optimal mit Mineralstoffen versorgt zu sein. Auf stickstoffarmen Böden haben Pflanzen einen Selektionsvorteil, wenn sie nicht nur über den Boden Stickstoff aufnehmen können, sondern eine weitere Quelle nutzen. Ein Beispiel sind hier die karnivoren Kannenpflanzen *(Nepenthes)*.

2 *Die Definition von Symbiose setzt Grundlagenwissen aus dem Unterricht voraus. Informationen zum Beispiel Taupflanze finden Sie in Material 1. Diese müssen Sie in die Antwort integrieren.*

Bei der Wechselbeziehung zwischen Taupflanze und Wanze handelt es sich um eine **Symbiose**. Definitionsgemäß setzt die Symbiose auf der einen Seite einen **nachweisbaren Vorteil** für beide an ihr beteiligten Organismen (Symbionten oder Symbiosepartner) voraus und auf der anderen Seite die **enge räumliche Nähe**. Beide Aspekte sind hier erfüllt.

Vorteile für die Taupflanze:
- Nutzung der Ausscheidung der Wanze als Stickstoffquelle
- Bestäubung durch die Larven der Wanze

Vorteile für die Wanze:
- Insekten, die sich in den Klebhaaren der Pflanze verfangen, dienen der Wanze als Nahrungsquelle
- Klebhaare bieten der Wanze Schutz vor Feinden
- Pflanze bietet einen geschützten Ort zur Eiablage und Larvenentwicklung

Die Wanzenpflanze ist als **präkarnivore Pflanze** zu bezeichnen, da sie durch ihre Klebhaare zwar in der Lage ist, Insekten zu fangen, diese jedoch nicht verdauen kann, da sie keine entsprechenden Organe bzw. Enzyme besitzt. Daher ist sie abhängig von den Wanzen und somit als eine Vorstufe der karnivoren (vgl. prä- lat. *vor*) Pflanzen zu bezeichnen.

3 *Hier müssen Sie auf das im Unterricht erworbene Wissen hinsichtlich der synthetischen Evolutionstheorie zurückgreifen. Material 2 und 3 bieten hilfreiche Informationen. Sie müssen nur ein typisches Merkmal der karnivoren Lebensweise bei Pflanzen für Ihre Ausführung heranziehen. Im Folgenden werden die Verdauungsenzyme gewählt, auch andere (z. B. Klappfallen) sind möglich.*

Eine ursprüngliche Pflanzenpopulation ohne **Verdauungsenzyme**, die ein typisches Merkmal von karnivoren Pflanzen darstellen, zeigt eine **genetische Variabilität**. Diese Unterschiede bei den Individuen treten **zufällig** und **ungerichtet** auf. Gründe hierfür sind **Mutationen** und **Rekombinationen** bei der geschlechtlichen Reproduktion. In dieser Population kommen nun auch Individuen vor, die zufällig Verdauungsenzyme bilden können und dafür spezielle Drüsen besitzen. Dies stellt auf nährstoffreichen Böden keinen Selektionsvorteil dar, weil dies die Pflanze nur zusätzlich Energie kostet. Auf mineralstoffarmen Böden haben genau diese Pflanzen einen **Selektionsvorteil**, da sie mehr Stickstoff für die Proteinsynthese gewinnen können. Damit wirkt der Stickstoffgehalt als **abiotischer Selektionsfaktor** und übt einen **Selektionsdruck** auf die Population aus (gerichtete Selektion). Können die Pflanzen Verdauungsenzyme bilden, ist es ihnen möglich, gefangene Insekten auch zu verdauen. Sie nutzen effizient eine Stickstoffquelle und haben eine **höhere relative Fitness**. Durch diesen Selektionsvorteil zeigen sie eine erhöhte Fitness und somit einen **höheren Reproduktionserfolg**. Letztendlich erreicht das

Merkmal Verdauungsenzyme durch **Weitergabe der Erbanlagen** (Gene) die Folgegenerationen. Es kommt zu einem Wandel der Art.

4 *Wichtig zur Lösung dieser Aufgabe des AB II ist, dass bei einem Vergleich sowohl Gemeinsamkeiten als auch Unterschiede dargestellt werden müssen. Als Darstellungsform eignet sich eine Tabelle.*

Vergleich zwischen	**Taublatt**	**Venusfliegenfalle**
Gemeinsamkeiten	Beide bilden Sekrete und Enzyme. – Die Sekrete dienen bei beiden zum Festhalten von Insekten. – Die Enzyme dienen bei beiden der Verdauung.	
Unterschiede hinsichtlich des Fangmechanismus	passive Klebfalle: Insekten bleiben an Blättern haften	aktive Klappfalle: Fangblätter schließen sich bei haptischem Kontakt (Berührung)
Unterschiede hinsichtlich der Erregungsleitung	nicht vorhanden	sehr schnell, durch spezielle Gewebe beschleunigt

5 *Beachten Sie, dass es für diese typische Aufgabe des AB III nur eine relativ geringe BE-Zahl gibt. Ihre Ausführungen sollten also nicht zu ausführlich sein.*

Strauchartige Pflanzen bzw. größere Pflanzen benötigen zum Erreichen ihrer Wuchshöhe mehr Energie und eine effizientere Versorgung mit Nährstoffen. Karnivore Pflanzen sind aus den folgenden Gründen in ihrem Wachstum limitiert, sodass sich in der Evolution keine größeren karnivoren Pflanzen bilden konnten:

- Karnivore Pflanzen kommen vor allem auf mineralstoffarmen Böden vor. Der Stickstoffmangel kann auch durch die verdauten Insekten nicht komplett ausgeglichen werden. Dies wird besonders dadurch deutlich, dass an mineralstoffreichen Standorten andere Pflanzen dominieren, da sie offensichtlich effizienter Stickstoffverbindungen nutzen können und damit konkurrenzstärker sind.
- Die Fangblätter karnivorer Pflanzen betreiben weniger effizient Fotosynthese als andere Laubblätter. Daher haben karnivore Pflanzen weniger Energie zur Verfügung.
- Fangblätter müssen häufig erneuert werden; dies kostet zusätzliche Energie und limitiert daher die Energieressourcen für Wachstum in die Höhe.

Leistungskurs Biologie (Berlin): Abituraufgaben 2019
Aufgabe A1: Physiologische Grundlagen ausgewählter Lebensprozesse

Thema: Untersuchungen an Axonen

Grundlegende Erkenntnisse zur Funktionsweise von Synapsen gewann man vor allem durch Untersuchungen an Axonen von wirbellosen Tieren. So setzt man beispielsweise einen elektrischen Reiz an einem Axon und untersucht die Reaktionen an Axon und Synapse.

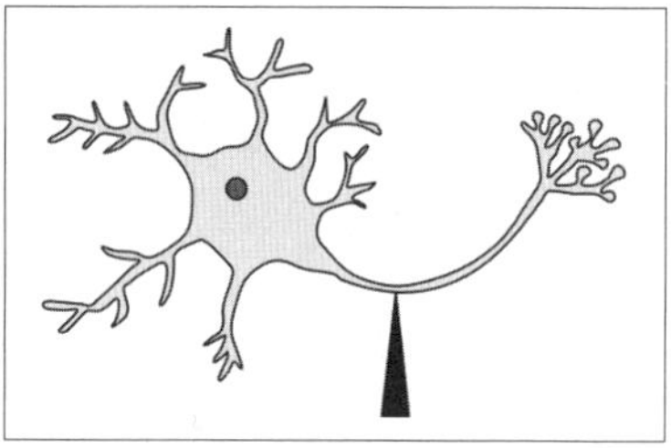

Abb. 1: Reizsetzung am Neuron

Aufgaben

1 Stellen Sie die Entstehung und Aufrechterhaltung des Ruhepotenzials am Axon dar. 11

2 Geben Sie die Reaktionen des Axons auf die in der Abb. 2 dargestellten unterschiedlichen Reizungen an und erklären Sie diese. 12

3 Werten Sie die Versuche zum Spannungsverlauf nach Reizung eines Flusskrebs-Riesenaxons aus. 13

4 Beschreiben Sie die Spannungsverläufe an der postsynaptischen Membran nach Zugabe von Conotoxin A und B.
Erklären Sie den Kurvenverlauf im Versuch 1 und ordnen Sie ihn begründet der Reaktion der Beutetiere auf diese Gifteinwirkung zu. 8

5 Entwickeln Sie zwei begründete Hypothesen zum Wirkungsmechanismus von Conotoxin B. 6

Material 1: Untersuchung an Axonen

Auf elektrische Reizungen können Axone, je nach Art der Reizung, ganz unterschiedlich reagieren. Sowohl die angelegten Reizspannungen als auch die Reaktionen der Axone hierauf können auf einem Oszilloskop sichtbar gemacht werden. Die Abbildung 2 zeigt Reize, welche in einem Laborversuch auf ein Axon in unterschiedlicher Stärke und mit unterschiedlicher Dauer einwirken. Die Reaktionen des Axons sind nicht dargestellt.

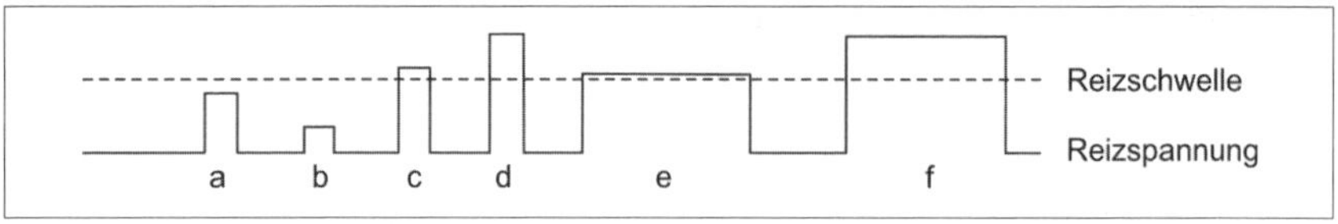

Abb. 2: Einwirkung von Reizen unterschiedlicher Stärke (y-Achse) und Dauer (x-Achse) auf ein Axon

Quelle: Jungbauer, Wolfgang (Hrsg.): Aufgabenhandbuch Biologie, Band 6, Aulis-Verlag, Düsseldorf 2013

Material 2: Einfluss des Außenmediums auf die Bildung von Aktionspotenzialen

In einem neurophysiologischen Labor wurde der Einfluss des Außenmediums auf die Bildung von Aktionspotenzialen untersucht. Aktionspotenziale wurden ausgelöst am Riesenaxon eines Flusskrebses, wobei dieses bei jeder Messung einer anderen Na^+-Konzentration ausgesetzt wurde. In der Abbildung 3 ist der Verlauf der Aktionspotenziale bei verschiedenen Außenkonzentrationen von Na^+ wiedergegeben. Der physiologische „Normalwert" liegt bei ca. 205 mMol/L Na^+.

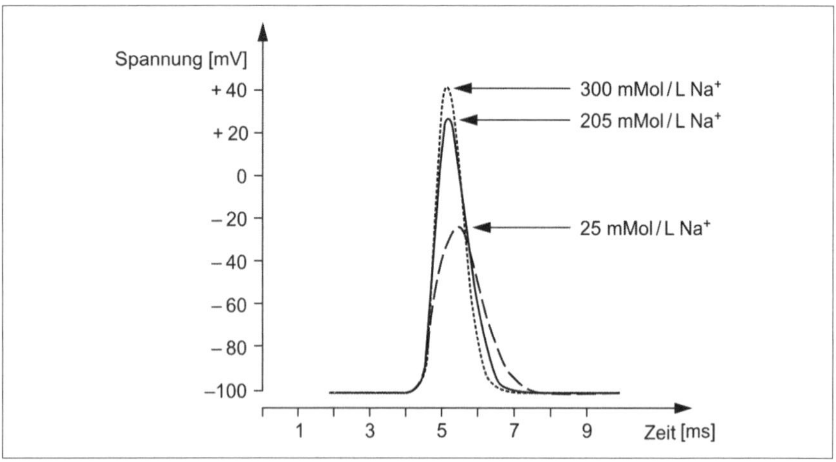

Abb. 3: Spannungsverlauf nach Reizung eines Flusskrebs-Riesenaxons in Abhängigkeit von der Na^+-Außenkonzentration

Quelle: Jungbauer, Wolfgang (Hrsg.): Aufgabenhandbuch Biologie, Band 6, Aulis-Verlag, Düsseldorf 2013

Material 3: Gifte der Kegelschnecken

Nicht nur Schlangen, Spinnen und Frösche produzieren Gifte, auch Weichtiere setzen hochwirksame „Giftcocktails“ ein. Die Kegelschnecken der Gattung *Conus* besiedeln hauptsächlich Korallenriffe tropischer Meere. Sie erlegen ihre Beute (Würmer, Schnecken, kleine Fische) mit Giftpfeilen, die sie aus einem röhrenförmigen Schlundfortsatz abschießen. Die Gifte der Kegelschnecken sind relativ kleine basische Peptide, die auch als Conotoxine bezeichnet werden. Sie lassen das Opfer in zahllosen Muskelkrämpfen erstarren oder lähmen es in Sekundenschnelle und geben der Kegelschnecke Zeit, es in den großen Schlund zu ziehen und zu verdauen.

Abb. 4: Kegelschnecke *Conus textile*
© *Paulo Oliveira / Alamy Stock Photo*

Material 4: Versuche mit Conotoxinen

Conotoxine wirken in der Synapse, sie haben unterschiedliche Wirkungen. Zwei Versuche mit Conotoxinen (Versuch 1 mit Conotoxin A, Versuche 2 mit Conotoxin B) erbrachten die in Abbildung 5 dargestellten Ergebnisse. In beiden Versuchen wurde Conotoxin in den synaptischen Spalt eines Beutetiers injiziert, anschließend das präsynaptische Axon gereizt und dann der Spannungsverlauf an der postsynaptischen Membran gemessen.

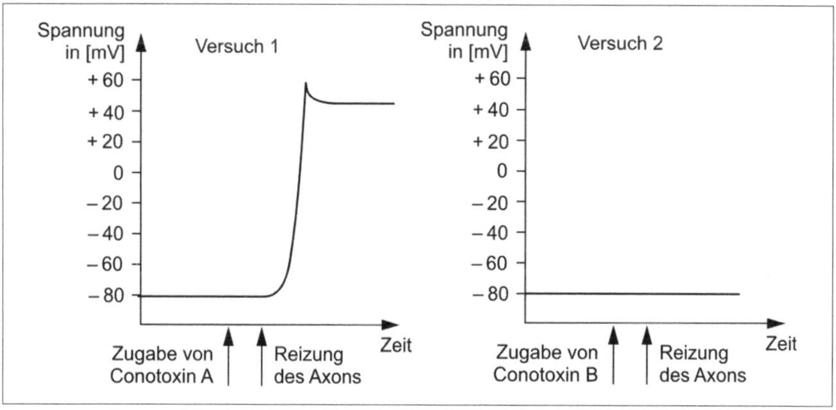

Abb. 5: Spannungsverlauf an der postsynaptischen Membran bei Zugabe von Conotoxin A und B und anschließender Reizung des Axons

Lösungsvorschläge

1 *Hierbei handelt es sich um eine Aufgabe des Anforderungsbereichs I (AFB I). Sie sollen Ihre Kenntnisse zur Entstehung und zur Aufrechterhaltung des Ruhepotenzials strukturiert wiedergeben. Die Aufgabenstellung erfordert keinen Bezug zu den Materialien.*

Membranpotenziale beruhen auf unterschiedlichen Konzentrationen von Kationen und Anionen innerhalb und außerhalb des Axons. Der Zellinnenraum und der extrazelluläre Raum werden durch eine semipermeable (auch selektivpermeable) Membran getrennt. Semipermeable Membranen sind für verschiedene Ionen unterschiedlich durchlässig bzw. undurchlässig. Im extrazellulären Raum ist die Konzentration an Natrium- und Chloridionen um ein Vielfaches höher als im Zellinneren. Innen ist hingegen die Konzentration an Kaliumionen und an organischen Anionen (A^-) viel höher als außen.

Ein Membranpotenzial ist die gemessene Spannung, wenn eine Elektrode im extrazellulären Raum liegt und die andere durch die Axonmembran gestochen wird, also innerhalb des Axons misst. Die Elektrode außen dient als Bezugselektrode und wird als Nullwert festgelegt. Für den Zellinnenraum ergibt sich in Ruhe, also in Abwesenheit von Reizen, die ein Aktionspotenzial auslösen, eine Potenzialdifferenz von –70 mV, dieses Potenzial nennt man Ruhepotenzial.

Die Entstehung des **Ruhepotenzials** kann man wie folgt erklären: Die Axonmembran besitzt Kaliumionenkanäle, durch die Kaliumionen ohne Energieaufwand diffundieren können. Die Kaliumionen treten durch diese Kanäle aufgrund des Konzentrationsgefälles zwischen Innen- und Außenmedium aus. Jedes Kaliumion, welches das Axoninnere verlässt, bedeutet eine positive Ladung weniger im Zellinneren, dadurch entsteht ein Überschuss an negativen Ladungen und somit eine Potenzialdifferenz zwischen der Innen- und der Außenseite der Membran. Dieser Überschuss an negativen Ladungen erschwert durch elektrische Anziehung zwischen entgegengesetzten Ladungen ein weiteres Austreten von Kaliumionen: Konzentrations- und Ladungsunterschied wirken demnach entgegen, sodass sich ein Gleichgewicht einstellt, sobald der Ausstrom von Kaliumionen durch das Konzentrationsgefälle und der Einstrom durch elektrische Anziehung gleich groß sind.
Das Ruhepotenzial würde sich nach und nach aber auflösen, da auch andere Ionen, wenn auch nur in geringem Maß, die Membran passieren können. Natriumionen gelangen zum Beispiel über Leckströme in den intrazellulären Raum. Aus diesem Grund wird das Konzentrationsgefälle bezüglich der Kalium- und Natriumionen unter Energieaufwendung durch eine ATP-abhängige Na^+/K^+-Pumpe aufrechterhalten. Ohne diese Pumpe würden sich die Ionenkonzentrationen langsam ausgleichen. Pro Pumpzyklus werden drei Natriumionen vom Zellinneren nach außen befördert und gegen zwei Kaliumionen ausgetauscht, die ins Zellinnere befördert werden. Die Na^+/K^+-Pumpe benötigt dafür ATP, es handelt sich also um einen aktiven Transport.

2 *Bei dieser Aufgabe sollen Sie Ihre Kenntnisse zum Aktionspotenzial auf die im Material dargestellten Fälle a bis f konkret anwenden, indem Sie die Reaktionen des Axons auf unterschiedliche Reize angeben und erklären. Anwendungsaufgaben decken den Anforderungsbereich II (AFB II) ab. Eine allgemeine Beschreibung und Erklärung des Aktionspotenzials ist hierzu nicht gefordert. Wichtig ist bei solchen Aufgaben eine möglichst genaue Auseinandersetzung mit dem Material. In diesem Fall sollen Sie die unterschiedliche Bedeutung der Höhe bzw. Breite der Reize in der grafischen Darstellung beachten. Je höher der Balken, desto stärker der Reiz. Je breiter der Balken, desto länger hält der Reiz an.*

Reize, die eine bestimmte Mindestintensität besitzen, die also überschwellig sind, lösen immer gleich hohe Aktionspotenziale (APs) aus. Eine höhere Intensität des Reizes führt also nicht zu größeren Amplituden, sondern zu einer höheren Frequenz der aufeinanderfolgenden APs (sogenannte Frequenzmodulation). Der Grund dafür ist, dass bei überschwelligen Reizen ohnehin alle spannungsgesteuerten Natriumionenkanäle geöffnet werden, sodass es zu keiner Abstufung bezüglich der Amplitude kommen kann. Dieses Prinzip wird als Alles-oder-Nichts-Gesetz bezeichnet.

Reize **a** und **b** sind in ihrer Stärke unterhalb der Schwelle, die erreicht werden muss, um ein AP auszulösen. Sie verursachen also kein AP, sondern nur eine lokale Depolarisation der Membran, die elektrotonisch weitergeleitet wird. Die Ausbreitung dieser Spannungsänderung nennt man elektrotonische Fortleitung.

Alle anderen Reize, die im Material dargestellt sind, sind überschwellig und lösen somit APs aus. Bei **d** wird die Frequenz der APs höher sein als bei **c**, da der Reiz **d** stärker als **c** ist. Die Reize **f** und **d** sind ähnlich stark, dennoch ist bei **f** eine höhere Frequenz der APs zu erwarten, weil der Reiz **f** länger als **d** anhält. Reiz **e** ist in der Intensität geringfügig schwächer als **c**, dafür ist seine Dauer länger, womit man bei **e** APs mit höherer Frequenz als bei **c** erwartet.

3 *Zur Lösung der Aufgabe müssen Sie Versuchsergebnisse erfassen, darstellen und auswerten. Dafür wenden Sie Ihre Kenntnisse zum Aktionspotenzial auf die unterschiedlichen Spannungsverläufe von Material 2 an. Obwohl die Aufgabenstellung dem Operator nach nur eine Auswertung verlangt, lässt sich eine solche Auswertung von einer beschreibenden Versprachlichung der Kurvenverläufe nicht trennen. Beachten Sie: mMol/L (ausgesprochen: „Millimol pro Liter") ist die Einheit, in der die Konzentration von Natriumionen im Außenmedium angegeben wird. Ein Millimol entspricht einem Tausendstel Mol:* $mMol = mol \cdot 10^{-3}$.

Laut dem einleitenden Text entsprechen **205 mMol/L** der normalen Natriumionen-Konzentration an der Membran. Demnach löst ein überschwelliger Reiz ein normales Aktionspotenzial (AP) aus. Man erkennt im Diagramm die Depolarisation durch den Natriumionen-Einstrom bis ca. +25 mV sowie die darauffolgende Repolarisation durch den Kaliumionen-Ausstrom auf ca. –100 mV.

Bei **25 mMol/L** erkennt man im Kurvenverlauf eine langsamere Depolarisation und zwar nur bis ca. –25 mV. Grund dafür ist die geringe Konzentration von

Natriumionen im Außenmedium, wodurch weniger Natriumionen pro Zeiteinheit einströmen können. Auch die Repolarisation dauert länger: Wegen der geringeren Potenzialdifferenz ist bei den Kaliumionen die Tendenz ebenfalls geringer, diese Spannungsdifferenz auszugleichen, womit dieser Vorgang langsamer abläuft und somit länger dauert.

Bei **300 mMol/L** steigt das AP auf +40 mV, also auf deutlich mehr als im Normalfall bei 205 mMol/L. Dies ist auf die höhere Natriumionen-Konzentration im Außenmedium zurückzuführen: Das Konzentrationsgefälle zwischen innen und außen ist größer und es sind mehr Natriumionen vorhanden, die pro Zeiteinheit einströmen können. Die Repolarisation erfolgt ebenfalls besonders schnell, weil die Potenzialdifferenz höher ist, sodass die Kaliumionen eine stärkere Tendenz haben, diese auszugleichen.

4 *Diese Aufgabe erfordert eine angemessene Beschreibung und Auswertung von Versuchsergebnissen. Das Beschreiben ist im AFB I angesiedelt, weil man lediglich die Grafik in einen beschreibenden Text „übersetzen“ muss, ohne dabei biologisches Fachwissen anzuwenden oder zu übertragen. Die darauffolgende Erklärung des Kurvenverlaufs des Versuchs 1 ist hingegen eine Leistung im AFB II, da man dafür spezifische Kenntnisse über synaptische Vorgänge anwenden muss. Beachten Sie, dass nur Versuch 1 näher erklärt werden muss. Versuch 2 muss nur beschrieben werden.*

Die Ergebnisse zweier Versuche sind als Diagramme dargestellt. Auf der y-Achse ist die Spannung und auf der x-Achse die Zeit aufgetragen.

Beschreibung Versuch 1:
Der Kurvenverlauf zeigt, dass die Zugabe von Conotoxin A zunächst keinen Einfluss auf das Potenzial von +80 mV hat (die Kurve bleibt konstant). Jedoch steigt nach der Reizung das Potenzial auf +60 mV und bleibt auf diesem Niveau, die Repolarisation bleibt aus.

Beschreibung Versuch 2:
Durch die Zugabe von Conotoxin B ändert sich bei Reizung des Axons das Potenzial nicht, es bleibt während des gesamten Versuchs konstant bei −80 mV.

Erklärung Versuch 1:
Conotoxin A verhindert offenbar die Repolarisation. Als Ursache dafür kann man annehmen, dass Conotoxin A die Acetylcholinesterase im synaptischen Spalt blockiert, indem es daran andockt und sie besetzt, sodass der Transmitter (Acetylcholin) nicht mehr gespalten werden kann. Damit steigt die Konzentration von Acetylcholin, dies führt zur Dauererregung an der motorischen Endplatte. Folge davon ist eine Dauerkontraktion der Muskeln und das damit einhergehende Erstarren des Beutetiers wegen Muskelkrämpfen. Somit kann die Beute leicht gefangen werden.

5 *Diese Aufgabe gehört dem AFB III an, da von Ihnen eine komplexe Transferleistung ohne weitere Informationen aus Materialien gefordert wird. Für das Entwickeln von zwei begründeten Hypothesen müssen Sie Ihr Wissen über Synapsen und Transmittermoleküle einsetzen und mögliche Wirkmechanismen von Conotoxin B plausibel erklären. Selbstverständlich handelt es sich um Erklärungsansätze, die fachlich überzeugend sein sollen. Ob diese dem tatsächlichen Wirkmechanismus entsprechen, ist zur Lösung der Aufgabe nicht entscheidend.*

Als **erste Hypothese** zum Wirkmechanismus von Conotoxin B wäre denkbar, dass Conotoxin B die Ausschüttung von Acetylcholin verhindert, indem es zum Beispiel die präsynaptische Membran so verändert, dass ein Verschmelzen der synaptischen Bläschen mit dieser Membran nicht mehr möglich ist. In diesem Fall wäre die Konsequenz, dass die Rezeptoren nicht besetzt werden können, womit kein erregendes postsynaptisches Potenzial (EPSP) ausgelöst werden kann. Dies würde die Lähmung des Beutetiers erklären, da seine Muskeln, auch eventuell die, die für die Atmung relevant sind, nicht mehr kontraktionsfähig sind.

Alternativ könnte Conotoxin B den ausgeschütteten Transmitter inaktivieren, beispielsweise indem es dessen Form so verändert, dass der modifizierte Transmitter nicht mehr an die Rezeptoren der postsynaptischen Membran andocken kann. Dies hätte denselben Effekt.

Als **alternative Hypothese** könnte man annehmen, dass Conotoxin B die Acetylcholin-Rezeptoren blockiert. Das hätte zur Folge, dass sich die Natriumionenkanäle der postsynaptischen Membran nicht mehr öffnen können, und so keine Potenzialänderung mehr möglich ist. Auch in diesem Fall käme es zu keinem EPSP mehr und das Beutetier wäre gelähmt.

Leistungskurs Biologie (Berlin): Abituraufgaben 2019
Aufgabe A2: Grundlagen und Anwendungsfelder der Genetik

Thema: Genetisch bedingter Kleinwuchs

Viele unterschiedliche Gene können zu Kleinwuchs führen, wenn sie durch Mutationen verändert sind. Zu den genetisch bedingten, seltenen Formen des Kleinwuchses gehören das Silver-Russel-Syndrom und das Laron-Syndrom. Von ihnen sind bisher nur wenige hundert Fälle weltweit bekannt. Wissenschaftlich interessant sind dabei die unterschiedlichen Vererbungsmuster. Manchmal gelingt der genaue Nachweis und die Abgrenzung von anderen genetisch bedingten Wachstumsstörungen erst durch gendiagnostische Maßnahmen.

Aufgaben

1 Beschreiben Sie die Rekombinationsvorgänge bei der Meiose. 10

2 Erklären Sie die Entstehung einer uniparentalen Disomie beim Silver-Russel-Syndrom unter Verwendung von beschrifteten Skizzen. 10

3 Beschreiben Sie das Prinzip der Gelelektrophorese am Beispiel eines DNA-Gemisches.
Werten Sie das Ergebnis der vorliegenden Gelelektrophorese aus. 12

4 Analysieren und begründen Sie den Erbgang für das Laron-Syndrom, indem Sie die nicht in Frage kommenden Erbgänge begründet ausschließen.
Geben Sie für die Personen 13, 14, 19 und 20 alle in Betracht kommenden möglichen Genotypen an. 10

5 Diskutieren Sie den möglichen Einsatz des Medikaments Pegvisomant zur Verlangsamung des Alterungsprozesses beim Menschen. 8

Material 1: Symptome und genetische Ursachen des Silver-Russel-Syndroms (SRS)

Die betroffenen Kinder weisen schon bei der Geburt ein verringertes Gewicht von unter 2 000 Gramm auf. Während die kognitive Leistungsfähigkeit normal bis leicht eingeschränkt ist, zeigt die Mehrzahl von ihnen neben dem Minderwuchs typische körperliche Auffälligkeiten: großer Kopf mit hoher Stirn und tiefsitzenden Ohren, Fehlstellung von Zähnen, Fingern und Zehen, eingeschränktes Hörvermögen u. a.
In ca. 10 % der Fälle ist die Ursache das Vorliegen eines mutierten Allels auf dem Chromosom Nr. 7. Die Krankheit kommt nur zum Ausbruch, wenn das mutierte Allel homozygot vorliegt. Dazu kommt es nur, wenn eine Nondisjunction (Fehlverteilung) der Chromosomen bei der Meiose II der mütterlichen Eizelle stattfindet. Hier trennen sich die Schwester-Chromatiden des Chromosoms nicht. Als Folge entstehen eine

Eizelle mit zwei identischen Chromosomen Nr. 7 und eine Eizelle ohne Chromosom Nr. 7. Bei der Befruchtung der Eizelle mit den zwei Chromosomen Nr. 7 durch eine Spermienzelle entsteht folglich eine Trisomie 7. Erstaunlicherweise kommt es nun bei der ersten Zellteilung der Zygote zu einer „Korrektur“ der Trisomie 7, indem das vom Vater stammende Chromosom Nr. 7 abgebaut wird. Als Ergebnis liegen dann zwei Tochterzellen vor, die jeweils zwei Kopien des mütterlichen Chromosoms besitzen.

Material 2: Nachweis der uniparentalen Disomie

Bei einem Säugling besteht der Verdacht auf SRS. Der Arzt empfiehlt zur Abklärung zunächst eine Labor-Untersuchung. Sowohl die Eltern als auch der Bruder und die Schwester des Säuglings sind in Bezug auf SRS gesund.
Mithilfe von DNA-Mikrosatellitenmarkern kann die elterliche Herkunft des Chromosoms Nr. 7 nachgewiesen werden. Dazu werden die Allele des betreffenden Genortes und in der Nähe liegende Mikrosatelliten zunächst durch PCR vermehrt. Menschen unterscheiden sich zu wenig in ihren Proteine codierenden Genen, um sie daran zu unterscheiden. Eine Unterscheidung gelingt aber durch den Vergleich von Mikrosatelliten-DNA. Das sind hochvariable nichtcodierende DNA-Abschnitte, in denen sich Mutationen folgenlos anreichern und die man als Bandenmuster in einer Gelelektrophorese sichtbar machen kann.
Für die betroffene Familie ergib sich das folgende Bandenmuster nach PCR und Gelelektrophorese:

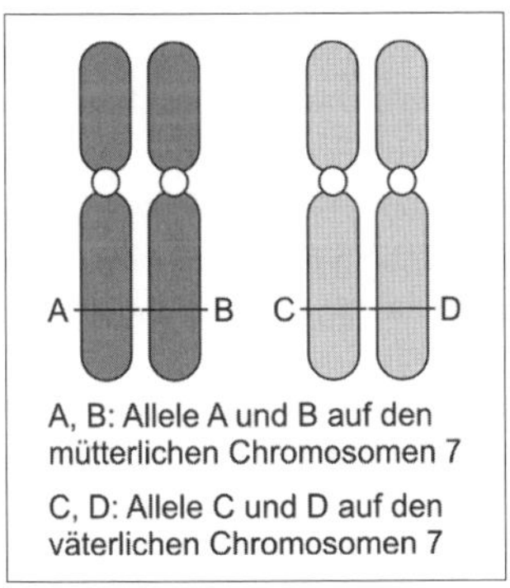

Abb. 1: Chromosomen 7

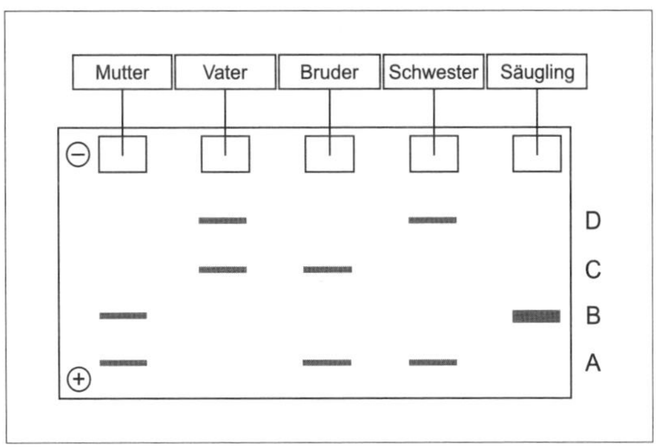

Abb. 2: Ergebnisse der Gelelektrophorese

Quelle: Jütte, M.; Pohlmann, M.; Wiechern, V.; Gröne, C.; Becker, J.: Biosphäre Sekundarstufe II Genetik, Klausurenheft, Cornelsen Verlag 2013

Material 3: Das Laron-Syndrom

Das Laron-Syndrom ist eine ebenfalls sehr seltene Erbkrankheit, es sind nur wenige hundert Fälle weltweit beschrieben. Allerdings gibt es in einer abgelegenen Provinz Ecuadors annähernd 100 Betroffene. Der ecuadorianische Arzt GUEVARA-AGUIRRE beschrieb sie 1987 als „wenig über hüftgroß“ und „pummelig“. Heute weiß man, dass der Kleinwuchs auf einer Mutation eines Gens beruht, das für den Rezeptor des Wachstumshormons Somatotropin kodiert. Somatotropin bewirkt normalerweise nach Bindung an den Rezeptor die Bildung und Ausschüttung des Wachstumsfaktors IGF-1 durch die Leber. Erst durch IGF-1 werden die eigentlichen Wachstumsprozesse des Körpers ausgelöst.

Im Folgenden ist ein Stammbaum für eine Familie mit dem Laron-Syndrom angegeben.

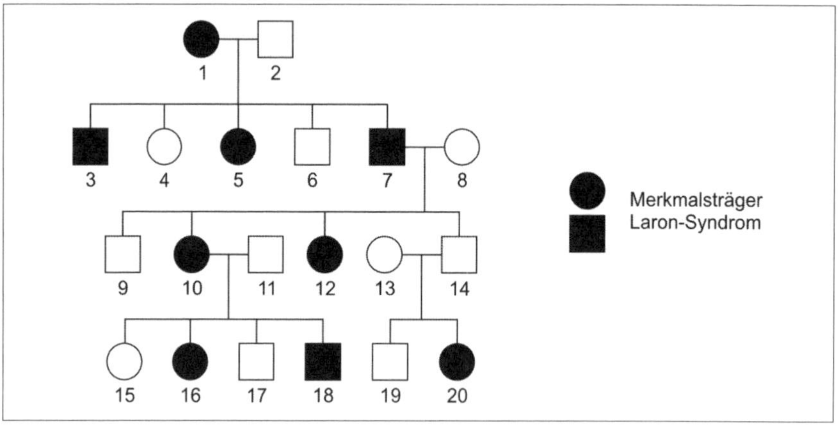

Abb. 3: Stammbaum Laron-Syndrom

Quelle: Jürgen Markl, Biologie Oberstufe, Arbeitsbuch, Klett, Stuttgart 2010

Material 4: Ein potenzielles Anti-Aging-Mittel

Die in Material 3 erwähnten ecuadorianischen Laron-Betroffenen erregten großes wissenschaftliches Interesse, da sie scheinbar resistent gegen Diabetes, Krebs und andere Alterserkrankungen waren. Bei diesen Ecuadorianern handelt es sich um Nachfahren spanischer Juden, die vor der Inquisition nach Ecuador geflohen waren. 22 Jahre lang beobachteten der Arzt JAIME GUEVARA-AGUIRRE und VALTER LONGO von der University of Southern California 99 dieser ecuadorianischen Menschen mit Laron-Syndrom und 1 600 ihrer Verwandten ohne die Genmutation. In diesem Beobachtungszeitraum erkrankte keiner der 99 an Diabetes und nur einer erlitt eine Krebserkrankung. In derselben Zeit erkrankten 5 % der Verwandten an Diabetes und 17 % erhielten eine Krebs-Diagnose. Diese Ergebnisse deckten sich mit Ergebnissen von Tierstudien: Mäuse ohne den Wachstumsfaktor Somatotropin lebten 40 % länger als Artgenossen und entwickelten seltener Tumore, litten aber teilweise an Leberentzündungen. Die Fachwelt war begeistert und Kamerateams reisten nach Ecuador. VALTER LONGO war 2011 überzeugt, die Lebensspanne eines Menschen mit einem „Anti-Aging"-Mittel, dem Medikament Pegvisomant, deutlich erhöhen zu können. Dafür möchte er in einer Studie das Medikament ausgewachsenen Menschen verabreichen. Pegvisomant blockiert die Rezeptoren für Somatotropin in der Leber.

Weitere Materialgrundlagen:
https://medium.com/@claire.willians/living-with-russell-silver-syndrome-3f5ceb76d19b.
https://www.mgz-muenchen.de/erkrankungen/diagnose/silver-russell-syndromhtml.
http://www.zeit.de/zeit-wissen/2011/04/Alter-Ecuador.
http:www.spiegel.de/wissenschaft/medizin/medizinisches-phaenomen-mutation-schuetzt-vor-krebs-und diabetes-a-746225.html.

Lösungsvorschläge

1 *Hierbei handelt es sich um eine Aufgabe des AFB I. Sie sollen Ihre Kenntnisse zu den Rekombinationsvorgängen während der Meiose strukturiert wiedergeben. Die Aufgabenstellung erfordert keinen Bezug zu den Materialien. Bei der Rekombination wird das gegebene genetische Erbgut der Eltern „durchgemischt", was zur genetischen Variabilität führt. Für wirklich „neues" Material sorgen hingegen Mutationen, worum es in dieser Aufgabe aber nicht geht.*

In zwei Phasen der Meiose I kommt es zur Rekombination. Diese Vorgänge führen dazu, dass jedes Individuum in seiner genetischen Ausstattung einzigartig ist, obwohl es das genetische Material von den Eltern geerbt hat.

Prophase I:
Die homologen Chromosomen des Vaters und der Mutter lagern sich paarweise an der Äquatorialebene aneinander. Das Gebilde aus dem homologen Paar wird auch Tetrade (gr. *tetra* = vier) genannt, da es aus vier Chromatiden besteht (jedes Chromosom ist in dieser Phase noch ein Zwei-Chromatid-Chromosom). Die gepaarten homologen Chromosomenpaare tauschen spezifische DNA-Abschnitte aus: diesen Rekombinationsvorgang nennt man **crossing-over**.

Der Name hat seinen Ursprung darin, dass man die Austauschbereiche als Kreuzungen erkennt, da sich die Chromosomen x-förmig überlagern. Dazu gibt es auch den Fachbegriff Chiasma (Plural: Chiasmata).

Anaphase I:
In dieser Phase trennen sich die homologen Chromosomen durch die Zugfasern des Spindelapparats voneinander und wandern anschließend zu den entgegengesetzten Zellpolen. In dieser Phase kommt es ebenfalls zur Rekombination durch die zufällige Anordnung der homologen Chromosomenpaare an der Äquatorialebene. Das heißt, für jedes Paar gibt es zwei mögliche Ausrichtungen für das väterliche bzw. mütterliche Chromosom zum einen oder anderen Pol hin. Diese zufällige Anordnung der homologen Chromosomenpaare an der Äquatorialebene ist bei 23 Chromosomenpaaren eine Quelle immenser Variabilität.

Genauer betrachtet sind 2^{23} Sortierungen der Chromosomen möglich: Das bedeutet, mehr als acht Millionen unterschiedliche Gameten hinsichtlich ihrer Chromosomenkonformation können dadurch generiert werden.

2 *Bei dieser Aufgabe sollen Sie die Informationen aus Material 1 erfassen und in Form einer beschrifteten Skizze wiedergeben. Der Übersichtlichkeit halber zeichnen Sie am besten immer nur das Chromosom Nr. 7, worum es bei diesem Syndrom insbesondere geht, auch wenn natürlich die anderen 22 Chromosomen auch vorhanden sind.*

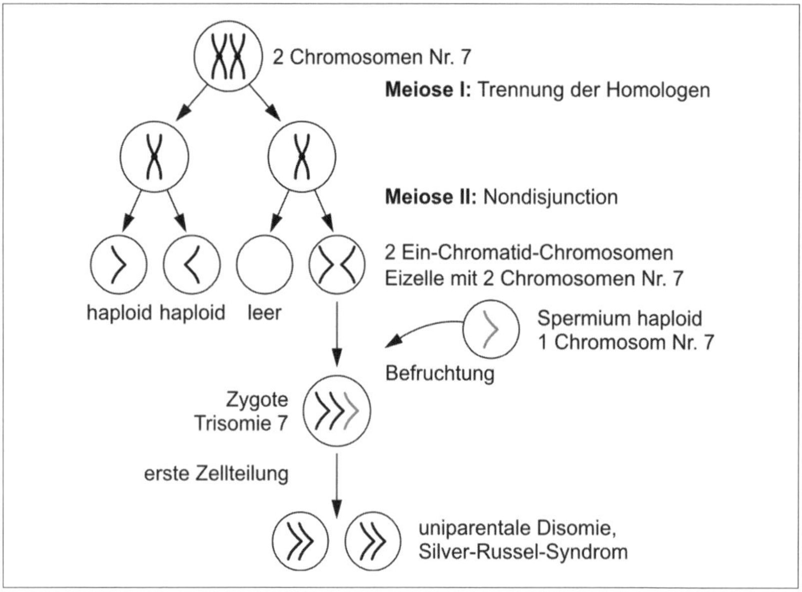

3 *Die Beschreibung der Gelelektrophorese eines DNA-Gemisches ist im AFB I angesiedelt, da es eine reine Reproduktionsleistung Ihres im Unterricht erworbenen Wissens erfordert. Im zweiten Teil der Aufgabe müssen Sie vorliegende Untersuchungsergebnisse erfassen und auswerten. Dafür arbeiten Sie möglichst konkret mit den Informationen aus Material 2 und insbesondere mit dem Bandenmuster, also mit der Abbildung der Ergebnisse der Gelelektrophorese. Dieser Teil der Aufgabe entspricht dem AFB II. Für die Auswertung der Ergebnisse sind die Schlüsselbeobachtungen, dass alle Individuen – bis auf den Säugling – zwei Banden generieren und dass die Bande des Säuglings breiter als die der anderen Probanden ist. Die Auswertung erfordert von Ihnen eine anhand dieser Beobachtung begründete Deutung.*

Beschreibung:
Die Gelelektrophorese eines Gemisches von DNA-Fragmenten hat die Auftrennung dieser DNA-Fragmente auf der Basis ihrer unterschiedlichen Länge zum Ziel. Die DNA-Fragmente werden dafür auf ein Gel (meist aus Agarose) aufgetragen (dieses besitzt befüllbare Taschen). Nach Anlegen einer elektrischen Spannung

wird das eine Ende der Platte mit dem Gel zum Pluspol und das andere zum Minuspol. Die DNA-Fragmente sind aufgrund der Phosphatgruppen negativ geladen und wandern vom Startpunkt (Taschen) in Richtung Pluspol. Das Gel bildet eine Gitternetzstruktur und wirkt dabei wie eine Art molekulares Sieb, sodass kürzere, leichtere DNA-Fragmente sich schneller als längere DNA-Fragmente zum Pluspol hindurchbewegen. Nach einer gewissen Zeit sind also alle DNA-Fragmente unterschiedlich weit gewandert und entfernt voneinander aufgetrennt. Sie können anschließend mittels verschiedener Methoden sichtbar gemacht werden, sodass als Ergebnis der Auftrennung ein spezifisches Bandenmuster erscheint.

Auswertung:
Vergleicht man die Lage der Banden der Schwester und des Bruders mit denen der Eltern, erkennt man, dass sowohl der Bruder als auch die Schwester je ein väterliches und ein mütterliches Allel besitzen. Genauer betrachtet: Von der Mutter besitzen beide Geschwister dasselbe Allel (Bande A) und vom Vater je ein unterschiedliches (der Bruder Bande C und die Schwester Bande D). Auffällig ist, dass vom Säugling nur eine Bande (Bande B) zu sehen ist und dass diese dicker als alle anderen Banden ist. Die Erklärung dafür ist, dass der Säugling das mütterliche Allel B doppelt trägt. Diese identischen DNA-Fragmente trennen sich bei der Gelelektrophorese nicht, da sie identisch groß und schwer sind, und sammeln sich somit im Gel an der gleichen Stelle, wodurch es zu einer breiteren Bande kommt. Damit ist das Vorliegen der uniparentalen Disomie 7 beim Säugling nachgewiesen, die zum Silver-Russel-Syndrom führt.

4 *Bei dieser Aufgabe wenden Sie Ihre Kenntnisse bezüglich der Methodik der Stammbaumanalyse an, um die vorliegenden Daten auszuwerten und begründete Schlussfolgerungen zu ziehen. Diese ist eine typische Leistung des AFB II. Eine begründete Ermittlung des Erbgangs impliziert, dass man anhand konkreter Fälle, also Individuen aus dem Stammbaum, argumentiert und dabei alternative Erbgänge ausschließt. Im weiteren Verlauf fordert die Aufgabenstellung, für einige Individuen des Stammbaums die möglichen Genotypen anzugeben. Das bedeutet, dass man die infrage kommenden Genotypen ohne Begründung auflistet. Bei betroffenen Individuen ist bei einer rezessiven Vererbung der Genotyp zwingend rezessiv homozygot. Bei den anderen Individuen sind teilweise zwei Genotypen möglich und müssen daher auch beide angegeben werden.*

Es liegt ein **autosomal-rezessiver Erbgang** vor. Dies lässt sich am besten durch die Widerlegung aller anderen möglichen Erbgänge begründen. Die Tochter mit der Nr. 20 gilt als Beweis, dass der Erbgang weder dominant-autosomal noch dominant-X-gonosomal sein kann. In beiden Fällen müsste mindestens ein Elternteil Merkmalsträger sein, was jedoch nicht der Fall ist. Unabhängig davon, ob das für das Syndrom verantwortliche Gen sich auf einem Autosom oder auf dem Gonosom X befindet, wäre mindestens ein Elternteil einer betroffenen Tochter ebenfalls Merkmalsträger, wenn das Allel für das Syndrom sich dominant verhalten würde.

Ein rezessiver-X-gonosomaler Erbgang lässt sich ebenfalls anhand derselben Tochter Nr. 20 ausschließen: Wäre die Vererbung rezessiv-X-gonosomal, müsste ihr Vater das Laron-Syndrom haben, da Männer die gonosomale Ausstattung XY (sog. Hemizygotie der Gonosomen) haben. Das heißt, ein rezessives Allel auf dem Chromosom X kann bei Männern nicht durch ein entsprechendes Allel auf dem anderen Gonosom, anders als es bei Frauen (XX) der Fall ist, überdeckt werden; es kommt immer zur Ausprägung der Merkmale auf dem X-Chromosom. Zum Schluss gilt noch die Möglichkeit eines dominant-Y-gonosomalen Erbgangs auszuschließen. Diese kann man durch die Beobachtung ausschließen, dass im Stammbaum auch Frauen betroffen sind. Weil Frauen kein Y-Chromosom besitzen, kann das für das Syndrom verantwortliche Gen auch nicht auf dem Y-Chromosom lokalisiert sein. Der Erbgang ist demnach autosomal-rezessiv.

Genotypen:
Nr. 13: Aa
Nr. 14: Aa
Nr. 19: AA oder Aa
Nr. 20: aa

5 *Der Operator „diskutieren" weist auf eine Leistung des AFB III hin. Eine solche Diskussion beinhaltet eine kritische Gegenüberstellung von Pro- und Contra-Argumenten sowie eine persönliche, begründete Stellungnahme. Für die Argumente werden die Informationen aus den Materialien interpretiert und verwendet. Hinzu können auch eigene Argumente angeführt werden. Sind diese jedoch hypothetischer Natur, sollten sie dementsprechend als Vermutungen, Befürchtungen oder eben Hoffnungen formuliert werden und von den Fakten aus den Materialien abgegrenzt werden. Für ein persönliches Fazit gibt es keine inhaltlichen Vorgaben. Sie müssen lediglich die eigene Position nachvollziehbar begründen.*

Pro:
Für den Einsatz des Medikaments Pegvisomat zur Verlangsamung des Alterungsprozesses beim Menschen spricht die signifikant niedrigere Inzidenz von Krebs und Diabetes bei Menschen mit dem Laron-Syndrom. Man erwartet durch Pegvisomat eine entsprechend deutliche Reduktion der Wahrscheinlichkeit, Krebs oder Diabetes zu entwickeln. Darüber hinaus ließe sich als Pro-Argument zugunsten von Pegvisomat anführen, dass Mäuse, denen dieses Medikament verabreicht wurde, langlebiger sind. Wenn Pegvisomat diesbezüglich bei Mäusen und Menschen gleich wirkt, ist auch beim Menschen eine verlängerte Lebensspanne zu erwarten.

Contra:
Die Quellen ermöglichen keine Aussagen darüber, ob Menschen mit dem Laron-Syndrom langlebig sind. Sollte dies nicht der Fall sein, wäre es fragwürdig, ob die Ergebnisse aus den Versuchen mit den Mäusen auf den Menschen übertragen werden können. Zumindest bei Mäusen verursacht Pegvisomat in manchen Fällen Nebenwirkungen (Leberentzündungen). Diese könnten auch beim Menschen auftreten und müssten genauer erforscht werden. Bisher liegen keine ausreichenden

Studien über die Wirkung von Pegvisomat bei Menschen vor, sodass ein Einsatz zu große Risiken birgt.

Weitere Argumente sind denkbar. Es könnte beispielsweise auch andere Anti-Aging-Mechanismen und wirksamere oder risikoärmere Mittel geben bzw. sie könnten noch entwickelt werden.

Fazit:
Ich begrüße die Möglichkeiten, die Pegvisomat potenziell eröffnet. Meiner Meinung nach sind jedoch zusätzliche Studien notwendig, da es noch unklar ist, wie es sich mit der Lebensspanne von den Menschen mit Laron-Syndrom verhält und ob der Mensch wie die Maus auf Pegvisomat reagiert und ob die Nebenwirkungen beim Menschen vertretbar sind.

Ihre Meinung darf natürlich auch dezidierter zugunsten oder gegen den Einsatz von Pegvisomat sein, solange Sie diese begründen. Beispielsweise: Ich finde, dass die ohnehin immer länger werdende Lebensspanne in den industrialisierten Regionen der Erde zu Problemen wie Überbevölkerung und alternden Gesellschaften führt, weswegen ich einer künstlichen Verlängerung des Lebens durch Anti-Aging-Mittel kritisch gegenüberstehe. Begrüßenswert fände ich jedoch, dass Krebs und Diabetes seltener auftreten würden, da diese Erkrankungen eine schlimme Last für die Betroffenen sind. Zusammenfassend würde ich mich für den Einsatz von Pegvisomat aussprechen, falls dieses Medikament zwar die Inzidenz von Krebs und Diabetes reduzieren würde, jedoch darüber hinaus keine Anti-Aging-Wirkung hätte, was auch noch nicht endgültig bewiesen ist.

Leistungskurs Biologie (Berlin): Abituraufgaben 2019
Aufgabe B: Ökologie und Nachhaltigkeit

Thema: Insektensterben

Insekten bilden die artenreichste Ordnung auf unserem Planeten und ihre Bedeutung in zahlreichen Ökosystemen ist kaum zu überschätzen. Doch seit einigen Jahren beobachten Forscher besorgt, dass die Bestände von Bienen, Schmetterlingen und anderen Insekten abnehmen. Was lässt sich dagegen tun? Und wie sieht es andererseits mit der Bedrohung durch Schadinsekten aus?

Abb. 1: Honigbiene

Quelle: Andreas Trepte/wikipedia, CC BY-SA 2.5

Aufgaben

1 Erklären Sie die funktionelle Gliederung eines Ökosystems unter Berücksichtigung des Stoffkreislaufs. Ordnen Sie die Insekten begründet ein. 14

2 Analysieren Sie die Grafik zu den ausgewählten Insektengruppen der Roten Liste für Ameisen und Bienen hinsichtlich möglicher Folgen für das jeweilige Ökosystem. 12

3 Geben Sie drei mögliche Ursachen für den Rückgang der Insektenpopulationen an und leiten Sie die entsprechenden Folgen ab.
Entwickeln Sie jeweils eine Maßnahme zum Schutz der Artenvielfalt der Insekten. 12

4 Stellen Sie die neurobiologische Wirkung der Neonicotinoide beginnend mit ihrer Aufnahme in den Organismus der Insekten in einem Fließschema dar. 6

5 Diskutieren Sie den Einsatz von Neonicotinoiden in der Landwirtschaft. 6

Material 1: Bedeutung der Insekten im Ökosystem am Beispiel der Waldameise

Die Waldameisen sind eine Gattung der Ameisen aus der Unterfamilie der Schuppenameisen. Weltweit gibt es 297 beschriebene Arten. Waldameisen gelten als wichtiger Teil des Ökosystems im Wald, da sie einerseits viele Forstschädlinge (wie den Borkenkäfer) fressen, andererseits als Nahrungsgrundlage für Tiere wie den Grünspecht dienen. Sie spielen auch bei der Verbreitung von Samen und der Belüftung des Bodens eine Rolle.

Die Waldameisen sind Allesfresser und ernähren sich überwiegend von den Ausscheidungen der Baumläuse, dem sogenannten Honigtau. Damit wird der Großteil ihres Energiebedarfs abgedeckt. Daneben jagen sie andere Insekten am Boden und auf Bäumen in der näheren Nestumgebung. Diese proteinreiche Kost dient der Aufzucht der Brut.

Abb. 2: Rote Waldameisen beim Abtransport von Beute

Quelle: Michael Hanselmann/wikipedia, CC BY-SA 3.0

Die jährliche Nahrung eines durchschnittlichen einheimischen Waldameisennests mit ungefähr einer Million Individuen besteht aus:

- 62 % Honigtau (ungefähr 200 Liter)
- 33 % Insekten (ungefähr 10 Millionen Insekten)
- 4,5 % Baumsäften
- 0,5 % Aas und Pilzen

Material 2: Auswertung der Bestände ausgewählter Insektengruppen der Roten Liste

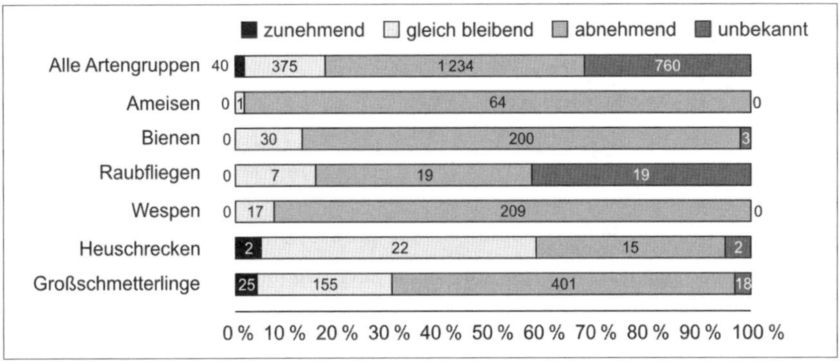

Abb. 3: Ausgewählte Insektengruppen der Roten Liste 2011 in Deutschland in den letzten 20 Jahren (1992–2012); Angaben bezogen auf die Artenzahl, insgesamt 2 409 Arten (BfN 2012)

© Bundesamt für Naturschutz (2012): Pressehintergrund zu Rote Liste gefährdeter Tiere, Pflanzen und Pilze Deutschlands, Band 3 – Wirbellose Tiere (Teil I)

Material 3: Ursachen für den Insektenschwund

Als ein wesentlicher Faktor für den Rückgang der Insektenpopulationen wird die Intensivierung der Landwirtschaft angesehen, die sich in den letzten drei Jahrzehnten weiter beschleunigt hat. Neben dem Einsatz von Pestiziden spielen dabei unter anderem der Verlust an artenreichen Ackerrändern, häufigere Mahd und wiederholtes Umpflügen das ganze Jahr über eine wichtige Rolle. Dadurch nimmt die Artenvielfalt von Blütenpflanzen massiv ab, während sich Gräser ausbreiten. Es entstand ein hoher Anteil an einjährigen Mono-Ackerkulturen und damit verbunden ein hoher Einsatz von stickstoffhaltigen Düngemitteln und Pestiziden.

Der Klimawandel hat einen enormen Einfluss auf die fragile Entwicklung vieler Insektengruppen. Mildere Temperaturen und höhere Niederschlagsmengen im Winter, trockenwarmes Frühjahr sowie eine fehlende Schneedecke und ausbleibender Frost prägen zunehmend den typischen Wetterverlauf in Deutschland. Dies führt zur Ausbreitung oder zum Zuzug anderer Arten und begünstigt die Ausbreitung von Parasiten, Schädlingen, Bakterien und Pilzerkrankungen.

Möglicherweise spielt auch die Verinselung eine Rolle. Viele Naturschutzgebiete erstrecken sich nur über kleine Flächen und sind umgeben von Nutzland. Ursprünglich zusammenhängende Lebensräume werden durch den Bau von Siedlungen, Straßen, Bahnlinien sowie durch die intensive Agrarnutzung in mehrere Untereinheiten zerschnitten.

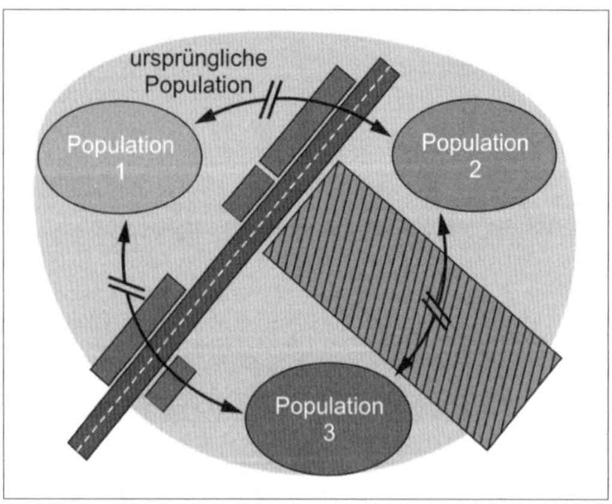

Abb. 4: Verinselung der Populationen
© Adam Schnabler NABU Baden-Württemberg

Material 4: Insektizide als Schädlingsbekämpfungsmittel

Neonicotinoide sind eine Wirkstoffgruppe, die aufgrund ihrer systemischen und hochtoxischen Wirkung auf Insekten eine Sonderstellung unter den Pflanzenschutzmitteln einnimmt. Im Frühjahr 2008 sind in Deutschland 11 000 Honigbienenvölker mit dem Neonicotinoid *Clothianidin* kontaminiert worden, was zu einem Zusammenbruch dieser Honigbienenvölker führte.

Neonicotinoide sind synthetisch hergestellte Wirkstoffe, die als Kontakt- oder Fraßgift wirken. Aufgrund ihrer Wasserlöslichkeit werden sie über die Wurzel aufgenommen und in alle Pflanzenteile transportiert. Der Wirkstoff kommt damit sowohl in den Sprossachsen, im Blattwerk als auch in der Blüte, dabei speziell im Nektar und Pollen vor.
Behandelte Pflanzen sind dadurch sowohl vor beißenden, als auch vor saugenden Insekten geschützt. Da Neonicotinoide in der Pflanze nur langsam abgebaut werden, hält ihre Wirkung längere Zeit an. Forscher hatten den Ursprung der Pollen in Bienenstöcken untersucht und herausgefunden, dass sie Neonicotinoide enthielten, obwohl die Pollen von unbehandelten Feldern stammten. Aufgrund ihrer Wasserlöslichkeit werden Neonicotinoide aus den behandelten Samen ausgewaschen und gelangen so in den Boden und dann auch in andere Pflanzen.
Bei Insekten wirkt diese Stoffgruppe wie Acetylcholin am nikotinischen Acetylcholinrezeptor der Nervenzellen, wobei kein Abbau durch das Enzym Acetylcholinesterase stattfindet. Die Folge davon sind Krämpfe und der Tod der Insekten.

Quelle: Bernhard Heuvel, Neonicotinoide / Systemische Insektizide und ihre Auswirkungen auf die Insektenwelt: eine Übersicht im Kontext des Honigbienensterbens im Jahr 2008 in Deutschland, http://www.imkerdemo.de/Dokumente/EH_Neonicotinoide.pdf

Weitere Materialgrundlagen:
Spektrum der Wissenschaft KOMPAKT, Insekten: 5dc6bc3ae4_SdW_Kompakt_Insekten, 01. 11.20 17
http://www.spektrum.de/news/wie-sehr-schaden-neonicotinoide-den-bienen-tatsaechlich/1523993,
http://www.spektrum.de/news/insektenzahl-in-deutschland-nimmt-ab, 14. 11. 1017
http://www.imkerdemo.de/Dokumente/EH_Neonicotinoide.pdf, 20. 01. 2018
Bundesamt für Verbraucherschutz und Lebensmittelsicherheit, BVL 2008

Lösungsvorschläge

1 *Der Operator „erklären“ verlangt eine tiefer gehende Darstellung der einzelnen Stufen des Ökosystems hinsichtlich der Stoffe (Trophiestufen). Es sollten daher zunächst die einzelnen Organisationsstufen genannt, dann aber genauer erklärt werden. Hierbei müssen Sie auf im Unterricht erlangtes Fachwissen zurückgreifen (daher entspricht die Aufgabe dem AFB I). Eine bloße Nennung von einzelnen Begriffen ist nicht ausreichend. Anschließend sollen Sie einen Bezug zu den Insekten herstellen. Beachten Sie dabei die große Vielfalt innerhalb der Klasse der Insekten.*

Produzenten sind autotrophe Organismen, die mithilfe von Licht aus anorganischen und energiearmen Stoffen organische und energiereiche Stoffe (Biomasse) aufbauen (Fotosynthese betreiben). Hierzu zählen alle grünen Pflanzen sowie die Cyanobakterien.

Neben den photoautotrophen Organismen gibt es auch chemoautotrophe Organismen, die zu den Produzenten zählen. Diese gewinnen ihre Energie aus der Oxidation anderer anorganischer Substanzen. Hierzu zählen beispielsweise Schwefelbakterien oder nitrifizierende Bakterien.

Konsumenten sind heterotrophe Organismen, die sich von energiereichen, organischen Stoffen ernähren, die sie mit der Nahrung aufnehmen, und diese zur Energiegewinnung nutzen (Zellatmung) sowie in körpereigene Stoffe umwandeln. Hier kann zwischen Konsumenten 1. Ordnung (Herbivore) und Konsumenten 2. Ordnung (Carnivore) unterschieden werden. Alternativ finden sich auch die Begriffe Primär- und Sekundärkonsumenten.

Genauer betrachtet kann eine Nahrungskette weitere Ordnungen innerhalb der Konsumenten aufweisen. So ist ein Lebewesen, das sich von carnivoren Tieren ernährt, ein Konsument 3. Ordnung. Meist wird der Einfachheit halber aber auf weitere Differenzierungen verzichtet. Bei Carnivoren in einem Ökosystem, die keine natürlichen Fressfeinde haben, spricht man häufig von Topkonsumenten oder Superprädatoren.

Destruenten sind heterotrophe Organismen, die sich von der Biomasse toter Organismen ernähren und/oder diese zu anorganischen Stoffen abbauen. Hierbei unterscheidet man zwischen Saprobionten (Insekten, Würmer) und Mineralisierern (Bakterien, Pilze). Die Saprobionten zersetzen tote Biomasse, allerdings wird die organische Materie nicht vollständig zu anorganischem Material umgewandelt, sondern nur zerkleinert und vorverdaut, sodass durch die Zerkleinerung die Stoffe für die Mineralisierer zugänglich gemacht werden. Erst dic Mineralisierer wandeln organische Stoffe dann in anorganische, energiearme Stoffe um, welche dann wieder in die Umwelt gelangen. Durch sie wird der Stoffkreislauf geschlossen.

Einordnung Insekten:
Insekten ernähren sich sowohl von pflanzlicher Biomasse (z. B. Bienen, Schmetterlinge) als auch von tierischer Biomasse (z. B. räuberische Wanzen, Ameisen). Damit sind sie den Konsumenten 1. Ordnung (Primärkonsumenten) und den Konsumenten 2. Ordnung (Sekundärkonsumenten) zuzuordnen. Andere Insekten (z. B. Mistkäfer) gehören zu den Destruenten.

Manche Insekten lassen sich in alle drei Gruppen einordnen, wie aus Material 1 deutlich wird. Die Nahrung der Ameise setzt sich aus pflanzlichen Stoffen (z. B. Baumsäfte), aber auch aus anderen Insekten und sogar Aas zusammen.

2 *Die Aufgabenstellung bezieht sich eindeutig auf die Gruppe der Ameisen und Bienen. Daher müssen bei der eingeforderten Analyse nur diese beiden Gruppen näher ausgewertet und die ihnen entsprechenden Daten aus dem Diagramm in Material 2 abgelesen werden. Eine erschöpfende Analyse des Diagramms ist nicht notwendig. In einem zweiten Schritt sollen die Folgen angegeben werden (für die Ameisen finden sich Informationen in Material 1; für die Bienenarten müssen Sie auf Fachwissen zurückgreifen). Da es sich um Prognosen (mögliche Folgen) handelt, sollten Sie bei der Antwort im Konjunktiv formulieren.*

Das Diagramm in Material 2 zeigt, dass die **Ameisenarten** deutlich abnehmen (Abnahme von ca. 98 %, oder in totalen Zahlen 64 Ameisenarten). Die Folgen des

Rückgangs der Ameisenarten könnte für das Ökosystem gravierend sein. Wie Material 1 zu entnehmen ist, sind Waldameisen sehr wichtig für ein funktionierendes Ökosystem. Sie sind beispielsweise natürliche Feinde von Forstschädlingen. Werden die Ameisen weniger, wäre ein Anstieg der Schädlinge möglich und die Bäume könnten geschwächt werden. Zudem sind Waldameisen auch Nahrungsgrundlage vieler Tiere. Damit könnte eine Abnahme der Ameisenarten (und ihrer Populationen) zu einem Nahrungsmangel bei anderen Sekundärkonsumenten führen (im Text wird der Grünspecht genannt), was zu einem Rückgang der Arten, die die Ameisen als Nahrungsgrundlage nutzen, führen könnte.

Auch die **Bienenarten** haben um ca. 88 % abgenommen (total 200 Bienenarten). Bienen sind wichtige Pflanzenbestäuber (Ökosystemdienstleistung). Durch den Rückgang der Bienenarten könnten Pflanzen in ihrer Ausbreitung und Vermehrung eingeschränkt werden, sodass es zu einer Abnahme der Biodiversität kommen könnte. Ein Schwinden der Bienenarten könnte sich auch negativ auf deren Fressfeinde (Vogelarten) auswirken, da deren Nahrungsangebot reduziert wird. Auch direkte Folgen für den Menschen sind zu bedenken. Durch die fehlenden Bestäuber könnte es zu einer geringeren Fruchtbildung bei den Pflanzen kommen und dies hätte (mit Blick auf die Agrarwirtschaft) gravierende Folgen für die Versorgung mit Nahrungsmitteln (Ernteausfall, Rückgang des Ertrags). Zudem könnten die Produkte, die direkt von den Bienen gewonnen werden (Honig, Propolis), durch den Rückgang der Bienenpopulationen knapp und daher teurer werden.

3 *Bei dieser Aufgabe sollen aus Material 3 und 4 die zentralen Aussagen herausgearbeitet und mit dem erworbenen Fachwissen kombiniert werden. Da hier Wissen verknüpft wird, ist der Großteil der Aufgabe dem AFB II zuzuordnen. Achten Sie auf eine sinnvolle Strukturierung.*

- Als erster Faktor ist die **Intensivierung der Landwirtschaft** zu nennen. Durch den Verlust von artenreichen Ackerrändern kommt es zu einer Veränderung der für die Insekten wichtigen Vegetation. Die Artenvielfalt der Blütenpflanzen geht zurück und somit auch die Nahrungsgrundlage vieler Insekten. Dies kann einen Rückgang der Insektenpopulationen zur Folge haben.

  Als Maßnahme wäre es zielführend, durch das Anlegen kleinerer Felder mit Mischkulturen und durch die Schaffung von Ackerrändern die Biodiversität der Pflanzen wieder zu erhöhen.

Fachlicher Hinweis: Ackerränder können auch als Ökoton (auch Saumbiotop oder Randbiotop) bezeichnet werden. Ökotone stellen einen Übergangsbereich zwischen zwei verschiedenen Ökosystemen oder Landschaften dar und sind, wie alle Grenzgebiete zwischen Ökosystemen, sehr artenreich.

- Ein zweiter Faktor stellt der übermäßige **Einsatz von Pestiziden** dar. Diese gelangen über die einzelnen Trophiestufen in die Insekten und können diese schädigen. Dabei sind nicht nur Schadinsekten, sondern auch nützliche Insekten betroffen.

Als Gegenmaßnahme könnte man sich die natürliche Schädlingsbekämpfung durch Fressfeinde der Pflanzenschädlinge zunutze machen und auf chemische Mittel verzichten bzw. den Einsatz dieser Mittel reduzieren.

- Ein weiterer Faktor ist die **Verinselung der einzelnen Anbaugebiete**. Durch die räumliche Trennung kommt es zu keinem genetischen Austausch zwischen den Populationen und somit zur Verringerung der genetischen Variabilität. Pflanzen sind beispielsweise anfälliger gegenüber Krankheitserregern oder Schädlingen. Nahrungspflanzen für Insekten werden so beeinträchtigt. Aber auch die Insektenpopulationen selbst sind davon betroffen.

  Abhilfe wäre dem zu schaffen durch das Verbinden getrennter Lebensräume und somit der Gewährleistung des genetischen Flusses. Eine Möglichkeit ist hier das Anlegen von Hecken als verbindendes Element.

Im Material lassen sich weitere Faktoren wie Klimawandel und Düngung finden. Auch diese können alternativ herangezogen werden.

4 *Diese Aufgabe des AFB II verlangt eine Reorganisation von Informationen in einem Text in Form eines Fließschemas. Dazu sollten die zentralen Punkte aus dem Text in Material 4 schrittweise dargestellt werden.*

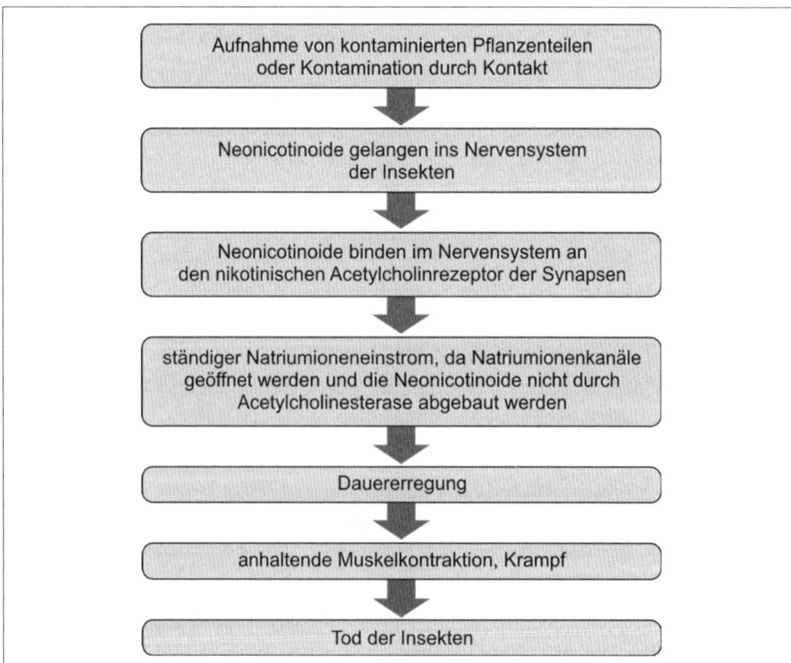

5 *Der Operator „diskutieren" verlangt eine begründete Gegenüberstellung von Argumenten und eine abschließende eigene Stellungnahme. Hierbei lässt sich zwischen Pro- und Contra-Argumenten unterscheiden, die dann gegeneinander in einem Fazit abgewogen werden. Achten Sie bei dieser für den AFB-III-Bereich typischen Aufgabe besonders auf eine klare Darstellung Ihrer Überlegungen. Da es nur verhältnismäßig wenig Punkte gibt, sollten jeweils maximal zwei Pro- und Contra-Punkte angeführt werden.*

Pro:

- Durch den Einsatz von Neonicotinoiden kann die landwirtschaftliche Produktion gesteigert werden, da der Verlust durch Fraß reduziert wird. Bei einer wachsenden Bevölkerung ist dies ein wichtiger Aspekt.
- Die Neonicotinoide haben ein breites Wirkungsspektrum. Somit wäre der Einsatz weiterer Mittel nicht notwendig. Dies spart ggf. Geld in der Landwirtschaft und hält Lebensmittel günstig.

Contra:

- Neonicotinoide sind wasserlöslich. Dadurch gelangen sie über den Boden auch in andere Pflanzen und damit auch in Nutzinsekten wie Bestäuberinsekten. Somit käme es zu einer Schädigung anderer, nützlicher Insekten *(side-effect)*. Die Folgen für die Biodiversität sind gravierend und kaum abzuschätzen.
- Durch die Wasserlöslichkeit könnten die Pestizide auch in eventuell nahe gelegene Flüsse oder Bäche gelangen und dort die Flora und Fauna (besonders Amphibien) schädigen. Die Pestizide sind in ihrem Wirkungskreis schwierig zu kontrollieren.

Fazit:

Die Neonicotinoide haben eine weitreichende Wirkung auf Ökosysteme. Sie beeinflussen nicht gezielt die Schädlinge, sondern wirken auch auf andere Insekten. Daher wäre es ratsam, Pestizide, wenn sich der Einsatz nicht vermeiden lässt, nur ganz sparsam einzusetzen oder aber ganz darauf zu verzichten und natürliche Schädlingsbekämpfung zu favorisieren. Im Sinne der Nachhaltigkeit und des Schutzes der Biodiversität sind die Pestizide ebenfalls eher abzulehnen.

Als konstruktives Fazit wäre auch denkbar: Andere Wege, die parallel zu einer Reduzierung des Einsatzes von Pestiziden zu beschreiten sind, wären beispielsweise: der gezielte Einsatz von Nützlingen oder das Heranzüchten von Pflanzenvarietäten, die resistenter gegenüber dem Befall durch Schädlinge sind. Auch die Weiterforschung an selektiv wirkenden Pestiziden sollte gefördert werden, um side-effects auf andere Arten zu reduzieren.

Leistungskurs Biologie (Berlin): Abituraufgaben 2019
Aufgabe C: Evolution und Zukunftsfragen

Thema: Das Wollhaarmammut

Die ersten Vertreter der Gattung Mammut traten vor etwa 5,7 Millionen Jahren in Afrika auf. Von dort breiteten sie sich nach Nordamerika und Eurasien aus. Das Wollhaarmammut besiedelte das nordsibirische Tiefland. Im Dauerfrostboden konservierte Kadaver liefern wichtige Erkenntnisse zu den Angepasstheiten des Wollhaarmammuts an das eiszeitliche Klima.

Abb. 1: Wollhaarmammut
Quelle: © 123rf.com. Andreas Meyer

Aufgaben

1 Benennen Sie die grafisch dargestellten Selektionstypen und beschreiben Sie diese kurz.
Begründen Sie, welche Selektionstypen bei der Evolution der Gattung Mammut gewirkt haben. 15

2 Erläutern Sie die Entstehung des Merkmals helle Fellfarbe beim Wollhaarmammut mithilfe der Synthetischen Evolutionstheorie. 12

3 Skizzieren Sie die Systematik innerhalb der Gattung Mammut in Form eines möglichen Stammbaumes unter Angabe der Zeitleiste.
Formulieren Sie die für die Mammut-Arten zutreffende Definition des Begriffs Art. 8

4 Vergleichen Sie die Angepasstheiten der Sauerstoffversorgung an tiefe Temperaturen bei Rentier und Wollhaarmammut.
Erklären Sie die auftretenden Ähnlichkeiten aus evolutionsbiologischer Sicht. 10

5 Leiten Sie einen möglichen Zusammenhang zwischen der Backenzahnstruktur und dem Lebensraum der Gattung Mammut ab. 5

Material 1: Selektionstypen

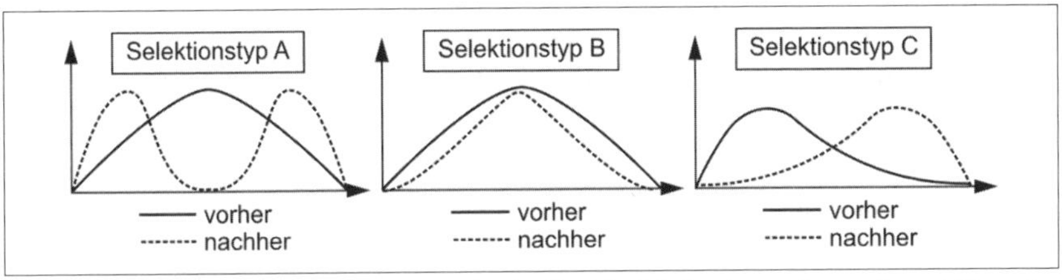

Abb. 2: Selektionstyp A–C. An der x-Achse ist der Grad der Merkmalsausprägung dargestellt, an der y-Achse ist die Anzahl der Individuen dargestellt.

Quelle: Andrew Z. Colvin/wikipedia, CC BY-SA 3.0

Material 2: Die Fellfarbe des Wollhaarmammuts *Mammuthus primigenius*

Das Wollhaarmammut *Mammuthus primigenius* gehört zu den Mammuten, einer ausgestorbenen Gattung der Familie der Elefanten. Mit einer Schulterhöhe von etwa 3,5 m war es etwa genauso groß wie heutige Elefanten. Es besiedelte die sibirischen Steppen während des Pleistozäns (Eiszeitalter). Anhand fossiler Funde konnte gezeigt werden, dass das Wollhaarmammut sowohl an die tiefen Temperaturen als auch an die hohen Windgeschwindigkeiten in der sibirischen Steppe angepasst war. Von den im Permafrostboden gefundenen Mammuts wiesen einige ein dunkles Fell (siehe Abbildung 1) auf, andere besaßen jedoch eine helle Fellfarbe. Ein helles Fell reflektiert zwar die Sonnenstrahlen, aber ein Teil davon wird in Richtung der inneren Fellschichten und zur Haut gestreut. Dunkles Fell absorbiert die Sonnenstrahlen. Die Wärme verbleibt jedoch in den äußeren Fellschichten und kann durch Wind leicht abtransportiert werden. Forscher des Max-Planck-Instituts in Leipzig konnten aus einem 43 000 Jahre alten Oberschenkelknochen DNA-Fragmente aus dem Zellkern gewinnen und sequenzieren. Die Fragmente konnten dem Gen für den Melanocortin1-Rezeptor (kurz: MC1R-Gen), welches für die Pigmentbildung und damit für die Fellfarbe zuständig ist, zugeordnet werden. Die Sequenzierung zeigte, dass das Gen in zwei verschiedenen Varianten vorkam. Die eine Variante führt zu einer geringeren Aktivität des MC1R-Gens und damit zu einer geringeren Pigmentproduktion.

Material 3: Systematik innerhalb der Gattung Mammut

Die ältesten Fossilreste von Mammuten wurden in Äthiopien gefunden und sind etwa 5,7 Millionen Jahre alt, sie stammen von *Mammuthus subplanifrons*. Aufgrund veränderter Umweltbedingungen entwickelte sich aus dieser Art vor ca. 3 Millionen Jahren *M. africanavus*. Dieser ist wahrscheinlich der Vorfahre von *M. meridionalis*. Diese Art ist die erste, welche sich über Afrika hinaus nach Eurasien und Nordamerika ausbreitete und sich dort aufgrund der unterschiedlichen Umweltbedingungen zu verschiedenen Arten weiterentwickelte. In Europa und Asien (Eurasien) entstand vor 1,2 Millionen Jahren *M. trogontherii*, in Nordamerika entwickelte sich aus *M. meridionalis* etwa zur gleichen Zeit die Art *M. columbi*. In Eurasien entwickelte sich vor ca. 750 000 Jahren aus *M. trogontherii* das Wollhaarmammut: *M. primigenius*. Es stellt die jüngste Mammut-Art dar. Auf dem Festland starben seine letzten Vertreter vor ca. 12 000 Jahren aus, auf der Wrangelinsel, welche erst am Ende der Eiszeit vor ca. 12 000 Jahren durch den steigenden Meeresspiegel vom sibirischen Festland getrennt wurde, überlebte eine kleine Population des Wollhaarmammuts noch bis vor ca. 4 000 Jahren.

Material 4: Sauerstoffversorgung von kalten Füßen

Die Füße von heute lebenden, arktischen Tieren wie z. B. Rentieren weisen eine sehr geringe Temperatur auf, sie liegt nur wenige Grad über null. Die Neigung des roten Blutfarbstoffs Hämoglobin, den gebundenen Sauerstoff abzugeben, wird jedoch mit sinkender Temperatur immer geringer. Bei Rentieren sind daher an das Hämoglobin zusätzliche Moleküle gebunden, welche die Sauerstoffabgabe erleichtern.

Vermutlich waren die Füße des Wollhaarmammuts ähnlich kalt. Um den Mechanismus zur Sauerstoffversorgung zu klären, sequenzierten Forscher Fragmente der Hämoglobin-Gene des Wollhaarmammuts und verglichen die entsprechenden Aminosäuresequenzen mit denen des Indischen Elefanten. Dabei fanden Sie an drei Stellen unterschiedliche Aminosäuren. Anschließend veränderten sie die Hämoglobin-Gene des Indischen Elefanten so, dass die Aminosäuresequenz des Wollhaarmammuts codiert wurde. Danach bauten sie die veränderten Gene in die DNA von *Escherichia coli* Bakterien ein und ließen *Escherichia coli* das Mammut-Hämoglobin produzieren. Untersuchungen ergaben, dass das Mammut-Hämoglobin und das Hämoglobin des Indischen Elefanten bei 37 °C die gleiche Bindungsstärke für Sauerstoff haben. Bei tiefen Temperaturen gibt Mammut-Hämoglobin den Sauerstoff jedoch besser ab.

Material 5: Die Ernährung des Wollhaarmammuts *Mammuthus primigenius*

Einige der im sibirischen Permafrostboden entdeckten Kadaver von *Mammuthus primigenius* enthielten noch Mageninhalt. Dieser bestand hauptsächlich aus Resten von verschiedenen Grasarten. Die Gräser enthielten nicht nur einen hohen Anteil an unverdaulichen Zellulosefasern, sondern auch besonders viele Kieselsäurekristalle. Letztere dienen der Stabilität der Pflanze und als Fraßschutz. Sie werden vor allem in die Epidermis eingelagert und ähneln in ihrer chemischen Struktur winzig kleinen Sandkörnern. Forscher vermuten, dass das Wollhaarmammut aufgrund des geringen Nährstoffanteils seiner Nahrung täglich 150–300 kg Nahrung aufnehmen musste.

Material 6: Backenzahnstruktur bei verschiedenen Mammut-Arten

Durchschnittliche Zahl der Lamellen im Zahnschmelz	Mammut-Art
9	*Mammuthus subplanifrons*
16	*Mammuthus meridionalis*
20	*Mammuthus trogontherii*
26	*Mammuthus primigenius*

Tab. 1: Durchschnittliche Zahl der Lamellen im Zahnschmelz

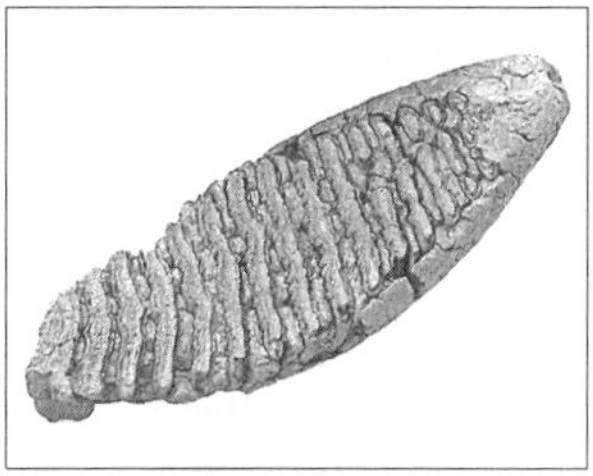

Abb. 3: Backenzahn von *Mammuthus primigenius*

Quelle: *DagdaMor/wikipedia, CC BY-SA 4.0*

Weitere Materialgrundlage:
Kevin L. Campbell und Michael Hofreiter, Paläophysiologie, Angepasst an die Eiszeit, Spektrum der Wissenschaft vom August 2013

Lösungsvorschläge

1 *Die Darstellung bekannter Kenntnisse, die mithilfe einer gängigen Abbildung hergeleitet werden, entspricht dem AFB I. Hier sollten unter Rückgriff auf das Fachwissen aus dem Unterricht die drei bekannten Selektionstypen den Abbildungen zugeordnet und erklärt werden. Die Übertragung auf einen konkreten Fall entspricht dem AFB II. Hierbei ist es wichtig, dass aus dem Text in Material 3 die relevanten Informationen gewonnen und unter Verwendung von Fachbegriffen auf den jeweiligen Fall bezogen werden.*

Selektionstyp A stellt die disruptive (spaltende) Selektion dar. Dabei werden Extremformen eines Merkmals durch einen Selektionsvorteil begünstigt, sodass nach einer Zeit beide Extremformen häufiger auftreten. Der Durchschnittswert taucht viel seltener auf. Hierbei kommt es häufig zur Neubildung zweier Arten, da sich die Genpools der Populationen immer weiter voneinander entfernen, bis die jeweiligen Individuen untereinander nicht mehr kreuzbar sind.

Selektionstyp B stellt die stabilisierende Selektion dar. Dabei haben Individuen, die eine durchschnittliche Merkmalsausprägung aufweisen, einen Selektionsvorteil, sodass das Merkmal stabil weitervererbt wird und die Häufigkeit dieses Merkmals in der Population konstant bleibt. Extremformen tauchen auf, können sich aber nicht dauerhaft durchsetzen.

Selektionstyp C stellt die transformierende (gerichtete) Selektion dar. Dabei haben die Individuen einen Selektionsvorteil, deren Merkmalsausprägung in eine bestimmte Richtung vom Durchschnitt abweicht (z. B. größer/kleiner). Somit verändert sich im Laufe vieler Generationen die Häufigkeit einer Merkmalsausprägung in eine Richtung.

Begründung:
Die Umweltbedingungen in Afrika haben sich gleichermaßen für die gesamte Population der Art *M. subplanifrons* geändert, wie aus Material 3 hervorgeht. Somit haben die Individuen einen Selektionsvorteil, deren Merkmalsausprägung sich so verändert, dass sie an diese neuen Umweltbedingungen angepasst sind. Die Mammuts in Afrika evolvierten durch transformierende Selektion. Es entstand die Art *M. africanavus*.

In Eurasien und Nordamerika unterlagen die Umweltbedingungen aufgrund der geografischen Unterschiede verschiedenen Veränderungen. Somit kam es auch zu einer unterschiedlichen, in zwei Arten aufspaltenden Evolution des *M. meridionalis* (Nachfahre der Art *M. africanavus*): In Eurasien evolvierte aus dieser Stammart die Art *M. trogontherii*, in Nordamerika die Art *M. columbi*. Dieser Evolutionsprozess ist durch die disruptive Evolution ausgehend von unterschiedlichem Selektionsdruck durch die Umwelt erklärbar.

2 *Hier müssen Sie auf das im Unterricht erworbene Wissen zur synthetischen Evolutionstheorie zurückgreifen. Material 2 sollte hinsichtlich zentraler Informationen ausgewertet und diese dann präzise im Kontext der synthetischen Evolutionstheorie unter Verwendung wichtiger Fachbegriffe dargestellt werden.*

Ausgangspunkt ist eine **zufällige Mutation** im Gen MC1R. Im weiteren Verlauf kommt es durch intrachromosomale **Rekombination** (crossing-over) sowie durch interchromosomale Rekombination (aufgrund der zufälligen Verteilung der Chromosomen auf haploide Keimzellen) zu einer **Neukombination von unterschiedlichen Varianten** des Gens MC1R. Dies führt zu einer **erhöhten Variabilität** des Merkmals Fellfarbe innerhalb der Population der Wollhaarmammuts *M. primigenius*. Einige Individuen haben ein helles, andere ein dunkles Fell.

Nun greift die **Selektion**: Tiere mit heller Fellfarbe haben einen **Selektionsvorteil** hinsichtlich des Faktors Windgeschwindigkeit/Wärmeverlust. Denn durch die helle Farbe werden die Sonnenstrahlen partiell zu den inneren Hautschichten gestreut, was zur Wärmespeicherung führt. Dunkle Haare absorbieren die Sonnenstrahlen; diese Wärme erreicht jedoch nicht die tieferen Hautschichten des Mammuts, da sie durch den starken, kalten Wind direkt abtransportiert bzw. an die Luft übertragen werden. Durch dieses Merkmal sind die Mammuts mit hellem Fell besser an die kalte sibirische Steppe angepasst und sichern damit **erfolgreicher ihre Reproduktion** als Mammuts mit dunkleren Haaren *(survival of the fittest)*. Durch den erhöhten **Reproduktionserfolg** wird das dieses Merkmal codierende Allel häufiger weitervererbt und seine Häufigkeit innerhalb der Population nimmt zu.

3 *Sachverhalte durch eine eigene Darstellung (Skizze, Grafik) wiedergeben, entspricht dem AFB II. Hierbei sollte darauf geachtet werden, übersichtlich zu arbeiten und besonders eine Beschriftung anzulegen, welche die Skizze leicht verständlich macht. Wichtiger Bestandteil ist in dem vorliegenden Fall eine Zeitleiste. Im zweiten Aufgabenteil soll unter Bezugnahme auf ein geeignetes Artkonzept erklärt werden, wie die Arten der Mammuts als eigene Arten definiert werden können. Besonders in der Paläontologie wird auf das morphologische Artkonzept zurückgegriffen. Wählen Sie daher dieses, auch wenn im Text keine morphologischen Eigenschaften der einzelnen Mammutarten beschrieben werden.*

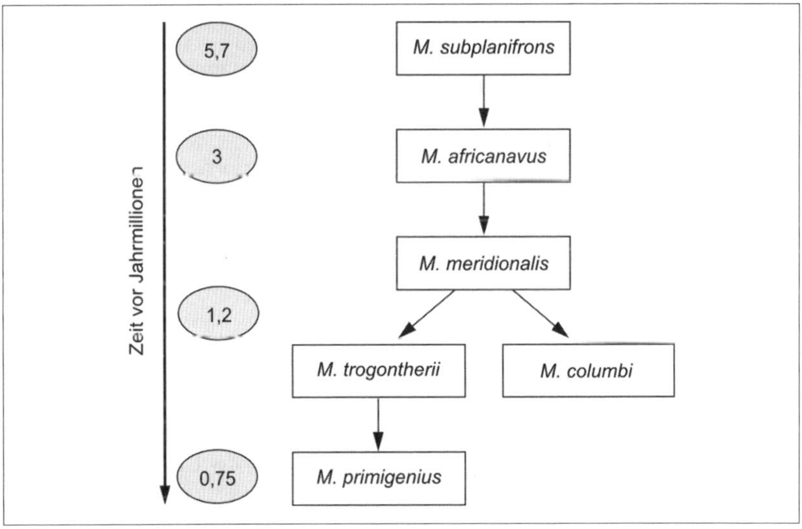

Nach dem **morphologischen Artkonzept** gehören Individuen dann einer Art an, wenn sie sich in wesentlichen Merkmalen zu einem großen Teil gleichen (die Gesamtheit von Individuen, die in wesentlichen Merkmalen des Körperbaus übereinstimmt, nennt man dann Morphospezies).

Das wohl am häufigsten angewendete Artkonzept ist das reproduktive Artkonzept (auch biologisches Artkonzept). Es geht davon aus, dass zwei Individuen zu einer Art gehören, wenn sie sich miteinander fortpflanzen können, also keine präzygotische Isolation oder geografische Barrieren oder auch gravierende Unterschiede im Verhalten (besonders Paarungsverhalten) vorliegen, und fertile Nachkommen hervorbringen können. Dieses Artkonzept ist auf die Mammutarten nicht anwendbar, da diese ausgestorben sind und eine (potenzielle) Reproduktion nicht mehr überprüfbar ist.

4 *Wichtig zur Lösung dieser Aufgabe des AFB II ist, dass bei einem Vergleich sowohl Gemeinsamkeiten als auch Unterschiede dargestellt werden müssen. Als Darstellungsform eignet sich eine Tabelle. Die Informationen sollen aus dem Text des Materials 4 entnommen werden.*

Gemeinsamkeiten	Unterschiede
Die Abgabe von am Hämoglobin gebundenen Sauerstoff ist bei niedrigen Temperaturen erhöht. Dies hat eine verbesserte Versorgung der kalten Füße mit Sauerstoff zur Folge.	Der Hauptunterschied liegt in der Ursache für die erleichterte Sauerstoffabgabe: – beim **Rentier** werden zusätzliche Moleküle an das Hämoglobin gebunden – beim **Mammut** besitzt das Hämoglobin-Gen eine veränderte Aminosäuresequenz

Dieser Befund der Ähnlichkeit hinsichtlich der Sauerstoffversorgung ist durch eine **konvergente Entwicklung** zu erklären. Unter konvergenter Entwicklung versteht man in der Evolutionsbiologie ähnliche Anpassungen unterschiedlicher Arten durch ähnliche Umweltbedingungen und damit ähnlichem Selektionsdruck. Solche konvergent entstandenen Merkmale nennt man Analogien. Diese können bei der Rekonstruktion von Verwandtschaftsbeziehungen zwischen Arten, anders als die Homologien, nicht herangezogen werden.

5 *Die Aufgabenstellung, einen möglichen Zusammenhang zwischen Befunden herzuleiten, entspricht einer typischen Aufgabe des AFB III. Hierbei sollte auf eine schlüssige Argumentation und eine klare Darstellung der Gedanken geachtet werden. Beachten Sie, dass es für diese Aufgabe eine vergleichsweise geringe BE-Zahl gibt. Daher sollten die Ausführungen nicht zu umfangreich, dafür aber präzise sein. Der Ausgangspunkt Ihrer Darstellungen sollte dabei der Befund sein, der der Tabelle 1 zu entnehmen ist.*

Im Laufe der Evolution der einzelnen Mammutarten hat sich die Anzahl der Lamellen im Zahnschmelz kontinuierlich erhöht (Tabelle 1). Mammutarten, die evolutiv gesehen relativ jung sind (das wurde in Aufgabe 3 geklärt: *M. primigenius* ist eine junge Art), ernährten sich von Grasarten mit Zellulosefasern und einem hohen Anteil an Kieselsäurekristallen. Diese Zusammensetzung stellt einen Selektionsfaktor dar, denn die hohe Lamellenanzahl erhöht die Feinheit der Nahrung bei dem Zer mahlen der Gräser. Je mehr Lamellen, desto feiner wird das Gras zermahlen und die Kristalle werden zerkleinert (die Funktionalität der Zähne wird demnach verbessert). Hier ließe sich die transformierende Selektion auf die Evolution der Backenzähne anwenden. Mammuts mit mehr Lamellen im Zahnschmelz der Backenzähne wurden innerhalb einer Population immer häufiger.

Wenn man davon ausgeht, dass die Gräser erst im Laufe der Zeit immer mehr Kieselsäure als Fraßschutz eingelagert haben, könnte man auch von einer Koevolution von Mammuts und Gräsern ausgehen.

Grundkurs Biologie (Berlin): Abituraufgaben 2020
Aufgabe A1: Physiologische Grundlagen ausgewählter Lebensprozesse

Thema: Cyanobakterien und ihre Gifte

Cyanobakterien, aufgrund ihrer Färbung auch Blaualgen genannt, sind Fotosynthese betreibende Bakterien. Immer wieder bilden sich in stehenden Gewässern vor allem im Spätsommer sog. „Algenblütenteppiche“ aus Cyanobakterien. Einige Arten von ihnen produzieren auch Gifte (Toxine), die sowohl innerhalb des Organismus bleiben als auch ins Wasser abgegeben werden. Trinken Wild- oder Nutztiere davon, so sterben diese manchmal daran.

Aufgaben

1 Beschreiben Sie die Zellstrukturen von Bakterien, durch die sie sich von Eukaryoten unterscheiden. 5

2 Erklären Sie unter Berücksichtigung der Zahlen in Abbildung 1 die Erregungsübertragung an einer motorischen Endplatte. 15

3 Beschreiben Sie die Untersuchungsergebnisse zur Wirkung von Anatoxin A und Anatoxin A (S) auf das postsynaptische Membranpotenzial.
Leiten Sie jeweils einen möglichen molekularen Wirkmechanismus dieser beiden Toxine ab. 12

4 Stellen Sie zwei Hypothesen zum molekularen Wirkmechanismus von Saxitoxin auf. 8

5 Entwickeln Sie konkrete Maßnahmen, mit denen Gesundheitsbehörden eine Gefährdung für Menschen und Haustiere durch Cyanobakterien verhindern könnten.
Begründen Sie dabei auch eine langfristig wirksame Maßnahme. 10

Material 1: Toxine der Cyanobakterien

Cyanotoxine wirken insbesondere im Bereich der motorischen Endplatten, so bezeichnet man die Synapsen zwischen Neuron und Muskelfaser. Der entsprechende Transmitter ist dabei in der Regel Acetylcholin. Von den Cyanotoxinen sind besonders gut erforscht das Anatoxin A und das Anatoxin A (S). Beide Toxine werden von der Süßwassergattung *Anabaena* produziert, bis heute ist kein Gegenmittel bekannt. Sowohl Anatoxin A als auch Anatoxin A (S) führen zum Erstickungstod, zusätzlich kommt es bei Anatoxin A (S) zu einem auffälligen Speichelfluss (engl. salivation, daher der Zusatz S). Ein drittes Cyanobakteriengift, das Saxitoxin, wirkt ebenfalls stark toxisch.

Material 2: Bau und Funktion der motorischen Endplatte

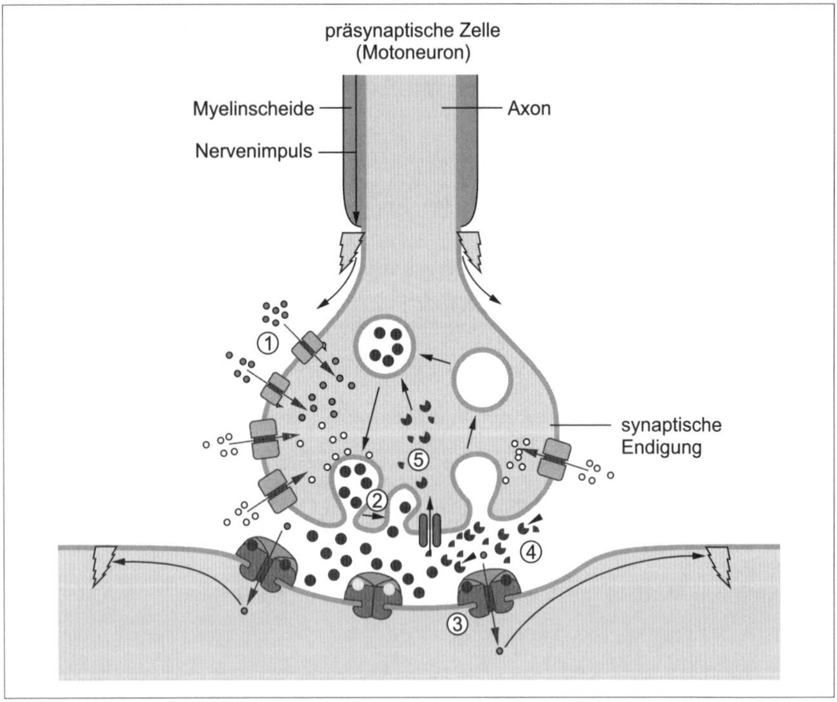

Abb. 1: Motorische Endplatte, vereinfachte Darstellung

Quelle: Hinghofer-Szalkay, H.: Funktionelle Organisation des Skelettmuskels. In: Verzeichnis der Life Science Teaching Resource Community, http://physlologie.cc/XV. 1.htm

Material 3: Toxinwirkungen an der motorischen Endplatte

In mehreren Experimenten erforschte man die Wirkung von drei Cyanobakterien-Toxinen an der postsynaptischen Membran. Zunächst wurde jeweils ein Kontrollversuch ohne Toxin durchgeführt, bei dem man die präsynaptische Zelle überschwellig reizte. Anschließend gab man das jeweilige Toxin auf die motorische Endplatte und setzte wieder einen Reiz auf das zuführende Neuron.

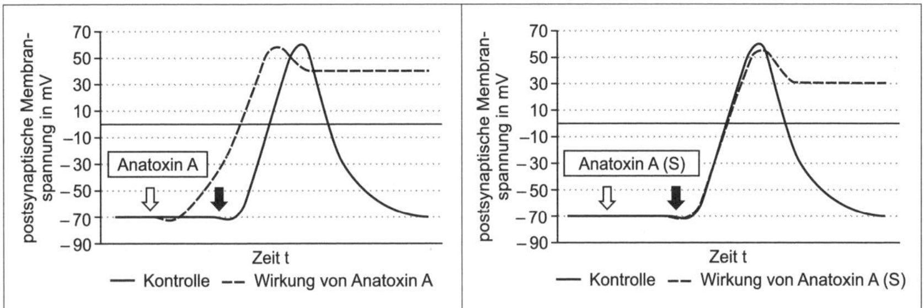

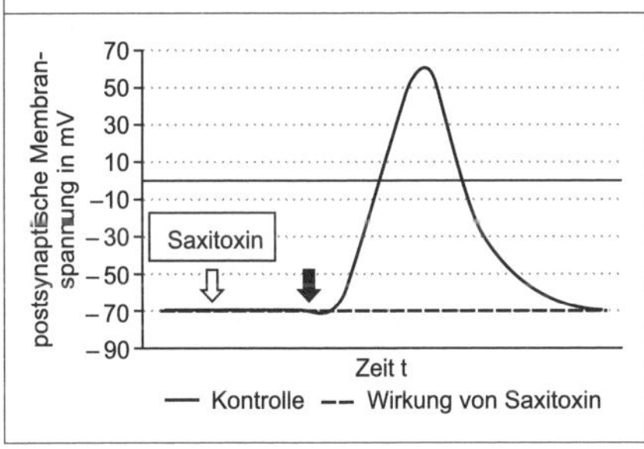

Abb. 2: Postsynaptische Membranpotenziale an einer motorischen Endplatte nach Toxinzugabe (=⇩) und Setzen eines Elektroreizes (=⬇). Zum Vergleich sind jeweils die Messungen bei den davor durchgeführten Kontrollversuchen ebenfalls dargestellt.

Quelle: Dumcke, R. Grotjohann, N.: Die Blüte bringt den Tod. In: Praxis der Naturwissenschaften, Heft 4/63, Juni 2014. S. 35–40

Material 4: Toxine der Cyanobakterien – eine Gefahr für Badende?

Die Gewässer rund um Berlin werden im Sommer von vielen Menschen zum Baden genutzt. In den nährstoffreichen, flachen Gewässern kommt es insbesondere bei anhaltend hohen Temperaturen immer wieder zur massenhaften Vermehrung von Cyanobakterien. Die meisten der über 2 000 bekannten Blaualgen-Arten sind für Menschen harmlos. Die Gifte einiger weniger Arten können aber, wenn sie in den Körper aufgenommen werden, bei Menschen zu Übelkeit, Erbrechen und Durchfall führen. Die Schwere der Symptome ist abhängig vom Verhältnis der aufgenommenen Wassermenge zum Körpergewicht. Die Bestimmung des Toxingehalts ist zwar möglich, aber zeitaufwändig. Hunde reagieren besonders empfindlich auf diese Toxine; so starben im Mai 2017 am Tegeler See mehrere Hunde, die das mit Cyanobakterien belastete Seewasser getrunken hatten. Die Bakterien haften besonders an Wasserpflanzen, aber auch an Badekleidung. Dabei kann es zu Zerreibungen (Zerstörungen) der Cyanobakterien kommen, die dabei freigesetzten Toxine können auf der Haut zu Reizungen führen.

Weitere Materialgrundlagen:
Carmichael, W.W. (1994): Cyanobakterielle Toxine. In: Spektrum der Wissenschaft. S. 70–77
Dittmann, E., Kehr, J. C. (2013): Cyanobakterielle Toxine – von der Biosynthese zur Funktion. In: BIOspektrum 19, S. 16–18

Lösungsvorschläge

1 *Hierbei handelt sich um eine Reproduktionsaufgabe des AFB I. Sie sollen Ihre Kenntnisse zur prokaryotischen Zelle strukturiert wiedergeben. Die Aufgabenstellung verlangt zwar keinen Vergleich mit der eukaryotischen Zelle, fordert Sie jedoch auf, diejenigen Merkmale zu nennen, die kennzeichnend und exklusiv für die prokaryotische Zelle sind. Die Aufgabenstellung erfordert keinen Bezug zu den Materialien.*

Bei den Bakterien liegt ein ringförmiges DNA-Molekül frei in der Zelle vor. Die Procyte – so nennt man die Zelle der Prokaryoten – hat also keinen Zellkern. Zusätzlich zu dieser ringförmigen DNA besitzen Bakterien häufig sogenannte Plasmide. Diese sind kleine DNA-Moleküle, die ebenfalls frei im Cytoplasma der Zelle vorliegen. Die Ribosomen der Procyte gehören zum Typ 70S. Oft besitzen Bakterien eine Zellwand (meist aus Murein) sowie für die Fortbewegung Flagellen (Geißeln).

70S-Ribosomen bedeutet, dass die Ribosomen der Procyte kleiner als die 80S-Ribosomen der Eucyte sind. S weist indirekt auf die Masse der Ribosomen hin. Die Svedberg-Einheit (S) ist ein Maß für die Sedimentationsgeschwindigkeit.

2 *Bei dieser Aufgabe sollen Sie Ihre Kenntnisse über die Vorgänge und deren Abfolge bezüglich der Erregungsübertragung an einer motorischen Endplatte unter expliziter Verwendung der vorgegebenen Nummerierung (Abbildung 1) strukturiert wiedergeben. Sie sollen also Ihre im Unterricht erworbenen Kenntnisse den Zahlen in der Abbildung zuordnen.*

1. Ein Aktionspotenzial erreicht das Endknöpfchen. Aufgrund der Änderung des Membranpotenzials öffnen sich kurzzeitig die spannungsabhängigen Calciumionenkanäle und Calciumionen strömen in das Zellinnere ein.
2. Der Anstieg der intrazellulären Calciumionenkonzentration bewirkt, dass transmittergefüllte Vesikel mit der präsynaptischen Membran verschmelzen (Exozytose). Die Transmittermoleküle (Acetylcholin) gelangen somit in den synaptischen Spalt.
3. Acetylcholin diffundiert zur postsynaptischen Membran und bindet an Rezeptoren, wodurch sich ligandengesteuerte Natriumionenkanäle öffnen und Natriumionen in die Muskelzelle einströmen.
4. Acetylcholin wird vom Enzym Acetylcholinesterase gespalten (enzymatischer Abbau).
5. Die Spaltprodukte werden in die präsynaptische Zelle aufgenommen (Endozytose) und für die Synthese des Transmitters wiederverwendet, sodass neue mit Acetylcholin gefüllte Vesikel entstehen.

3 *Zur Lösung dieser Aufgabe müssen Sie Untersuchungsergebnisse (Material 3) zunächst beschreiben (AFB I) und anschließend korrekt auswerten (AFB II). Bei der Auswertung des Diagramms sollen Sie ausgehend vom jeweiligen Kurvenverlauf des Membranpotenzials eine plausible Erklärung für den Wirkmechanismus der Toxine entwickeln. Achten Sie darauf, ob jeweils das Membranpotenzial durch den elektrischen Reiz ausgelöst wird oder ob bereits bei der Gabe des Toxins ein Anstieg des Membranpotenzials zu verzeichnen ist.*

Dargestellt werden für Anatoxin A und für Anatoxin A (S) die postsynaptischen Membranpotenziale an einer motorischen Endplatte nach Zugabe des jeweiligen Toxins. Als Kontrolle werden auch die Messungen ohne Zugabe des Toxins dargestellt.

Beschreibung der Versuchsergebnisse:

Anatoxin A: Sofort bei Toxinzugabe wird ein erregendes postsynaptisches Potenzial (EPSP) ausgelöst, also bereits bevor die Membran elektrisch stimuliert wird. Im Unterschied zur Kontrolle bleibt das Potenzial bei ca. 40 mV, die Repolarisation bleibt damit aus.

Anatoxin A (S): Direkt nach der Toxinzugabe lässt sich kein Unterschied zur Kontrolle erkennen. Nach dem Setzen eines elektrischen Reizes wird ein EPSP ausgelöst. Ähnlich wie bei Anatoxin A bleibt das Potenzial anschließend auf hohem Niveau bei ca. 30 mV, auch hier kommt es nicht zur Repolarisation.

Auswertung der Versuchsergebnisse:

Anatoxin A: Es ist anzunehmen, dass Anatoxin A statt Acetylcholin an die Rezeptoren der postsynaptischen Membran bindet, sodass sich die Natriumionenkanäle öffnen und Natriumionen einströmen können. Für diese Annahme spricht die Tatsache, dass bei Zugabe von Anatoxin A ein EPSP bereits vor dem Einsetzen des elektrischen Reizes ausgelöst wird. Auch die ausbleibende Repolarisation lässt vermuten, dass Anatoxin A an die Rezeptoren anstelle von Acetylcholin bindet. Da Enzyme sehr spezifisch wirken, kann Anatoxin A durch Acetylcholinesterase nicht abgebaut werden, wodurch es zu einer Dauererregung kommt, indem Natriumionen ungehindert weiterhin in die Muskelzelle einströmen. Das Membranpotenzial bleibt daher auf hohem Niveau bestehen.

Anatoxin A (S): Da dieses Toxin anders als Anatoxin A nicht sofort ein EPSP auslöst, muss auch der Wirkmechanismus anders sein. Es kann vermutet werden, dass Anatoxin A (S) die Acetylcholinesterase hemmt, sodass das Acetylcholin nach einem EPSP nicht abgebaut wird und im synaptischen Spalt verbleibt. Aus diesem Grund bleiben die Natriumionenkanäle weiterhin geöffnet und auch die Repolarisation kann, wie beobachtet, nicht stattfinden.

Da Sie ausgehend von den experimentellen Ergebnissen einen Erklärungsansatz entwickeln, empfiehlt es sich, die Erklärung so zu formulieren, dass der hypothetische Charakter Ihrer Ausführungen deutlich wird. Dazu helfen Wendungen wie „es ist anzunehmen“, „es ließe sich vermuten“ usw.

4 *Für diese Aufgabe des AFB III werten Sie die Versuchsergebnisse bei Zugabe von Saxitoxin (Material 3) aus, um zwei Hypothesen zum molekularen Wirkmechanismus dieses Toxins zu formulieren. Es geht dabei nicht darum, den tatsächlichen Wirkmechanismus zu identifizieren, sondern zwei plausible Hypothesen aufzustellen. Diese sollen auf den experimentell gewonnenen Daten fußen und nicht im Widerspruch mit ihnen stehen. Daher empfiehlt es sich, im Konjunktiv zu formulieren.*

Aus den im Diagramm präsentierten Daten wird deutlich, dass **Saxitoxin** jegliche Membranpotenzialänderung unterbindet. So stellt sich die Frage: An welchen Stellen kann das Toxin eingreifen, sodass ein EPSP nicht mehr ausgelöst werden kann?

Mögliche Wirkmechanismen von Saxitoxin:

1. Saxitoxin blockiert die spannungsgesteuerten Natriumionenkanäle des Axons vor der Präsynapse, sodass diese auf Reize in Form von Potenzialänderungen nicht mehr reagieren. Wenn die Natriumionenkanäle durch Saxitoxin geschlossen blieben, könnte kein Einstrom von Natriumionen stattfinden. Ohne Änderung des Membranpotenzials könnte kein EPSP entstehen.
2. Saxitoxin blockiert die spannungsgesteuerten Natriumionenkanäle an der postsynaptischen Membran. Auch in diesem Fall würde ein EPSP ausbleiben, weil keine Natriumionen in die Muskelzelle einströmen würden und es somit nicht zu der nötigen Änderung des Membranpotenzials kommen könnte.

Andere Wirkmechanismen sind ebenfalls denkbar, solange die Folge dieser Wirkmechanismen das Ausbleiben einer Änderung des Membranpotenzials an der präsynaptischen oder an der postsynaptischen Membran ist. Beispielsweise könnte auch eine Wirkung von Saxitoxin im synaptischen Spalt als Hypothese formuliert werden. Man könnte vermuten, dass Saxitoxin die Exozytose der mit Acetylcholin gefüllten Vesikel hemmt oder dass Saxitoxin Acetylcholin im synaptischen Spalt blockiert oder abbaut. Tatsächlich handelt es sich bei Saxitoxin um einen Natriumkanalblocker.

5 *Diese Aufgabe ist dem AFB II zuzuordnen, da Sie zunächst die Textinformationen erfassen und auswerten sollen, um dann konkrete Maßnahmen zum Schutz von Menschen und Haustieren zu entwickeln (viele Aspekte sind aus dem Text ableitbar). Nur eine Maßnahme soll dabei begründet ausgeführt werden und zwar eine, die langfristig wirkt. Bei einer solchen Aufgabe wird meist nicht konkret angegeben, wie viele Maßnahmen erwartet werden. Bei zehn Bewertungseinheiten ist es jedenfalls ratsam, möglichst viele Maßnahmen zu formulieren.*

Maßnahmen:

- Man könnte die Wasserqualität bezüglich der Toxinbelastung regelmäßig überprüfen und bei einem positiven Ergebnis bzw. beim Überschreiten eines Grenzwertes die Badestelle sperren.
- Man könnte die Artenvielfalt an Cyanobakterien in regelmäßigen Zeitabständen kontrollieren und beim Nachweis gefährlicher Arten entweder die Badestelle sperren oder zumindest Hinweisschilder zur Warnung der Bevölkerung aufstellen.
- Bei einer möglichen Gefährdung könnten die Gesundheitsbehörden Warnhinweise aufstellen, damit Eltern besonders darauf achten, dass Kleinkinder kein Seewasser schlucken. Für die Toxizität ist das Körpergewicht entscheidend. Deswegen sind Kleinkinder stärker gefährdet als Erwachsene.
- Bei einer möglichen Gefährdung könnten die Gesundheitsbehörden Warnhinweise aufstellen, die die Badegäste dazu auffordern, nach dem Baden möglichst bald zu duschen und die Badekleidung gründlich abzuspülen, um den Hautkontakt mit den Bakterien zeitlich einzugrenzen.
- Bei einer möglichen Gefährdung könnten die Gesundheitsbehörden Warnhinweise aufstellen, die Hundebesitzer*innen dazu auffordern, Hunde an der Leine zu führen und nicht an das Wasser heranzulassen, weder zum Trinken noch zum Baden.

Begründung einer langfristig wirksamen Maßnahme:

- Eine vorbeugende Maßnahme, die langfristig und effektiv von der gefährlichen Blaualgenblüte schützen würde, wäre eine Reduktion des Eintrags von Nährstoffen in die Gewässer. Diese gelangen vor allem über stark gedüngte landwirtschaftlich genutzte Flächen in die Gewässer und fördern das Wachstum und die unkontrollierte Vermehrung von Algen und Bakterien aufgrund der massiven Anreicherung mit Nährstoffen (Eutrophierung).

Grundkurs Biologie (Berlin): Abituraufgaben 2020
Aufgabe A2: Genetik

Thema: Was Mitochondrien uns verraten

Bei der Suche nach den Eigenschaften unserer Vorfahren spielen Erkenntnisse aus der Genetik zunehmend eine wichtige Rolle, zum Beispiel bei Untersuchungen zur Besiedlung Eurasiens oder in der Familiengeschichtsforschung. Dabei sind besonders die Erbinformationen der Mitochondrien von Interesse.

Aufgaben

1 Beschreiben Sie den Chromosomensatz der menschlichen Körper- und Keimzellen. 9

2 Vergleichen Sie mitochondriale und autosomale nukleäre Erbinformationen des Menschen nach Vorkommen, Bau und Informationsgehalt. 12

3 Erklären Sie die unterschiedlichen charakteristischen Merkmale autosomal-rezessiver und X-chromosomal-rezessiver Erbgänge beim Menschen.
Ermitteln Sie die Phänotypen der Generation II der Familie im Material 3 für den Fall eines X-chromosomal-rezessiven Erbgangs, wenn Person 1 Merkmalsträgerin ist, aber Person 2 das entsprechende Allel nicht aufweist. 15

4 Erläutern Sie die charakteristischen Merkmale eines mitochondrialen Erbgangs.
Ermitteln Sie für den Fall, dass Person 1 der Beispielfamilie Merkmalsträgerin einer mitochondrial vererbten Erkrankung ist, Aussagen zu den mitochondrialen Erbinformationen der Personen in Generation II und III. 8

5 Begründen Sie die Bedeutung von Untersuchungen mitochondrialer Erbinformationen für die Erforschung der menschlichen Abstammung. 6

Material 1: Nukleäre Erbinformationen beim Menschen

Einen entscheidenden Schritt bei der Lösung der Rätsel über unsere Erbinformationen verdanken wir dem Human-Genom-Projekt. Es startete 1988 und konnte 2003 abgeschlossen werden. Man entschlüsselte 3,2 Milliarden Basenpaare. Dabei gibt es eine 99,9 %ige Übereinstimmung zwischen allen Menschen.
Die Angaben zur Anzahl der menschlichen Gene sind in der Literatur nicht einheitlich. Die Gesamtzahl wird derzeit mit bis zu 50 000 angegeben. Fast 95 % davon liegen auf den Autosomen. Hier befindet sich auch der überwiegende Teil der proteincodierenden Gene. Man geht derzeit von rund 19 500 solcher Gene auf diesen Autosomen (sog. Körperchromosomen) aus. Neben der nukleären Erbsubstanz des Zellkerns enthalten auch Mitochondrien DNA.
Die Anzahl der Gene auf den einzelnen Chromosomen ist sehr unterschiedlich. So hat das Chromosom 21 bei einer Gesamtlänge von fast 470 000 Basenpaaren insgesamt 738 Gene, davon 233 proteincodierende. Ein X-Chromosom trägt bei einer Länge von ca. 156 000 Basenpaaren fast 2 000 Genen, dabei sind 839 proteincodierend. Das deutlich kürzere Y-Chromosom hat 496 Gene, nur 48 sind proteincodierend.

Quellen:
http://vega.archive.ensembl.org/info/about/gene_and_transcripl_types.html#genes;
https://www.scinexx.de/news/biowissen/haben-wir-weniger-echte-gene-als-gedacht/

Material 2: Erbinformationen in den Mitochondrien des Menschen

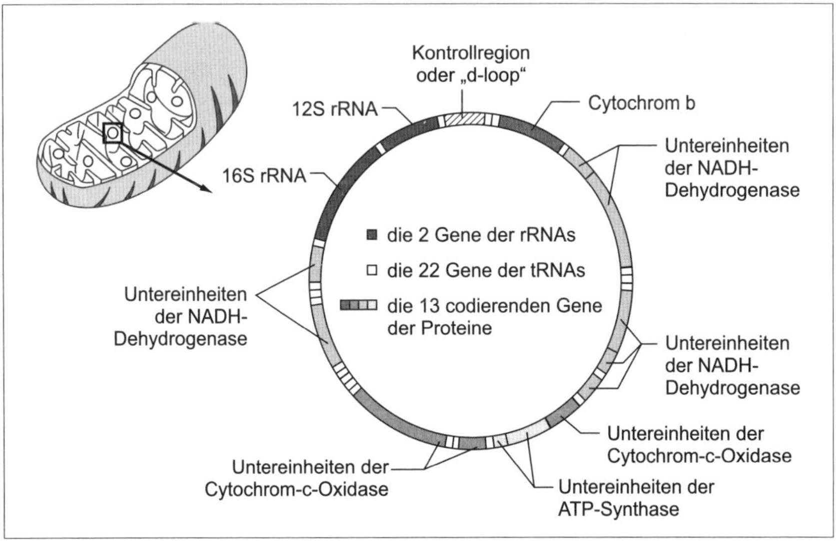

Abb. 1: Schematische Darstellung eines Mitochondriums und der mitochondrialen DNA des Menschen

Quelle: Knopfkind/Wikipedia, CC BY-SA 3.0

Die Anzahl der Mitochondrien in einer menschlichen Zelle hängt von der Funktion des Zelltyps ab. Sie kommen in großer Zahl in Zellen mit hohem Energieumsatz vor, zum Beispiel in Muskelzellen, Nervenzellen und Eizellen. So können in menschlichen Leberzellen über 2 000 Mitochondrien vorkommen. Mitochondrien sind nur 2 bis 10 µm lang und haben einen Durchmesser von ca. 0,2 µm. Sie werden bei der Zellteilung zufällig auf die Tochterzellen verteilt.
Mitochondrien vermehren sich ähnlich wie Bakterien durch Teilung. Der größte Teil der Gene, die für den Aufbau und das Wachstum der Mitochondrien zuständig sind, befindet sich im Zellkern der Zelle.
Die DNA in den Mitochondrien ist 16 569 Basenpaare lang, das entspricht 0,001 % des gesamten genetischen Materials des Menschen. Insgesamt enthält die Mitochondrien-DNA 37 Gene, viele dieser Gene verschlüsseln Enzyme der Atmungskette. Bis zu 15 Kopien des doppelsträngigen DNA-Moleküls kommen in einem Mitochondrium vor. Seine Kontrollregion steuert die Transkripton und Replikation dieses Zellorganells.
Nach einer Befruchtung treten in der Zygote keine Mitochondrien des Spermiums auf, da bei der Verschmelzung der beiden Geschlechtszellen von der männlichen Keimzelle nur der Zellkern übertragen wird.
Mitochondriale DNA hat eine höhere und konstantere Mutationsrate als die DNA des Zellkerns. Mutationen der mitochondrialen DNA können die Ursache für Erkrankungen sein.

Material 3: Verwandtschaftsbeziehungen einer Familie

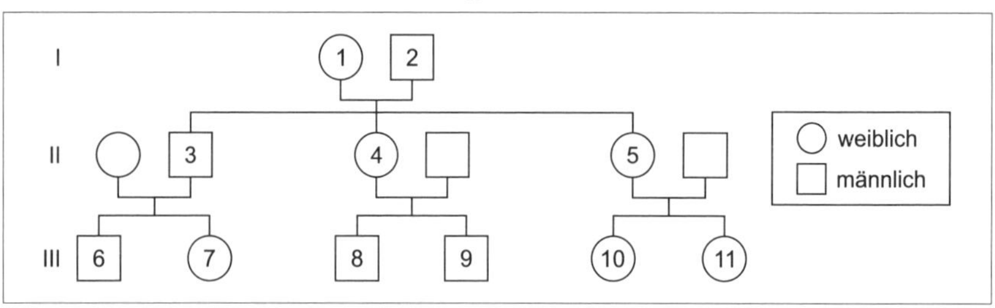

Abb. 2: Übersicht über die Nachkommen eines Elternpaares (1 und 2), ohne Kennzeichnung bestimmter Phänotypen

Weitere Materialgrundlagen:
Kunsch, Konrad (1997): Der Mensch in Zahlen. Gustav Fischer, Stuttgart. S. 16/17
https://www.scinexx.de/news/biowissen/forscher-ersetzen-mitochondrien-einer-menschlichen-eizelle

Lösungsvorschläge

1 *Hierbei handelt sich um eine Reproduktionsaufgabe des AFB I. Sie sollen Ihre im Unterricht erworbenen Kenntnisse bezüglich der chromosomalen Ausstattung menschlicher Körper- und Keimzellen fachsprachlich präzise wiedergeben. Die Aufgabenstellung erfordert keinen Bezug zu den Materialien.*

In den **Körperzellen** des Menschen liegt ein diploider Chromosomensatz vor. Insgesamt besitzt eine Körperzelle 46 Chromosomen, wobei 44 Autosomen (22 homologe Chromosomenpaare) und 2 Gonosomen (XX bei Frauen, XY bei Männern) vorhanden sind.

Die **Keimzellen** (Gameten) liegen haploid vor. Sie enthalten also keine homologen Chromosomenpaare. Keimzellen enthalten im Zellkern 22 Autosomen und ein Gonosom (X oder Y).

2 *Diese Aufgabe gehört dem AFB II an, da die von Ihnen geforderte Leistung darin besteht, Informationen aus Quellen gezielt zu gewinnen, um diese strukturiert zu vergleichen. Die hierzu relevanten Texte sind die Materialien 1 und 2. Zu beachten ist dabei, dass bei einem Vergleich sowohl Gemeinsamkeiten als auch Unterschiede dargestellt werden können. Als Darstellungsform eignet sich eine Tabelle. Die drei Kriterien, nach denen mitochondriale und autosomale nukleäre Erbinformationen zu vergleichen sind, sind durch die Aufgabenstellung vorgegeben.*

	Mitochondriale Erbinformation	**Nukleäre autosomale Erbinformation**
Vorkommen	– Mitochondrien – Mehrfach (bis zu 15 Kopien) pro Zelle	– Zellkerne von Körperzellen – Einmal pro Zelle
Bau	doppelsträngige DNA	
	– ringförmig – Länge von ca. 16 600 Basenpaaren	– Stränge (einzeln vorkommend bei einzelnen Chromatiden, am Centromer verbunden bei Zwei-Chromatid-Chromosomen) – variable Länge je nach Chromosom
Informationsgehalt	– 0,001 % des menschlichen Erbgutes – Vor allem Gene, die für die Enzyme der Atmungskette codieren	– 95 % des menschlichen Erbgutes – ca. 19 500 proteincodierende Gene

3 *Die Erklärung der jeweiligen Charakteristika eines autosomalen bzw. X-chromosomalen rezessiven Erbgangs ist dem AFB I zuzuordnen, da es einer Reproduktionsleistung von im Unterricht erworbenen Kenntnissen entspricht. Die Teilaufgabe der Anwendung dieser Kenntnisse auf den Stammbaum im Material 3 ist im AFB II anzusiedeln.*

Autosomal-rezessive Erbgänge:
Da es sich um einen autosomalen Erbgang handelt und sich die Geschlechter bezüglich der Autosomen nicht unterscheiden, tritt das Merkmal gleich häufig bei beiden Geschlechtern auf. Der Erbgang ist rezessiv, was impliziert, dass es nur im Fall der Homozygotie bezüglich dieses Allels in seiner rezessiven Variante (Genotyp aa) zur Merkmalsausprägung kommt. Einige Individuen können dadurch als Heterozygoten zwar merkmalsfrei sein, das rezessive Allel aber in sich tragen und dieses an die nächste Generation weitervererben (sogenannte Konduktoren), bei der es bei rezessiver Homozygotie wieder zur Merkmalsausprägung kommt. Somit sind oft nicht in jeder Generation Merkmalsträger zu finden und merkmalsfreie Eltern können Kinder bekommen, die Merkmalsträger sind.

X-chromosomal-rezessive Erbgänge:
Im Fall eines X-chromosomalen rezessiven Erbgangs ist ein deutlicher Unterschied im Vergleich zu einem autosomalen rezessiven Erbgang zu beobachten: Männer sind viel häufiger betroffen bzw. Merkmalsträger als Frauen. Grund dafür ist, dass bei Männern (XY) das Chromosom X nur einmal vorhanden ist. Befindet sich das für das Merkmal verantwortliche Allel auf dem X-Chromosom, wird es bei Männern immer exprimiert, da das Y-Chromosom kein passendes Allel dazu trägt, das die Expression unterdrücken könnte. Frauen sind hingegen nur bei Homozygotie Merkmalsträgerinnen. Bei Heterozygotie tragen Frauen das Allel, ohne dabei Merkmalsträgerinnen zu sein (Konduktoren).

Bei der Symbolsprache für gonosomale Erbgänge muss man besonders auf eine stringente Darstellung achten. Denn X steht eigentlich immer für das Gonosom, X (kursiv geschrieben) kann für das dominante Allel stehen, x dann für das rezessive Allel, das bei Homozygotie (x*x*) zur phänotypischen Ausprägung des Merkmals führt. Sie sollten bei der Symbolsprache nicht einfach X verwenden, da dieses auf das Gonosom als Ganzes verweist. Auch Buchstaben wie A oder B sind nicht ratsam, da diese meist auf einen autosomalen Erbgang bezogen werden.*

Ermittlung der Phänotypen:
Geht man bei dem Stammbaum in Material 3 von einem X-chromosomalen rezessiven Erbgang aus und beachtet, dass Person 1 Merkmalsträgerin ist, muss diese Person bezüglich des hier betrachteten Allels homozygot rezessiv sein, ihr Genotyp ist also x*x*. Person 2 ist männlich und merkmalsfrei, genotypisch ist sie somit *X*–. Für Person 2 kann nur ein Allel angegeben werden, weil Männer nur ein X-Chromosom besitzen. Die zu betrachtende Generation II sind also die Kinder von Person 1 und Person 2.

- **Person 3:** Da die Person männlich ist und somit das X-Chromosom von der Mutter mit dem Genotypen x*x* stammt, muss Person 3 Merkmalsträger sein. Sein Genotyp bezüglich dieses Allels ist x*–. Ein rezessives Allel ist in diesem Fall für die Ausprägung des Merkmals hinreichend, da Person 3 als Mann kein zweites Allel besitzt, das die Expression der Gene auf dem x* unterdrücken könnte.
- **Person 4:** Da diese Person weiblich ist, erhält sie ein X-Chromosom vom Vater, der das Allel in der dominanten Form *X* besitzt. Das andere Allel stammt von der Mutter (Person 1), die den Genotypen x*x* hat. Somit ist der Genotyp von Person 4 *X*x*. Sie ist phänotypisch merkmalsfrei, da es nur bei Homozygotie zur Merkmalsausprägung kommt.
- **Person 5:** Hier liegt wie bei der Person 4 der Genotyp *X*x* vor.

4 *Diese Aufgabe ähnelt dem Anforderungsprofil der vorangegangenen Aufgabe. Sie weicht lediglich in dem Punkt ab, dass man hier einen mitochondrialen Erbgang auf den Stammbaum in Material 3 anwenden muss. Solche Anwendungsaufgaben sind dem AFB II zuzuordnen.*

Das Hauptmerkmal eines **mitochondrialen Erbgangs** besteht darin, dass die Vererbung mitochondrialer DNA ausschließlich durch die Eizelle der Mutter stattfindet (sogenannte maternale Vererbung). Die Mitochondrien eines Individuums stammen also von seiner Mutter, die sie wiederum von ihrer Mutter bekommen hat usw. Die Häufigkeit des Vorkommens bestimmter mitochondrialer Gene bzw. ihrer phänotypischen Expression ist bei beiden Geschlechtern gleich. Mitochondriale DNA wird nicht rekombiniert, Rekombination betrifft nur nukleäre DNA.

Anwendung auf den Stammbaum:
Alle Kinder der Generation II (Person 3, Person 4 und Person 5) sind Träger der Erbinformation für die in der Aufgabe genannte mitochondrial vererbte Krankheit, weil alle drei ihre Mitochondrien von ihrer Mutter (Person 1) erhalten haben. In der Generation 3 sind die Kinder von Person 4 und Person 5 Merkmalsträger: Person 8, Person 9, Person 10, Person 11. Person 6 und Person 7 sind wahrscheinlich keine Merkmalsträger, es sei denn, ihre Mutter wäre auch Merkmalsträgerin. Über diese Person liegen jedoch keine Informationen vor.

5 *Diese Aufgabe erfordert eine auf der Grundlage von Kenntnissen sachgerechte Bewertung der Bedeutsamkeit von Untersuchungen mitochondrialer Erbinformation für die Erforschung der menschlichen Abstammung und ist somit dem AFB III zuzuordnen.*

Für phylogenetische Rekonstruktionen hat die **mitochondriale DNA** gegenüber der nukleären Erbinformation deutliche Vorzüge, weshalb ihre Untersuchung in diesem Zusammenhang von großer Bedeutung ist. Diese Vorzüge beruhen darauf, dass die mitochondriale DNA eine höhere und konstantere Mutationsrate aufweist. Durch die Mutationen lassen sich Trennungen von Teilpopulationen und die damit verbundenen evolutiven Prozesse genauer rekonstruieren. Bildhaft könnte man sich die mitochondriale DNA als eine Uhr vorstellen, die viel genauer als die nukleäre Erbinformation ist. Diese Genauigkeit ist auf die höhere und konstantere Mutationsrate zurückzuführen. Durch die höhere Mutationsrate lassen sich auch kleinere Zeiträume anhand von Mutationen erkennen. Dadurch, dass die Mutationsrate konstant ist, besteht eine gewisse Proportionalität zwischen Anzahl der Mutationen und vergangener Zeit, somit sind relative Datierungen der Abspaltungsprozesse möglich. Die Mutationen der mitochondrialen Erbinformationen etablieren sich zahlreicher und schneller im Genpool als im Fall der nukleären DNA, weil die Vererbung mitochondrialer DNA nur durch die Mutter erfolgt, wodurch keine väterlichen Allele vorhanden sind, welche die Ausprägung des für die jeweilige Mutation verantwortlichen Allels unterdrücken könnten.
Bei einer Extraktion der Erbinformation aus Fossilien bietet die mitochondriale DNA den zusätzlichen Vorteil, dass sie pro Zelle mehrfach vorhanden ist, während jede Zelle nur einen Zellkern besitzt. Es kann also besser und mehr mitochondriale DNA gewonnen werden, die analysiert werden kann.

Grundkurs Biologie (Berlin): Abituraufgaben 2020
Aufgabe B: Ökologie und Nachhaltigkeit

Thema: Schmetterlinge im Aufwind

In Großbritannien war der Kleine Sonnenröschen-Bläuling bis in die 1980er Jahre nur selten zu finden, die Bestände galten als rückläufig. In den 1990er Jahren beobachteten Schmetterlingsfreunde dann eine deutliche Zunahme der Bläulinge. Es wird diskutiert, ob der Klimawandel dafür verantwortlich ist.

Abb. 1: Kleiner Sonnenröschen-Bläuling
Quelle: Rosenzweig/Wikipedia, CC BY-SA 3.0

Aufgaben

1 Definieren Sie den Begriff der ökologischen Nische.
Beschreiben Sie die ökologische Nische des Kleinen Sonnenröschen-Bläulings in seinen verschiedenen Entwicklungsstadien. 12

2 Beschreiben Sie die Entwicklung der Befallsdichte der Pflanzen durch die Schmetterlingsraupen getrennt nach Wirtspflanzen. 6

3 Erklären Sie die zunehmende Ausbreitung des Sonnenröschen-Bläulings in Großbritannien zwischen 1970 und 2009 mit Hilfe des Materials 2. 12

4 Stellen Sie die Ergebnisse der Untersuchung zur Bedrohung der Raupen graphisch dar.
Erklären Sie am Beispiel den Begriff Parasitismus und den unterschiedlichen Parasitierungsgrad an den beiden Standorten. 14

5 Diskutieren Sie, ob der Kleine Sonnenröschen-Bläuling von der Roten Liste der gefährdeten Arten gestrichen werden kann. 6

Material 1: Merkmale und Lebenszyklus des Kleinen Sonnenröschen-Bläulings

Die Kleinen Sonnenröschen-Bläulinge *(Aricia agestis)* zählen zur Familie der Bläulinge, einer Gruppe von tagaktiven Schmetterlingen. Sie erreichen eine Flügelspannweite von 22 bis 27 mm. Sie haben dunkelbraune Flügeloberseiten, wobei sowohl auf den Vorder- als auch auf den Hinterflügeln deutlich orangefarbene Randflecken sichtbar sind.

Kleine Sonnenröschen-Bläulinge fliegen jährlich in zwei Generationen von Mai bis Juni und von Juli bis September, im Norden und in kälteren Regionen nur in einer von Juni bis Juli. Während der Schmetterling bei der Suche nach Nektar nicht wählerisch ist, ernähren sich die Raupen in erster Linie vom Gelben Sonnenröschen. Die Weibchen legen ihre Eier einzeln auf die Blüten oder Stängel der Futterpflanzen. Die jungen Raupen ernähren sich nur vom unteren Teil der Blätter, die größeren Raupen fressen sie vollständig. Die Art überwintert im Raupenstadium.

Quelle: Kleiner Sonnenröschen-Bläuling (Aricia agestis), Deutschlands Natur, https://www.deutschlands-natur.de/tierarten/tagfalter/kleiner-sonnenroeschen-blaeuling/

Material 2: Verbreitungsgebiete des Kleinen Sonnenröschen-Bläulings

Die Art kommt häufig im Mittelmeerraum vor. In Mitteleuropa ist sie eher selten. Die Tiere bevorzugen warme, sonnige und trockene Gebiete, wie z. B. Trockenrasen, nährstoffarme Brachflächen und ähnliche Biotope. In Großbritannien war der Kleine Sonnenröschen-Bläuling noch in den 1980er-Jahren nur selten zu finden, die Bestände galten außerdem als rückläufig. In den 1990er-Jahren beobachteten Schmetterlingsfreunde dann eine deutliche Zunahme der Bläulinge. Die Schmetterlinge nutzten früher fast ausschließlich das Gelbe Sonnenröschen, das bevorzugt an sonnigen Südhängen wächst, zur Ablage ihrer Eier.

eigene Zusammenstellung nach: https ://de.wikipedia.org/wiki/Kleiner_Sonnenr%C3%B6schen-Bl%C3%A4uling

Auffällig ist, dass die Bläulinge nun zusätzlich in Gegenden leben, in denen die ursprüngliche Hauptwirtspflanze gar nicht vorkommt. Die Schmetterlinge legen ihre Eier dort vermehrt auf Storchschnabelgewächsen ab, vor allem auf dem Weichen Storchenschnabel. Diese Art ist weiter verbreitet als das Gelbe Sonnenröschen (siehe Abbildung 3). Die durchschnittlichen Sommertemperaturen sind in Großbritannien deutlich gestiegen: Zwischen 1990 und 2009 lagen sie um 0,78 °C über dem Durchschnitt der Jahre von 1800 bis 1989.

Fachleute gehen häufig davon aus, dass die Anpassung an den Klimawandel besonders für Arten schwer ist, die für ihre Vermehrung auf andere Lebewesen angewiesen sind. Diese Studie zeigt, dass auch das Gegenteil der Fall sein könnte.

Quelle: Einst gefährdeter Schmetterling profitiert vom Klimawandel, DPA vom 25. 05. 2012, https://www.welt.de/newsticker/dpa_nt/infoline_nt/wissenschaft_nt/article106375425/Einst-gefaehrdeter-Schmetterling-profitiert-vom-Klimawandel.html

© dpa Deutsche Presse-Agentur GmbH.
Alle Inhalte dieser Website sind urheberrechtlich geschützt. Jegliche Nutzung von Inhalten, Texten, Grafiken und Bildern dieser Website ist ohne ausdrückliche schriftliche Zustimmung der dpa unzulässig. Dies gilt insbesondere für die Verbreitung, Vervielfältigung und öffentliche Wiedergabe sowie Speicherung, Bearbeitung oder Veränderung. Alle Rechte bleiben vorbehalten.

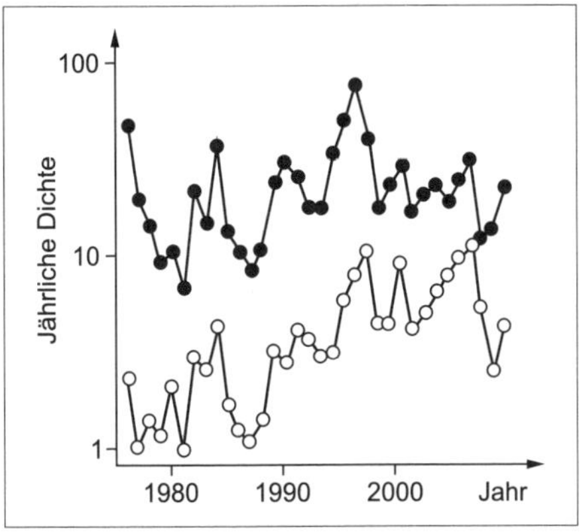

Abb. 2: Anzahl der Raupen des Kleinen Sonnenröschen-Bläulings pro Pflanze auf dem Gelben Sonnenröschen (schwarz) und dem Weichen Storchschnabel (weiß)

Quelle: Wolfgang Klemmstein: Die Ausbreitung des Kleinen Sonnenröschen-Bläulings, UB 417, Friedrich-Verlag, 2016

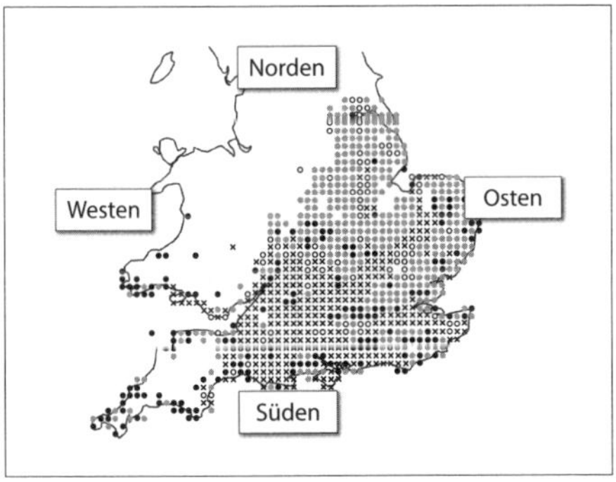

Abb. 3: Verbreitungskarte der Wirtspflanzen des Kleinen Sonnenröschen-Bläulings in Großbritannien. Kreuzchen 1970–1987, Gelbes Sonnenröschen vorhanden; schwarzer Punkt 1970–1987, nur Weicher Storchschnabel vorhanden; weißer Punkt 1988–2009, Gelbes Sonnenröschen vorhanden; grauer Punkt 1988–2009, nur Weicher Storchschnabel vorhanden

Quelle: Wolfgang Klemmstein: Die Ausbreitung des Kleinen Sonnenröschen-Bläulings, UB 417, Friedrich-Verlag, 2016

Material 3: Bedrohung der Raupen des Kleinen Sonnenröschen-Bläulings

Die Raupen des Schmetterlings werden von verschiedenen Parasiten befallen. Dazu zählen in erster Linie Schlupfwespen, die ihre Eier in der Raupe ablegen. Dort entwickeln sich die Larven der Wespen und töten am Ende ihrer Entwicklung den Wirt. Bezüglich des Befalls mit Schlupfwespen wurden zwei Standorte untersucht: ein Gebiet, an dem der Schmetterling schon immer vorkam (Aston Rowant) und ein Areal innerhalb des neuen Verbreitungsgebiets (Kirkby-on-Bain). An diesen beiden Standorten wurden Raupen in ausreichender Zahl in vier aufeinanderfolgenden Generationen gesammelt, anschließend wurde der Parasitierungsgrad bestimmt. Dieser gibt die Höhe des Anteils der von Parasiten befallen Raupen an.

Ort	Parasitierungsgrad [%] zum Zeitpunkt der Untersuchung			
	2. Generation 2002	1. Generation 2003	2. Generation 2003	1. Generation 2004
Aston Rowant	68	75	71	67
Kirkby-on-Bain	32	25	30	37

Tab. 1: Parasitierungsgrad der Raupen des Kleinen Sonnenröschen-Bläulings in vier aufeinanderfolgenden Generationen am gleichen Standort, oben: ursprüngliches Verbreitungsgebiet (Aston Rowant), unten: neu besiedelte Areale (Kirkby-on-Bain)

eigene Zusammenstellung nach: Rosa Menedez: Escape from natural enemies during climate-driven range expansion: a case study 2008

Material 4: Gewinner der Klimaerwärmung?

Ein erheblicher Teil aller Schmetterlingsarten ist wärmeliebend; deshalb liegt die Annahme nahe, dass sie von der Klimaerwärmung profitieren. Andererseits stehen 58 % der Großschmetterlinge z. B. in Niedersachsen auf der Roten Liste der gefährdeten Arten und auch bei den noch nicht bedrohten Arten nehmen die Vorkommen zum Teil deutlich ab, weil negative Faktoren (vor allem Überdüngung, Luftverschmutzung, Insektenvernichtungsmittel und Nutzungsintensivierung) auf den Bestand überwiegen.

Quelle: Beispiele gefährdeter Schmetterlinge in der Region Hannover, BUND Region Hannover, http://region-hannover.bund.net/themen_und_projekte/schmetterlinge/gefaehrdete_schmetterlinge/

Lösungsvorschläge

1 *Diese Aufgabe verlangt zunächst einmal, dass Sie unter Rückgriff auf im Unterricht erworbenes Fachwissen eine angemessene Definition der ökologischen Nische anführen. Anschließend sollen Sie Material 1 bis 3 (alle enthalten wichtige Informationen) erschließen und alle dort angeführten Umweltfaktoren (abiotisch wie biotisch) nennen, die für den Kleinen Sonnenröschen-Bläuling von Bedeutung sind. Da es sich dabei einerseits um die Wiedergabe von Wissen, andererseits um die Herausarbeitung von im Text genannten Informationen handelt, gehört diese Aufgabe zum AFB I. Achten Sie dabei darauf, dass alle Entwicklungsstadien des Kleinen Sonnenröschen-Bläulings abgedeckt werden sollen.*

Definition: Die ökologische Nische einer Art umfasst die Gesamtheit aller biotischen (belebten) und abiotischen (unbelebten) Umweltfaktoren im Ökosystem, die mit der jeweiligen Art in einer Wechselbeziehung stehen (biotische Faktoren) bzw. die auf die Art einwirken und diese dann in spezifischer Weise auf die Faktoren reagieren muss (abiotische Faktoren).

Die Definition mag etwas komplex klingen. Häufig findet man die ökologische Nische auch verkürzt definiert als Gesamtheit der Beziehungen einer Art und ihrer Umwelt. Da der Begriff Beziehung jedoch eine Wechselseitigkeit beinhaltet, ist diese Definition für abiotische Faktoren nicht optimal (denn diese stehen in keiner Beziehung zu einer Art; sie sind lediglich vorhanden und die Art muss auf ihr Vorhandensein oder Fehlen angemessen reagieren).

Die ökologische Nische des Kleinen Sonnenröschen-Bläulings umfasst als **biotische Faktoren** verschiedene Futterpflanzen (trophische Beziehung). So ernährt sich der adulte Schmetterling (Imago) von verschiedenen nektarproduzierenden Pflanzen. Die Raupen (Larvenstadium) ernähren sich hauptsächlich vom Gelben Sonnenröschen (Material 1), alternativ immer mehr auch von dem Weichen Storchschnabel (Material 2). Eine weitere Wechselbeziehung besteht zu den Schlupfwespen, die die Raupen parasitieren (Material 3).

Als **abiotischer Faktor** ist vor allem die Temperatur wichtig. Der Kleine Sonnenröschen-Bläuling bevorzugt warme, sonnige und trockene Gebiete (Material 2).

2 *Da bei dieser Aufgabe eine unbekannte Informationsquelle (Diagramm in Abbildung 2) erfasst und beschrieben werden muss, ist diese Aufgabe dem AFB II zuzuordnen. Die Aufgabenstellung bezieht sich eindeutig nur auf die Beschreibung des Diagramms hinsichtlich der Entwicklung der Befallsdichte. Eine Erläuterung des Aufbaus des Diagramms (Achsenbeschriftung, Einheiten etc.) sowie eine tiefergehende Interpretation oder Analyse der Daten sind nicht gefordert.*

Wie das Diagramm zeigt, schwankt die Anzahl der **Raupen auf dem Gelben Sonnenröschen** innerhalb des dokumentierten Zeitraumes stark und unregelmäßig (der größte Ausreißer nach oben findet sich Mitte der 1990er-Jahre). Der Durchschnittswert bleibt jedoch ungefähr gleich und es ist keine klare Tendenz erkennbar. Somit ist von einer annähernd konstanten Anzahl der Raupen im Mittelwert auszugehen.

Im Gegensatz dazu zeigt die im Diagramm dokumentierte Anzahl der **Raupen auf dem Weichen Storchschnabel** eine deutliche Tendenz nach oben, weil über den angegebenen Zeitraum eine Steigung erkennbar ist. Besonders von den 1990er-Jahren bis Mitte der 2000er-Jahre ist ein deutlicher Anstieg der Anzahl der Raupen zu verzeichnen.

3 *Bei dieser Aufgabe sind Informationen aus Material 2 und hier besonders aus Abbildung 3 gezielt auszuwerten und dann in strukturierter Weise mit Bezug zur Aufgabenstellung darzustellen. Wichtig ist, dass Sie aus der Darstellung der Verbreitung der Wirtspflanzen auf die Verbreitung des Kleinen Sonnenröschen-Bläulings schließen, da dieser auf die Pflanzen als Nahrungsquelle angewiesen ist.*

Wie der Abbildung zu entnehmen ist, war das Gelbe Sonnenröschen in den Jahren von 1970 bis 1987 hauptsächlich im Süden, teilweise im Osten und vereinzelt im

Norden zu finden. Im Zeitraum von 1988 bis 2009 nahm die Verbreitung der Pflanze im Norden und Osten jeweils zu. Da es sich hierbei um die bevorzugte Wirtspflanze für die Raupen handelt, ist so die Verbreitung des Kleinen Sonnenröschen-Bläulings zu erklären, der in der Folge der Erwärmung in den Jahren zwischen 1990 und 2009 sein Verbreitungsgebiet vergrößern konnte. Entscheidend für die Verbreitung ist auch die starke Ausdehnung der Population des Weichen Storchschnabels im Osten nach 1988. Durch die vermehrte Nutzung dieser zusätzlichen Wirtspflanze (dies wird besonders in Abbildung 2 deutlich) konnte sich der Kleine Sonnenröschen-Bläuling ebenfalls verbreiten, da er nicht mehr auf die Standorte des Gelben Sonnenröschens beschränkt war, sondern eine gute Alternative gefunden hatte. Die Ausbreitung des Kleinen Sonnenröschen-Bläulings ist somit eng in Beziehung zu setzen zur Verbreitung der beiden Wirtspflanzen sowie dem Anstieg der Temperatur.

4 *Zunächst sollen Sie Datensätze in tabellarischer Form (Material 3) in ein Diagramm umwandeln. Wichtig bei der Erstellung einer graphischen Darstellung sind die saubere Anfertigung mithilfe eines Lineals und die korrekte und gleichmäßige Einteilung der Einheiten sowie die Beschriftung der Achsen. Auch die Wahl des Diagramms ist entscheidend und richtet sich nach den darzustellenden Datensätzen. Da hier Werte eines Befundes (Parasitenbefall) an zwei unterschiedlichen Orten verglichen werden, bietet sich ein Säulen- oder Balkendiagramm an. An der x-Achse lassen sich dann jeweils vier Datensätze (Messung des Parasitierungsgrades in vier Zeiträumen) mit je zwei Säulen für die Orte darstellen. Die y-Achse sollte dann den Parasitierungsgrad in Prozent anzeigen. Mittels des im Unterricht erworbenen Fachwissens können Sie eine Definition für Parasitismus angeben und diese dann konkret auf den vorliegenden Fall anwenden. Abschließend sollen Sie eine Erklärung für den Befund notieren. Da es sich dabei um mögliche Erklärungen handelt, sollten Sie bei der Antwort im Konjunktiv formulieren.*

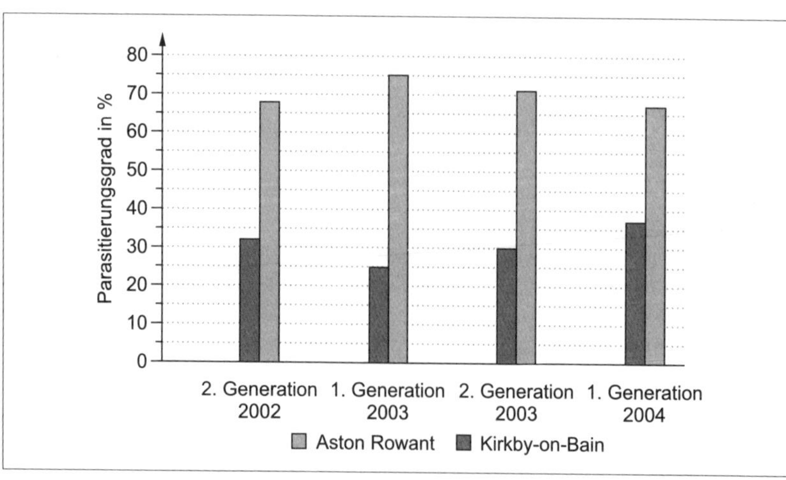

Parasitismus ist definiert als Wechselbeziehung zwischen zwei verschiedenen Arten bei enger Nähe, bei der eine Art die andere schädigt und daraus einen Vorteil (meist Nahrung oder Reproduktion) zieht. Die vom Parasiten befallene Art wird dabei als Wirt bezeichnet. In diesem Fall ist die Schlupfwespe die parasitierende Art, der Schmetterling ist der Wirt. Die Schlupfwespe hat den Vorteil, dass sie durch die Ablage der Eier in die Raupen ihren Reproduktionserfolg maximiert (sie finden sofort Nahrung nach dem Schlupf); der Nachteil für den Schmetterling ist eine Dezimierung der Population durch die parasitierten Raupen.

Wie den Daten zu entnehmen ist, ist der Parasitierungsgrad der Raupen an dem neu besiedelten Standort (Kirkby-on-Bain) deutlich niedriger als am alten Standort (Aston Rowant).
Für den geringeren Befall mit Schlupfwespen in dem neuen Gebiet sind mehrere Erklärungen denkbar: Zum einen wäre es möglich, dass die Schlupfwespen in dem neu besiedelten Gebiet mit anderen Umweltfaktoren (z. B. abiotisch: Temperatur, biotisch: Konkurrenz, Fressfeinde) konfrontiert werden, an die sie schlechter angepasst sind. Somit werden sie in ihrer Population dezimiert und können die Schmetterlinge nicht mehr so häufig parasitieren. Zum anderen ist denkbar, dass sich bestimmte Schlupfwespenarten bereits an dem neuen Standort aufgehalten haben und dort eine ökologische Nische besetzten, in der andere Schmetterlingsarten parasitiert werden. Damit wären sie auf diese Arten hochspezialisiert. Der Kleine Sonnenröschen-Bläuling, der das Gebiet neu besiedelt, ist in dem Wirtsspektrum der Schlupfwespen nicht vertreten und wird somit nur ‚gelegentlich' parasitiert.

5 *Hierfür müssen die Informationen aus Material 4 ausgewertet werden. Der Operator „diskutieren" verlangt eine begründete Darstellung von Pro- und Contra-Argumenten und eine abschließende eigene Stellungnahme in Form eines knappen Fazits, das die Argumente gegeneinander abwägt. Achten Sie bei dieser für den AFB III Bereich typischen Aufgabe besonders auf eine strukturierte und kritische Darstellung Ihrer Überlegungen.*

Pro: Für eine weitere Dokumentation der Bestände in der Roten Liste spricht die negative Beeinträchtigung der Populationen durch Faktoren wie intensive Landwirtschaft, Insektizide, Überdüngung und Luftverschmutzung. Der bevorzugte Lebensraum des Kleinen Sonnenröschen-Bläulings, wie nährstoffarme Brachflächen (ungenutzte Landfläche), wird zudem durch Nutzung des Menschen immer seltener.

Contra: Dagegen spricht jedoch die deutliche Ausdehnung des Verbreitungsgebietes des Kleinen Sonnenröschen-Bläulings sowie die zunehmende Klimaerwärmung, die eine weitere Verbreitung noch fördern könnte. Beide Faktoren könnten für einen Rückgang der Gefährdung sorgen.

Fazit: Auch wenn es Argumente gibt, die für eine Erholung der Population sprechen, bleibt die positive Entwicklung zunächst abzuwarten; daher sollte der Kleine Sonnenröschen-Bläuling weiterhin in der Roten Liste erfasst werden.

Grundkurs Biologie (Berlin): Abituraufgaben 2020
Aufgabe C: Evolution und Zukunftsfragen

Thema: Evolution der Schlangen

Forschungen unter Leitung der Evolutionsbiologin HONGYU YI könnten eine der interessantesten Fragestellungen zur Evolution der Schlangen beantworten: Die Frage, unter welchen Umweltbedingungen der charakteristische Körperbau der Schlangen entstanden ist.

Aufgaben

1 Formulieren Sie eine Definition für rudimentäre Organe und geben Sie drei Beispiele an.
Erklären Sie die Entstehung von rudimentären Organen mithilfe der synthetischen Evolutionstheorie. 17

2 Ordnen Sie die im Material vorgestellten fossilen Schlangen zu einer Regressionsreihe. Belegen Sie die Reihenfolge mithilfe der Materialien. 8

3 Erklären Sie den Begriff Übergangsform.
Belegen Sie die Einordnung von *Tetrapodophis amplectus* als Übergangsform zwischen Echsen und Schlangen anhand von je zwei Merkmalen. 7

4 Stellen Sie den Prozess der Artbildung bei der Blindschleiche mithilfe eines Fließschemas dar. Beurteilen Sie den Wert von molekulargenetischen Untersuchungen für die Einordnung von *A. f. fragilis* und *A. f. colchica* als Unterarten oder als Arten. 13

5 Prüfen Sie die Hypothese, dass der typische Körperbau von Schlangen in Anpassung an eine unterirdische Lebensweise entstanden ist. 5

Material 1: Fossile Schlangen

Fossile Schlangen liefern wichtige Erkenntnisse zur Evolution der Schlangen aus echsenartigen Vorfahren. *Najash rionegrina*, eine landlebende Schlange, die vor ca. 92 Mio. Jahren lebte, besaß ein paar winzige Hinterbeine. Sie bestanden aus Ober- und Unterschenkel, die Füße fehlten. Diese Beine konnten das Gewicht des Körpers nicht tragen, sie dienten vermutlich als Klammerorgane bei der Paarung. *Dinilysia patagonica*, eine etwa 85 Mio. Jahre alte landlebende fossile Schlange, besaß keine Extremitäten und ist damit die älteste Schlange, welche den typischen Körperbau von heutigen Schlangen aufweist. Röntgenaufnahmen vom Schädel zeigen, dass bei dieser Art der Vorhof des Innenohres stark vergrößert ist.
Pachyrhachis, eine marine Schlange, welche vor ca. 100 Mio. Jahren lebte, besaß nahezu vollständige Hinterextremitäten, denen lediglich die Zehen fehlten. Im Jahr 2015 wurde in Brasilien das ca. 120 Mio. Jahre alte Skelett von *Tetrapodophis amplectus* entdeckt, welches vollständige Hinter- und Vordergliedmaßen besaß. Die Wirbelsäule bestand aus über 200 Wirbeln, ca. 100 Wirbel gehörten zum Schwanz. Die Zähne von *Tetrapodophis amplectus* waren hakenförmig.

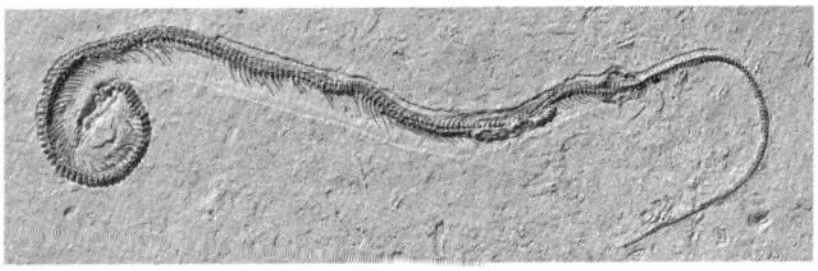

Abb. 1: Skelett von *Tetradophis amplectus*
© *Helmut Tischlinger*

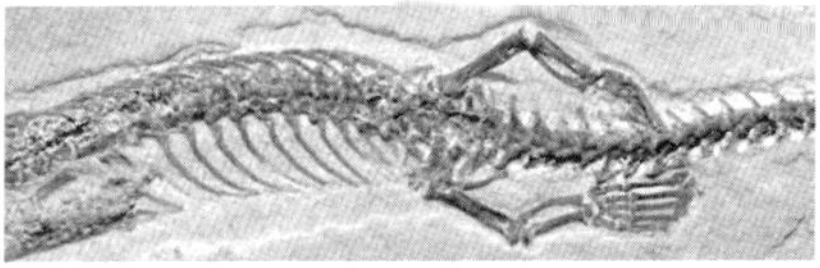

Abb. 2: Skelett von *Tetradophis amplectus*, Hintergliedmaßen
Quelle: https://scitechdaily.com/scientists-discover-four-legged-snake-fossil/

Material 2: Echsen

Die Echsen gehören zur Ordnung der Schuppenkriechtiere. Sie haben meist vier gut entwickelte Gliedmaßen. Bei einigen Arten, wie z. B. der Blindschleiche sind die Gliedmaßen zurückgebildet. Es ist jedoch immer zumindest der Rest eines Becken- und eines Schultergürtels vorhanden. Eine typische Echse besitzt 65 Wirbel. Echsen besitzen einen relativ langen Schwanz, dessen Länge bis zu 50 % der Gesamt-Körperlänge betragen kann. Bei vielen Arten kann der Schwanz an vorgebildeten Stellen abgeworfen und später regeneriert werden. Der Kiefer ist mit geraden spitzen Zähnen bestückt.

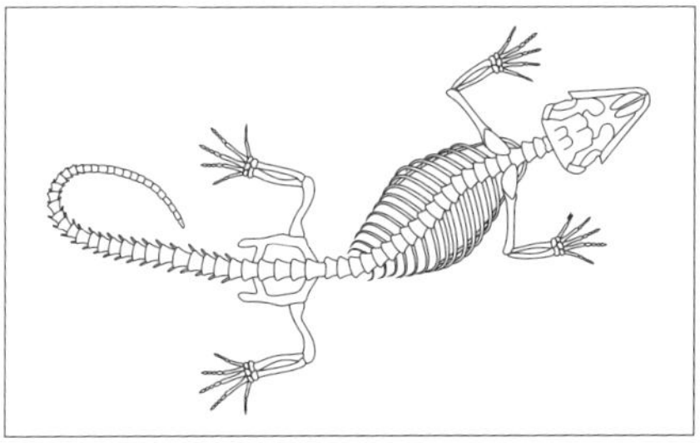

Abb. 3: Skelett einer Zauneidechse

Material 3: Schlangen

Schlangen zählen ebenfalls zur Ordnung der Schuppenkriechtiere. Sie besitzen einen langgestreckten Körper ohne Gliedmaßen. Die Wirbelsäule besteht aus 200 bis 400 Wirbeln, von denen fast alle Wirbel, mit Ausnahme der ersten drei Halswirbel und der Schwanzwirbel, Rippen tragen. Der Schwanz ist relativ kurz. Das Gebiss ist mit spitzen hakenförmigen Zähnen ausgestattet.

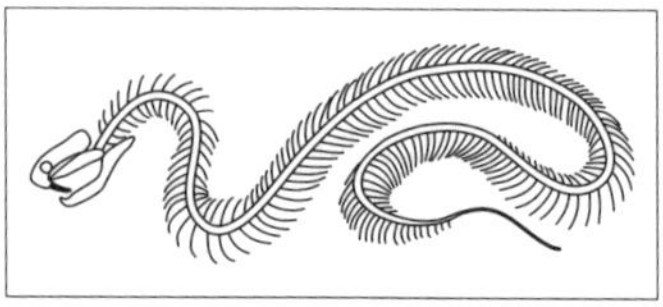

Abb. 4: Skelett einer Kreuzotter

Material 4: Blindschleiche

Die Blindschleiche *Anguis fragilis* ist ein bis zu 50 cm langer Vertreter der Echsen. Der Schwanz kann leicht abbrechen und wächst als kurzer stumpfer Kegel nach. Während der Embryonalentwicklung werden noch Beinansätze ausgebildet. Beim erwachsenen Tier existieren lediglich noch winzige Reste des Becken- und Schultergürtels. Das Verbreitungsgebiet der Blindschleiche erstreckt sich von Spanien bis nach Russland. Infolge der letzten Eiszeit existieren zwei Unterarten: eine östliche Unterart, *Anguis fragilis colchica* und eine westliche Unterart, *Anguis fragilis fragilis*.
Zwischen den Verbreitungsgebieten der beiden Unterarten gibt es eine relativ breite Übergangszone, in der beide Unterarten gemeinsam vorkommen. Sie reicht von Finnland im Norden bis nach Mazedonien im Süden. Moderne molekulargenetische Untersuchungen weisen darauf hin, dass es sich bei *Anguis fragilis fragilis* und *Anguis fragilis colchica* um getrennte Arten handeln könnte.

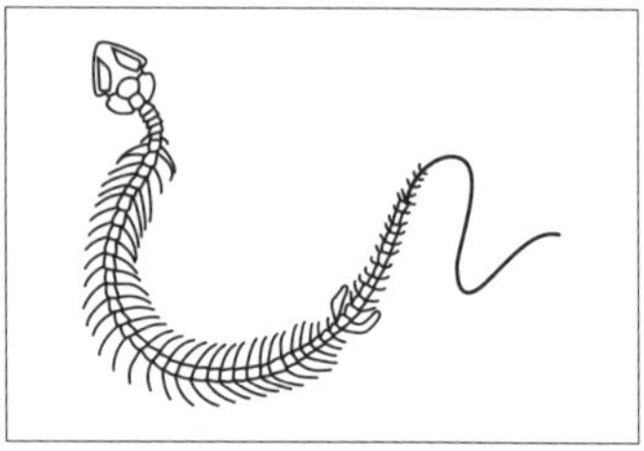

Abb. 5: Skelett einer Blindschleiche

Illustrator: Steffen Jähde, Aus: Erwin Graf, Reptilien – Lernen an Stationen im Biologieunterricht © Auer Verlag – AAP Lehrerwelt GmbH

Material 5: Blindschlangen

Blindschlangen sind eine Familie der Schlangen. Alle Vertreter dieser Familie leben unterirdisch. Sie besitzen einen wurmförmigen Körper mit abgestumpftem Kopf und zurückgebildeten Augen. Viele Arten graben Tunnel in die Erde und schieben dazu ihren mit einem Kopfschild verstärkten Kopf in die weiche Erde. Sie ernähren sich von im Boden lebenden Insekten, wie Ameisen und Termiten. Als Angepasstheit an die unterirdische Lebensweise ist bei allen Blindschlangen der Vorhof des Innenohrs stark vergrößert. Dadurch können unter der Erde tiefe Frequenzen besser wahrgenommen werden. Bei oberirdisch lebenden Schlangen und bei Seeschlangen ist der Vorhof des Innenohres sehr klein.

Abb. 6: Mexikanische Schlankblindschlange

Weitere Materialgrundlage:
Hongyu, Yi: Wie die Schlangen gleiten lernten. In: Spektrum der Wissenschaft, Juni 2018, S. 38–44

Lösungsvorschläge

1 *Da es sich bei dieser Aufgabe um eine reine Reproduktionsaufgabe handelt, bei der Sie auf erworbene Fachkenntnisse zurückgreifen und diese strukturiert darstellen müssen, ist diese Aufgabe dem AFB I zuzuordnen. Ein Bezug zum Material ist nicht notwendig. Die Anwendung der synthetischen Evolutionstheorie zur Erklärung der Entstehung von rudimentären Organen entspricht anteilig dem AFB II.*

Definition:
Unter rudimentären Organen versteht man Organe, die im Laufe der Evolution zurückgebildet wurden und ihre ursprüngliche Funktion verloren haben (bisweilen kann auch ein Funktionswechsel stattfinden). Durch ihr Vorhandensein geben sie immer noch Aufschluss über die stammesgeschichtliche Entwicklung einer Gattung oder Art.

Beispiele:
- Becken im Rumpf des Wals (Rudiment des Ansatzes für die Hinterextremitäten)
- Steißbein des Menschen (Rudiment der Schwanzwirbelsäule)
- Reste der Hinterextremitäten bei Schlangen (hier allerdings vermutlich mit Funktionswechsel: Klammern bei der Paarung)

Erklärung der Entstehung:
Durch den Wechsel der Lebensweise oder des Biotops sowie generelle Veränderungen der Umweltbedingungen kommt es zur Veränderung der Umwelt und damit auch zur Veränderung der Selektionsfaktoren. Mutationen und Rekombination des genetischen Materials führen zu einer erhöhten phänotypischen Variabilität innerhalb der Population. Individuen, die eine reduzierte Form eines bestimmten Organs aufweisen, das in der neuen Umgebung oder aufgrund veränderter Lebensweise nicht mehr von gravierender Bedeutung ist (keinen Selektionsvorteil mit sich bringt), haben einen Selektionsvorteil, da sie sowohl Baustoffe einsparen als auch Energie. Denn reduzierte Organe müssen weniger intensiv mit Nährstoffen versorgt werden. Dadurch erhöht sich der Reproduktionserfolg einer Variante und der Anteil an Individuen mit diesem rudimentären Organ in der Population wächst.

2 *Bei dieser Aufgabe sollen Sie die Informationsquelle in Material 1 auswerten und daraus eine Regressionsreihe für die fossilen Schlangen ableiten. Zur Erinnerung: Der Begriff Regressionsreihe ist ein Fachbegriff der vergleichenden Morphologie und soll die stetige Rückentwicklung homologer Organe innerhalb der stammesgeschichtlichen Entwicklung aufzeigen. Sie sollten daher die schrittweise Rückbildung deutlich machen (hier: in Klammern). Beachten Sie bei der Erstellung der Regressionsreihe, dass die Angaben zum Alter der Schlangen in dem Informationstext (Material 1) ein entscheidender Hinweis für deren zeitliche Abfolge in der stammesgeschichtlichen Entwicklung sind.*

Tetrapodophis amplectus besitzt vollständige Vorder- und Hinterextremitäten.

↓

Bei der Gattung *Pachyrhachis* sind die Hinterextremitäten noch vorhanden; Zehen fehlen jedoch. (Reduktion der Vorderextremitäten)

↓

Najash rionegrina weist enorm reduzierte Hintergliedmaßen auf; Füße fehlen. (Reduktion der Hinterextremitäten)

↓

Die Art *Dinilysia patagonica* weist keine Extremitäten mehr auf.
(Morphologie typischer Schlangenarten)

3 *Zur Lösung der Aufgabe sollen Sie eine von Ihnen gelernte Definition für Übergangsformen (häufig auch als Brückentiere oder Mosaikformen bezeichnet) in der Evolutionsbiologie nennen. Anschließend sollen Sie belegen, welche Merkmale bei der Art Tetrapodophis amplectus aus den jeweiligen systematischen Gruppen (Echsen, Schlangen) stammen und in dieser Art zusammen auftreten. Hierbei ist es wichtig, zunächst Informationen aus den Textquellen (Material 1, 2 und 3) zu gewinnen und diese dann übersichtlich darzustellen (es eignet sich eine Tabelle).*

Als **Übergangsformen** werden rezente oder fossile Lebewesen bezeichnet, die Merkmale zweier unterschiedlicher systematischer Gruppen aufweisen. Man kann Übergangsformen somit als Bindeglieder zwischen zwei stammesgeschichtlich eng verwandten Organismengruppen betrachten. Sie werden als Beleg für die Verwandtschaft der zwei systematischen Gruppen betrachtet und weisen somit auf gemeinsame Vorfahren hin.

Tetrapodophis amplectus kann als Übergangsform zwischen den Echsen und Schlangen angesehen werden. Folgende Merkmale sind dabei wichtig:

Merkmale der Echsen	**Merkmale der Schlangen**
vollständige Vorder- und Hinterextremitäten	200 Wirbel (typisch für Schlangen; typisch für Echsen wären 65 Wirbel)
langer Schwanz mit ca.100 Wirbeln	gebogene, hakenförmige Zähne

4 *Da Sie das im Unterricht erworbene Wissen um Artbildungsprozesse in neuem Kontext anwenden und Aussagen im Text sachgerecht auswerten müssen, gehört diese Aufgabe zum AFB II. Material 4 beinhaltet zur Lösung der Aufgabe jedoch nur wenige Informationen. Sie sollten sich daher auf die im Text erwähnte Eiszeit als Ursache konzentrieren („Infolge der letzten Eiszeit …") und daraus eine (hypothetische) allopatrische Artbildung der beiden Unterarten von Anguis fragilis ableiten.*

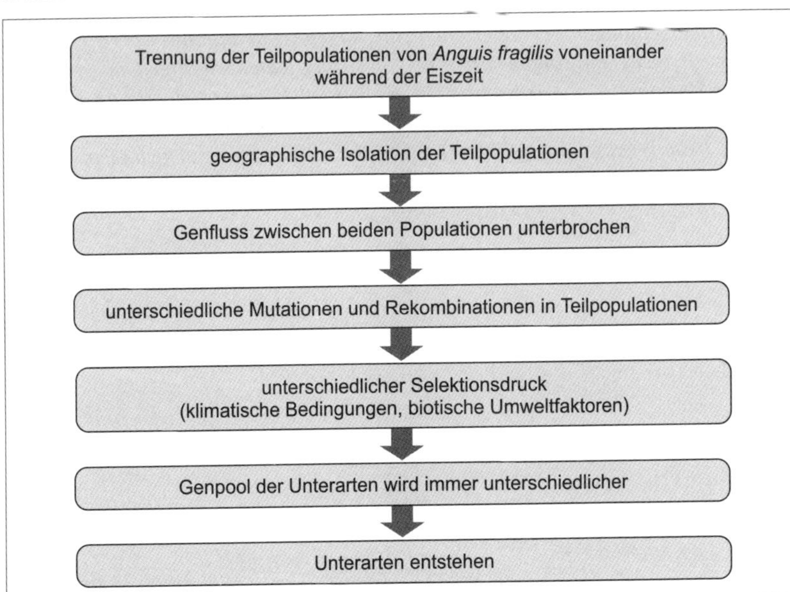

Molekulargenetische Untersuchungen können nicht ausschließlich zur Beantwortung der Frage herangezogen werden, ob es sich bei *Anguis fragilis fragilis* und *Anguis fragilis colchica* um eigene Arten (Spezies) oder Unterarten (Subspezies) handelt. Nach dem biologischen Artkonzept zeichnen sich Arten durch erfolgreiche Reproduktion fertiler (fruchtbarer) Nachkommen aus. Es versteht Unterarten als geographische Vertreter innerhalb einer Art. Diesen Aspekt kann eine molekulargenetische Untersuchung nicht prüfen.

5 *Die Aufgabenstellung fordert hier eine kritische Prüfung der Schlüssigkeit einer vorgegebenen Hypothese. Es könnten aus dem Materialteil Informationen für oder gegen die Hypothese herausgearbeitet werden. Diese sollten Sie dann zur Widerlegung oder Bestätigung der Hypothese nutzbar machen. Damit gehört diese Aufgabe in den AFB III.*

Die Beobachtungen an der fossilen Art *Dinilysia patagonica* scheinen die Hypothese zu stützen. So zeigt diese landlebende Schlange, die als erste den typischen Körperbau für Schlangen aufweist, noch ein Merkmal der unterirdisch lebenden Schlangen: den stark vergrößerten Vorhof des Innenohres. Dies spricht dafür, dass *Dinilysia patagonica* in ihrer Morphologie den Übergang vom unterirdischen (Innenohr) zum oberirdischen Leben markiert (fossiler Fund belegt oberirdisches Leben). Somit wäre die Schlangenform als Angepasstheit an ein ursprünglich unterirdisches Leben zu werten.

Dass die Schlangenform aber auch eine Angepasstheit an das oberirdische Leben darstellt, belegt ein simpler Fakt: Es gibt sie bis heute. Schlangen müssen aufgrund ihrer Form auch oberirdisch einen großen Selektionsvorteil gehabt haben (Verstecke finden, besser tarnen etc.), sonst wäre im Laufe der Evolution diese Körperform beim Wechsel an die Oberfläche der Erde wieder verschwunden.

Leistungskurs Biologie (Berlin): Abituraufgaben 2020
Aufgabe A1: Physiologische Grundlagen ausgewählter Lebensprozesse

Thema: Schmerzmittel

Schmerzmittel sind mit 67 Millionen Verordnungen die am häufigsten verschriebenen Arzneimittel in Deutschland. Sie beeinflussen wichtige Funktionen des Zentralnervensystems. Jedes Schmerzmittel hat deshalb auch Nebenwirkungen, welche bei der Einnahme beachtet werden müssen.

Aufgaben

1 Benennen und beschreiben Sie die Erregungsleitung an einer markhaltigen Nervenfaser. 11

2 Erklären Sie die Umwandlung des Schmerzreizes in eine Erregung bis zur Entstehung der Schmerzempfindung im menschlichen Organismus mithilfe eines Fließschemas. 10

3 Erläutern Sie die schmerzhemmende Wirkung des Medikaments Flupirtin. 11

4 Vergleichen Sie tabellarisch die Wirkungsweise des Schmerzmittels Flupirtin mit der Wirkungsweise von Endorphin auf das Neuron anhand geeigneter Kriterien. 12

5 Begründen Sie anhand von Material 4 den am Neuron B gemessenen Potenzialverlauf. 6

Material 1: Entstehung der Schmerzempfindung

Schmerz ist eines der häufigsten Symptome einer Krankheit. Der Schmerz ist für das Verhalten und Befinden des Menschen von großer Bedeutung. Das „Frühwarnsystem Schmerz“ hat eine lebenserhaltende Aufgabe. Schmerzen machen auf schädigende äußere Reize oder körperinnere Prozesse aufmerksam. Reize, die Gewebe schädigen können, führen zur Freisetzung bestimmter Stoffe im Gewebe, die als Liganden bzw. Bindungspartner wirken. Die an der Schmerzsinneszelle entstehenden Rezeptorpotenziale werden in Aktionspotenziale umcodiert und über afferente Neuronen des Rückenmarks in die Schmerzzentren des Gehirns geleitet. Erst dort entsteht die Schmerzempfindung.

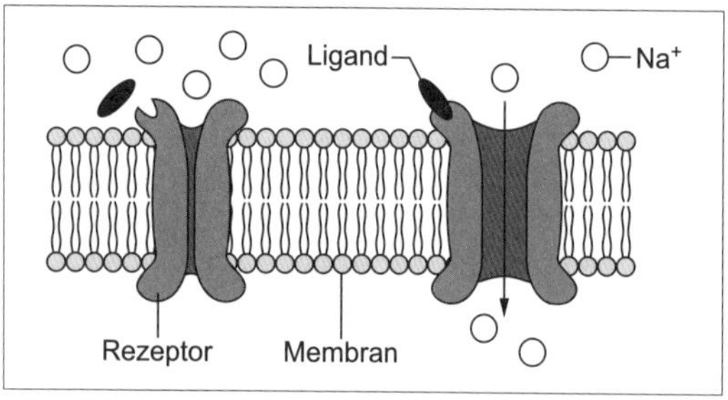

Abb. 1: Membran einer Schmerzsinneszelle

Quelle: Markl Biologie Oberstufe, Ernst Klett Verlag GmbH, Stuttgart 2018, 1. Auflage, S. 489

Material 2: Das Schmerzmittel Flupirtin

Neben den direkt durch Liganden gesteuerten Ionenkanälen gibt es auch solche, die durch die Bindung eines Liganden an einen benachbarten, den sogenannten G-Protein-gekoppelten Rezeptor, gesteuert werden. Solche Rezeptoren befinden sich zum Beispiel an der postsynaptischen Membran. Sie sind mit einem G-Protein verbunden. Das G steht für GTP-bindend (Guanosintriphosphat). GTP ist dem ATP sehr ähnlich und eine energiereiche chemische Verbindung. GTP entsteht aus GDP und einem Phosphatrest. Durch die Bindung des Liganden an den Rezeptor kann das G-Protein GTP binden. Dadurch löst sich das G-Protein vom Rezeptor und kann einen Kalium-Ionenkanal aktivieren.

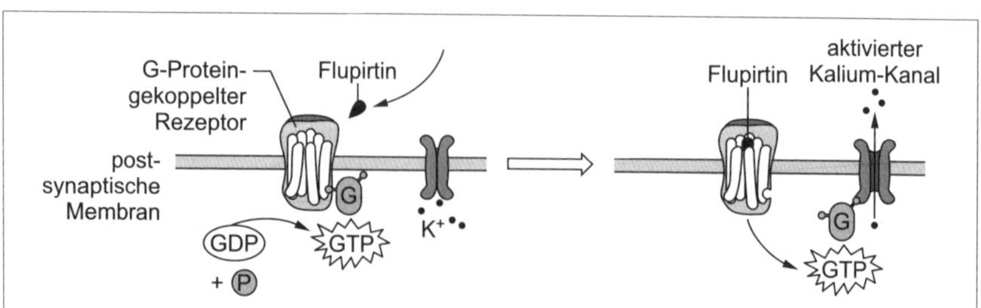

Abb. 2: Wirkungsweise des Schmerzmittels Flupirtin

Quelle: Abbildung verändert nach Markl Biologie Oberstufe, Ernst Klett Verlag GmbH, Stuttgart 2010, 1. Auflage, S. 394

Material 3: Endorphine als körpereigene Schmerzmittel

Berichte von Menschen unter extremen Bedingungen, wie Schock oder Stress, haben schon seit langem den Verdacht erweckt, dass der menschliche Körper in der Lage ist, eine Art Rauschdroge zu erzeugen, die z. B. Schmerzunempfindlichkeit in Notfall-, Flucht- oder Kampfreaktionen bewirkt.

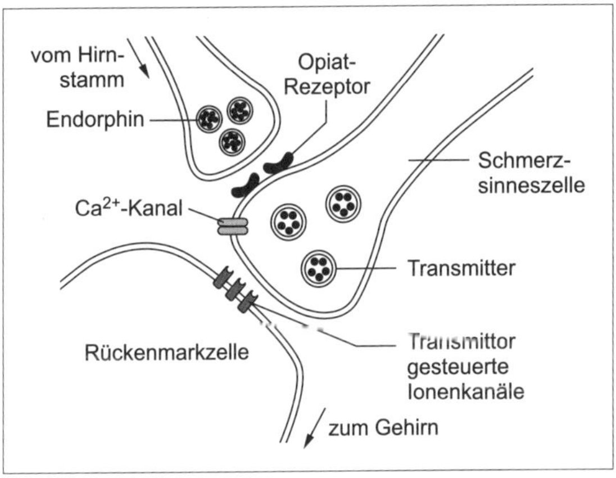

Abb. 3: Schematische Darstellung der Endorphinwirkung

Quelle: Prof. U. Weber, Handreichungen für den Unterricht Biologie Oberstufe Gesamtband, Neubearbeitung, Cornelsen Verlag/Volk und Wissen, Berlin, 2. Auflage, 1. Druck 2009, S. 517

Es fanden sich körpereigene Substanzen, die aufgrund ihrer mit dem Morphium vergleichbaren Wirkung als endogene Morphine, abgekurzt Endorphine, bezeichnet wurden. Endorphine sind Neurotransmitter, die an Opiatrezeptoren in der Zellmembran von Schmerzsinneszellen binden.

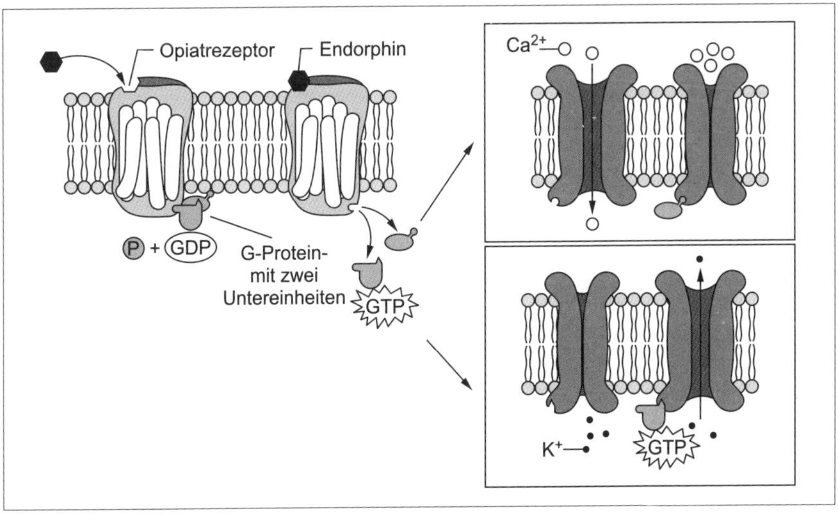

Abb. 4: Wirkung von Endorphin auf Ionenkanäle in der Membran der Schmerzsinneszelle

Quelle: Markl Biologie Oberstufe, Ernst Klett Verlag GmbH, Stuttgart 2018, 1. Auflage, S. 489

Material 4: Neuronale Verschaltung an der Schmerzbahn

Bei der Messung der Potenziale an verschiedenen Neuronen, die die Verschaltung an einer Schmerzbahn darstellen, kam man zu folgenden Ergebnissen. Die postsynaptische Membran der erregenden Synapsen zwischen den Neuronen A/B und D/B sind durch Acetylcholin, die hemmende Synapse C/A durch Endorphin erregbar. Die Pfeile kennzeichnen die Orte an den Neuronen A, B, C und D, an denen die dargestellten Potenzialveränderungen gemessen wurden. Die Verhältnisse sind stark vereinfacht dargestellt.

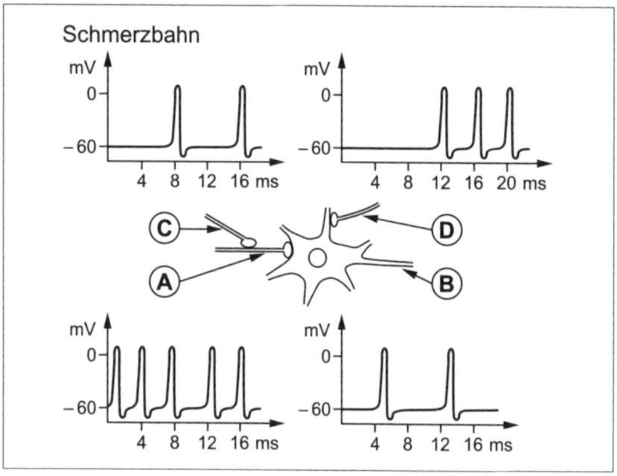

Abb. 5: Darstellung der neuronalen Verschaltung an der Schmerzbahn

Quelle: Linder Biologie Arbeitsbuch, 1998 Schroedel Verlag GmbH, Hannover, S. 54

Weitere Materialgrundlage:
http://www.biologie-schule.de/endorphin.php (19. 01. 2019)

Lösungsvorschläge

1 *Bei dieser Aufgabe aus dem Anforderungsbereich I (AFB I) sollen Sie Ihre Kenntnisse zur Erregungsleitung strukturiert wiedergeben. Laut Aufgabenstellung soll von einer markhaltige Nervenfaser ausgegangen werden, sodass hier die saltatorische Erregungsleitung gemeint ist. Die Aufgabenstellung erfordert keinen Bezug auf die Materialien.*

Die Erregungsleitung bei markhaltigen Nervenfasern nennt man **saltatorische Erregungsleitung**. Die Axone der markhaltigen Nervenfaser sind von einer Myelinscheide (Synonym: Markscheide) umhüllt. Diese dient der Isolierung und trägt somit zur Erhöhung der Geschwindigkeit der Erregungsleitung bei. Die Myelinscheide ist in regelmäßigen Abständen durch sogenannte Ranviersche Schnürringe unterbrochen. Nur an diesen Schnürringen entstehen Aktionspotenziale.

Zu Beginn einer saltatorischen Erregungsleitung wird am Axonhügel der Schwellenwert überschritten, sodass Natriumionen durch spannungsabhängige Kanäle einströmen und ein Aktionspotenzial ausgelöst wird. An dieser Stelle ist das Axoninnere nun positiv geladen. Ionenströme bewirken eine Potenzialänderung am nächsten Ranvierschen Schürring, der vorher durch das Ruhepotenzial negativ geladen war. Diese Potenzialveränderung bewirkt, dass sich die Natriumionenkanäle dort öffnen und ein Aktionspotenzial entsteht. Jedes Aktionspotenzial löst immer ein weiteres Aktionspotenzial beim nächsten Ranvierschen Schnürring aus, wodurch eine schnelle (sprunghafte) Erregungsleitung ermöglicht wird.

Die Erregungsleitung verbreitet sich nur in eine Richtung, weil sich aufgrund der Refraktärzeit am gerade passierten Membranabschnitt für eine gewisse Zeit kein weiteres Aktionspotenzial bilden kann.

Nach einem ausgelösten Aktionspotenzial gibt es eine Zeitspanne, in der das Neuron nicht erregbar ist. Diese Zeitspanne nennt man Refraktärzeit. Diese entsteht dadurch, dass sich die spannungsabhängigen Natriumionenkanäle nach der Öffnung selbstständig schließen und kurzzeitig nicht mehr öffnen können.

2 *Diese Aufgabe verlangt eine Darstellung von Informationen in Form eines Fließschemas. Dazu sollten die Vorgänge schrittweise so dargestellt werden, dass ihre zeitliche Abfolge deutlich wird. Die einzelnen Schritte können Sie sich durch das Material 1 erschließen. Eine allgemeine Beschreibung und Erklärung einzelner Vorgänge wie beispielsweise des Aktionspotenzials ist hierzu nicht gefordert.*

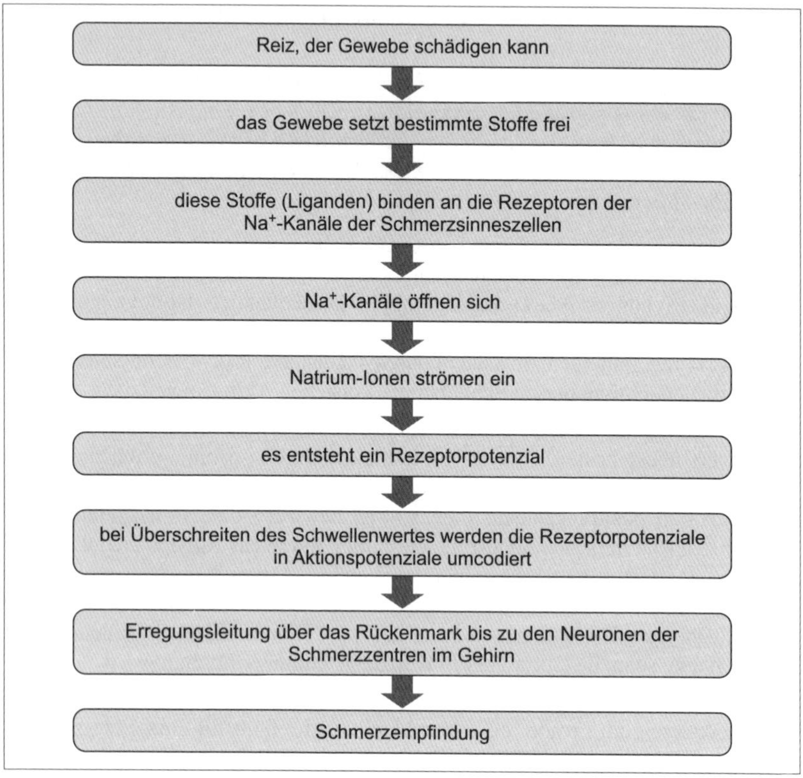

Ein Rezeptorpotenzial erfolgt an einem Rezeptor als Depolarisation des Membranpotenzials durch Einwirken eines Reizes, für den der Rezeptor empfindlich ist. Im Unterschied zu den Aktionspotenzialen entlang eines Axons folgt das Rezeptorpotenzial nicht dem Alles-oder-Nichts-Gesetz. Die Amplitude hängt – je nach Rezeptortyp linear oder logarithmisch – von der Dauer und von der Intensität des Reizes ab. Erst beim Überschreiten eines Schwellenwertes werden Aktionspotenziale generiert, die über Afferenzen das Zentralnervensystem erreichen.

3 *In dieser Aufgabe des AFB II müssen Sie aus Material 2 die relevanten Informationen gewinnen und diese mit Ihrem Wissen verknüpfen. Beachten Sie, dass die im Material 2 beschriebenen Vorgänge mithilfe der dazugehörigen Abbildung viel leichter nachvollziehbar sind. Der Operator „erläutern" impliziert einen zusammenhängenden Text, in dem die logischen Zusammenhänge ausführlich erklärt werden. Es bietet sich an, die Antwort sprachlich so zu gestalten, dass Chronologie und Ursache-Wirkungs-Gefüge möglichst klar werden. Hilfreich sind Wörter und Wendungen wie beispielsweise „wodurch", „somit", „daraufhin", „wiederum", „in Folge", „dies führt zu".*

Ein Molekül des Schmerzmittels Flupirtin bindet an einen G-Protein-gekoppelten Rezeptor der postsynaptischen Membran und fungiert damit für den Rezeptor als Ligand. Infolge der Bindung von Flupirtin an den G-Protein-gekoppelten Rezeptor kann das G-Protein nun ein Molekül GTP (Guanosintriphosphat) binden. GTP entsteht durch die Phosphorylierung von GDP (Guanosindiphosphat). Das mit GTP gebundene G-Protein löst sich daraufhin vom Rezeptor und bindet an einen Kaliumionenkanal, der dadurch aktiviert wird. Daraufhin öffnet sich der Ionenkanal und Kaliumionen strömen nach außen. Dies führt zu einer Hyperpolarisation der Membran, was wiederum zur Folge hat, dass am Axonhügel der für ein Aktionspotenzial notwendige Schwellenwert kaum noch erreicht werden kann. Wenn durch Flupirtin keine Aktionspotenziale mehr ausgelöst werden können, findet auch keine Erregungsleitung statt. Flupirtin verhindert auf diese Weise die Schmerzempfindung in der entsprechenden Region.

4 *Bei dieser Aufgabe des AFB II nutzen Sie Material 2 und 3, um die Wirkungsweise von Flupirtin mit der Wirkungsweise von Endorphin zu vergleichen. Wählen Sie sorgsam geeignete Vergleichskriterien aus, wobei sowohl Gemeinsamkeiten als auch Unterschiede dargestellt werden können. Achten Sie dabei darauf, dass Sie nur Kriterien auswählen, die sich auf die Wirkungsweise der beiden Stoffe beziehen.*

<table>
<tr><th>Kriterium</th><th>Flupirtin</th><th>Endorphin</th></tr>
<tr><td>G-Protein</td><td>einfach</td><td>zwei Untereinheiten</td></tr>
<tr><td>Aktionspotenziale</td><td colspan="2">stark eingeschränkt</td></tr>
<tr><td>Wirkung</td><td colspan="2">schmerzhemmend</td></tr>
<tr><td>Art des Rezeptors</td><td colspan="2">G-Protein-gekoppelter Rezeptor</td></tr>
<tr><td>Vorkommen</td><td colspan="2">an G-Proteine gekoppelt</td></tr>
<tr><td>Bindungsort</td><td colspan="2">Rezeptoren in der Membran von Schmerzsinneszellen</td></tr>
<tr><td rowspan="2">Ionenkanäle</td><td colspan="2">Kaliumionenkanäle an der postsynaptischen Membran der Rückenmarkszelle öffnen sich
⇒ Ausstrom von Kaliumionen</td></tr>
<tr><td></td><td>Calciumionenkanäle an der präsynaptischen Membran
⇒ Einstrom von Calciumionen in die Synapse wird verhindert</td></tr>
</table>

Werden durch Flupirtin oder Endorphin die Kaliumionenkanäle konstant offen gehalten, kann es nicht zum Aktionspotenzial kommen. Dafür müssten für die Depolarisation zuerst nur die Natriumionenkanäle geöffnet und die Kaliumionenkanäle geschlossen und erst dann für die Repolarisation die Natriumionenkanäle geschlossen und die Kaliumionenkanäle geöffnet sein.

Bei Calciumionen verhält es sich mit dem Konzentrationsgefälle entgegengesetzt zu Kaliumionen: Calciumionen haben eine viel höhere Konzentration im extrazellulären Raum und deren Einstrom trägt zur Depolarisation der Membran bei. Sind diese Ionenkanäle geschlossen, wird dieser Vorgang unterbunden. Bei Endorphin hat sowohl die Wirkung auf die Kaliumionenkanäle als auch die Wirkung auf die Calciumionenkanäle zur Folge, dass ein Aktionspotenzial unterbunden wird, wodurch die Schmerzempfindung ausbleibt.

5 *Bei dieser Aufgabe des AFB III zur neuronalen Integration müssen Sie den Potenzialverlauf am Neuron B erläutern, also den Zusammenhang zwischen den zwei Aktionspotenzialen bei 4 ms und 12 ms, die bei B gemessen werden, und der Wirkung der Synapsen A und D auf Neuron B. In der Abbildung erkennt man eine weitere Synapse C, die mit dem Axon von A verschaltet ist. Nehmen Sie sich bei solchen komplexen Darstellungen die Zeit, konzentriert und in Ruhe die Abbildung zu analysieren.*

Das Aktionspotenzial, das bei Neuron B nach 4 ms gemessen wird, resultiert aus der zeitlichen Summation der Aktionspotenziale von Neuron A nach 2 ms und nach 4 ms. Da bei Neuron C und Neuron D erst deutlich nach 4 ms ein Aktionspotenzial auftritt, haben sie keinen Einfluss auf das erste Aktionspotenzial von Neuron B.
Nach 4 ms bis 12 ms sind im Potenzialverlauf von Neuron B keine Aktionspotenziale aufgezeichnet. Im Material 4 wird angegeben, dass die Synapse C/A hemmend und durch Endorphin erregbar ist. Die Ursache für das Ausbleiben von Aktionspotenzialen bei Neuron B zwischen 4 ms und 12 ms ist die hemmende Wirkung von Neuron C auf Neuron A (bei ca. 8 ms), wodurch es zu keiner Erregungsübertragung kommt.
Das Aktionspotenzial von Neuron B bei 12 ms ergibt sich als Ergebnis der räumlichen Summation der Aktionspotenziale von Neuron A und Neuron D bei 12 ms. Nach 12 ms wird kein weiteres Aktionspotenzial an Neuron B mehr ausgelöst, da Neuron C ab 16 ms wieder hemmend auf Neuron A wirkt.

Man unterscheidet zwischen exzitatorischen (oder erregenden) postsynaptischen Potenzialen (EPSP), in diesem Beispiel die Synapsen A/B und D/B, und inhibitorischen (oder hemmenden) postsynaptischen Potenzialen (IPSP), in dieser Aufgabe die Synapse C/A. Mehrere EPSP können sich addieren, womit der Schwellenwert für die Depolarisation und das Auslösen eines Aktionspotenzials erreicht werden kann.

Leistungskurs Biologie (Berlin): Abituraufgaben 2020
Aufgabe A2: Grundlagen und Anwendungsfelder der Genetik

Thema: Sherpas im Hochgebirge

Auf 4 000 m Höhe werden Flachlandbewohner in der Regel höhenkrank. Ursache dafür ist Sauerstoffmangel. Ein Atemzug in dieser Höhe enthält nur noch 60 % der Sauerstoffmoleküle eines Atemzugs auf Meereshöhe. Die Sherpas in Nepal leben dauerhaft in dieser Höhe. Nach neuesten Forschungsergebnissen spielt neben der Gewöhnung auch eine genetische Veränderung eine Rolle bei der Anpassung an diese Extrembedingungen.

Abb. 1: Sherpa in Nepal
Rüdiger Wenzel/Wikipedia, CC BY-SA 3.0 DE

Aufgaben

1 Beschreiben Sie mithilfe der Abbildung 2 die Genregulation am Beispiel des lac-Operons nach JACOB und MONOD. 11

2 Stellen Sie den Zusammenhang zwischen der Höhe des Sauerstoffgehalts der Luft und dem Erythrocytengehalt im Blut in einem Fließschema dar. 14

3 Ermitteln Sie die molekularbiologischen Folgen der Gen-Veränderungen. 8

4 Erklären Sie den Zusammenhang zwischen der Mutation im Gen EPAS1 und dem Schutz der Sherpas vor der chronischen Höhenkrankheit. 6

5 Erklären Sie weitere Angepasstheiten der Sherpas an das Leben in der Höhe. Entwickeln Sie eine Hypothese zur vergleichsweise schnellen Verbreitung der Mutation innerhalb der Population der Sherpas. 11

Material 1: Genregulation am Beispiel des lac-Operon

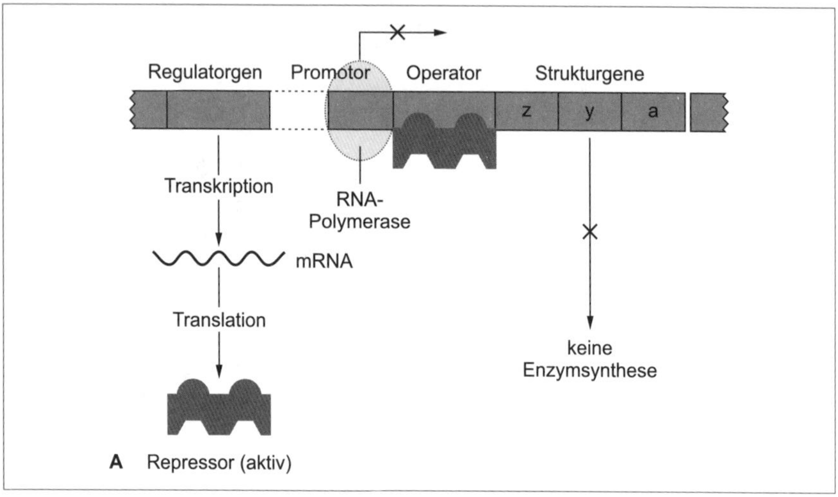

Abb. 2: Schema zur Genregulation, Zustand ohne Laktose (Substrat)

Quelle: Grüne Reihe Genetik, Materialien S II, Schroedel-Verlag 2012, Seite 80, Abb. 80.2 A

Material 2: Höhenanpassung von Flachlandbewohnern

Das Problem beim Aufenthalt in Höhen von über 4 000 m ist der geringe Sauerstoffgehalt, an den die Flachlandbewohner nicht angepasst sind und der zu einer lebensbedrohlichen Unterversorgung der Organe mit Sauerstoff führen kann (Hypoxie). Flachlandbewohner können sich an die Höhe nur langsam gewöhnen. Unter der Beteiligung des Hormons Erythropoetin (EPO) nehmen nach wenigen Tagen die Erythrocytenzahl und damit auch der Hämoglobingehalt zu. Die regulatorischen Vorgänge zur Bildung von EPO sind in Abbildung 3 dargestellt.

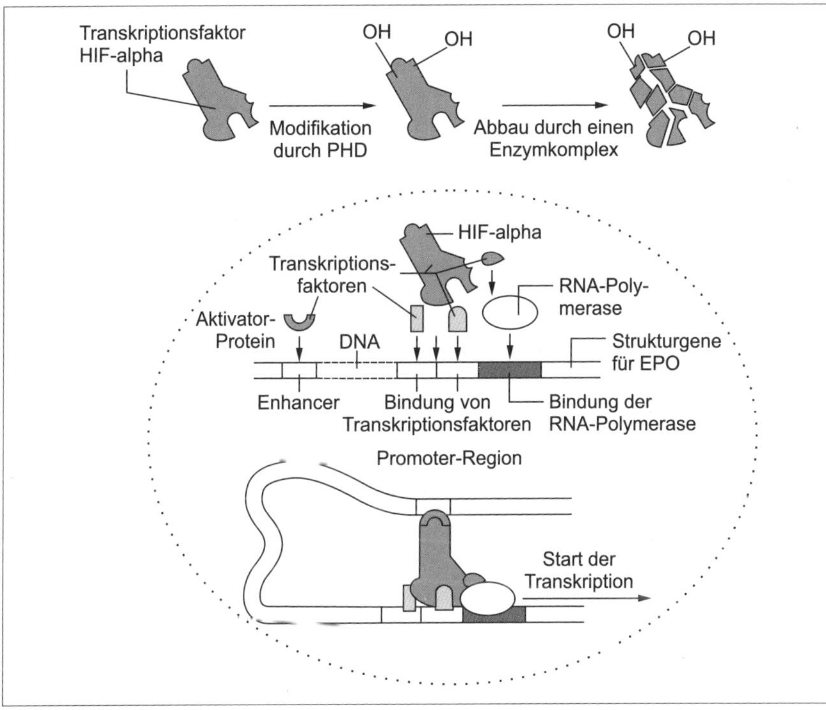

Abb. 3: Sauerstoffabhängige Regulation des EPO-Gehalts im Cytoplasma bzw. Zellkern einer Nierenzelle, oben O_2-Gehalt hoch, unten O_2-Gehalt niedrig

Quelle: Konnemann, T., Ruppert, W.: Warum Sherpas nicht höhenkrank werden, Unterricht Biologie 399, S. 40–47, 2014

Die Freisetzung von EPO bei Hypoxie wird über Hypoxie-induzierte Faktoren (HIF) reguliert. Der wichtigste Faktor ist HIF-alpha. Er wird in allen Körperzellen kontinuierlich gebildet, aber bei ausreichender Sauerstoffversorgung wieder abgebaut. Dazu muss er zuvor durch das Enzym PHD chemisch verändert werden. Bei Sauerstoffmangel wird das Enzym PHD inaktiviert.

Der erhöhte Hämoglobin-Wert ermöglicht in der Höhe zwar das Atmen, er fordert aber auch seinen Preis: Das Blut wird, je höher man kommt, umso zähflüssiger. Das Herz muss dadurch eine größere Leistung vollbringen, um das Blut im Körper zu verteilen. Nicht selten leiden Menschen deshalb, trotz einer Höhenakklimatisation, an der sog. Höhenkrankheit mit Symptomen wie Schwindel, Kopfschmerz, Schlaf- und Durchblutungsstörungen sowie einer erhöhten Thrombosegefahr.

Material 3: Die Angepasstheiten der Sherpas an das Leben in über 4 000 Meter Höhe

Die Sherpas, eine Volksgruppe, deren Vorfahren vor etwa 3 000 Jahren aus China in den Himalaya eingewandert sind, sind heute in Nepal südlich des Mount Everest beheimatet. Trotz dieser erstaunlich kurzen Zeitspanne sind sie optimal an das Leben über 4 000 Meter angepasst. Viele arbeiten als Bergführer und Lastenträger. Wissenschaftliche Untersuchungen u. a. aus Amerika und China zeigen unabhängig voneinander Gründe für die außerordentliche Leistungsfähigkeit auf. So besitzen im Hochland lebende Sherpas auffallend häufig eine Genvariante, die dafür sorgt, dass die Hämoglobin-Konzentration mit zunehmend höher gelegener Wohnlage nicht steigt, sondern stagniert. Eine Mutation im Gen EPAS1, welches für das Enzym PHD codiert, führt dazu, dass die Erythrocytenzahl in O_2-armer Umgebung kaum zunimmt.

Nach: Sonja Kastilan: Als Highlander geboren, FAZ vom 16. 07. 2010; https://www.faz.neUaktuell/wissen/leben-gene/hoehenluft-als-highlander-geboren-11011806-p3.html

Mithilfe der Sanger-Sequenzierung wurde das Gen EPAS1 bei Flachlandbewohnern und Sherpas sequenziert. Das Ergebnis zeigt den codogenen Strang:

Flachlandbewohner:	… 3' TGC TCA GGT AGT GAA TTA AGC AGC 5' …
Sherpa:	… 3' TGC TGA GGC AGT GAA TTA AGC AGC 5' …

Ursprüngliche Flachlandbewohner können sich im Hochgebirge zwar bis zu einem gewissen Grad akklimatisieren. Doch Schwangerschaften sind für Frauen, deren Blut dann meist hohe Hämoglobin-Konzentrationen aufweist, ein Problem. Sie erleiden häufiger Fehlgeburten. Manche Paare ziehen während einer Schwangerschaft in tiefer gelegene Gebiete um.

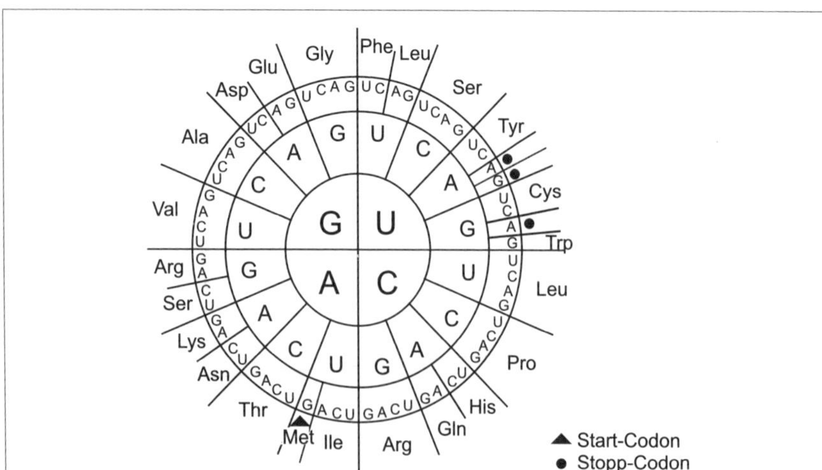

Abb. 4: Codesonne

Material 4: Weitere Angepasstheiten der Sherpas

Der Schutz vor der chronischen Höhenkrankheit allein reicht noch nicht aus, um die Leistungsfähigkeit der Sherpas auf den höchsten Gipfeln der Erde zu erklären. Neben einer genetisch bedingten höheren Atemfrequenz weisen sie weitere Angepasstheiten an das Leben in der Höhe auf. Ihr Anteil an Kapillaren im Muskelgewebe ist 25 % höher als bei Flachlandbewohnern. Das Blut der Sherpas weist im Vergleich zu Flachlandbewohnern einen zehnfach höheren Wert an Stickstoffmonooxid auf. Dieses im Körper gebildete Gas sorgt für eine Weitung der Blutgefäße. Auch ein generell höheres Geburtsgewicht zeichnet die Sherpas aus.

Nach: Sonja Kastilan: Als Highlander geboren, FAZ vom 16. 07. 2010; https://www.faz.neUaktuell/wissen/leben-gene/hoehenluft-als-highlander-geboren-11011806-p3.html

---

Lösungsvorschläge

1 *Bei dieser Aufgabe des AFB I sollen Sie Ihre im Unterricht erworbenen Kenntnisse zur Genregulation am Beispiel des lac-Operons nach JACOB und MONOD wiedergeben. Abbildung 2 stellt dafür eine große Hilfe dar: Sie müssen für den Fall „Lactose ist nicht vorhanden" lediglich die Abbildung in einen beschreibenden Text übersetzen. Die Vorgänge bei Anwesenheit von Lactose lassen sich im Anschluss ableiten.*

Um Ressourcen zu schonen, werden Enzyme für die Verwertung von Lactose nicht kontinuierlich, sondern nur bei Bedarf, also in Anwesenheit von Lactose, produziert. Dafür ist eine Regulation der Genexpression notwendig, bei der man zwei Fälle unterscheiden kann.

1. Wenn **Lactose nicht vorhanden** ist, ist der durch das Regulatorgen codierte Repressor aktiv. Er bindet in diesem Zustand an den Operator, sodass die RNA-Polymerase beeinträchtigt wird und dadurch die Transkription und dann auch die Translation der Strukturgene gehemmt werden. Die Enzymsynthese unterbleibt in diesem Fall.
2. Wenn **Lactose vorhanden ist**, bindet diese an den Repressor und bewirkt an diesem eine Konformationsänderung. Der Repressor wird dadurch inaktiviert und bindet nicht mehr an den Operator. Die Proteinbiosynthese der Strukturgene kann stattfinden und es werden die Enzyme produziert, die für den Abbau von Lactose notwendig sind. Lactose sorgt somit regulatorisch für ihren eigenen Abbau.

Die oben beschriebenen Vorgänge sind etwas vereinfacht dargestellt. So inaktiviert eigentlich der Zucker Allolactose und nicht Lactose den Repressor. Allolactose ist ein Isomer der Lactose, das sich in kleinen Mengen aus Lactose bildet, wenn dieses Disaccharid von der Zelle aufgenommen wird.

2 *Bei dieser Aufgabe sollen Sie die Informationen bezüglich des Zusammenhangs zwischen Luftsauerstoffgehalt und Erythrozytengehalt im Blut aus Material 2 entnehmen, verknüpfen und als Fließdiagramm neu strukturieren. Bei der Erstellung eines Fließschemas sollten die Vorgänge schrittweise so dargestellt werden, dass ihre zeitliche Abfolge sowie die kausalen Zusammenhänge deutlich werden. Für die Erschließung der Quelle benötigen Sie sowohl den Text als auch die Abbildung. Es empfiehlt sich hier, zwei Ursachen-Wirkungs-Ketten zu skizzieren: (I) für den Fall, dass der Sauerstoffgehalt ausreichend ist, und (II) bei Hypoxie (wenig Luftsauerstoff aufgrund der Höhe).*

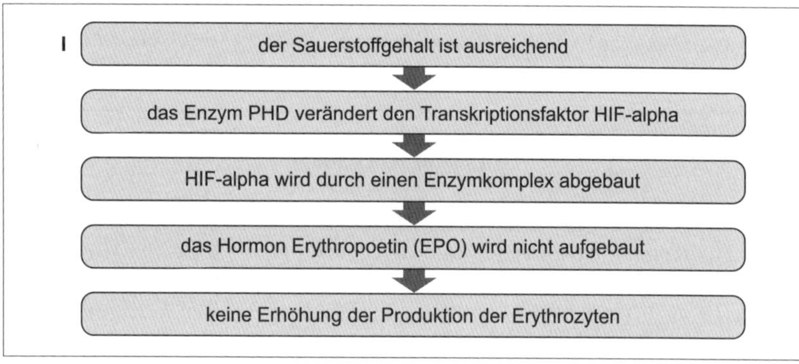

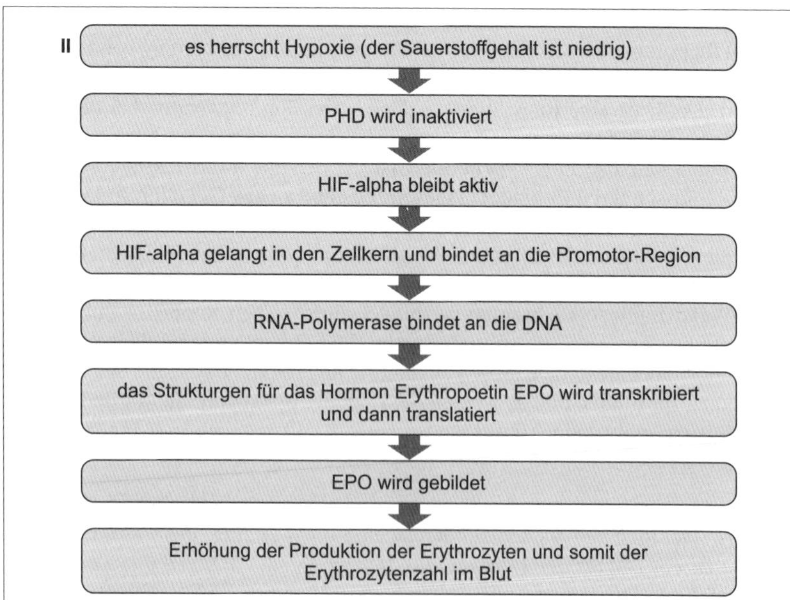

3 *Auch diese Aufgabe des AFB II prüft Ihre Kompetenz darin, aus den gegebenen Quellen (Material 3) relevante Informationen zu erschließen und diese mit Ihrem Wissen bezüglich Transkription und Mutationen zu verknüpfen. Dabei ist zu beachten, dass sich das Ergebnis der Sequenzierung auf den codogenen Strang (DNA) bezieht, die Codesonne auf die mRNA-Codone.*

Bei dem Vergleich der Basensequenzen von „Flachlandbewohnern" und Sherpas fällt auf, dass sie sich beim 2. und 3. Triplett des im Material gezeigten codogenen Stranges unterscheiden. Beim 2. Triplett befindet sich bei „Flachlandbewohnern" an der zweiten Position die Base Cytosin, bei Sherpas liegt an dieser Stelle Guanin vor. Beim 3. Triplett besitzen Sherpas an dritter Position Cytosin, die „Flachlandbewohner" hingegen Thymin.

Wirkung dieser Unterschiede auf die Transkription:

	„Flachlandbewohner"	**Sherpas**
2. Triplett (DNA)	TCA	TGA
Codon (mRNA)	AGU	ACU
Aminosäure	Serin	Threonin

3. Triplett (DNA)	GGT	GGC
Codon (mRNA)	CCA	CCG
Aminosäure	Prolin	Prolin

Es handelt sich folglich um zwei Punktmutationen. Die Mutation im 2. Triplett führt bei den Sherpas zum Einbau einer anderen Aminosäure in die Aminosäuresequenz des Enzyms PHD: Threonin anstelle von Serin. Diese Art von Punktmutation nennt man Missense-Mutation, da hier ein verändertes Genprodukt entsteht.

Die Punktmutation im 3. Triplett ist eine sogenannte stille Mutation: Aufgrund der Redundanz des genetischen Codes bleibt sie ohne Folgen. Beide Tripletts führen zum Einbau der gleichen Aminosäure (Prolin).

Es ist nicht notwendig, die Namen der Aminosäuren auszuschreiben. Sie können die gängigen Abkürzungen aus drei Buchstaben aus der Codesonne übernehmen.

4 *Bei dieser Aufgabe des AFB II entnehmen Sie Informationen aus verschiedenen Quellen (Material 2 und 3) und verknüpfen diese sachlogisch miteinander. Hilfreich zur Lösung dieser Aufgabe sind die Erkenntnisse, die Sie bei Aufgabe 2 und 3 gewonnen haben, greifen Sie auf diese zurück.*

Wie in Aufgabe 3 gezeigt, führt eine Punktmutation im Gen EPAS1 bei den Sherpas zu einer strukturellen Veränderung des Enzyms PHD. Bei Enzymen bedingt die Struktur sehr spezifisch die Funktion. Diese Mutation hat für das Leben in Höhenlagen einen adaptiven Vorteil: Das veränderte Enzym weist eine gesteigerte Aktivität auf und bleibt auch bei Hypoxie aktiv. Ist PHD aktiv, kann HIF weiterhin, also selbst bei Hypoxie, abgebaut werden. Dadurch wird das EPO-Gen nicht exprimiert und die Erythrozytenkonzentration im Blut bleibt beinahe konstant. Da keine Zunahme der Erythrozytenanzahl stattfindet, leiden die Sherpas nicht an chronischer Höhenkrankheit.

5 *Diese Aufgabe ist zweigeteilt. Die dem AFB I zugeordnete Leistung besteht darin, die Angepasstheiten der Sherpas aus Material 4 zu ermitteln. Die Transferleistung (AFB III) ist die selbstständige Aufstellung einer Hypothese zur schnellen Ausbreitung der Mutation innerhalb der Population der Sherpas. Beachten Sie, dass eine Hypothese immer eine sachliche Begründung verlangt. Für die Hypothese kann die Information aus Material 3, dass die „Flachlandbewohnerinnen" in den Höhenlagen häufiger Fehlgeburten erleiden, einen guten Ausgangspunkt darstellen. Da es sich bei Hypothesen um Vermutungen handelt, bietet es sich an, im Konjunktiv zu formulieren.*

Nur durch einige Angepasstheiten zusätzlich zu den Gen-Veränderungen können die Sherpas ohne größere Einschränkungen in der Höhe leben. Ihre Atemfrequenz ist erhöht, sodass das Blut besser als bei einer normalen Atemfrequenz mit Sauerstoff versorgt wird. Die Kapillardichte im Muskelgewebe liegt um 25 % höher als bei „Flachlandbewohnern". So sind die Wege für die Sauerstoffabgabe an die Zellen kürzer und die Sauerstoffversorgung ist effizienter. Eine dritte, besondere Angepasstheit besteht darin, dass das Blut der Sherpas einen zehnfach höheren Stickstoffmonoxid-Wert als das der „Flachlandbewohner" hat. Stickstoffmonoxid (NO) sorgt für eine Weitung der Blutgefäße, wodurch wiederum der Gasaustausch mit den Geweben schneller erfolgt, weil die Oberfläche für die Diffusion der Gase größer ist.

Eine **Hypothese** könnte sein, dass die Mutation im Gen EPAS1 sich schnell verbreitete, weil in diesen extremen Höhen die Frauen, die diese Genmutation besaßen, weniger Fehlgeburten erlitten. Die Folge wäre eine höhere Geburtenrate, sodass die Mutation schnell von Generation zu Generation weitervererbt worden sein könnte.

Leistungskurs Biologie (Berlin): Abituraufgaben 2020
Aufgabe B: Ökologie und Nachhaltigkeit

Thema: Schädlingsabwehr der Tabakpflanze

Die Tabakpflanze, eine wärmeliebende Pflanze aus der Familie der Nachtschattengewächse, hat ihr ursprüngliches Verbreitungsgebiet in Südamerika. Im 16. Jahrhundert gelangte sie durch JEAN NICOT an den französischen Hof und wurde dort zunächst als Arzneipflanze verwendet, später kam sie als Genussmittel in Mode. Aufgrund ihrer raffinierten Mechanismen zur Schädlingsabwehr ist die Tabakflanze heute auch ein begehrtes Forschungsobjekt.

Abb. 1: Wilder Tabak
Quelle: USDA-NRCS PLANTS Database

Aufgaben

1 Erklären Sie drei Formen interspezifischer Beziehungen anhand von Beispielen aus Material 1. 15

2 Erläutern Sie die Vor- und Nachteile der Freisetzung von trans-α-Bergamoten für den Tabakschwärmer. 6

3 Beschreiben und interpretieren Sie Abbildung 3. 13

4 Erläutern Sie jeweils die Vor- und Nachteile der unterschiedlichen Blütezeiten von Tabakpflanzen. 11

5 Beurteilen Sie, ob es sich bei den tag- und nachtblühenden Tabakpflanzen um unterschiedliche Arten handelt. 5

Material 1: Der amerikanische Tabakschwärmer

Der amerikanische Tabakschwärmer ist ein nachtaktiver Schmetterling, welcher sich ausschließlich vom Nektar der Tabakblüten ernährt. Die Blüten öffnen sich nur nachts und produzieren auch nur in dieser Zeit den flüchtigen Duftstoff trans-α-Bergamoten. Er wird noch in weiter Entfernung vom Tabakschwärmer wahrgenommen. Dadurch fliegt er zielgerichtet die Blüten der Tabakpflanzen an. Neben den Blüten interessieren ihn jedoch auch die Blätter der Tabakpflanze. Hier legt er seine Eier ab. Die Raupen des Tabakschwärmers sind resistent gegen Nicotin. Sie ernähren sich von den Tabakblättern und können das darin enthaltene Nicotin in ihrem Körper anreichern. Die zwei natürlichen Feinde des Tabakschwärmers sind ebenfalls gegen Nicotin resistent. Die Schlupfwespe *Cotesia* legt ihre Eier in die Raupen des Tabakschwärmers ab, die Raubwanze *Geocoris* ernährt sich von den frischgeschlüpften Raupen.

Abb. 2: Tabakschwärmer an einer Tabakblüte

© *Anna Schroll*

Material 2: Nicotin

Nicotin ist eine stickstoffhaltige Verbindung, welche in den Blättern der Tabakpflanze vorkommt. Es ist ein starkes Nervengift, welches schon in geringen Dosen zum Tod durch Atemlähmung führt. Nicotin wirkt sowohl für Insekten, wie z. B. Blattläuse, als auch für pflanzenfressende Säugetiere giftig. Als Ausgangsstoffe für die Nicotinproduktion in der Tabakpflanze dienen die Aminosäuren Tryptophan und L-Ornithin. Wissenschaftler haben die Nicotinkonzentration in unbeschädigten Tabakblättern (Kontrolle), nach Schädigung durch Pflanzenfresser und nach einer mechanischen Verwundung gemessen. Die Ergebnisse sind in Abbildung 3 dargestellt.

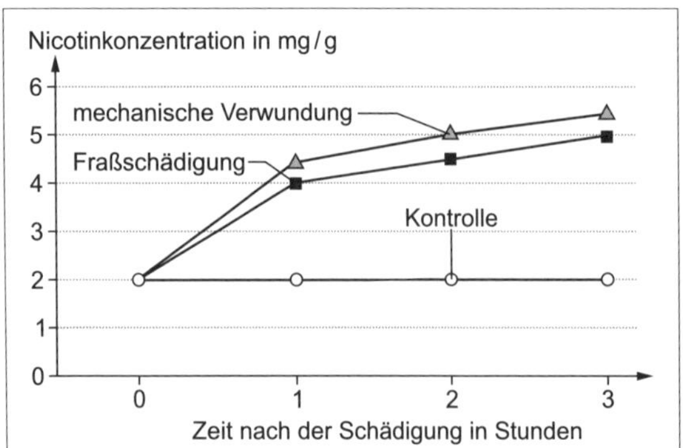

Abb. 3: Nicotinkonzentration in Tabakblättern

Quelle: Beck, C.: BioMax – Neugierig auf Wissenschaft, Ausgabe 17 (2005), Max-Planck-Gesellschaft, https://www.ice.mpg.de/ext/fileadmin/extranet/common/documents/Biomax_17.pdf

Material 3: Die indirekte Schädlingsabwehr der Tabakpflanze

Die indirekte Schädlingsabwehr der Tabakpflanze richtet sich speziell gegen die Raupen des amerikanischen Tabakschwärmers. Der in der Nacht von den Blüten freigesetzte Duftstoff trans-α-Bergamoten wird tagsüber von den Blättern der Tabakpflanze produziert. Dadurch werden die tagaktiven Raubwanzen der Gattung *Geocoris* angelockt, welche die frisch geschlüpften Raupen des Tabakschwärmers fressen.

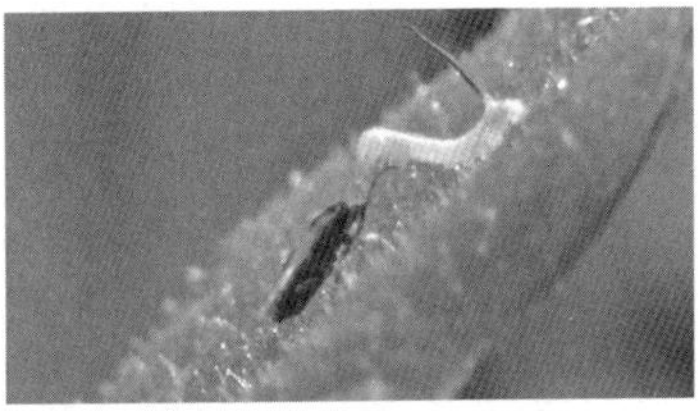

Abb. 4: Raubwanze nähert sich einer Raupe des Tabakschwärmers
Quelle: Matthey Film

Material 4: Tagblühende Tabakpflanzen

Bei starkem Befall durch die Raupen des Tabakschwärmers löst eine Substanz im Speichel der Raupen die Bildung bestimmter Signalstoffe aus, welche verschiedene Veränderungen bei der Tabakpflanze bewirken.
Diese zeigen sich etwa drei Tage nach dem Raupenfraß. Die Blüten öffnen sich nun nicht mehr in der Nacht, sondern am Tag. Sie produzieren keine Duftstoffe und der Nektar weist einen geringeren Zuckergehalt auf. Diese Blüten werden von Kolibris bestäubt, die von den hellen weißen Blüten angelockt werden. Kolibris sind jedoch nicht auf Tabakblüten spezialisiert, sondern fliegen auch die Blüten anderer Pflanzenarten an. Die Pflanzen, die sich aus den Samen der tagblühenden Pflanzen entwickeln, öffnen ihre Blüten wieder in der Nacht.

Abb. 5: Kolibri an einer Tabakblüte
© *Danny Kessler*

Weitere Materialgrundlagen:
https://www.max-wissen.de/public/downloads/Bio17_Begleitinfo1 (18. 08. 2018)
https://de.wikipedia.org/wiki/Nicotinsäure (18. 08. 2018)
https://www.pflanzen forschung.de/de/journal/journalbeitrage/wenn-bestaeuber-schaedlinge-sind-wilder-tabak-loest-ges-10793 (18. 08. 2018)

Lösungsvorschläge

1 *Diese Aufgabe verlangt zunächst einmal, dass Sie Material 1 sachgerecht auswerten (AFB II) und dann Ihre gewonnenen Erkenntnisse in verständlicher und übersichtlicher Form darstellen und dabei Ihr Fachwissen einbeziehen. Der Operator „erklären“ verlangt eine tiefergehende Darstellung der einzelnen interspezifischen Wechselbeziehungen. Es sollten daher zunächst die im Text auszumachenden Wechselbeziehungen genannt, dann aber am besten in Form einer kurzen Definition genauer erklärt werden. Hierbei müssen Sie auf im Unterricht erlangtes Fachwissen zurückgreifen (AFB I). Eine bloße Nennung von einzelnen Wechselbeziehungen ist nicht ausreichend. Da es für diese Aufgabe verhältnismäßig viele Punkte gibt, sollten Ihre Antworten ruhig etwas umfangreicher ausfallen. Im Folgenden ist ein Beispiel mehr als in der Aufgabe verlangt aufgeführt.*

1. Symbiose:
Diese interspezifische Wechselwirkung ist definiert als das Zusammenleben verschiedener Arten zum gegenseitigen Vorteil bei enger räumlicher Beziehung. Eine Symbiose liegt beim Tabakschwärmer und der Tabakpflanze vor. Der Vorteil für den Tabakschwärmer ist, dass er den Nektar der Pflanze als Nahrung nutzen kann. Hinzu kommt, dass die Raupen des Tabakschwärmers die Blätter als Nahrung nutzen können. Gleichzeitig gibt die Tabakpflanze ihren Pollen an den Tabakschwärmer ab und hat dadurch den Vorteil, dass der Tabakschwärmer zielgerichtet Tabakpflanzen aufsucht und so die Bestäubung gewährleistet ist.

Bei der Wechselbeziehung zwischen Tabakschwärmer und Tabakpflanze könnte man zunächst fälschlicherweise auch an Parasitismus denken, da der Tabakschwärmer seine Eier auf der Pflanze ablegt und diese so schädigt. Jedoch spricht dagegen, dass die Pflanze erstens so zielgerichtet vom Tabakschwärmer bestäubt wird, was einen enormen Vorteil darstellt, und dass die Pflanze zweitens, sollte der Schaden durch die Raupen groß sein, dauerhaft auf die Blütezeit am Tag umstellen könnte, was aber nicht der Fall ist. Und noch ein dritter Punkt, der allerdings nicht dem Text zu entnehmen ist, spricht für die Symbiose: Beim Befall durch die Raupen des Tabakschwärmers erhöhen die Tabakpflanzen nicht (!) die Nicotin-Konzentration in ihren Blättern. Dies deutet darauf hin, dass diese Pflanzen die Tabakschwärmer-Raupen erkennen und eben nicht versuchen, sie abzuwehren, was letztlich für eine starke Symbiose spricht.

2. Räuber-Beute-Beziehung:
Bei dieser Beziehung handelt es sich um eine trophische Beziehung zwischen zwei Organismen verschiedener Arten, wobei sich der Räuber von der Beute ernährt. Wie dem Material 1 zu entnehmen ist, nutzt die Raubwanze der Gattung *Geocoris* die Raupen des Tabakschwärmers als Nahrung, sodass hier eine typische Räuber-Beute-Beziehung vorliegt.

3. **Interspezifische Konkurrenz:**
Diese liegt dann vor, wenn eine begrenzt vorhandene Ressource von zwei oder mehr Arten genutzt wird. Wie Material 1 zu entnehmen ist, liegt eine Konkurrenz um Ressourcen zwischen mehreren verschiedenen Arten vor. Die Raubwanzen und die Schlupfwespen konkurrieren gegenseitig um die Raupen des Tabakschwärmers, wobei diese als Nahrung dienen oder für den Reproduktionserfolg nötig sind.

4. **Parasitismus:**
Dieser ist definiert als Wechselbeziehung zwischen zwei verschiedenen Arten, bei der eine Art die andere schädigt und daraus einen Vorteil (meist Nahrung oder Reproduktion) zieht. Dieser Fall liegt zwischen den Schlupfwespen der Gattung *Cotesia* und den Raupen des Tabakschwärmers vor, da diese durch die Eiablage geschädigt werden und die Schlupfwespen so ihre Reproduktion sichern. Da sich der Parasit im Inneren des Wirtes aufhält, ließe sich in diesem Fall auch von **Endoparasitismus** sprechen.

2 *Beachten Sie bei dieser Aufgabe des AFB II Material 1 und 3. Die Aufgabenstellung bezieht sich eindeutig nur auf die Vor- bzw. Nachteile für den Tabakschwärmer, daher sollten die anderen genannten Arten ausgeklammert werden.*

Die Freisetzung von trans-α-Bergamoten hat je nach Zeitpunkt Vor- oder Nachteile für den Tabakschwärmer.

Vorteile:
Durch die Freisetzung des Stoffes trans-α-Bergamoten ist es dem Tabakschwärmer möglich, die Blüte auch in der Nacht sicher auszumachen. Dies hat zur Folge, dass für das Auffinden der Nahrungsquelle eine geringe Flugstrecke benötigt wird (im Gegensatz zu „ziellosem" Umherfliegen). Im Endeffekt führt dies dazu, dass der Tabakschwärmer Energie spart, da er direkt an sein Ziel gelockt wird.

Nachteile:
Durch die Freisetzung des Stoffes trans-α-Bergamoten werden tagsüber Raubwanzen angelockt. Diese fressen die frisch geschlüpften Raupen des Tabakschwärmers und mindern somit seinen Reproduktionserfolg.

3 *Diese Aufgabe erfordert eine angemessene Beschreibung und Auswertung von Versuchsergebnissen. Bei der Bearbeitung der Aufgabe sollte zunächst der Aufbau des Diagramms knapp dargestellt werden und dieses erst dann genauer erklärt werden. Es gilt bei der Auswertung von Diagrammen immer, die Beschreibung und die Interpretation voneinander zu trennen.*

Beschreibung:
Das Diagramm stellt die Nicotin-Konzentration in den Tabakblättern in Abhängigkeit von der Zeit (0 bis 3 Stunden nach der Schädigung) dar. Insgesamt lassen sich drei Datensätze finden, die in Form von Kurven dargestellt sind.

- Bei der Kontrolle, einem Tabakblatt ohne Schädigung, liegt die Nicotin-Konzentration konstant bei 2 mg/g.
- Im zweiten Fall wurde die Nicotin-Konzentration nach Fraßschädigung gemessen. In der ersten Stunde nach der Schädigung steigt diese deutlich auf 4 mg/g. In den darauffolgenden zwei Stunden nimmt die Nicotin-Konzentration weiter (wenn auch etwas langsamer) um 1 mg/g auf insgesamt 5 mg/g zu.
- Die dritte Kurve, die die Nicotin-Konzentration nach mechanischer Verwundung darstellt, ähnelt der Kurve aus Fall zwei. Es wird ersichtlich, dass die Nicotin-Konzentration in der ersten Stunde nach der Schädigung auf circa 4,5 mg/g ansteigt und der Anstieg in den folgenden zwei Stunden schwächer ausfällt und die Nicotin-Konzentration in dieser Zeit um 1 mg/g auf insgesamt 5,5 mg/g steigt.

Interpretation:
Der Stoff Nicotin ist ein wirksames Nervengift, das die Tabakpflanze zur Schädlingsbekämpfung einsetzt. Das Blatt der Tabakpflanze weist als Ausgangskonzentration einen Wert von 2 mg/g auf (Stunde 0). Eine Gewebeschädigung bewirkt eine erhöhte Nicotinproduktion in den Blättern, unabhängig davon, ob diese mechanisch oder durch einen Fressfeind hervorgerufen wird. Durch die Fraßschäden von Schädlingen wird die Abwehr somit in kurzer Zeit aktiviert und der Schädlingsbefall reduziert. Man spricht in diesem Fall von induziertem Fraßschutz.
Ohne Schädlingsbefall ist die Nicotin-Konzentration auf vergleichsweise niedrigem Niveau. Dies ist damit zu erklären, dass eine unnötige Produktion von größeren Mengen an Nicotin vermieden werden muss, da dies sonst eine Verschwendung von Ressourcen darstellen würde (besonders mit Blick auf die Bildung von Nicotin aus den beiden Aminosäuren Tryptophan und L-Ornithin).

4 *Bei dieser Aufgabe sind Informationen aus Material 3 und 4 gezielt auszuwerten und dann in einer Gegenüberstellung von Vor- und Nachteilen der verschiedenen Blütezeiten zu präsentieren, was diese Aufgabe dem AFB II zuordnet. Dabei ist es wichtig, die Darstellung gut zu strukturieren. Neben den Vor- und Nachteilen liegt noch eine weitere Differenzierung vor (Tag und Nacht). Es bietet sich daher an, die Blütezeit im Vergleich Tag/Nacht mit ihren jeweiligen Vor- und Nachteilen für die Tabakpflanze in einem Fließtext zu behandeln.*

Blütezeit tagsüber:
Die Blütezeit tagsüber und die damit einhergehende Bestäubung durch Kolibris bringt mehrere Vorteile mit sich: Zunächst werden durch die Kolibris im Gegensatz zum Tabakschwärmer keine Fraßschäden an den Blättern verursacht. Zudem spart die Tabakpflanze wichtige Ressourcen, da weder Duftstoffe noch ein hoher Zuckergehalt im Nektar produziert werden müssen. Dies bedeutet eine deutliche Energieeinsparung für die Pflanze.

Jedoch liegen auch Nachteile vor: Kolibris besuchen, wie dem Text zu entnehmen ist, auch andere Pflanzenarten. Damit kann der Pollen nicht gezielt nur auf Tabakpflanzen übertragen werden, sondern gelangt „fälschlicherweise" auch auf andere

Arten. Damit kommt es zu einer geringeren Bestäubungsrate und damit zu einem geringeren Reproduktionserfolg.

Blütezeit nachts:
Blüht die Pflanze in der Nacht, ist ein wesentlicher Vorteil auszumachen: Die Bestäubung durch den Tabakschwärmer in der Nacht sichert optimal die Reproduktion, da dieser ausschließlich Tabakpflanzen anfliegt. Es kommt somit nicht zur Verteilung des Pollens auf andere Pflanzen. Der Nachteil ist darin zu sehen, dass Fraßschäden durch die Raupen des Tabakschwärmers auftreten und somit eine Schädigung der Pflanze vorliegt.

Mögliches abschließendes Fazit: Die zielgerichtete Bestäubung durch den Tabakschwärmer scheint die direkte Fitness der Tabakpflanze so zu erhöhen, dass der durch die Raupen entstehende Fraßschaden kompensiert wird.

5 *Zur Lösung dieser Aufgabe müssen die Informationen aus Material 4 ausgewertet werden. Der Operator „beurteilen" verlangt eine begründete Darstellung von Argumenten und eine abschließende eigene Stellungnahme. Achten Sie bei dieser für den AFB III typischen Aufgabe besonders auf eine strukturierte und kritische Darstellung Ihrer Überlegungen.*

Damit sich neue Arten bilden können, müssen in der Stammart signifikante Unterschiede auftreten (in der Morphologie, im Verhalten etc.), die aus Mutationen in den Gameten resultieren, die dann auch weitervererbt werden. Erst dann kann sich eine neue Art bilden. Von diesen Mutationen kann im vorliegenden Beispiel nicht ausgegangen werden, da laut Material 4 die veränderte Blütezeit durch eine Substanz im Speichel der Tabakschwärmerraupen und darin enthaltene Signalstoffe ausgelöst wird. Bereits drei Tage nach einem starken Fraßschaden ändert sich die Blütezeit der geschädigten Pflanze von nachts auf tagsüber. Zudem wird diese Veränderung nicht an die Nachkommen vererbt, sodass eine Mutation in den Gameten ausgeschlossen werden kann und nicht davon auszugehen ist, dass es sich um zwei Arten handelt.

Fazit:
Die Veränderung der Blütezeit ist als Reaktion auf den Fraßschaden zu bewerten, keinesfalls als die Ausbildung einer neuen Art.

Bei Arten handelt es sich um Individuen, die durch eine Abstammungslinie zwischen Elterngeneration und den Nachkommen gekennzeichnet sind. Alle Vertreter einer Art stimmen dauerhaft in Gestalt, Physiologie und Verhalten überein. Aufgrund dieser Bedingungen kann die tagblühende Planze keine neue Art sein (Merkmal nicht dauerhaft, sondern induziert; nicht vererbt).

Leistungskurs Biologie (Berlin): Abituraufgaben 2020
Aufgabe C: Evolution und Zukunftsfragen

Thema: Schnurrvögel im Amazonas

Im Regenwald des Amazonas leben unter anderem auch viele Schnurrvögel, deren Männchen zum Teil ungewöhnliches Balzverhalten zeigen.
Die Schnurrvogel-Art *Lepidothrix vilasboasi* wurde im Jahr 2002 wiederentdeckt, genetische Untersuchungen belegen eine besondere Form der Artentstehung.

Abb. 1: Männlicher Schnurrvogel
Lepidothrix vilasboasi
© *Fabio Olmos*

Aufgaben

1 Erklären Sie drei verschiedene Vorgänge, die zu einer Veränderung der genetischen Variabilität in einer Population führen können. 12

2 Stellen Sie die Bedeutung einer hohen genetischen Variabilität für den Vorgang der natürlichen Selektion dar. 8

3 Begründen Sie die unterschiedlichen Angepasstheiten bei weiblichen und männlichen Säbelpipras. 12

4 Geben Sie die Definition für ethologische Isolation an.
Erläutern Sie am Beispiel der Schnurrvögel das Wirken der ethologischen Isolation. 10

5 Erörtern Sie die Hypothese, *Lepidothrix vilasboasi* sei eine Arthybride. 8

Material 1: Besonderheiten von Schnurrvögeln

Die Schnurrvögel, auch Pipras genannt, sind Vögel, die in kleinen oder größeren Gruppen die Regenwälder nach Beeren und Insekten durchstreifen. Der Name Schnurrvogel geht auf die Geräusche zurück, die bei der Balz mit umgebildeten Federn erzeugt werden. Bei den meisten der etwa 60 Arten unterscheiden sich die Geschlechter in ihrer Gefiederfärbung. Besonders am Kopf zeichnen sich die Männchen durch leuchtend gefärbte Gefiederpartien aus, die in starkem Kontrast zum grünlichbraunen oder samtschwarzen Körpergefieder stehen. Bei einigen Arten haben sie lebhaft gefärbte Schenkel, die bei der Balz zur Schau gestellt werden. Dagegen sind die olivgrünen

Weibchen recht unscheinbar. Die Geschlechtspartner treffen meist nur in der Balzzeit zusammen.

Abb. 2: Weiblicher Säbelpipra im Nest
Quelle: Dario Sanches/Wikipedia, CC BY-SA 2.0

Abb. 3: Männlicher Säbelpipra
Quelle: Mike & Chris/Wikipedia, CC BY-SA 2.0

Bei den Schnurrvögeln locken die Männchen die Weibchen durch ein ausgeprägtes Balzverhalten an. Die Männchen zeigen während der Balz zum Teil spektakuläre Tänze, außerdem produzieren bei mehr als der Hälfte aller Arten die Männchen auffallende Klick- und Schnurrlaute. Dabei nutzen sie nur wenig ihren Stimmapparat sondern ungewöhnlicher Weise ihre Federn.
Die Schnurrvogel-Weibchen können in einer Saison von verschiedenen Männchen begattet werden. Wie bei allen Vogelarten ohne feste Paarbindung kümmert sich allein das Weibchen um den Nestbau und die Aufzucht der Jungen. Das Nest ist ein sehr dünnwandiges Körbchen, das aus Gras, Pflanzenfasern und Tierhaaren in der Gabelung eines waagerechten Astes, oft hoch über dem Boden, gebaut wird.

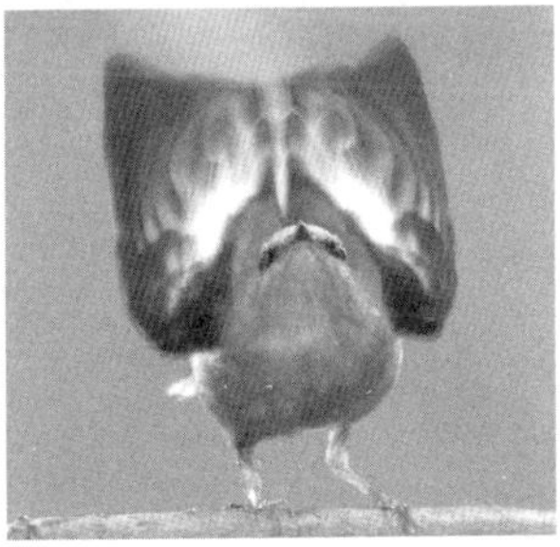

Abb. 4: Balzendes Keulenschwingenpipra-Männchen
Quelle: National Geographic Image Collection/Alamy Stock Photo

Abb. 5: Männlicher Fadenpipra
Quelle: Joao Quental/Wikipedia, CC BY 2.0

Der Keulenschwingenpipra ist der einzige Vogel, der zuerst ein Klicken und dann eine Art Geigenton mithilfe seiner Federn erzeugen kann. Die schwarz-rot-gelb gefärbten Männchen der Fadenpipras bewegen sich während der Balz mit sehr schnellen Fußbewegungen über einen Ast, diese Art der Bewegung erinnert an den berühmten Moon-Walk.

Material 2: Verbreitung dreier Schnurrvogel-Arten

Jeder schwarze Punkt auf der vergrößerten Karte steht für ein untersuchtes Exemplar (genomic sample) der jeweiligen Art.

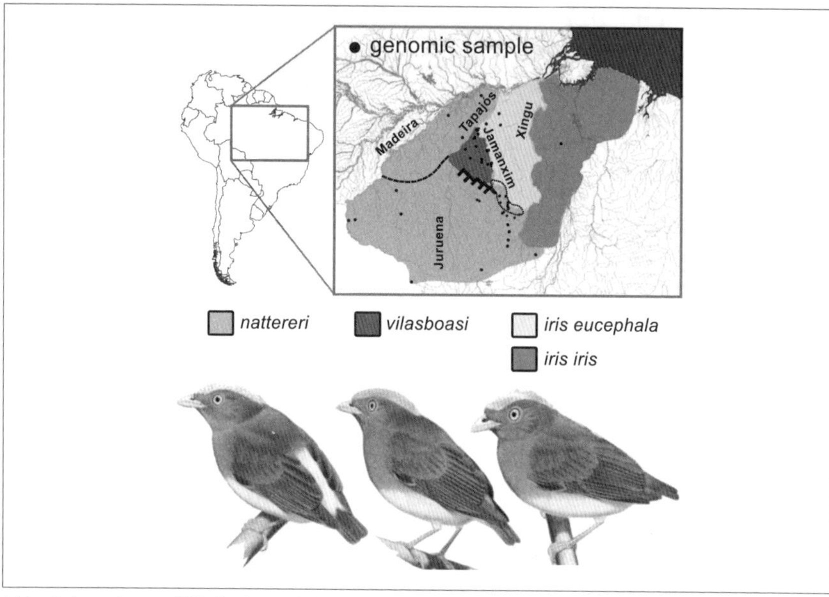

Abb. 6: Aussehen und Verbreitung dreier Schnurrvogel-Arten

Quelle: Alfredo O. Barrera-Guzmán et al. Hybrid speciation leads to novel male secondary sexual ornamentation of an Amazonian bird. PNAS January 9, 2018 115 (2) E218-E225 (Karte), Illustrations reproduces by permissionof Lynx Edicions (Vögel)

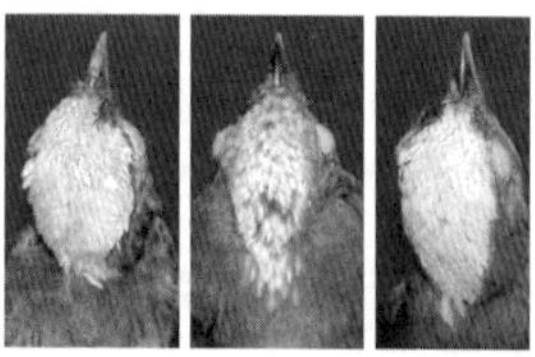

Abb. 7: Kopffedern von: *L. iris* (links), *L. vilasboasi* (Mitte), *L. nattereri* (rechts)

Quelle: Weir Lab, University of Toronto, all rights reserved

In einem Gebiet des brasilianischen Bundesstaates Pará wurde das Genmaterial von drei Schnurrvogel-Arten untersucht. Dabei stellte man fest, dass das Erbgut von *Lepidothrix vilasboasi* zu 20 % auf das der Art *Lepidothrix nattereri* zurückgeht und zu 80 % auf das der Art *Lepidothrix iris*. In der Biologie werden Individuen, die durch geschlechtliche Fortpflanzung zwischen verschiedenen Arten hervorgegangen sind, als Arthybride bezeichnet.

Die drei Schnurrvogel-Arten unterscheiden sich besonders in den Kopffedern der Männchen: *L. iris*-Männchen besitzen opal-schillernde Kopffedern, *L. vilasboasi*-Männchen goldgelbe und *L. natteri*-Männchen weiße. Eine genaue Untersuchung der

Federn des goldköpfigen Vogels *L. vilasboasi* zeigte, dass auch deren Merkmale, insbesondere die Keratinstruktur, eine Mischung der beiden anderen Arten darstellt. Die Federn dieser Art reflektieren das Licht allerdings erheblich schwächer, was beim Werben um ein Weibchen einen erheblichen Nachteil darstellt. Die Art *L. vilasboasi* wurde 1957 erstmals beschrieben und galt kurz darauf als ausgestorben. Erst 2002 wurden erneut Tiere dieser Art gesichtet.

Lösungsvorschläge

1 *Da es sich bei dieser Aufgabe um eine reine Reproduktionsaufgabe handelt, bei der Sie auf erworbene Fachkenntnisse zurückgreifen und diese strukturiert darstellen müssen, ist sie dem AFB I zuzuordnen. Achten Sie darauf, dass Sie sich auf die genetische Variabilität innerhalb einer Population (nicht eines Individuums) beziehen.*

Mutationen:
Mutationen können die genetische Variabilität innerhalb einer Population verändern. Dabei führen zufällige Veränderungen des genetischen Materials bei einem Individuum dazu, dass neue Allele im Genpool (Gesamtheit aller Gene einer Population) auftauchen. Stellen diese Mutationen einen signifikanten Vorteil (Erhöhung der relativen Fitness) dar, werden diese Allele stetig innerhalb der Population weitervererbt, reichern sich an und verändern so den Genpool. Auch neutrale Mutationen können im Genpool erhalten bleiben und ggf. bei veränderten Umweltbedingungen vorteilhaft sein.

Zu- und Abwanderung:
Die Abwanderung von Individuen kann die genetische Variabilität innerhalb einer Population ebenso verändern. Wandern Arten ab, ändert sich der Genpool, da es diesen Individuen nicht mehr möglich ist, Gene in den Genpool einzubringen. Ihre Allele verschwinden dann aus dem Genpool. Eine mögliche Zuwanderung verändert den Genpool, indem neue Allele hinzukommen. Auch geographische Isolation kann den Genpool verändern. Werden durch Naturereignisse Regionen so verändert, dass Teilpopulationen (oder auch einzelne Individuen) getrennt werden, hat dies dieselben Folgen wie Abwanderung. Der Genpool wird nachhaltig verändert.

Gendrift:
Ein weiterer Faktor, der zur Veränderung der genetischen Variabilität einer Population führen kann, ist die Gendrift. Als Gendrift bezeichnet man in der Populationsgenetik eine zufällige, meist drastische Veränderung der Allelfrequenz innerhalb des Genpools einer Population. Unter „zufällig" ist dabei zu verstehen, dass das Auftreten der Allele (häufiger oder auch seltener) nicht unmittelbar mit deren Wirkung auf die Angepasstheiten der jeweiligen Individuen zusammenhängt. Das bedeutet, durch Umweltkatastrophen oder andere Ereignisse überleben nur zufällig bestimmte Individuen. Der Genpool wird dadurch ebenfalls verändert.

2 *Bei dieser Aufgabe sollen Sie Ihre Kenntnisse über die genetische Variabilität in Beziehung zum Prozess der natürlichen Selektion setzen. Solche Anwendungsaufgaben, die bestimmte Kenntnisse in anderem Zusammenhang einfordern, decken den AFB II ab. Das Material muss dafür nicht ausgewertet oder einbezogen werden. Achten Sie bei den Ausführungen auf eine strukturierte Darstellung und verknüpfen Sie logisch die Aspekte der genetischen Variabilität mit denen der Selektion.*

Eine hohe genetische Variabilität ist die Voraussetzung für die natürliche Selektion. Ist eine hohe genetische Variabilität gegeben, sind viele unterschiedliche genetische und somit auch phänotypische Varianten in einer Population vorhanden. Durch diese große Zahl verschiedener Phänotypen ist die Wahrscheinlichkeit für Angepasstheiten an bestehende oder auch sich verändernde Umweltbedingungen sehr hoch.
Erweist sich eine Angepasstheit in Bezug auf die vorliegenden Umweltbedingungen als vorteilhaft (Erhöhung der relativen Fitness), greift die natürliche Selektion und die Individuen mit dieser Angepasstheit weisen einen höheren Reproduktionserfolg auf als die Individuen der Population ohne diese Angepasstheit.

Es gilt immer: Selektion kann nur wirksam werden, wenn es Varianten gibt, die zu selektieren sind, positiv (erhöhte Reproduktion) wie negativ (Aussterben oder Verdrängung). Die genetische Variabilität einer Population ist daher Voraussetzung für Selektion und damit für Evolution.

3 *Der Operator „begründen" weist auf den AFB II hin. Hierbei ist es wichtig, zunächst Informationen aus dem Text (Material 1) bezüglich der unterschiedlichen Angepasstheiten zu sammeln und dann unter Verweis auf Konzepte der Evolutionsbiologie begründet deren Auftreten zu erklären. Dabei sollten Sie strukturiert vorgehen und zwischen der Darstellung der Angepasstheiten der Männchen und der der Weibchen trennen. Laut Aufgabenstellung soll auf die Säbelpipras (eigene Art aus der Familie der Schnurrvögel) eingegangen werden. Nutzen Sie in diesem Fall auch die allgemeinen Informationen im Text zu den Schnurrvögeln, um die Aufgabe zu lösen.*

Angepasstheiten der weiblichen Säbelpipras:
Die weiblichen Vögel weisen eine unauffällige Gefiederfarbe auf. Diese verbessert in der natürlichen Umgebung deren Überlebenschance, da die Vögel besser getarnt und somit von Räubern nur schwer auszumachen sind. Auch die Brutpflege der Weibchen erhöht deren Reproduktionserfolg, da die Überlebenschance der Nachkommen durch die Brutpflege erhöht wird.

Angepasstheiten der männlichen Säbelpipras:
Im Gegensatz zu den Weibchen zeichnen sich die Männchen der Säbelpipras durch ein farben- und kontrastreiches Gefieder aus, wie beispielsweise das Männchen der Fadenpipras mit seinem schwarz-rot-gelb gefärbten Gefieder (vgl. Abb. 5). Dazu zeigen sie ein auffallendes Balzverhalten (Bewegungen, Lauterzeugung), wie der

Keulenschwingenpipra, der mit seinen Federn ein Klicken und eine Art Geigenton erklingen lassen kann (vgl. Abb. 4).

Somit erhöhen sie durch diese beiden Faktoren (Gefiederfarbe, Balzverhalten) ihre Chancen auf Reproduktion (dabei wirkt die sexuelle Selektion unter den Männchen). Dies ist damit zu erklären, dass auffällige Farben immer ein Zeichen für eine hohe adaptive Fitness darstellen, da es sich die Träger dieser Merkmale „leisten" können, so aufzufallen (das heißt, Energie in Werbung zu investieren).

Die Männchen beteiligen sich nicht an der Aufzucht der Jungvögel, leisten also keine Brutpflege. Dies ist bei Tieren, deren Weibchen sich in einer Saison mit mehreren Männchen paaren, nicht unüblich, da die Männchen hinsichtlich der genetischen Ausstattung der Nachkommen nicht sicher sein können, ob es sich um „ihre" Gene handelt.

4 *Um den ersten Teil der Aufgabe zu lösen, greifen Sie auf Ihr im Unterricht erworbenes Wissen zurück. Geben Sie dabei auch korrekte Definitionen an. Erläutern Sie diese anschließend unter Berücksichtigung von Material 1.*

Definition:
Die **ethologische Isolation** ist durch gravierende Unterschiede im Verhalten der jeweiligen Arten begründet. Die unterschiedlichen Verhaltensweisen (zum Beispiel abweichendes Balzverhalten, unterschiedliche Paarungszeiten, verschiedene Orte der Paarung) verhindern dabei den Genaustausch zwischen den Arten.

Erläuterung:
Im Falle der **Schnurrvögel** wird die ethologische Isolation anhand mehrerer Aspekte deutlich: So unterscheidet sich das Balzverhalten der Männchen darin, dass manche Arten Klick- oder Schnurrlaute produzieren, andere nicht. Auch die Art der Balztänze unterscheidet sich von Art zu Art. Daneben kann die Färbung (eigentlich ein morphologisches Merkmal) der Männchen bei der Paarung dazu beitragen, dass Weibchen sich nur mit Männchen fortpflanzen, die hinsichtlich ihrer Farbgebung der Kopf- und Schenkelzeichnung die Bereitschaft zur Paarung auslösen. Damit stellt auch die Präferenz des Weibchens für eine bestimmte Farbgebung ein Beispiel für ethologische Isolation dar.

5 *Der Operator „erörtern" fordert hier eine kritische Prüfung der Schlüssigkeit einer vorgebrachten Hypothese. Diese Aufgabe ist somit dem AFB III zuzuordnen. Da man im Material 2 nur Argumente für die Hypothese findet, sollten Sie in diesem Fall diese möglichst strukturiert und fachlich begründet herausarbeiten.*

Alle Informationen aus Material 2 sprechen dafür, dass es sich bei *Lepidothrix vilasboasi* um einen Arthybriden handelt. Zunächst besteht das Genom vollständig aus Genen zweier anderer Arten (zu 20 % aus den Genen der Art *Lepidothrix nattereri*, zu 80 % aus denen der Art *Lepidothrix iris*). Dies weist auf eine Hybridisierung beider Arten hin. Auch die Keratinstruktur der Federn erweist sich als Mischform zwischen dem Keratin der beiden oben genannten Arten.

Ein weiteres Argument liegt in dem Auftreten von *Lepidothrix vilasboasi* im Jahr 1957 und dem darauffolgenden Verschwinden. Die Tatsache, dass die Vögel erst 2002 erneut gesichtet wurden, könnte als Hinweis darauf gedeutet werden, dass die Individuen, die ursprünglich als Art *Lepidothrix vilasboasi* beschrieben wurden, sich nicht reproduzieren können und das Auftreten durch vereinzelte Hybridisierungen der beiden anderen Arten begründet ist. Damit würde es sich nach dem reproduktiven Artkonzept nicht um eine eigenständige Art handeln.

Lepidothrix vilasboasi wurde im Jahr 1959 als gültige Art beschrieben. Eine wissenschaftliche Studie aus dem Jahr 2017 wies jedoch nach, dass diese vermeintliche Art tatsächlich ein Hybride ist.

Grundkurs Biologie (Berlin): Abituraufgaben 2021
Aufgabe A1: Physiologische Grundlagen ausgewählter Lebensprozesse

Thema: Mukoviszidose

Die Mukoviszidose ist in Europa die häufigste erbbedingte Erkrankung, die durch eine rezessiv vererbte Mutation verursacht wird. Circa eines von 2 000 Neugeborenen kommt mit dieser Krankheit auf die Welt, die mit einer Störung des Wasser- und Salzhaushaltes einhergeht.

Aufgaben		**BE**
1	Beschreiben Sie den Aufbau einer Biomembran. Erklären Sie den Zusammenhang von Bau und Funktion am Beispiel von drei Merkmalen der Biomembran.	15
2	Formulieren Sie eine Definition für den Begriff Osmose. Beschreiben und werten Sie das Experiment zur Osmose in Material 1 aus.	8
3	Vergleichen Sie den Transport der Chloridionen und der Wassermoleküle aus den Epithelzellen der Bronchien tabellarisch hinsichtlich von vier Kriterien.	11
4	Stellen Sie in einem geeigneten Fließschema den Zusammenhang zwischen der Funktionsstörung der CFTR-Chloridionenkanäle und den Auswirkungen auf die betroffenen Organe dar.	11
5	Begründen Sie die Eignung des Schweißtests als eine Diagnosemöglichkeit der Mukoviszidose.	5

Material 1: Experiment zur Osmose

Bei einem Modell-Experiment zur Osmose werden jeweils ein Liter zweier unterschiedlich konzentrierter Natriumchlorid-Lösungen A und B durch eine semipermeable Membran getrennt. Nach fünf Minuten werden sowohl das Volumen als auch die Konzentration der Lösungen A und B gemessen.

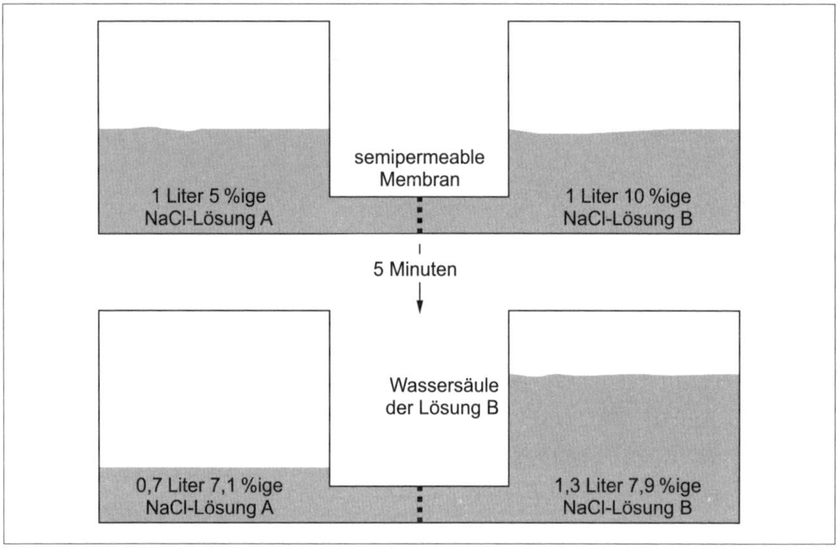

Abb. 1: Volumen und Konzentrationen von NaCl-Lösungen vor und nach der Osmose

Material 2: CFTR-Chloridionenkanal

Der CFTR-Chloridionenkanal ist an der Regulation des Salz- und Wasserhaushaltes beteiligt. In den Epithelzellen der Bronchien werden durch diesen Kanal Chloridionen aus den Zellen transportiert. Wasser strömt osmotisch nach und verflüssigt den Schleim auf der Zelloberfläche. Der intakte CFTR-Chloridionenkanal wird durch ATP reguliert. Das den Kanal bildende Protein besitzt zwei ATP-Bindungsstellen, die als NBD1 und NBD2 bezeichnet werden. In der Abbildung 2 kennzeichnet R eine Regulator-Einheit dieses Proteins. Die grauen Rechtecke und Schleifen stellen die Struktur des gefalteten CFTR-Proteins dar.

Quelle: https://de.wikipedia.org/wiki/Mukoviszidose (20. 04. 2020)
M. P. Rogan, D. A. Stoltz, D. B. Hornick (2011): Cystic fibrosis transmembrane conductance regulator intracellular processing, trafficking, and opportunities for mutation-specific treatment. Chest. 139(6), S. 1 480–1 490. doi:10.1378/chest.10-2077, PMID 21652558(Review)

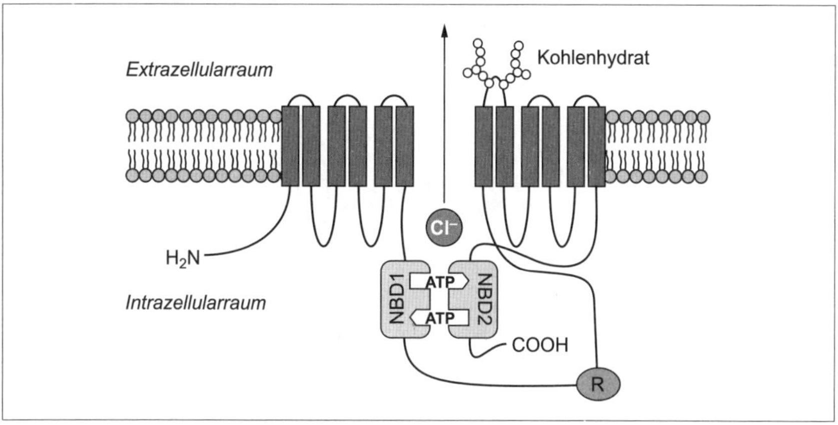

Abb. 2: Schematischer Aufbau des CFTR-Proteins

Quelle: https://de.wikipedia.org/wiki/Mukoviszidose (20. 04. 2020)
M. P. Rogan, D. A. Stoltz, D. B. Hornick (2011): Cystic fibrosis transmembrane conductance regulator intracellular processing, trafficking, and opportunities for mutation-specific treatment. Chest. 139(6), S. 1 480–1 490. doi:10.1378/chest.10-2077, PMID 21652558(Review)

Material 3: Krankheitsbilder der Mukoviszidose

Die Erkrankung zeigt sich meist schon im frühen Kindesalter und wird mit dem Alter zunehmend schwerwiegender. Die Ursache ist eine Mutation des Gens für das CFTR-Protein, welche dazu führt, dass der Chloridionenkanal blockiert wird. Aufgrund einer Störung des Wasser- und Salzhaushaltes entsteht zäher Schleim, der die Ausführgänge von verschiedenen Drüsen verstopft. Die Drüsen gehen dadurch allmählich zugrunde. Betroffen sind vor allem die Bauchspeicheldrüse und die Schleimhäute der Bronchien, was sich ab der frühen Kindheit in chronischem Husten, Verdauungsstörungen und Untergewicht äußert. Der zähe Schleim verhindert die Bewegung der Flimmerhärchen auf den Epithelzellen der Bronchien und bildet in den Bronchien und der Lunge einen idealen Nährboden für Krankheitserreger. Dadurch kommt es zu chronischen Infektionen. In der Bauchspeicheldrüse verstopfen die Ausführkanäle für Verdauungsenzyme.

Quelle: Grüne Reihe Materialien S II, Zellbiologie und Stoffwechsel, 2015 Bildungshaus Schulbuchverlage Westermann Schroedel Diesterweg Schöningh Winklers GmbH, Braunschweig, Seite 78, Abb. 78.1

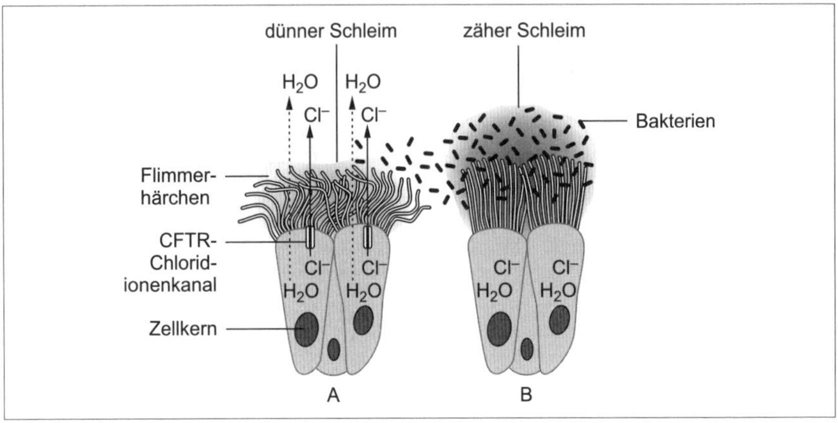

Abb. 3: Chloridionen-Transport in Epithelzellen der Bronchien. A: mit intaktem CFTR-Kanal; B: mit defektem CFTR-Kanal

Quelle: Grüne Reihe Materialien S II, Zellbiologie und Stoffwechsel, 2015 Bildungshaus Schulbuchverlage Westermann Schroedel Diesterweg Schöningh Winklers GmbH, Braunschweig, Seite 78, Abb. 78.1

Material 4: Diagnose der Mukoviszidose mit dem Schweißtest

Der Nachweis beruht auf der Tatsache, dass ein erhöhter Gehalt an Natriumchlorid im Schweiß auftritt. Die Zellen in den Schweißdrüsen haben ebenfalls CFTR-Kanäle. Allerdings ist aufgrund der Funktion der Schweißdrüsen der CFTR-Kanal für die Rückresorption der Chloridionen aus dem bereits produzierten Schweiß in die Zelle zuständig und nicht für die Abgabe nach außen. Bei einem Schweißtest werden zunächst die Schweißdrüsen mit dem Wirkstoff Pilocarpin stimuliert: Dazu wird auf dem Unterarm ein Mullläppchen angebracht und ein leichter Strom angelegt. So gelangt das Pilocarpin gezielt in die Haut und regt den Schweißfluss an. Der Schweiß wird nun für 30 Minuten gesammelt. In dem gesammelten Schweiß kann dann der Chlorid-Gehalt gemessen werden. Konzentrationen von mehr als 60 mmol/L bestätigen den Verdacht auf Mukoviszidose. Dieses Verfahren ist auch für Säuglinge völlig ungefährlich und schmerzfrei.

nach: Basisbroschüre PDF: Mukoviszidose Ursache Krankheitsbild und Therapie, Herausgeber Mukoviszidose e. V. Bonn, Seite 8
https://www.muko.info/informieren/ueber-die-erkrankung/ursache (20. 04. 2020)

Lösungsvorschläge

1 *Bei dieser Aufgabe aus dem Anforderungsbereich I (AFB I) sollen Sie Ihre Kenntnisse zum Aufbau der Biomembran wiedergeben. Dabei liegt der Fokus auf dem Zusammenhang zwischen Struktur und Funktion. Die hohe Anzahl an Bewertungseinheiten kann als Hinweis gedeutet werden, dass eine ausführliche Beschreibung und Erklärung erwartet wird. Die Aufgabenstellung erfordert keinen Bezug zu den Materialien, Abbildung 2 kann ggf. als Orientierungshilfe dienen, da die Abbildung einige Elemente der Biomembran darstellt.*

Aufbau der Biomembran:
Das Grundgerüst einer Biomembran stellt eine **Phospholipid-Doppelschicht** dar. Die Phospholipide setzen sich aus einem hydrophilen „Kopf" und zwei hydrophoben „Schwänzen" zusammen. Die typische Anordnung einer Biomembran kommt dadurch zustande, dass aufgrund des amphiphilen Charakters der Phospholipide („Kopfgruppe" polar, „Schwanz" unpolar) eine Doppelschicht gebildet wird. Dabei grenzen die „Kopfgruppen" die Membran jeweils nach außen hin ab, während die unpolaren „Schwänze" im Inneren der Doppelschicht zueinander gerichtet sind.

Weitere Bestandteile einer Biomembran sind **Membranproteine**. Integrale Proteine befinden sich im Inneren der Membran, einige von ihnen durchziehen die Membran auch vollständig. Letztere nennt man auch Transmembranproteine, diese verbinden somit den intrazellulären mit dem extrazellulären Raum. Zu diesen Proteinen gehören die Kanalproteine. Wenn ein Membranprotein der Membran nur angelagert ist, ohne sie zu durchspannen, wird es als peripher bezeichnet. Dabei kann es sich z. B. um ein Enzym handeln.

Eine weitere Komponente der Biomembran sind **Kohlenhydrate**, die an Proteinen (Glykoproteine) oder an Lipiden (Glykolipide) gebunden in den extrazellulären Raum hinausragen.

Erklärung des Zusammenhangs von Bau und Funktion:

- Biomembranen umschließen Zellen und unterteilen sie in Reaktionsräume (Kompartimente). Die **abgrenzende Funktion** beruht auf dem Aufbau als Phospholipid-Doppelschicht, die außen jeweils polar ist und in der Mitte unpolar. So können weder polare noch unpolare Stoffe ohne Weiteres unkontrolliert die Membran passieren. Selbst ein kleines Molekül wie Wasser benötigt Kanalproteine (Aquaporine), um durch eine Biomembran gelangen zu können. Nur für kleine apolare Moleküle ist die Zellmembran durchlässig.
- Die **Fluidität** ist darauf zurückzuführen, dass sowohl die Phospholipide als auch die Membranproteine sich seitwärtsbewegen können, womit die Biomembran dynamisch und flexibel reagieren kann. Diese Fluidität verleiht dem Membranmodell den Namen „Flüssig-Mosaik-Modell".
- Biomembranen gestalten aktiv die Stoffwechselvorgänge mit, indem sie aktiv oder passiv, dabei meist selektiv, Stoffe in die Zelle oder aus ihr in den extrazellulären Raum befördern bzw. passieren lassen. Dadurch werden unter anderem Konzentrationsgefälle von Stoffen, wie beispielsweise bestimmte Ionen,

aufrechterhalten. Die **Selektivpermeabilität** ist u. a. auf die Vielfalt an verschiedenen Kanal- und Transportproteinen zurückzuführen, die selektiv für bestimmte Stoffe bei bestimmten Bedingungen das Passieren bzw. die aktive Beförderung ermöglichen und regeln.

Die Biomembran wird manchmal auch als „semipermeabel" bezeichnet. Der Wortherkunft nach wäre die Bedeutung von semipermeabel, dass die Membran für eine Hälfte der Moleküle durchlässig ist. Die Biomembran ist jedoch selektiv für bestimmte Moleküle passierbar, also ist selektivpermeabel die exaktere Beschreibung.

2 *Für die erste Teilaufgabe genügt eine kurze Definition, weiterführende Erklärungen zu den hierzu relevanten Zusammenhängen und Wirkungen sind nicht gefordert. Die zweite Teilaufgabe prüft Ihre Kompetenz darin, Versuchsergebnisse zu erfassen, darzustellen und auszuwerten.*

Definition:
Osmose ist der Vorgang der Diffusion von Wasser durch eine semipermeable oder selektivpermeable Membran. Wasser (als Lösungsmittel) fließt dabei gerichtet durch die Membran und verringert das Konzentrationsgefälle zwischen den zwei Kompartimenten.

Experiment:
Am Anfang befinden sich in den zwei durch eine selektivpermeable Membran getrennten Kompartimenten je ein Liter Kochsalzlösung. Die Lösung B hat mit 10 % eine doppelt so hohe Konzentration wie die Lösung A mit 5 %.

Konzentrationsangaben sind bei diesem Beispiel Massenkonzentrationen (Einheit g/L). Eine Konzentration von 5 % bedeutet 50 g Natriumchlorid in einem Liter Wasser. Häufig wird jedoch die Konzentration als Stoffmengenkonzentration angegeben (Maßeinheit mol/L).

Nach fünf Minuten ist der Wasserpegel auf der Seite der Lösung B gestiegen und auf der Seite der Lösung A gesunken. Genauer betrachtet beträgt das Volumen der Lösung A 0,7 Liter und demzufolge das Volumen der Lösung B 1,3 Liter. Die jeweiligen Konzentrationen haben sich zu einer mittleren Konzentration hinbewegt: Lösung A 7,1 % und Lösung B 7,9 %.

Diese Beobachtungen sind mit dem Vorgang der Osmose zu erklären. Nur Wassermoleküle können durch die semipermeable bzw. selektivpermeable Membran gelangen, um den Konzentrationsunterschied auszugleichen. Ein Teil des Wassers hat, angetrieben durch das Konzentrationsgefälle, die Lösung A (hypotonische Lösung) verlassen, deren Konzentration dadurch steigt, und die Lösung B (hypertonische Lösung) verdünnt. Bei diesem Vorgang ändert sich auch das Volumen der Lösungen.

3 *Sehen Sie sich Material 2 genauer an, um die Aufgabe zu lösen. Beachten Sie dabei, dass bei einem Vergleich sowohl Gemeinsamkeiten als auch Unterschiede dargestellt werden müssen. Die vier Kriterien müssen Sie festlegen. Naheliegend sind bei Transportvorgängen: Richtung, Ort in der Biomembran, Transportform und Energieaufwand.*

	Chloridionen	**Wassermoleküle**
Richtung des Transportes	aus der Zelle in den extrazellulären Raum	
Ort des Transportes	CFTR-Chloridionenkanal	Aquaporine
Transportform	aktiv	passiv (Osmose)
Energieaufwand	mit Energieaufwand (ATP)	ohne Energieaufwand

4 *Diese Aufgabe erfordert eine gezielte Auswahl von Informationen aus Material 2 und 3 und deren grafische Strukturierung in Form eines Fließschemas. Die einzelnen Schritte dürfen in kurzen Stichpunkten wiedergegeben werden und müssen mit einem Pfeil mit dem nächsten Schritt verknüpft werden. Bei dieser Aufgabe entspricht das Fließschema einer Kausalkette. Der Pfeil hat somit die Bedeutung von: „dies hat zur Folge, dass…“.*

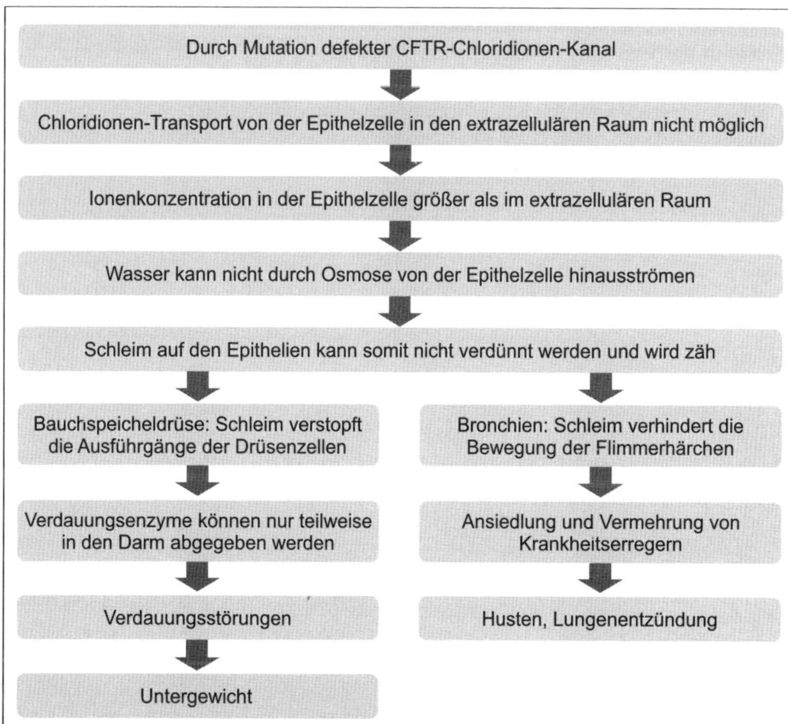

5 *Diese Aufgabe gehört dem AFB III an, da von Ihnen eine Analyse der Informationsquellen mit abschließendem Ableiten von Schlussfolgerungen gefordert wird. Dafür sollen Sie zuerst das diagnostische Verfahren knapp erläutern und dabei die Besonderheit der CFTR-Kanäle der Schweißdrüse herausheben. Allgemein kommen als Merkmale für die Güte eines Diagnoseverfahrens in Betracht: die Zuverlässigkeit des Testergebnisses, die mit der Spezifität der Diagnosemethode einhergeht, der Aufwand, die Kosten, mögliche Nebenwirkungen und ob das Verfahren invasiv und/oder schmerzhaft ist oder nicht. Sie sollen mit hierzu passenden Merkmalen die Eignung des Schweißtestes begründen.*

Mit dem Schweiß wird auch Natriumchlorid abgegeben. Die CFTR-Kanäle der Schweißdrüsen funktionieren insofern entgegengesetzt zu den CFTR-Kanälen der Epithelzellen, als dass sie aus dem bereits produzierten Schweiß Chloridionen resorbieren, also aktiv wiederaufnehmen. Bei den CFTR-Kanälen der Schweißdrüsen ist die Richtung des Transportes somit in die Zelle hinein. Bei Mukoviszidose sind die CFTR-Kanäle defekt, womit die Konzentration von Natriumchlorid im Schweiß höher ausfällt als bei Menschen ohne Mukoviszidose. Auf ebendieser Bestimmung der erhöhten Chloridionenkonzentration beruht der Schweißtest.

Dieses diagnostische Verfahren ist geeignet, da erstens das Phänomen dieser besonderen Zusammensetzung des Schweißes spezifisch bei Mukoviszidose auftritt, womit das Ergebnis zuverlässig ist. Zweitens ist die Probeentnahme nicht invasiv und damit schmerzfrei. Ein dritter Punkt betrifft die Frühdiagnostik, die möglich ist, da dieses Verfahren auch für Säuglinge ungefährlich ist.

Grundkurs Biologie (Berlin): Abituraufgaben 2021
Aufgabe A2: Grundlagen und Anwendungsfelder der Genetik

Thema: Familiäres Mittelmeerfieber

Das familiäre Mittelmeerfieber (FMF) ist eine seit mindestens 2 000 Jahren bekannte Erbkrankheit. Sie ist besonders in den östlichen und südlichen Mittelmeerländern verbreitet. In den letzten 20 Jahren sind die wissenschaftlichen Erkenntnisse über die Ursachen dieser Krankheit stetig angewachsen. Da die klinische Diagnose schwierig ist, war 1997 die Entdeckung des Gens, dessen Mutation für die Ausbildung des familiären Mittelmeerfiebers verantwortlich ist, von entscheidender Bedeutung.

Aufgaben	**BE**
1 Erklären Sie die Begriffe haploid und diploid sowie homozygot und heterozygot.	8
2 Analysieren Sie den vorliegenden Erbgang zum FMF.	8
3 Beschreiben Sie die Durchführung einer PCR unter Bezug auf die Abbildung 2.	10
4 Ermitteln Sie die Aminosäuren der drei in Abbildung 3 dargestellten Ergebnisse. Erklären Sie mögliche Folgen der Mutationen in Bezug auf die FMF-Symptomatik der betroffenen Personen.	18
5 Entwickeln Sie eine Hypothese zu den Basensequenzen von Person 6 aus dem Stammbaum in Bezug auf die Tripletts 680 und 726 im MEFV-Gen.	6

Material 1: Die Krankheit Familiäres Mittelmeerfieber (FMF)

Betroffene zeigen periodisch wiederkehrende Fieberschübe mit Bauchschmerzen, die typischerweise nach einigen Tagen wieder vergehen. Begleitend treten dabei Entzündungen des Bauchfells, der Gelenke oder anderer Körperteile auf. Als gravierendste Langzeitfolge kommt es zu Ablagerungen von Amyloid-Proteinen in der Niere (Amyloidose), was bis zur Einführung eines wirksamen Medikaments bei bis zu einem Drittel der Betroffenen zum Tod durch Nierenversagen führte. Das für die Erkrankung verantwortliche Gen ist das MEFV-Gen (**Me**diterranean **F**e**v**er). Es codiert ein aus 781 Aminosäuren bestehendes Protein, das Pyrin. Dieses wird fast ausschließlich in spezialisierten weißen Blutzellen, den Granulozyten, hergestellt. Die Granulozyten sind von Bedeutung bei Entzündungsreaktionen, die durch das Immunsystem hervorgerufen werden. Hier wirkt das normale Pyrin vermutlich als Transkriptionsfaktor, der regulatorisch den Entzündungsprozess beendet. Das durch die Mutation veränderte Pyrin erfüllt diese Funktion nicht mehr, die Hemmung der Entzündung entfällt.

nach: Kallinich, Tilmann: Neues zum Familiären Mittelmeerfieber. In: arthritis+rheuma 6/2013, S. 379–385

Material 2: Vererbung des MEFV-Gens

Die Mutation ist heute noch sehr häufig bei einigen Volksgruppen aus dem östlichen Mittelmeerraum: Bis zu 20 % sind Träger des mutierten Allels. Personen mit einem mutierten Allel erkranken nur sehr selten und zeigen dann einen milden Krankheitsverlauf. Träger mit zwei mutierten Allelen sind fast immer krank. Die FMF-Erkrankungsrate wird in Armenien, der Türkei und in Israel auf 0,1 bis 0,5 % geschätzt.

nach: Horstmann, Rolf/Sudeck, Hinrich: Gentest ermöglicht Diagnose des Familiären Mittelmeerfiebers. In: Dt. Ärzteblatt 1999; 96: A-1418-1421 (Heft 21)

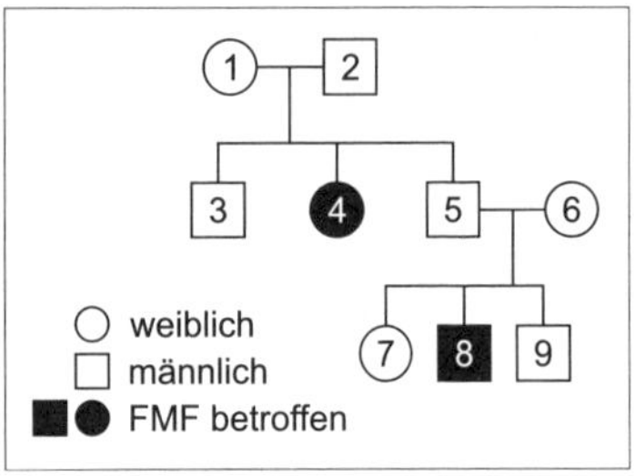

Abb. 1: Stammbaum einer Familie mit FMF

Material 3: Molekularbiologischer Nachweis von FMF

Für die Ausprägung von FMF werden verschiedene Mutationen im MEFV-Gen verantwortlich gemacht. Die häufigsten Mutationen wurden in den Basen gefunden, die für die 680. und die 726. Aminosäure des Pyrins codieren. Das MEFV-Gen kann also an zwei Stellen mutiert sein. Die Betroffenen können jeweils homozygote oder heterozygote Genotypen für die Allele mit diesen beiden Mutationen aufweisen. Zusätzlich können Patienten kombiniert heterozygote Genotypen in Bezug auf diese Mutationen haben, beide Allele weisen dann jeweils eine der beiden Mutationen auf. Der molekularbiologische Nachweis dieser Genmutation erfolgt heute meist durch eine Vervielfältigung genau dieser Gen-Abschnitte durch die Polymerase-Kettenreaktion (PCR) und eine anschließende Sequenzanalyse.

nach: Horstmann, Rolf/Sudeck, Hinrich: Gentest ermöglicht Diagnose des Familiären Mittelmeerfiebers. In: Dt. Ärzteblatt 1999; 96: A-1418-1421 (Heft 21)

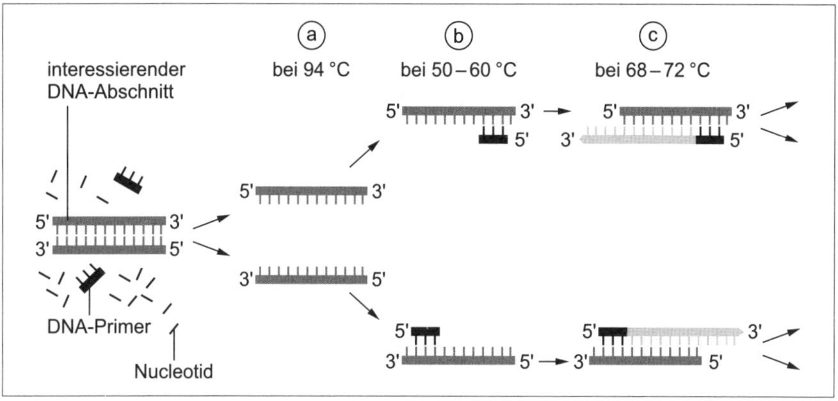

Abb. 2: Vereinfachtes Schema der PCR

Quelle: Markl, Jürgen (Hrsg.): Biologie Oberstufe. Klett Verlag, Stuttgart 2018, S. 176 und S. 234

Material 4: Gensequenzierung bei FMF-Betroffenen

In einer Familie (siehe Abbildung 1) hat man die MEFV-Genabschnitte auf dem codogenen Strang von zwei Personen analysiert. Bei dieser Sequenzanalyse des MEFV-Gens untersuchte man die Triplett-Positionen 680 und 726 auf jeweils beiden Allelen. Im letzten Arbeitsschritt wurde die Reihenfolge der Basen mithilfe von Lichtsignalen deutlich gemacht und mit der eines Gesunden mit homozygotem Genotyp verglichen.

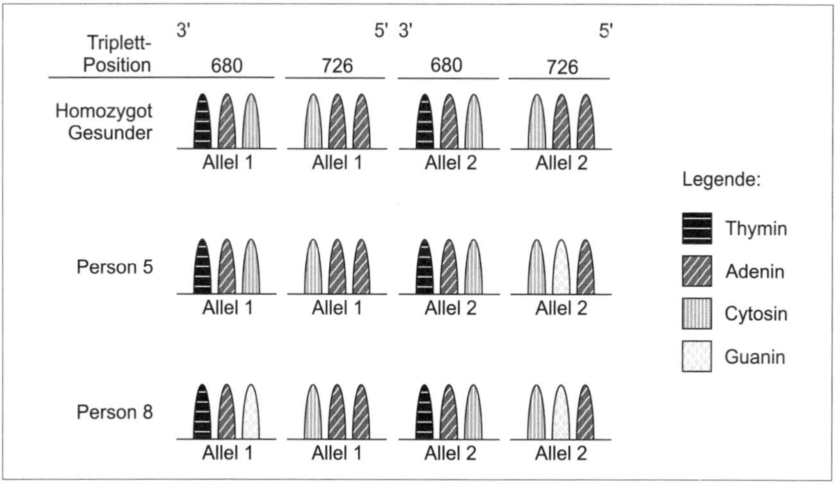

Abb. 3: Ergebnisse der Sequenzanalyse des MEFV-Gens

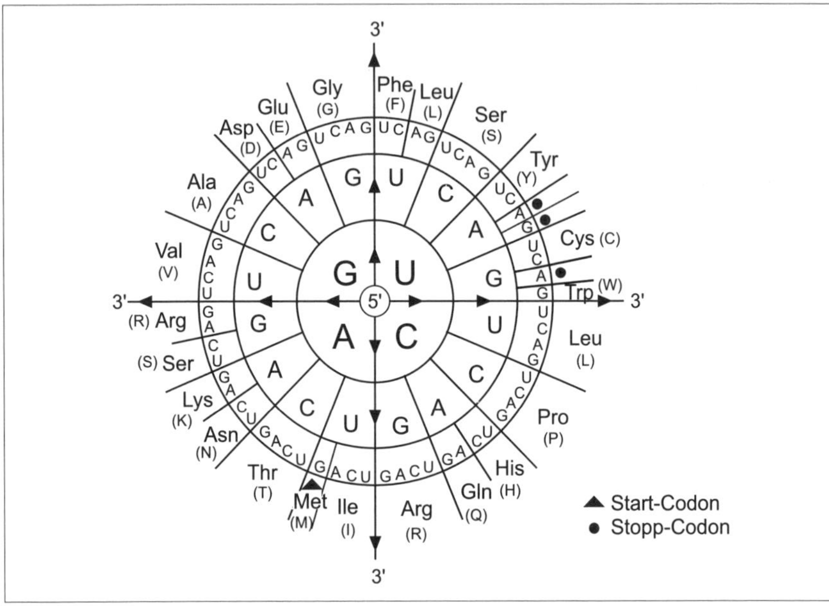

Abb. 4: Codesonne

Lösungsvorschläge

1 *Diese Aufgabe erfordert eine Erklärung der Fachbegriffe diploid, haploid, homozygot und heterozygot. Greifen Sie zur Lösung auf Ihr Wissen zurück, die Aufgabe ist ohne Verwendung der Materialien zu lösen.*

haploid: Eine haploide Zelle hat in ihrem Kern von jedem Chromosom nur ein Exemplar, es sind keine homologen Chromosomenpaare vorhanden. Es liegt also ein einfacher Chromosomensatz vor. Haploid sind beim Menschen die Keimzellen.

diploid: Bei diploiden Zellen ist jedes Chromosom doppelt vorhanden, es ist ein doppelter Chromosomensatz gegeben. Die Chromosomen liegen dabei als homologe Chromosomenpaare vor. Diploid sind beim Menschen die Körperzellen.

Hierzu noch eine knappe Erklärung des Begriffs „homologes Chromosomenpaar": Das Adjektiv homolog bedeutet „gleichartig" bzw. „entsprechend". In einem solchen Chromosomenpaar stammt ein Chromosom aus der Spermienzelle, das andere aus der Eizelle. Die homologen Chromosomenpaare entsprechen sich im Aufbau und in der Abfolge der Gene. Die Gene zweier Homologen kodieren zwar für dieselben Merkmale, können sich aber im konkreten Informationsgehalt unterscheiden: Ein Chromosom kann für ein bestimmtes Gen ein Allel tragen, während sein homologes Gegenstück für dieses Gen ein anderes Allel besitzt, homologe Chromosomen sind demnach nicht identisch.

homozygot: Ein Individuum ist homozygot bezüglich eines bestimmten Gens (und somit für das Merkmal, für das das Gen kodiert), wenn beide Allele dieses Gens identisch sind.

heterozygot: Ein Individuum ist heterozygot bezüglich eines Gens, wenn es zwei verschiedene Allele dieses Gens aufweist. Damit besitzen die homologen Chromosomen dasselbe Gen, aber jeweils in einer anderen Variante.

2 *Bei dieser Aufgabe müssen Sie die relevanten Informationen dem Stammbaum in Material 2 entnehmen. Bei der Begründung des Erbgangstyps empfiehlt es sich, den Beweis per Ausschluss alternativer Erbgangstypen zu erbringen. Dafür kann zunächst von einem bestimmten Erbgang ausgegangen werden und dann am Beispiel konkreter Individuen aus dem vorliegenden Stammbaum geprüft werden, ob sich der abgebildete Stammbaum mit dem angenommenen Erbgang vereinbaren lässt oder ob sich Fälle finden lassen, die den Erbgang ausschließen.*

Wäre der Erbgang gonosomal-rezessiv und insbesondere X-chromosomal-rezessiv, müsste der Vater von Person 4 homozygot in Bezug auf das Gen für FMF und damit Merkmalsträger sein, was jedoch nicht der Fall ist. Somit kann ein X-chromosomal-rezessiver Erbgang ausgeschlossen werden. Mit denselben Argumenten kann man gleichzeitig auch einen X-chromosomal-dominanten Erbgang ausschließen, da auch hier der Vater oder die Mutter von Person 4 Merkmalsträger bzw. Merkmalsträgerin sein müsste.

Bei einem Y-chromosomalen Erbgang dürften nur Männer Merkmalsträger sein, Person 4 ist aber weiblich. Damit kann auch dieser Erbgang ausgeschlossen werden.

Die Annahme eines autosomal-dominanten Erbgangs kann leicht damit widerlegt werden, dass immer mindestens ein Elternteil eines Merkmalsträgers bzw. einer Merkmalsträgerin auch an FMF erkrankt sein müsste. Person 4 und Person 8 haben jedoch Eltern, die frei von diesem Krankheitsbild und damit nicht Merkmalsträger sind. Die Eltern von Person 4 und Person 8 müssen demnach Konduktoren und heterozygot bezüglich des Gens für FMF sein.

Daraus lässt sich schlussfolgern, dass in dem hier vorliegenden Fall ein **autosomal-rezessiver Erbgang** vorliegt.

3 *Diese Aufgabe erfordert die strukturierte Wiedergabe von Informationen, wobei Sie ausgehend von Abbildung 2 Ihr Wissen einsetzen sollen. Es bietet sich daher an, nach den Vorgängen zu strukturieren, die jeweils bei bestimmten Temperaturen ablaufen.*

Ziel der **PCR** ist die Vervielfachung (Amplifikation) eines bestimmten DNA-Abschnittes.

Voraussetzung dafür ist eine vorausgegangene Sequenzierung, da man für die PCR spezifische Primer benötigt. Primer sind kurze Nucleotidensequenzen, die den DNA-Abschnitt einrahmen, der vervielfacht werden soll. Sie sind in ihrer Nucleotidensequenz komplementär zu den Nucleotidensequenzen, die der zu kopierenden (amplifizierenden) DNA-Sequenz unmittelbar vorausgehen bzw. folgen. Zu den für die PCR notwendigen Reagenzien gehören u. a. auch Pufferlösungen, die die chemische Umgebung innerhalb eines für die Funktion des Enzym DNA-Polymerase optimalen Intervalls stabilisieren. Die Reaktion wird in einem Thermocycler durchgeführt, in dem jede Phase bei der jeweils erforderlichen Temperatur abläuft.

Es können drei Phasen der PCR unterschieden werden:

a) **Denaturierung:** Das Gemisch aus DNA, Primern und Nucleotiden wird auf 94 °C erhitzt. Durch die zugefügte thermische Energie denaturiert die DNA-Doppelhelix: Die zwei Einzelstränge trennen sich voneinander, da die Wasserstoffbrückenbindungen durch die hohe Temperatur zerstört werden.

b) **Anlagerung:** Die Temperatur wird für den Vorgang der Primerhybridisierung auf 50–60 °C gesenkt. Der Begriff der Primerhybridisierung beschreibt die Anlagerung der Primer an die komplementären Sequenzen der Einzelstränge. Dabei lagern sich die Primer jeweils am 3'-Ende an und dienen als Startpunkt für die hitzebeständige DNA-Polymerase (z. B. *Taq*-Polymerase). Diese Phase nennt man auch Anlagerungsphase (oder englisch: *annealing*).

c) **Elongation:** Bei 68–72 °C ergänzt die DNA-Polymerase die komplementären Nucleotide, indem sie die Primer 5'→3' verlängert (synthetisiert). So wird aus einem DNA-Strang wieder eine DNA-Doppelhelix. Dieser Vorgang wird auch Elongation oder Verlängerung genannt.

Diese Vorgänge wiederholen sich zyklisch so oft, bis die erwünschte Menge an DNA produziert worden ist.

4 *Hierbei handelt es sich um eine typische Anwendungsaufgabe (AFB II). Wenden Sie Ihre Kenntnisse an, um Informationen aus grafischen Darstellungen zu entnehmen und auszuwerten. Bevor Sie die Aufgabe konkret lösen, ist es zur gedanklichen Orientierung hilfreich, sich die Untersuchung und die Datenlage genauer zu vergegenwärtigen. Ihnen liegen im Material 4 die Ergebnisse der Sequenzierung von Abschnitten des für das FMF verantwortlichen Gens vor. Insbesondere wurden von zwei Personen (Person 5 und 8 aus dem Stammbaum im Material 2) die Tripletts 680 und 726 beider Allele untersucht und mit der entsprechenden Reihenfolge der Basen einer nicht betroffenen Person mit homozygotem Genotyp verglichen.*

Die nicht von FMF betroffene Person weist bei der Triplettposition 680 die Basenfolge TAC und bei der Triplettposition 726 CAA auf, und zwar auf beiden homologen Chromosomen, da diese Person einen homozygoten Genotyp bezüglich des MEFV-Gens aufweist. Aus dem Basentriplett lässt sich die entsprechende mRNA-Sequenz und somit unter Zuhilfenahme der Codesonne auch die Aminosäure, die durch diese mRNA kodiert wird, ableiten.

Triplettposition 680: TAC → mRNA: AUG → Met (Methionin)

Triplettposition 726: CAA → mRNA: GUU → Val (Valin)

Person 5 ist bezüglich des MEFV-Gens heterozygot und unterscheidet sich von der Referenzperson durch eine Mutation (Guanin statt Adenin) an der Triplettposition 726 bei Allel 2. Das Allel 1 ist jedoch nicht von der Mutation betroffen.

Allel 1, Pos. 726: CAA → mRNA: GUU → Val (Valin)

Allel 2, Pos. 726: C**G**A → mRNA: G**C**U → **Ala (Alanin)**

Da das nicht mutierte Allel 1 nach wie vor Pyrin exprimiert, ist bei Person 5 eine milde oder sogar keine Symptomatik zu erwarten. Pyrin wird nach wie vor (wenn auch etwas weniger) gebildet, womit die Entzündung teilweise gehemmt werden kann. Im Stammbaum sieht man, dass die Person nicht erkrankt ist. Person 5 ist also Merkmalsträger, entwickelt aber nicht das volle Krankheitsbild.

Person 8 weist eine Mutation der dritten Base im Allel 1 an Triplettposition 680 auf (Guanin statt Cytosin). Bei Allel 2 lässt sich eine weitere Mutation bei Triplettposition 726 erkennen (Guanin statt Adenin). Person 8 ist damit für beide Allele und beide Triplettpositionen heterozygoter Träger der Mutation.

Allel 1, Pos. 680:	TA**G**	→ mRNA: AUC	→ **Ile (Isoleucin)**
Allel 1, Pos. 726:	CAA	→ mRNA: GUU	→ Val (Valin)
Allel 2, Pos. 680:	TAC	→ mRNA: AUG	→ Met (Methionin)
Allel 2, Pos. 726:	C**G**A	→ mRNA: G**C**U	→ **Ala (Alanin)**

Durch die zwei Mutationen kann kein funktionsfähiges Pyrin gebildet werden, wodurch Person 8 die typische Symptomatik des Familiären Mittelmeerfiebers entwickelt. Die Entzündung kann nicht gehemmt werden.

5 *Aufbauend auf der vorausgegangenen Aufgabe sollen Sie bei dieser Aufgabe eine Hypothese bezüglich der Tripletts 680 und 726 im MEFV-Gen von einer weiteren Person (Person 6) aus dem Stammbaum im Material 2 entwickeln. Die entscheidenden Anhaltspunkte für die Entwicklung der Hypothese liefern die bereits ermittelten Genotypen von Person 5 und 8 sowie die Auseinandersetzung mit den Verwandtschaftsbeziehungen. Hypothesen müssen gut strukturiert dargestellt und stichhaltig begründet werden und stellen somit eine Leistung im AFB III dar.*

Bei Person 6 aus dem Stammbaum handelt es sich um eine Frau, die mit Person 5 drei Kinder hat. Eines dieser Kinder ist Person 8, dessen MEFV-Genabschnitte auf dem codogenen Strang bekannt sind (vgl. Material 4):

Allel 1, Pos. 680:	TA**G**	→ mRNA: AUC	→ **Ile (Isoleucin)**
Allel 1, Pos. 726:	CAA	→ mRNA: GUU	→ Val (Valin)
Allel 2, Pos. 680:	TAC	→ mRNA: AUG	→ Met (Methionin)
Allel 2, Pos. 726:	C**G**A	→ mRNA: G**C**U	→ **Ala (Alanin)**

Als Kind von Person 5 und Person 6 muss Person 8 ein Allel von der Mutter und ein Allel vom Vater haben. Da nur Allel 2 von Person 5 und Person 8 übereinstimmt, stammt dieses bei Person 8 vom Vater und es kann angenommen werden, dass Allel 1 mit einem Allel der Mutter (Person 6) identisch ist. Bei einem Allel muss bei Person 6 also an Triplettposition 680 die Mutation TAG (anstelle von TAC) vorliegen, denn ihr Sohn kann sie nur von ihr geerbt haben. Bei diesem Allel liegt an Triplettposition 726 keine Mutation (CAA) vor.
Bei Person 6 muss die Mutation heterozygot vorliegen. Würde Person 6 auf beiden Allelen eine Mutation aufweisen, würde sich das Krankheitsbild entwickeln, was nicht der Fall ist. Daher kann geschlussfolgert werden, dass das zweite Allel bezüglich der MEFV-Genabschnitte keine Mutationen zeigt.

Grundkurs Biologie (Berlin): Abituraufgaben 2021
Aufgabe B: Ökologie und Nachhaltigkeit

Thema: Die Rotbuche

Die Rotbuche ist eine in Mitteleuropa weit verbreitete Art. Unter den Laubbäumen gehört sie zu den wichtigsten Forstbäumen. Einige beeindruckende Exemplare kann man in verschiedenen Baumwipfelpfaden Europas bewundern. So hat man im Naturerbe-Zentrum auf Rügen einen Aussichtsturm um eine ca. 85-jährige Rotbuche gebaut. Der Turm umfasst elf Etagen und hat einen Durchmesser von 24 m.

nach: Bucher, K., Thielert, A., Thaßler, O. (2018): „Auf in die Wipfel". Do Nature GmbH & Erlebnis Akademie AG, Bad Kötzting

Abb. 1: Aussichtsturm des Baumwipfelpfades auf Rügen

Quelle: Myrto Ischyropoulou/ Wikipedia, CC BY-SA 4.0

Aufgaben		**BE**
1	Skizzieren Sie ein Beispiel für eine viergliedrige Nahrungskette in einem Buchenwald mit Nennung der entsprechenden Trophiestufen.	9
2	Beschreiben Sie den Querschnitt eines Buchenblattes bei mittlerem Lichteinfall. Begründen Sie die Besonderheiten eines Lichtblattes.	12
3	Stellen Sie das Wachstum einer Rotbuche über einen Zeitraum von 300 Jahren grafisch dar.	8
4	Ermitteln Sie die Veränderungen wesentlicher Baumerkmale einer Rotbuche während ihrer Individualentwicklung und begründen Sie die hohe Konkurrenzfähigkeit der Rotbuche gegenüber anderen Pflanzenarten im Wald.	13
5	Erläutern Sie die prognostizierten Klimaveränderungen in Deutschland und deren Auswirkungen auf den Bestand von Fichte und Rotbuche.	8

Material 1: Die Rotbuche

Eine alte Rotbuche kann bis zu 50 m hoch werden und in Brusthöhe einen Stammdurchmesser von 2 m erreichen. Der Name geht auf die leicht rötliche Färbung des Holzes zurück. Diese Baumart wird oft auch nur Buche genannt. Die älteste Rotbuche Zentraleuropas ist 546 Jahre alt. Während ihrer Individualentwicklung können Rotbuchen ab dem 20. Lebensjahr bis zu einem Alter von ca. 50 Jahren bei idealen Bedingungen durchschnittlich 55 cm pro Jahr wachsen, mit ungefähr 100 Jahren haben diese tiefwurzelnden Pflanzen meist ihre maximale Wuchshöhe erreicht. Rotbuchen sind im Alter zwischen 30 bis 200 Jahren fortpflanzungsfähig und bilden Blüten und Früchte, sogenannte Bucheckern, aus. Wurzeln dringen in größere Tiefen vor.

Alter in Jahren	Höhe in cm
4	20
7	60
12	120
16	160
21	220

Tab. 1: Höhe einer durchschnittlichen Rotbuche

Daten nach: http://www.weltnaturerbe-buchenwaelder.de/

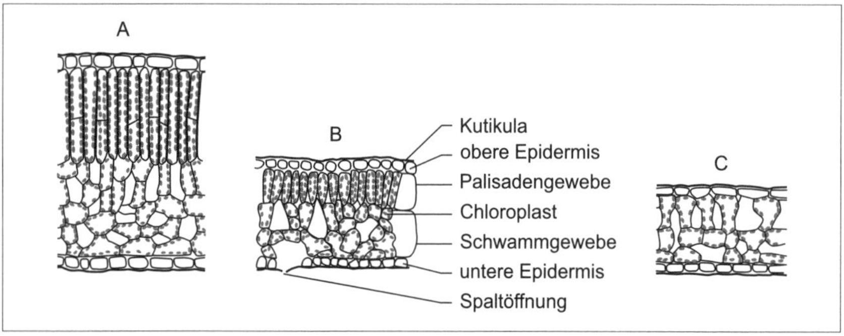

Abb. 2: Querschnitt durch Laubblätter der Rotbuche bei ca. 340-facher Vergrößerung, A: Lichtblatt, B: Blatt bei mittlerem Lichteinfall, C: Schattenblatt

Quelle: von Denffner, D.; Ehrendorfer, F.; u. a. (1978): Lehrbuch der Botanik für Hochschulen. Gustav Fischer Verlag, Stuttgart, New York, S. 400, Abb. 384 (nach Kienitz-Gerloff)

Abb. 3: Junge vierjährige Rotbuche

Quelle: Redaktion

Material 2: Der Buchenwald

In einem Buchenwald ist die Rotbuche die dominierende Baumart. Die durchschnittliche Lebensdauer der Rotbuche beträgt 250 bis 300 Jahre. Daraus ergibt sich auch der lange natürliche Regenerationszyklus von Buchenwäldern. Alte Einzelbuchen oder naturbelassene Buchenbestände auf größeren zusammenhängenden Flächen gibt es heute nur noch sehr selten. Fast alle Buchenwälder werden kulturell verändert oder forstwirtschaftlich genutzt. Aber gerade Bestände mit einem hohen Anteil an alten Bäumen sind wichtige Lebensräume für viele, auch seltene Arten, wie bespielweise seltene Orchideen oder auch gefährdete Totholzkäferarten. Die Baumkronen der großen Buchen werfen viel Schatten, sodass nur wenige angepasste Pflanzenarten in ihrer Umgebung heranwachsen können.
In Buchenwäldern können bis zu Zehntausend unterschiedliche Tierarten leben. Dazu gehören zahlreiche seltene Raubvogelarten, wie Uhu, Rotmilan und Wespenbussard, sowie viele verschiedene insektenfressende Specht- und Fledermausarten.

Abb. 4: Buchenwald
Quelle: Redaktion

Ebenso charakteristisch sind zahllose Insektenarten wie zum Beispiel der Buchenrotschwanz, ein Nachtfalter, dessen Larven sich von verschiedenen Laubbäumen ernähren, oder der Buchenspringrüssler, der die jungen Buchenblätter frisst und deshalb bei starkem Vorkommen als Forstschädling gilt.

Quelle: http://www.weltnaturerbe-buchenwaelder.de/ (01. 01. 2020)

Abb. 5: Raupe des Buchenrotschwanzes
Quelle: P ev/Wikipedia, CC BY 3.0

Material 3: Rotbuchen im Klimawandel

Rotbuchen gelten als konkurrenzstarke Pflanzen und können sich recht gut von Schäden erholen. Trotzdem haben sie vor allem mit der anhaltenden Trockenheit in den letzten Jahren Probleme. Sie konnten nicht mehr genügend Feinwurzeln bilden, bekamen Risse in der Rinde und der Befall durch Pilze und schädigende Insekten wie den Kleinen Buchenborkenkäfer stieg. Außerdem wurden die Bäume durch Witterungsextreme wie Hitze und Stürme geschwächt. Ganze Waldökosysteme sind gefährdet.

nach: Forstwirtschaft im Klimawandel, https://www.forstwirtschaft-in-deutschland.de/wald-im-klimastress/klimawandel/

Eine Möglichkeit, das Klima des gegenwärtigen natürlichen Verbreitungsgebietes einer Baumart mit einem, auf wissenschaftlicher Basis prognostizierten, zukünftigen zu vergleichen, bieten sogenannte Klimahüllen. Diese Darstellungen zeigen die Verbreitung von Pflanzenarten in Abhängigkeit von Umweltfaktoren wie beispielsweise Temperatur und Niederschlagsmenge.

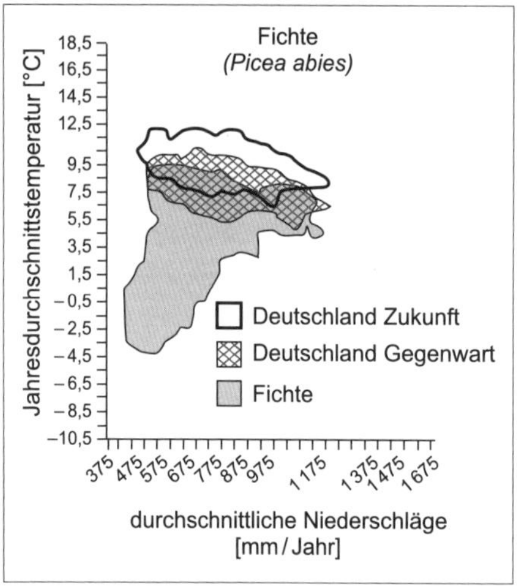

Abb. 6: Klimahülle der Fichte

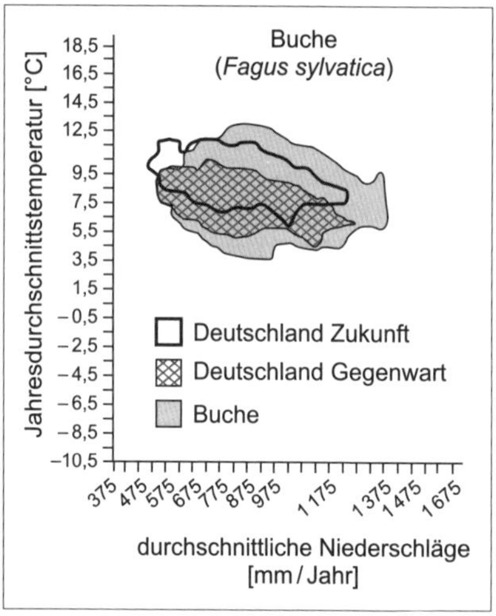

Abb. 7: Klimahülle der Rotbuche

Quelle (Abb. 6 und 7): Kölling, Christian (2007): Klimahüllen für 27 Waldbaumarten. AFZ-Der Wald 23/2007 ff. www.afz-derwald.de (02. 01. 2020)

Lösungsvorschläge

1 *Diese Aufgabenstellung aus dem AFB I verlangt nicht zwingend einen Bezug zu den Materialien. Je nach persönlichem Kenntnisstand ist es möglich, auch unabhängig vom Material eine einfache Nahrungskette für den Buchenwald zu erstellen. Der Infotext in Material 2 enthält jedoch zahlreiche Informationen, die bei der Bearbeitung der Aufgabe genutzt werden können. Wichtig: Der Operator „skizzieren" verlangt nicht unbedingt eine Skizze im Sinne einer kleinen Zeichnung. Es reicht auch ein einfaches Pfeilschema. Unbedingt sollte bei dem Einsatz von Symbolen eine Erklärung zu diesen beigegeben werden.*

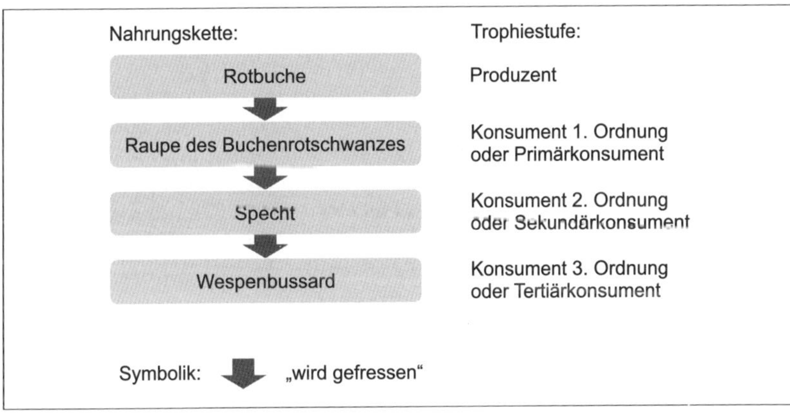

2 *Diese Aufgabe ist zweigeteilt. Zunächst wird verlangt, die Abbildung 2 korrekt zu erschließen und die darin enthaltenen Informationen zum Aufbau des Blattes bei mittlerer Lichtintensität (Teilabbildung B) präzise zu beschreiben. Sie müssen bei der Beschreibung nicht die einzelnen Funktionen der Gewebeschichten oder der Strukturen angeben. Im zweiten Teil müssen Sie eine fachlich angemessene Erklärung des Aufbaus eines Lichtblattes liefern. Hierzu müssen Sie vergleichend Teilabbildung A einbeziehen und Ihre Beobachtungen zum Aufbau mit grundlegenden Prozessen im Blatt verknüpfen.*

Beschreibung:
Umgeben ist das Blatt an beiden Seiten von einer dünnen Schicht aus Epidermiszellen. Jedoch finden sich nur in der unteren Epidermis die Spaltöffnungen (Stomata). Die Epidermis weist an beiden Seiten eine Kutikula (Wachsschicht) auf. Unter den oberen epidermalen Zellen befindet sich das Palisadengewebe, das aus lang gestreckten Zellen besteht, die Chloroplasten enthalten. Auch das darunterliegende Schwammgewebe (oder auch Schwammparenchym genannt) enthält Chloroplasten und weist im Gegensatz zu dem Palisadengewebe größere Hohlräume auf.

Begründung der Besonderheiten:
Bei dem Lichtblatt fällt auf, dass sowohl das Palisaden- als auch das Schwammgewebe mehr Zellen aufweisen: Es finden sich zwei Reihen von Palisadenzellen und ein dickeres Schwammgewebe. Somit sind in beiden Geweben auch mehr Chloroplasten vorhanden. Dieser Sachverhalt ist damit zu begründen, dass bei höherer Lichtintensität die für die Fotosynthese wichtigen Lichtstrahlen tiefer in das Blatt gelangen können. Durch zusätzliche Gewebsschichten wird damit die Fotosyntheseleistung des Blattes erhöht, da mehr Chloroplasten und mehr Hohlräume in dem Schwammgewebe (dort wird Sauerstoff zugänglich gemacht) eine höhere Fotosyntheserate ermöglichen.

3 *Da Sie bei dieser Aufgabe Daten neu organisieren und darstellen müssen, ist diese Aufgabe dem AFB II zuzuordnen. Die notwendigen Daten für die Erstellung Ihrer Darstellung finden Sie in Tabelle 1 (Wachstum in der Jugendphase bis zum 21. Jahr) und in dem Infotext in Material 1: Dort wird angegeben, dass Rotbuchen ab dem 20. Lebensjahr bis zum 50. Lebensjahr durchschnittlich um 55 cm pro Jahr wachsen. Damit müssten Sie in dem Diagramm mit jedem Jahr die Wuchshöhe um 55 cm erhöhen. Da es nicht nötig und nicht gut möglich ist, diesen jährlichen Zuwachs von 55 cm von 20 bis 50 Jahren für jedes Jahr darzustellen, reicht es, nach 10 Jahren 550 cm zu addieren usw. Beachten Sie, dass ab dem 100. Lebensjahr die maximale Wuchshöhe der Rotbuche erreicht ist.*
Für die Darstellung eignet sich aufgrund der Abhängigkeit zu der Zeit prinzipiell ein Liniendiagramm. Achten Sie auf sauberes Arbeiten (Lineal benutzen) und auf eine sinnvolle und gut lesbare Achseneinteilung. Ein mögliches Ergebnis ist unten dargestellt.

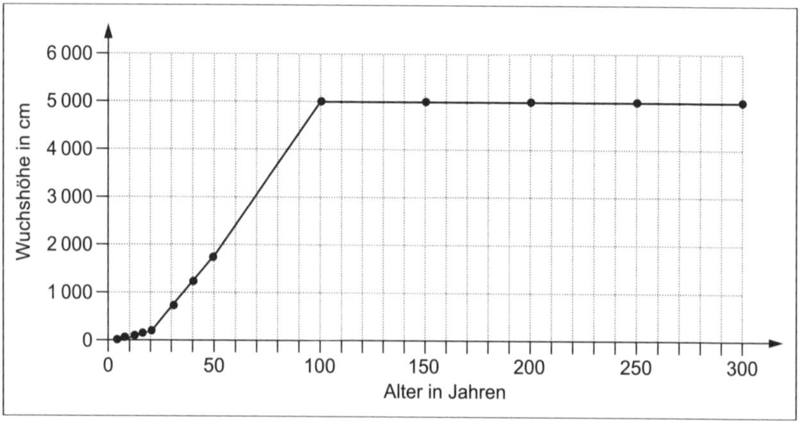

4 *Der Operator „ermitteln“ weist darauf hin, dass aus dem Material Informationen gewonnen werden sollen. Hierfür müssen Sie die Texte in den Materialien 1, 2 und 3 korrekt auswerten. Bei der Beschreibung des Wachstums sollten Sie auch die Ergebnisse aus Aufgabe 3 einbeziehen. Anschließend können diese Erkenntnisse für die Auswertung der Konkurrenzfähigkeit der Buchen aufgegriffen werden.*

Veränderung während der Individualentwicklung:
In den ersten Jahren wachsen Rotbuchen vergleichsweise langsam, mit sieben Jahren sind sie erst 60 cm hoch. Ab dem 20. Lebensjahr steigert sich ihr Wachstum auf jährlich 55 cm. Dabei wird der Stamm während der Individualentwicklung länger und breiter. Da Rotbuchen einen großen Schatten werfen, ist davon auszugehen, dass ihre Baumkronen sehr groß werden. Mit zunehmendem Alter werden mehr Wurzeln gebildet und diese erreichen eine größere Tiefe. Ab einem Alter von 30 Jahren bilden die Rotbuchen Blüten und Früchte (Bucheckern) aus. Dies deutet dann auf ein fortpflanzungsfähiges Stadium hin, das bis zu einem Alter von 200 Jahren andauert. Eine alte Buche kann eine Höhe von 50 m und einen Stammdurchmesser von 2 m (gemessen auf Brusthöhe) erreichen.

Konkurrenzfähigkeit:
Die tiefen Wurzeln sind sicherlich ein Faktor, der zur hohen Konkurrenzfähigkeit der Rotbuche beiträgt. Durch diese können sie effizient Wasser aufnehmen und sind somit im Vergleich zu beispielsweise Flachwurzlern konkurrenzstärker. Bei der Lichtkonkurrenz mit anderen Pflanzen bietet die große Baumkrone einen Vorteil: Sie schirmt viel Licht von anderen Pflanzen ab, sodass deren Wachstum verlangsamt ist (niedrigere Fotosyntheseaktivität aufgrund von weniger Licht). Somit können die Rotbuchen weniger gut angepasste Pflanzen verdrängen. Außerdem ermöglicht die große Baumkrone der Buche, das einfallende Licht gut zu nutzen und eine hohe Fotosyntheserate zu erreichen. Ein weiterer Konkurrenzvorteil ist, dass die Buche nach den ersten Lebensjahren relativ schnell wächst und so schnell eine gewisse Höhe und tiefe Wurzeln aufweist. Ein weiterer Punkt ist das hohe Alter der Rotbuchen. Damit ist es ihnen möglich, sich dauerhaft an einem Standort zu etablieren. Da sich Rotbuchen, wie dem Text in Material 3 zu entnehmen ist, gut von Schäden erholen können, kann dies als weiterer Konkurrenzvorteil gewertet werden.

5 *Bei dieser Aufgabe aus dem AFB II müssen Sie Daten aus den Diagrammen erschließen und die Ergebnisse in einen neuen Zusammenhang stellen. Die Diagramme (Klimahülle) sind vielleicht nicht ganz leicht zu lesen und hinsichtlich der Datenlage auszuwerten. Betrachten Sie daher zuerst die Achsenbeschriftungen und verschaffen Sie sich einen Überblick. Vergleichen Sie dann für die erste Teilaufgabe die Flächen „Deutschland Gegenwart" und „Deutschland Zukunft". Zur Lösung der zweiten Teilaufgabe betrachten Sie nun die Klimahüllen von Fichte und Buche im Diagramm. Diese Darstellung entspricht dem Prinzip einer Toleranzkurve, da Sie dem Diagramm spezifische Toleranzbereiche entnehmen können; sie verweist somit auf die physiologische Potenz der Bäume hinsichtlich der beiden abiotischen Faktoren Temperatur und Niederschlagsmenge (Wasserverfügbarkeit). Konzentrieren Sie sich zunächst darauf, dass sich die Darstellungen hinsichtlich der Umweltansprüche von Buche und Fichte stark unterscheiden (ersichtlich aus den Flächen).*

Prognostizierte Klimaveränderungen:
Zunächst lässt sich festhalten, dass sich die Jahresdurchschnittstemperatur in Deutschland voraussichtlich in der Zukunft um ca. 2 °C erhöhen wird. Die durchschnittlichen Niederschläge werden zudem in Zukunft leicht abnehmen.

Betrachten Sie hier die Verschiebungen der Flächen. Die Jahresdurchschnittstemperatur ist auf der y-Achse aufgetragen. Wählen Sie beispielsweise den maximalen Wert für die Gegenwart (ca. 10,5 °C) und vergleichen Sie ihn mit dem maximalen Wert für die Zukunft (ca. 12,5 °C).

Auswirkung auf Bestand von Fichte und Rotbuche:
Da die **Fichte** niedrigere Jahresdurchschnittstemperaturen bevorzugt (etwa im Bereich –4 bis 9 °C), ist sie anfälliger gegenüber den prognostizierten steigenden Temperaturen. Die Schnittmenge der Fichte mit der Klimahülle „Deutschland Zukunft" ist nur noch gering. Aus diesem Grund könnte es gut sein, dass der Fichtenbestand in Zukunft abnimmt.
Da die **Buche** im Gegensatz zur Fichte höhere Temperaturen bis etwa 13,5 °C tolerieren kann, ließe sich vermuten, dass die Fichte bei einer Erwärmung des Gebietes eventuell von der Buche verdrängt werden könnte. Des Weiteren lässt sich durch die annähernde Deckungsgleichheit der Hülle der Buche mit der prognostizierten Klimahülle (Deutschland Zukunft) festhalten, dass diese an die zu erwartende Veränderung der Klimabedingungen (Niederschlag, Temperatur) besser angepasst sein wird als die Fichte. Eine Gefahr für den Buchenbestand stellt jedoch die potenzielle Trockenheit dar. Wie der Hülle zu entnehmen ist, könnte eine höhere Temperatur in Verbindung mit wenig Niederschlag ein Problem darstellen. Sollte daher das Klima in Deutschland in Zukunft wie prognostiziert trockener ausfallen (weniger Niederschlag), könnte in diesen Gebieten auch der Buchenbestand gefährdet sein.

Grundkurs Biologie (Berlin): Abituraufgaben 2021
Aufgabe C: Evolution und Zukunftsfragen

Thema: Raubbeutler

Vor 15 Millionen Jahren existierten in Australien noch über 30 Arten von räuberisch lebenden Beuteltieren. Im 20. Jahrhundert gab es in Australien nur noch wenige Arten von großen Raubbeutlern: den Tasmanischen Teufel, die Beutelmarder und den Beutelwolf. Nachdem 1936 der letzte Beutelwolf in einem australischen Zoo gestorben ist, gilt diese Art ebenfalls als ausgestorben.

Abb. 1: Beutelwolf in australischem Zoo

Aufgaben **BE**

1 Nennen Sie drei Fossilien-Typen und geben Sie jeweils ein Beispiel an. Beschreiben Sie die Entstehung dieser Fossilien-Typen. 12

2 Erläutern Sie die Entstehung der Vielfalt an australischen Beuteltieren durch adaptive Radiation. 13

3 Erklären Sie die Unterschiede von homologen und analogen Organen. Stellen Sie die Entstehung der scharfkantigen Backenzähne bei Raubbeutlern und Raubtieren in einem Fließschema dar. 10

4 Analysieren Sie den Beitrag des Menschen am Rückgang der Raubbeutler-Arten. 8

5 Erörtern Sie die These des Biologen TIM FLANNERY, dass sich in Australien nur eine geringe Zahl von Raubbeutlerarten entwickeln konnte. 7

Material 1: Fossilien-Arten

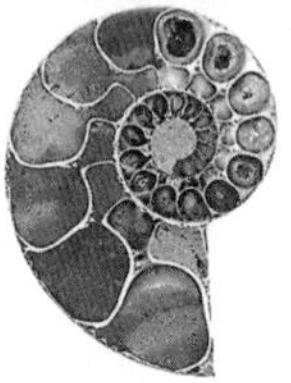

Abb. 2: Ammonit

Quelle: Dr. René Hoffmann/ Wikipedia, CC BY-SA 3.0

Abb. 3: Trauermücke in Bernstein

Quelle: Astrum (Mirella Liszka)/Wikipedia, CC BY-SA 2.5

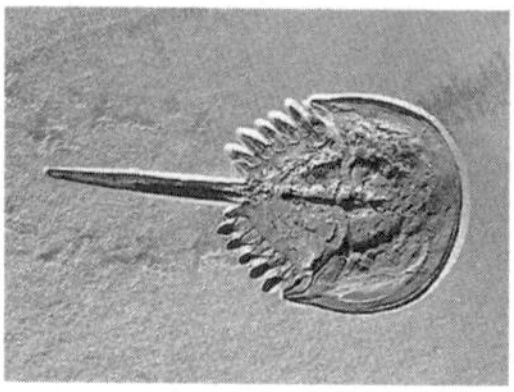

Abb. 4: Pfeilschwanzkrebs

Quelle: Ghedoghedo/Wikipedia, CC BY-SA 3.0

Material 2: Beuteltiere

Vor etwa 100 Millionen Jahren spaltete sich eine Gruppe der Säugetiere, die sogenannten *Theria*, in zwei Unterklassen auf: die Beuteltiere und die sogenannten Höheren Säugetiere. Letztere bezeichnet man auch als *Placentalia*. Die Placenta dient dem Stoff- und Gasaustausch zwischen mütterlichem und embryonalem Blut. Die Ernährung über die Placenta erlaubt eine wesentlich längere Entwicklung des Embryos in der Gebärmutter als bei den Beuteltieren, deren Jungen in einem sehr frühen Entwicklungszustand geboren werden und in einem am Bauch befindlichen Brutbeutel heranreifen. Die Mehrzahl der Beuteltiere lebt heute in der australischen Region, dazu gehören Australien, Tasmanien und Neuguinea.

Die ersten Beuteltiere entwickelten sich wahrscheinlich in Südamerika. Damals war Südamerika noch mit der Antarktis, welche mit Australien einen Doppelkontinent bildete, verbunden. Auf diese Weise konnten die ersten Beuteltiere vor etwa sechzig Millionen Jahren nach Australien gelangen, das damals noch nicht von Höheren Säugetieren besiedelt war. Dort spalteten sie sich in eine Vielzahl von Arten auf. Vor zehn Millionen Jahren begann die Zahl der Beuteltier-Arten, besonders der Raubbeutler, zu sinken, sodass es vor etwa 100 000 Jahren nur noch wenige große Raubbeutler-Arten gab.

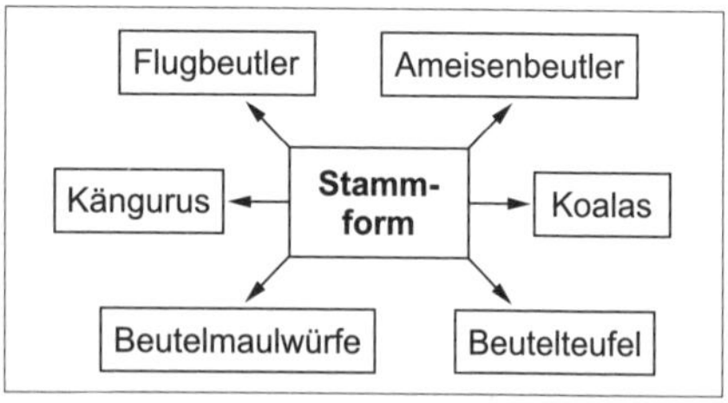

Abb. 5: Aufspaltung der Beuteltiere

Quelle: Wroe, Steven: Australiens alte Raubbeutler. In: Spektrum der Wissenschaft, August 1999, S. 70–77

Material 3: Raubbeutler

Die Raubbeutler sind eine Familie der Beuteltiere, die ausschließlich in der australischen Region vorkommen. Sie sind vorwiegend nachtaktiv und ernähren sich hauptsächlich von pflanzenfressenden Beuteltieren. Das Gebiss der Raubbeutler zeichnet sich durch Backenzähne mit scharfen Schneidekanten aus, sie dienen zum Zerteilen von Muskeln, Haut und Sehnen. Heute gibt es in der australischen Region nur noch zwei große Raubbeutler-Arten: den Riesenbeutelmarder und den Tasmanischen Teufel. Fossilien ausgestorbener Beuteltiere, die in den 80er-Jahren des 20. Jahrhunderts im Bundesstaat Queensland gefunden wurden, zeigen, dass vor zehn bis zwanzig Millionen Jahren über 30 große Raubbeutler-Arten den australischen Kontinent bevölkerten.

Dazu zählten unter anderem neun Beutelwolfarten, fünf Beutellöwenarten und zwei Arten des starkzähnigen Riesen-Rattenkängeruhs.
Bei Letzteren besaßen die vorderen Backenzähne scharfe Kanten, die hinteren jedoch breite Kronen zum Zermahlen pflanzlicher Nahrung. Außerdem fand man fossile Pflanzenreste, die den Schluss zulassen, dass die Region in dieser Zeit von dichten Regenwäldern bedeckt war. Danach wurde das Klima zunehmend trockener.

Quelle: Wroe, Steven: Australiens alte Raubbeutler. In: Spektrum der Wissenschaft, August 1999, S. 70–77

Abb. 6: Tasmanischer Teufel

Quelle: Wayne McLean/ Wikipedia, CC BY-SA 2.5

Material 4: Raubtiere

Raubtiere sind eine Ordnung der Höheren Säugetiere. Sie besitzen scharfkantige Backenzähne, mit denen sie das Fleisch ihrer Beutetiere zerteilen. Heute sind Raubtiere nahezu weltweit verbreitet. Bis zum Jahr 1788 gab es in der australischen Region nur eine Raubtier-Art: den Dingo. Bei ihm handelt es sich um einen verwilderten Haushund, der schon seit etwa 5 000 Jahren in der australischen Region heimisch ist.

Quelle: Wroe, Steven: Australiens alte Raubbeutler. In: Spektrum der Wissenschaft, August 1999, S. 70–77

Abb. 7: Dingo

Quelle: Kim Navarre/ Wikipedia, CC BY-SA 2.0

Material 5: Klimatische Bedingungen im heutigen Australien

Australien hat heute im Vergleich zu anderen Kontinenten den höchsten Anteil an unfruchtbaren Böden. Etwa 80 % der Fläche Australiens haben arides bzw. semarides Klima. Das bedeutet, dass in durchschnittlich 10,5 bzw. 7,5 Monaten im Jahr der Wasserverlust durch Verdunstung größer ist als die Niederschlagsmenge. Der australische Biologe TIM FLANNERY stellte die These auf, dass sich unter diesen Bedingungen in Australien nur eine geringe Zahl von Raubbeutler-Arten entwickeln konnte. Die ökologische Nische der Raubbeutler hätten stattdessen Reptilien eingenommen.

Quelle: Wroe, Steven: Australiens alte Raubbeutler. In: Spektrum der Wissenschaft, August 1999, S. 70–77

Material 6: Besiedlung durch Menschen

Vor etwa 50 000 Jahren kamen die Vorfahren der heutigen Aborigines nach Australien. Die Ureinwohner Australiens waren geschickte Jäger. Im Jahre 1788 begann die Besiedlung durch Europäer, sie führten unter anderem Füchse, Wildkaninchen und Hirsche ein. Für Ackerbau und Schafzucht wurden Wälder gerodet. Tasmanische Teufel und Beutelwölfe wurden intensiv gejagt. Nach dem Aussterben des Beutelwolfes wurde der kurz vor der Ausrottung stehende Tasmanische Teufel 1941 unter Schutz gestellt.

Quelle: Wroe, Steven: Australiens alte Raubbeutler. In: Spektrum der Wissenschaft, August 1999, S. 70–77

Lösungsvorschläge

1 *Die Operatoren „nennen“, „angeben“ und „beschreiben“ erfordern keine tiefer gehende Erklärung der Fossilien-Typen. Es reicht, wenn Sie bei dieser Aufgabe drei ausgewählte Typen nennen und kurz in eigenen Worten beschreiben, wie diese entstehen und was deren Merkmale sind. Hierbei helfen Ihnen die Abbildungen in Material 1, aus denen Sie die Typen ableiten können und die Sie auch gut als Beispiele verwenden können. Alternativen und weitere Beispiele sind hier denkbar. Da es hier um die Wiedergabe von Wissen geht, ist dieser Aufgabentyp dem AFB I zuzuordnen.*

Versteinerung: Ein Ammonit (s. Material 1, Abb. 2) ist ein Beispiel für eine Versteinerung. Bei diesem Fossilien-Typ handelt sich um versteinerte Überreste von Lebewesen. Dabei wird das organische Material durch Einlagerung von Mineralien (Mineralisierung) ersetzt.

Einschluss: Die Trauermücke in Bernstein (s. Material 1, Abb. 3) ist ein Beispiel für einen Einschluss. Ein Organismus (hier: Trauermücke) gelangt zufällig in eine Flüssigkeit (hier: Baumharz) und wird von dieser umschlossen. Durch das Aushärten der Flüssigkeit wird der Organismus dann konserviert. Dadurch bleibt die

Struktur von Tieren und Pflanzen bis in Einzelheiten erhalten. Meistens ist dies bei Baumharz der Fall. Fossiles Harz wird als Bernstein bezeichnet.

Abdruck: Auf weichem Sediment können Organismen Abdrücke hinterlassen, die später aushärten, sodass der Abdruck bewahrt wird. Ein Beispiel dafür sind Fußspuren von Dinosauriern.

Alternativ wäre das Beispiel Pfeilschwanzkrebs (s. Material 1, Abb. 4) für den Fossilien-Typ Abdruck geeignet.

2 *Bei dieser Aufgabe sollen Sie das Prinzip der adaptiven Radiation auf einen konkreten Fall anwenden. Diese für den AFB II typische Aufgabe erfordert also Fachkenntnisse aus dem Unterricht und eine Verknüpfung dieses Wissens mit konkreten Sachverhalten aus den angebotenen Materialien. Es ist bei solchen Aufgabentypen immer ratsam, zunächst eine allgemeine Definition zu liefern und dann die Punkte der Definition am konkreten Fall aufzuzeigen. Zur Unterstützung dient der Infotext in Material 2.*

Adaptive Radiation ist definiert als die schnelle Aufspaltung in verschiedene Arten aus einer Stammart aufgrund der Neubesiedelung eines Gebietes. Die dort nicht besetzten ökologischen Nischen werden sehr schnell durch neue Arten, die sich hinsichtlich der freien Nischen und deren Umweltfaktoren anpassen, besetzt. Aufgrund fehlender Konkurrenz durch andere Arten ist hier ein sprunghaftes Wachstum der Populationen und ein Anstieg der Artenvielfalt auszumachen.

Alle oben genannten Punkte treffen auf die Evolution der Beuteltiere in Australien zu. Australien war vor 60 Millionen Jahren noch nicht von höheren Säugetieren besiedelt. Durch die Verbindung von Australien und Südamerika über die Antarktis gelang es der Stammform der Beuteltiere, die australische Region durch Migration zu besiedeln. Dort gab es keine Konkurrenz durch andere Säugetiere und zahlreiche freie ökologische Nischen. Daher konnte es zu einem raschen Populationswachstum kommen. Mutation und Rekombination gewährleisten dabei eine hohe Variabilität innerhalb der Population. Da es ab einem gewissen Punkt vermehrt zu intraspezifischer Konkurrenz (dichteabhängig) kam und Selektionsprozesse stattfanden, entstanden im Laufe der Evolution zahlreiche neue Arten aus der Stammart, die allesamt unterschiedlich spezialisiert waren und unterschiedliche Nischen in den verschiedenen Ökosystemen besetzten. Durch die vielfältige Einnischung kam es zu einer hohen Variabilität innerhalb der Beuteltiere (z. B. Flugbeutler, Koalas, Kängurus, Ameisenbeutler), etwa hinsichtlich der Nahrungspräferenz und des Lebensraums. Dies führte zunächst zu einer ökologischen und dann schließlich zu einer reproduktiven Isolation der einzelnen Varianten der Stammform, die letztendlich zu der Ausbildung verschiedener Arten (Artbildung) führte.

3 *Bei dieser Aufgabe aus dem AFB II müssen Sie ausgehend von Ihren Kenntnissen zunächst die Fachbegriffe homolog und analog erklären und gegeneinander abgrenzen (d. h. Unterschiede aufzeigen). In einem zweiten Schritt sollen Sie dann dieses Wissen auf die Entwicklung der scharfkantigen Backenzähne bei Raubbeutlern und Raubtieren anwenden.*

Homologe Organe weisen aufgrund eines gemeinsamen stammesgeschichtlichen Ursprungs einen gleichen Grundbauplan auf. Jedoch kann bedingt durch unterschiedliche Umweltbedingungen und damit verschiedene Selektionsfaktoren die Ausprägung der einzelnen morphologischen Merkmale eng verwandter Arten variieren, sodass der gemeinsame Grundbauplan nicht mehr auf den ersten Blick zu erkennen ist. Man spricht dann von divergenter Entwicklung.

Analoge Organe haben keinen gemeinsamen stammesgeschichtlichen Ursprung und damit eine hohe Differenz hinsichtlich ihres Grundbauplans. Durch ähnliche Umweltbedingungen und damit ähnlichen Selektionsfaktoren gleichen sich analoge Organe in ihrem äußeren Bau, was jedoch nicht mit einer gemeinsamen Stammesgeschichte, sondern mit der Wirkung der gleichen Selektionsfaktoren zu begründen ist. Diese Entwicklung nennt man konvergent.

Raubbeutler und andere, stammesgeschichtlich nicht eng verwandte Raubtiere weisen scharfkantige Backenzähne auf, da diese dieselbe Funktion haben: das Zerreißen von Fleisch. Beinahe jedes Raubtier weist spezifische Zahnstrukturen und Formen auf, die auf den Verzehr von Fleisch spezialisiert sind. So auch die Backenzähne von Raubbeutlern und den Raubtieren innerhalb der höheren Säugetiere. Damit wirken gleiche Selektionsfaktoren (effiziente Verwertung von Fleisch als Nahrung) und somit der gleiche Selektionsdruck. Daher sind scharfkantige Backenzähne in der Evolution vielfach durch Konvergenz entstanden und können nicht zur Begründung einer engen stammesgeschichtlichen Verwandtschaft herangezogen werden. Aus diesem Grund könnte man das Fließschema in zwei Teile aufteilen, die seperat für jedes Taxon die konvergente Entwicklung darstellen.

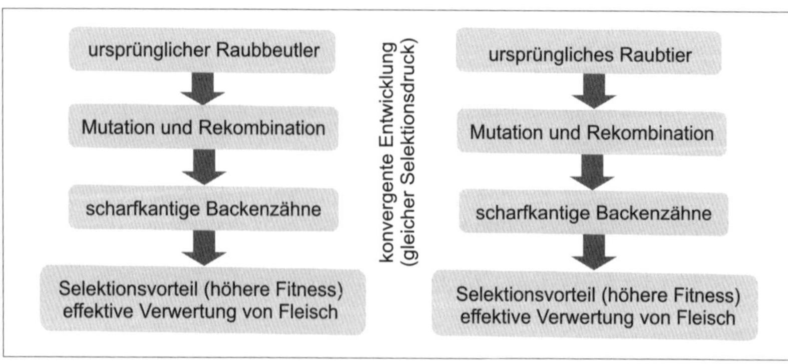

4 *Diese Aufgabe erfordert eine Auswertung der Texte mit Blick auf anthropogene (menschliche) Faktoren, die zum Rückgang der Artenvielfalt der Raubbeutler beigetragen haben. Diese finden Sie in den Texten von Material 4 und 6. Der Operator „analysieren“ verlangt keine Stellungnahme oder ein Urteil (dies wäre der Operator „beurteilen“ oder „diskutieren“). Somit reicht es, wenn Sie die einzelnen Punkte ohne Wertung auflisten. Daher gehört die Aufgabe in den AFB II.*

Diverse Einflüsse des Menschen haben zum Rückgang der Raubbeutler beigetragen. Vor etwa 50000 Jahren kamen die ersten Menschen nach Australien und jagten sicher auch Raubbeutler (Material 6). Seit bereits 5000 Jahren stellen zudem Dingos (verwilderte Hunde) Konkurrenz für die Raubbeutler dar (Material 4). Ende des 18. Jahrhunderts begann die Besiedlung Australiens durch Europäer, wodurch sich die Situation für die Raubbeutler nochmals verschlechterte. Durch die Rodung der Wälder durch die Europäer wurde in den Lebensraum der Raubbeutler eingegriffen. Wälder wurden abgeholzt und den Raubbeutlern dadurch nicht nur Lebensraum, sondern auch Beute entzogen, da diese zwangsläufig migrieren musste oder zumindest in der Population dezimiert wurde. Des Weiteren führten die Europäer weitere Nahrungskonkurrenten wie den Fuchs ein und betrieben intensive Jagd auf Raubbeutler wie den Beutelwolf und den tasmanischen Teufel (Material 6).

5 *Diese Aufgabe ist dem AFB III zuzuordnen. Es kommt bei diesem Aufgabentyp darauf an, dass Sie die Aussagen der These aus verschiedenen Blickwinkeln betrachten und deren Überzeugungskraft prüfen. Eine Gegenüberstellung der Argumente in Form einer Pro-/Contraprüfung ist dabei sinnvoll oder nutzen Sie zur Abgrenzung Formulierungen wie „einerseits … andererseits“. Als Einstieg ist eine kurze Zusammenfassung der These, die diskutiert werden soll, hilfreich. Da diese Aufgabe mit 7 BE bepunktet wird, sollten Sie Ihre Argumentation nicht zu ausführlich gestalten. Weitere Argumente sind denkbar.*

Der Biologe TIM FLANNERY stellt die **These** auf, dass aufgrund der Umweltbedingungen in Australien (unfruchtbare Böden, arides Klima, viele Trockengebiete) die Artenvielfalt der Raubbeutler limitiert worden sei. Eher hätten Reptilien die freien ökologischen Nischen besetzt (Material 5).

Pro:
Dafür spricht, dass die Raubbeutler als Konsumenten 2. Ordnung auf Herbivoren (Pflanzenfresser) als Nahrungsquelle angewiesen sind. Durch Trockenheit und unfruchtbare Böden können Pflanzen nur begrenzt wachsen, was wiederum die Populationsgröße der Herbivoren einschränkt und damit die Populationsgröße der Raubbeutlerarten limitiert. Ein limitierender Effekt auf die Artenvielfalt ist daher auch denkbar.

Weitere mögliche Pro-Argumente:
Da Säugetiere endotherm („gleichwarm“) sind, mussten sie viel Energie zur Kühlung und Temperaturregulation aufwenden. Reptilien als ektotherme („wechselwarme“) Lebewesen haben hier einen Selektionsvorteil. Dies spricht für die These, dass Reptilien viele Nischen anstelle der Raubbeutler besetzen konnten.
Des Weiteren ließe sich zur Bestätigung der These anführen, dass Reptilien aufgrund anderer Nahrungspräferenzen (Insekten, Spinnen, andere Reptilien, kleine Säugetiere) einen Selektionsvorteil haben, da deren Beute auch bei warmen Temperaturen verfügbar ist (die Biomasse bzw. die Verfügbarkeit der Insekten ist größer als die der Säugetiere).

Contra:
Die Aussage, dass sich nur eine geringe Anzahl an Raubbeutlerarten entwickeln konnte (wobei gering immer relativ ist), wird andererseits durch Fossilienfunde widerlegt. Vor 10 bis 20 Millionen Jahren gab es noch – dem Fossilienbefund zufolge – 30 Arten von Raubbeutlern (Material 3). Jedoch war zu dieser Zeit das Klima in Australien anders. Australien bestand zu dieser Zeit zum großen Teil aus Regenwäldern. Dies spricht wiederum dafür, dass erst mit der Erwärmung des Klimas die Artenvielfalt der Raubbeutler reduziert wurde.

Mögliches Fazit:
Abschließend kann man sagen, dass sich das Klima in Australien bei der Evolution der Raubbeutler durch adaptive Radiation nicht negativ ausgewirkt hat (Fossilienbefunde und das Klima vor 20 Millionen Jahren sprechen dagegen). Aber TIM FLANNERY ist dennoch in dem Aspekt zuzustimmen, dass die Artenvielfalt der Raubbeutler durch die Umweltbedingungen später reduziert wurde.

Leistungskurs Biologie (Berlin): Abituraufgaben 2021
Aufgabe A1: Physiologische Grundlagen ausgewählter Lebensprozesse

Thema: Codein – ein schwach wirksames Opioid

Der aus den unreifen Samenkapseln des Schlafmohns gewonnene Milchsaft enthält stark wirksame organische Verbindungen, die Anwendung in der Medizin finden. Morphin wird vorrangig bei starken und stärksten Schmerzen eingesetzt und Codein vorwiegend zur Behandlung von Reizhusten.

Quelle:
Göbel, S. (2018): Schlafmohn. @apotheken.de, https://www.apotheken.de/alternativmedizin/heilpflanzen/11129-schlafmohn (26. 04. 2020)

Abb. 1: Blüte und Frucht des Schlafmohns

Trotz gleicher Dosierung eines Medikaments können Wirkintensität und -dauer bei verschiedenen Patienten variieren.

Aufgaben	**BE**
1 Skizzieren Sie die bei der Erregungsübertragung an einer erregenden chemischen Synapse ablaufenden Vorgänge.	12
2 Erklären Sie die Folgen der durch die Verabreichung von Codein herbeigeführten veränderten Permeabilitätseigenschaften der Zellmembran der Synapse.	10
3 Beschreiben Sie die Struktur eines Proteins am Beispiel des Enzyms CYP2D6.	8
4 Erläutern Sie den Ablauf einer enzymatischen Reaktion am Beispiel der durch das Enzym CYP2D6 katalysierten Demethylierung von Codein.	10
5 Leiten Sie die Wirkungsweise und -intensität einer Standarddosis Codein bei langsamen und bei ultraschnellen Metabolisierern ab.	10

Material 1: Anwendungsgebiete des Wirkstoffs Codein

Codein wird zur Unterdrückung von unproduktivem Husten (so genanntem Reizhusten) eingesetzt. Im Unterschied zum produktiven Husten wird bei dieser Art von Hus-

ten kein Schleim ausgehustet. Reizhusten kann beispielsweise bei einer Erkältungskrankheit auftreten. Gleichzeitig vermindert Codein aber auch den Atemantrieb (Atemdepression). Zudem nimmt die Zähigkeit des Schleims in den Bronchien zu und es kommt leicht zur Austrocknung der Schleimhäute der Atemwege.
Neben der Behandlung von trockenem Husten wird Codein auch zur Linderung von Schmerzen eingesetzt. Hier wird der Wirkstoff aber fast immer mit anderen Schmerzmitteln kombiniert.

nach: Lubliner, A. (2015): Codein. Onmeda.de. https://www.onmeda.de/Wirkstoffe/Codein/wirkung-medikament-10.html

Material 2: Wirkungsweise von Codein

Ein erheblicher Teil der Wirkungen Codein-haltiger Medikamente wird dadurch herbeigeführt, dass Codein im Körper teilweise in Morphin umgewandelt wird. Sowohl Codein als auch Morphin vermitteln ihre Wirkung durch Bindung an Opioid-Rezeptoren. Codein besitzt im Vergleich zu Morphin jedoch eine relativ niedrige Bindungsneigung (Bindungsaffinität). Durch die ausgelöste Stimulierung der Opioid-Rezeptoren wird die Kaliumionenpermeabilität der Zellmembran an den Synapsen erhöht sowie deren Calciumionenpermeabilität erniedrigt.

Die hustenblockierende Wirkung sowie die Nebenwirkung der Verminderung des Atemantriebs resultieren aus der Hemmung des Atem- und Hustenzentrums. Wird der Wirkstoff überdosiert, besteht die Gefahr einer vollständigen Lähmung des Atemzentrums, was den Tod zur Folge hätte.

Weiterhin bewirken Codein wie auch Morphin über die Opioid-Bindestellen im Schmerzzentrum des Gehirns eine Verminderung des Schmerzempfindens. Darüber hinaus werden die Schmerzen als weniger unangenehm wahrgenommen.

Quelle: Beyer, U. et al (o. J.): Codein. Wirkstoffprofile online, https://www.wirkstoffprofile.de/online/Codein
Lubliner, A. (2015): Codein. Onmeda.de. https://www.onmeda.de/Wirkstoffe/Codein/wirkung-medikament-10.html

Material 3: Bau und Funktion des Enzyms CYP2D6

Das Enzym CYP2D6 gehört zu den sog. Cytochromen und kommt bei praktisch allen lebenden Organismen vor. Beim Menschen kennt man bislang 60 verschiedene Cytochrome, die hauptsächlich in den Zellen der Leber zu finden sind. Sie sind in der Membran des endoplasmatischen Retikulums lokalisiert.
CYP bestehen aus etwa 500 Aminosäuren und enthalten eine eisenhaltige Häm-Gruppe als fest gebundenen nicht proteinartigen Bestandteil. Diese bildet das aktive Zentrum.
Anhand von Ähnlichkeiten in der Aminosäuresequenz erfolgt eine Einteilung der CYP in Familien und Unterfamilien.

nach: Oetzel, S. (2012): Cytochrome P450. Enzymfamilie mit zentraler Bedeutung. Pharmazeutische Zeitung online, https://www.pharmazeutische-zeitung.de/ausgabe-072012/enzymfamilie-mit-zentraler-bedeutung/

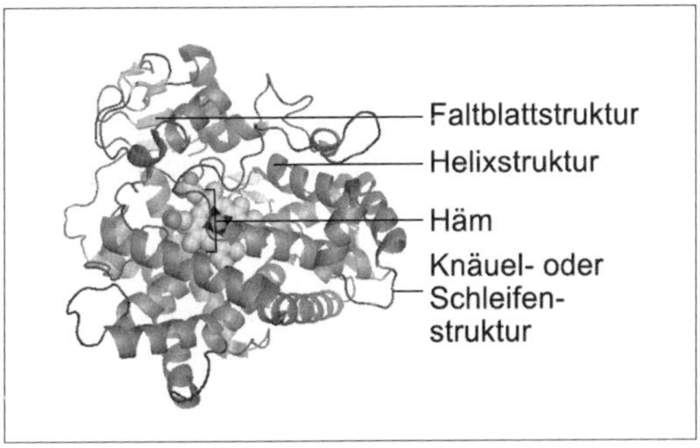

Abb. 2: Raumstruktur des menschlichen CYP2D6

Enzyme des Cytochrom-Systems sind von großer Bedeutung für die Verstoffwechselung (Metabolisierung) sowohl von körpereigenen Stoffen als auch von körperfremden pharmazeutischen Substanzen.

nach: Oetzel, S. (2012): Cytochrome P450. Enzymfamilie mit zentraler Bedeutung. Pharmazeutische Zeitung online, https://www.pharmazeutische-zeitung.de/ausgabe-072012/enzymfamilie-mit-zentraler-bedeutung/

CYP2D6 verstoffwechselt unter anderem Codein. Das Enzym löst eine Methylgruppe ($-CH_3$) aus Codein heraus. Dieser Prozess wird als Demethylierung bezeichnet.

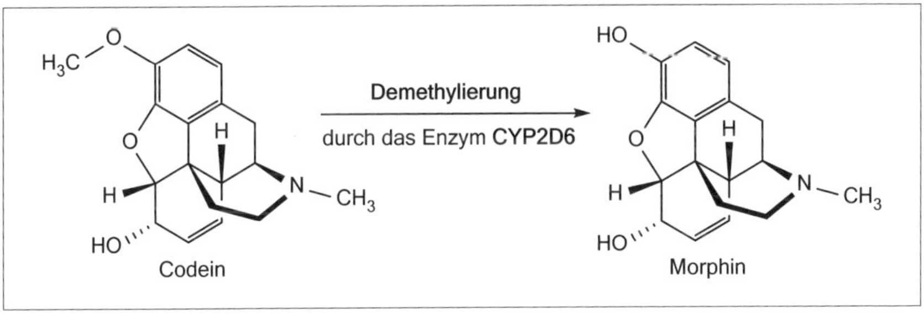

Abb. 3: Codein und Morphin

Material 4: Genetisch bedingte Variabilität der Funktion bei CYP2D6

Einige Enzyme, darunter auch CYP2D6, weisen eine große genetische Variabilität auf. Diese führt zu stärker beziehungsweise schwächer aktiven oder funktionslosen Varianten des Enzyms. Für das Enzym CYP2D6 werden vier Typen von Metabolisierern unterschieden.

nach: Oetzel, S. (2012): Cytochrome P450. Enzymfamilie mit zentraler Bedeutung. Pharmazeutische Zeitung online, https://www.pharmazeutische-zeitung.de/ausgabe-072012/enzymfamilie-mit-zentraler-bedeutung/

Phänotyp	**Langsamer Metabolisierer**	**Intermediärer Metabolisierer**	**Extensiver Metabolisierer**	**Ultraschneller Metabolisierer**
Anteil in der Bevölkerung	ca. 7 %	ca. 5 bis 10 %	80 %	ca. 2 bis 3 %
Genotyp	zwei nicht funktionelle Allele des CYP2D6-Gens	ein nicht und ein eingeschränkt funktionelles Allel des CYP2D6-Gens	ein oder zwei voll funktionelle Allele des CYP2D6-Gens	drei oder mehr Kopien funktionsfähiger Allele des CYP2D6-Gens
CYP2D6-Gehalt der Leber	0,0 pmol/mg	2,6 pmol/mg	7,6 pmol/mg	24,0 pmol/mg
metabolischer Status	extrem langsamer Stoffwechsel	herabgesetzter Stoffwechsel	normaler Stoffwechsel	beschleunigter Stoffwechsel

Tab. 1: Gegenüberstellung der vier Metabolisierer-Typen. Unter dem metabolischen Status versteht man die Geschwindigkeit, mit der ein Patient einen Wirkstoff wie Codein verstoffwechseln kann. Der CYP2D6-Gehalt ist in Picomol (10^{-12} Mol) pro Milligramm angegeben.

nach: Oetzel, S. (2012): Cytochrome P450. Enzymfamilie mit zentraler Bedeutung. Pharmazeutische Zeitung online, https://www.pharmazeutische-zeitung.de/ausgabe-072012/enzymfamilie-mit-zentraler-bedeutung/
Schwab, M./Marx, C./Zanger, U. M./Eichelbaum, M. (2002): Pharmakogenetik der Zytochrom-P-450-Enzyme. Bedeutung für Wirkungen und Nebenwirkungen von Medikamenten. aerzteblatt.de, https://www.aerzteblatt.de/pdf.asp?id=30549

Lösungsvorschläge

1 *Hierbei handelt es sich um eine Aufgabe aus dem Anforderungsbereich (AFB) I, da eine strukturierte Wiedergabe des im Unterricht erworbenen Fachwissens ohne Bezug zu den angebotenen Materialien gefordert wird. Sie sollen Ihre Kenntnisse zur erregenden chemischen Synapse grafisch wiedergeben und Ihre Skizze detailliert beschriften, sodass die bei der Erregungsübertragung ablaufenden Vorgänge deutlich werden. Der Operator „skizzieren“ ist in diesem Fall eine Aufforderung, eine Skizze anzufertigen. Sie sollten zuerst das Grundgerüst einer Synapse skizzieren. Dazu gehören drei Bereiche: das Endknöpfchen (präsynaptische Endigung) der präsynaptischen Zelle, der synaptische Spalt und die Zellmembran der postsynaptischen Zelle. Diese Skizze sollte dann mit allen relevanten Ionenkanälen, Ionen, Vesikeln, Rezeptoren usw. vervollständigt werden. Aus der Darstellung und aus den Beschriftungen müssen die Vorgänge der Erregungsübertragung lückenlos veranschaulicht werden. Dabei kann für die Darstellung der Vorgänge eine Nummerierung der beschrifteten Bereiche der Synapse hilfreich sein.*

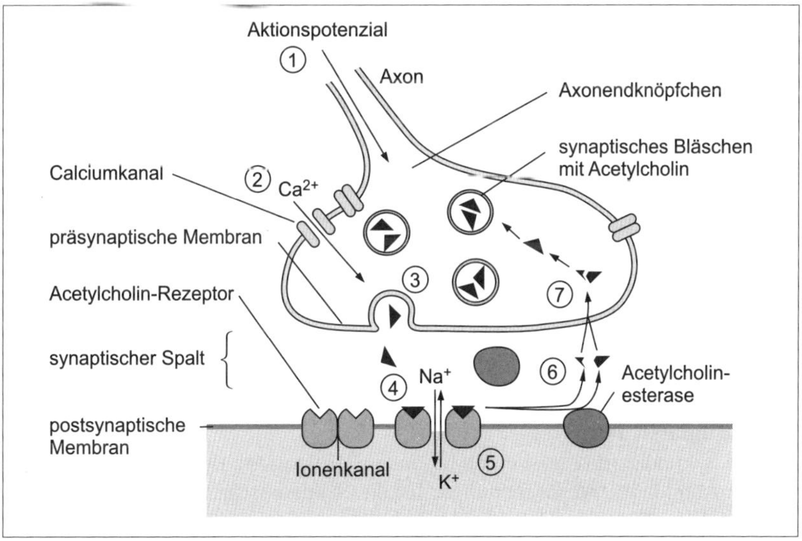

2 *Zur Lösung dieser Aufgabe (AFB II) müssen Sie einen neuen Sachverhalt (die Wirkung von Codein auf die Permeabilitätseigenschaften der Zellmembran) mit Ihren Kenntnissen zum Aktionspotenzial und zur Synapse sachgerecht verknüpfen, um die Folgen der Verabreichung von Codein zu erklären. Gestalten Sie Ihre Antwort sprachlich so, dass Chronologie und Ursache-Wirkungs-Gefüge durch Konnektoren, Adverbien, Präpositionen und andere sprachliche Mittel möglichst klar werden. Hilfreich sind Wörter und Wendungen wie beispielsweise „wodurch“, „somit“, „daraufhin“, „wiederum“, „infolge“, „dies führt zu“.*

Die Verabreichung von **Codein** führt zur Hemmung der Erregungsweiterleitungen an chemischen Synapsen. Zur Erläuterung dieses Effektes muss die Wirkung von Codein sowohl an den Calciumionen-Kanälen der präsynaptischen Membran als auch an den Kaliumionen-Kanälen der postsynaptischen Membran betrachtet werden.

Codein verursacht eine Senkung der Permeabilität der präsynaptischen Membran für **Calciumionen**. Bei einer Depolarisation durch ankommende Aktionspotenziale fällt dadurch der Calciumionen-Einstrom geringer als ohne Zugabe von Codein aus, was wiederum eine reduzierte Transmitterfreisetzung zur Folge hat. Dies führt schlussendlich zur Hemmung der Erregungsleitung.

Codein wirkt gleichzeitig durch eine Erhöhung der Permeabilität der Zellmembran für **Kaliumionen** auch an der Postsynapse, wodurch es zum erhöhten Ausstrom der Kaliumionen in den synaptischen Spalt kommt. Dies verursacht wiederum eine Senkung des Ruhepotenzials und damit eine Hyperpolarisation, womit auch an der Postsynapse mit der Verabreichung von Codein eine Hemmung der Erregungsleitung einhergeht.

3 *Um diese Aufgabe des AFB I zu bearbeiten, müssen Sie dem Material 3 und vor allem der Abbildung 2 Informationen entnehmen, um die Beschreibung der Struktur eines Proteins konkret am Beispiel des Enzyms CYP2D6 vorzunehmen. Greifen Sie dabei auf Ihr Wissen aus dem Unterricht zurück.*

Das **Enzym CYP2D6** besteht aus einem Protein und einem weiteren nicht proteinartigen Bestandteil, der sogenannten Häm-Gruppe, die das aktive Zentrum darstellt.

Primärstruktur:
Die Primärstruktur beschreibt die lineare Reihenfolge der Aminosäuren eines Proteins. CYP2D6 besitzt ca. 500 Aminosäuren, die durch Peptidbindungen miteinander zu einer Peptidkette verknüpft sind. Über die konkrete Sequenz der Aminosäuren gibt das Material keine Auskunft.

Sekundärstruktur:
Die Sekundärstruktur ist durch besonders strukturierte Bereiche charakterisiert. In der Abbildung erkennt man diese für die Sekundärstruktur typischen Abschnitte: α-Helices (Singular: Helix) und β-Faltblätter. Diese Strukturen kommen durch die geordnete Ausbildung von Wasserstoffbrücken zwischen den Peptidbindungen zustande.

Tertiärstruktur:
Die Tertiärstruktur resultiert aus weiterer Faltung der Peptidkette und verleiht dem Protein die funktionsfähige, für jedes Protein spezifische Form. Bei Enzymen ist diese Spezifität in der Passung zwischen Form und Funktion besonders ausgeprägt, weil die Bindung von Enzym und Substrat nach dem Schlüssel-Schloss-Prinzip funktioniert. Die Faltung und deren Stabilisierung erfolgen durch Bindungen bzw. Wechselwirkungen zwischen den Seitenketten verschiedener Aminosäuren. Im Fall von CYP2D6 wird das aktive Zentrum durch die Häm-Gruppe gebildet.

Die ersten drei Strukturebenen sind in Wirklichkeit nur Betrachtungsebenen. Es gibt keine Proteine, die beispielsweise nur eine lineare Abfolge von Aminosäuren (Primärstruktur) ohne weitere Strukturierung aufweisen. Alle funktionsfähigen Proteine haben eine Tertiärstruktur, die sowohl die Primär- als auch die Sekundärstruktur beinhaltet.
Manche Proteine bestehen aus mehreren Untereinheiten, die auf der Ebene der Quartärstruktur eine funktionelle Einheit bilden. Im Fall von CYP2D6 ist keine Quartärstruktur erkennbar.

4 *Diese Aufgabe erfordert eine Anwendung im Unterricht erworbenen Wissens auf ein neues Beispiel und gehört somit dem Anforderungsbereich II an. Hierzu relevante Informationen entnehmen Sie dem Material 3 und den Abbildungen 3.1 und 3.2.*

Das Enzym CYP2D6 katalysiert die Umwandlung durch Demethylierung (Entfernung einer Methylgruppe) von Codein in Morphin. Codein ist das **Substrat** für das **aktive Zentrum** (die Häm-Gruppe) des Enzyms. Substrat und aktives Zentrum passen räumlich nach dem Schlüssel-Schloss-Prinzip spezifisch zueinander. Durch die Anlagerung von Codein an das aktive Zentrum bildet sich der sogenannte **Enzym-Substrat-Komplex**.

Das Enzym als biologischer **Katalysator** setzt die Aktivierungsenergie dieser Reaktion herab und lenkt selektiv den Reaktionsweg, in diesem Fall zu Morphin durch Demethylierung des Ausgangsstoffs.

Eine Methylgruppe ($-CH_3$) ist anders als Methan (CH_4) keine eigenständige Verbindung, sondern Teil eines größeren Moleküls. In Abbildung 3.1 finden Sie die Methylgruppe in der Strukturformel von Codein oben links an ein Sauerstoffatom gebunden. Nach der enzymatisch vermittelten Abspaltung der Methylgruppe entsteht an der Stelle eine Hydroxygruppe ($-OH$). Das Material gibt keine weitere Auskunft, weder über den Mechanismus dieser Reaktion noch über den Verbleib der Methylgruppe nach der Abspaltung.

Morphin als **Produkt** wird freigesetzt und das aktive Zentrum liegt somit wieder frei vor und kann ein weiteres Codein-Molekül reversibel binden und erneut in Morphin umwandeln. Die Freisetzung des Reaktionsproduktes und die Regenerierung des Enzyms ist ein Merkmal der Katalyse: Katalysatoren gehen aus der Reaktion unverändert hervor.

5 *Diese Aufgabe erfordert eine gezielte Entnahme von Informationen aus Material 4 (AFB II) und die Formulierung begründeter Schlüsse bezüglich Wirkungsweise und Intensität von Codein bei Menschen, die Codein unterschiedlich schnell metabolisieren (AFB III). Der Operator dieser Aufgabenstellung ist „ableiten", sodass eine Beschreibung der Tabelle bei dieser Aufgabe nicht gefordert ist.*

Langsame Metabolisierer weisen in der Leber einen CYP2D6-Gehalt von 0,0 pmol/mg auf, was bedeutet, dass in der Leber dieser Menschen kein CYP2D6 produziert wird. Langsame Metabolisierer besitzen zwei nichtfunktionelle Allele des CYP2D6-Gens, womit kein CYP2D6 gebildet werden kann. Ohne enzymatische Katalyse erfolgt die Umwandlung von Codein in Morphin aufgrund der hohen Aktivierungsenergie dieser Reaktion sehr langsam. Die daraus resultierende niedrige Morphinkonzentration verringert die husten- und schmerzstillende Wirkung der Verabreichung von Codein.

Ultraschnelle Metabolisierer haben mit 24,0 pmol/mg einen fast zehnfach höheren Enzymgehalt als intermediäre Metabolisierer. Ursache dafür ist das Vorhandensein mehrerer Kopien des funktionsfähigen Allels des CYP2D6-Gens. Dies führt zur gesteigerten Genexpression und zur Produktion größerer Mengen des Enzyms pro Zeiteinheit, wodurch die Umwandlung von Codein in Morphin beschleunigt wird. Die Verabreichung einer Standarddosis von Codein führt deswegen bei ultraschnellen Metabolisierern zu einer höheren Konzentration von Morphin als bei anderen Typen von Metabolisierern, wodurch die husten- und schmerzstillende Wirkung gesteigert wird und die Gefahr der Lähmung des Atemzentrums besteht.

Um die erwünschte Wirkung von Codein zu erzielen, benötigt also ein ultraschneller Metabolisierer, sofern sein metabolischer Status bekannt ist, eine geringere Codeindosis.

Leistungskurs Biologie (Berlin): Abituraufgaben 2021
Aufgabe A2: Grundlagen und Anwendungsfelder der Genetik

Thema: Mit der Genschere gegen AIDS?

Die Entdeckung von CRISPR-Cas9 bei Bakterien und die Anwendung dieser sogenannten Genschere auf eukaryotische Zellen gelten als weitere Meilensteine in der Entwicklung der Gentechnik. Die Frage, inwieweit der Mensch in sein Erbgut eingreifen sollte, um solchen Krankheiten wie beispielsweise AIDS vorzubeugen, ist damit aktueller denn je.

Aufgaben		**BE**
1	Nennen Sie die Eigenschaften des genetischen Codes. Erklären Sie zwei Eigenschaften davon.	7
2	Beschreiben Sie die Funktionen von RNA Polymerasen	10
3	Leiten Sie die Folgen einer Hemmung der Aktivität der dargestellten HIV-Enzyme für die Vermehrung des Virus ab.	8
4	Analysieren Sie die CCR5Δ32-Mutation. Begründen Sie die Folgen der Mutation auf zellulärer Ebene und für die HIV-Resistenz des Menschen.	15
5	Diskutieren Sie die Eignung der CRISPR-Cas9-Methode zur Therapie monogenetischer Erkrankungen allgemein sowie für AIDS im Besonderen.	10

Material 1: Bau und Reproduktion des Humane Immundefizienz-Virus

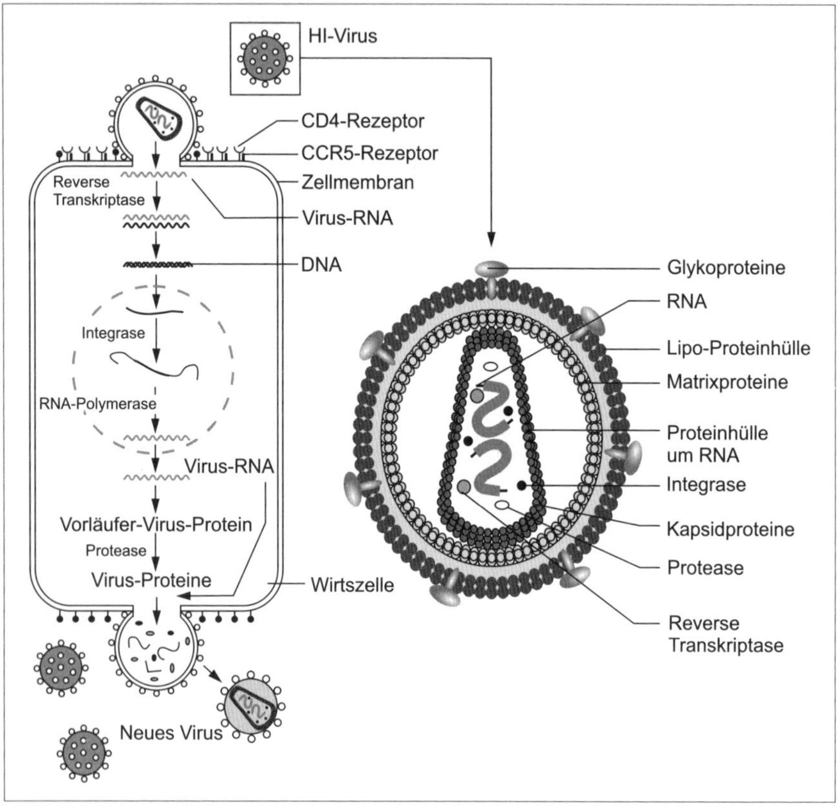

Abb. 1: Vereinfachte schematische Darstellung des HI-Virus und des Vermehrungszyklus von HIV
nach: Daniel Beyer/Wikipedia, CC BY-SA 3.0

Material 2: Das Gen CCR5

Das Gen CCR5 liegt beim Menschen auf Chromosom 3. Es kodiert den C–C-Motiv-Chemokin-Rezeptor 5, kurz CCR5-Rezeptor. Dieses Rezeptorprotein wird in Zellen des Immunsystems exprimiert. Es dient dem Schutz von Lunge, Leber und Gehirn vor schweren Infektionen und chronischen Erkrankungen und senkt das Risiko für durch Viren ausgelöste Gehirnentzündung nach Zeckenstichen oder Masern sowie für den schweren Verlauf von Autoimmunerkrankungen wie Multiple Sklerose und Diabetes mellitus vom Typ 1. Aber dieses Protein hat auch eine besondere Bedeutung in Zusammenhang mit HIV-Infektionen, da es als ein wichtiger Co-Rezeptor für das HI-Virus dient. Es ermöglicht das Andocken des Virus und letztendlich das Eindringen der Viren-RNA in ihre Wirtszellen.

Etwas mehr als 1 % der heutigen Europäer sind Träger der Mutation CCR5Δ32 (CCR5-Delta32) dieses Gens. Diese Mutation codiert für ein Protein, dem die drei C-terminalen, die Membran durchdringenden Bereiche fehlen. Dieses infolge der Mutation veränderte Protein bleibt im Zytoplasma und gelangt nicht an die Oberfläche der Zelle. Bei homozygoten Trägern führt diese Mutation zu einem hohen Grad an Resistenz gegenüber den meisten HIV-Stämmen.

Quelle: https://de.wikipedia.org/wiki/CCR5

TTT	CCA	TAC	**AGT**	**CAG**	**TAT**	**CAA**	**TTC**	**TGG**	**AAG**	**AAT**	**TTC**	**CAG**	**ACA**	TTA	AAG	ATA	GTC

Wildtyp-CCR5, codogener DNA-Strang, 3'-nach 5'-Richtung

TTT	CCA	TAC	ATT	AAA	GAT	AGT	C	

CCR5Δ32, codogener DNA-Strang, 3'-nach 5'-Richtung

Abb. 2: Basensequenz von CCR5 und CCR5Δ32

Quelle: Kronberg, I. (2019): Genschere Crispr-Cas9 in den Schlagzeilen. Biologie in unserer Zeit 49, S. 169. Wiley-VCH Verlag GmbH & Co. KGaA, Weinheim
https://www.ncbi.nlm.nih.gov/gene/1234

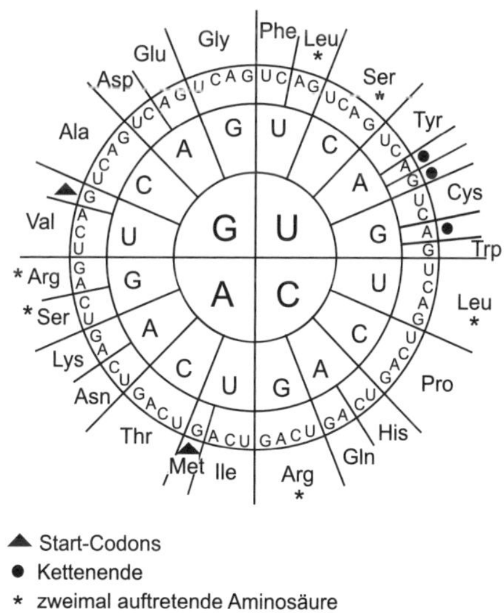

Abb. 3: Code-Sonne

Material 3: CRISPR-Cas9

Im Erbgut vieler Bakterien gibt es sich wiederholende DNA-Abschnitte, die der Abwehr gegen eindringendes Erbgut von Viren dienen. Diese werden als CRISPR *(Clustered Regularly Interspaced Short Palindromic Repeats)* bezeichnet. Der Prozess, den die Bakterien dabei nutzen, führt zum Herausschneiden des fremden genetischen Materials des Virus und zu dessen Funktionsverlust. Die dabei beteiligte Nuclease Cas9 wurde erstmalig in einem häufig auftretenden Erreger von Infektionskrankheiten des Menschen, dem Bakterium *Streptococcus pyogenes*, gefunden. Bei Untersuchungen dieses Moleküls außerhalb von Lebewesen stellte man fest, dass es eine Immunantwort auslöst. Diese Eigenschaft muss bei einem möglichen Einsatz der Genschere für therapeutische Zwecke Berücksichtigung finden.

Das System CRISPR-Cas9 lässt sich inzwischen als molekularbiologische Technik wie eine programmierbare Genschere zum Ausschalten von DNA-Basensequenzen eukaryotischer Zellen einsetzen. So können in Genlaboren einfach und mit geringem finanziellem Aufwand DNA-Abschnitte relativ sicher erkannt und ausgeschaltet werden. Im Nachhinein kann man bei den gentechnisch veränderten Organismen die CRISPR-Cas9-Mutagenese nicht von einer natürlich entstandenen Mutation unterscheiden.

Im Jahr 2018 gab ein chinesischer Wissenschaftler an, die CRISPR-Cas9-Methode zur Erzeugung der Resistenz gegenüber der HIV-Infektion eingesetzt zu haben. Nachdem er einer Frau Embryonen mit einer bzw. zwei homologen künstlich erzeugten CCR5Δ32-Mutationen übertragen habe, seien die Zwillinge gesund zur Welt gekommen.

nach: Charpentier, E.: Crispr-Entdeckerin kritisiert Genversuche an Babys. ZEIT ONLINE, dpa, dal (28. 07. 2019), https://www.zeit.de/wissen/gesundheit/2018-11/emmanuelle-charpentier-crispr-babys-china-genschere-entsetzt

Lösungsvorschläge

1 *Hierbei handelt es sich um eine Reproduktionsaufgabe des AFB I. Sie sollen Ihre im Unterricht erworbenen Kenntnisse bezüglich des genetischen Codes fachsprachlich präzise wiedergeben. Die Aufgabenstellung erfordert keinen Bezug zu den Materialien. Nennen Sie die Eigenschaften des genetischen Codes. Nur zwei Eigenschaften Ihrer Wahl müssen dabei erklärt werden. Im Folgenden finden Sie eine Auswahl und zu jeder Eigenschaft eine kurze Erklärung.*

Eigenschaften des genetischen Codes:

- **eindeutig:** Im genetischen Code steht eine Abfolge von drei Nucleotiden (Triplett) immer für genau eine Aminosäure. Damit ist der Code eindeutig.
- **universell:** Diese Korrespondenz zwischen einem jeden Triplett und der dazugehörigen Aminosäure ist beinahe universell. Das bedeutet, in bis auf wenige Ausnahmen jedem Organismus (vom Pantoffeltierchen bis zum Menschen) codiert dasselbe Triplett für dieselbe Aminosäure.
- **degeneriert:** Der genetische Code ist degeneriert oder redundant (die zwei Begriffe werden synonym verwendet). Für viele Aminosäuren existieren mehrere Codons. Man kann eindeutig vom Triplett auf die Aminosäure schließen, aber nicht immer umgekehrt von der Aminosäure auf das Triplett. Diese Eigenschaft des genetischen Codes lässt eine gewisse Fehlertoleranz zu. Wird die dritte Base eines Tripletts durch eine Mutation durch eine andere Base ersetzt, codiert dieses Triplett in vielen Fällen trotzdem für dieselbe Aminosäure.
- **überlappungsfrei:** Der genetische Code ist überlappungsfrei. Eine Base gehört immer nur zu einem Triplett und das nächste Triplett nutzt als seine erste Base nie eine des vorangestellten Tripletts.
  Hat man z. B. die Sequenz „AUGUGUCGUUAU…“ wird sie für die Translation in voneinander getrennten Gruppierungen à drei Basen betrachtet: „AUG-UGU-CGU-UAU-…“ Die Tripletts überlappen sich somit nie.

Beispiele, so wie hier für die Eigenschaft überlappungsfrei, können hilfreich sein, indem sie die Erklärung unterstützen. Ein Beispiel kann aber eine allgemeine Erklärung nicht ersetzen.

- **kommafrei:** Der genetische Code ist kommafrei. Die Tripletts reihen sich bis zum Stopp-Codon nahtlos aneinander.

2 *Diese Aufgabe erfordert eine fachsprachlich präzise Beschreibung der Funktionen von RNA-Polymerasen. Die Aufgabe ist ohne Verwendung der Materialien zu lösen, greifen Sie auf Ihre Kenntnisse zurück.*

RNA-Polymerasen sind Enzyme zur Bildung von RNA sowohl beim Vorgang der DNA-Replikation (Verdopplung des Erbmaterials) als auch der Transkription, einem Teilschritt der Proteinbiosynthese.

Primase ist der Name der RNA-Polymerase, die für die Bildung der Primer bei der Initiation der **DNA-Replikation** zuständig ist. Primer sind Startmoleküle aus RNA-Nucleotiden, die als Ansatzstelle für die DNA-Polymerase fungieren. Diese sind notwendig, da die DNA-Polymerase, das zentrale Enzym der Replikation, die DNA-Synthese nur fortsetzen, jedoch nicht starten kann. Hierfür braucht es den Primer als Startpunkt.

RNA-Polymerasen sind auch beim Vorgang der **Transkription** unerlässlich. Bei der Transkription werden von den bei der Proteinbiosynthese zu exprimierenden DNA-Abschnitten (Genen) jeweils komplementäre „Arbeitskopien" aus mRNA synthetisiert. Diese sind kleiner und weniger stabil, lassen sich dafür aber leicht transportieren. Die Bildung dieser kleinen mRNA übernimmt die RNA-Polymerase, die im ersten Schritt an den Promoter bindet. Der Promotor ist eine DNA-Sequenz, an der die Transkription startet. Die RNA-Polymerase öffnet die DNA-Helix und fügt zu den DNA-Nucleotiden komplementäre RNA-Nucleotide an. Jedes weitere RNA-Nucleotid wird an das 3'-Ende des vorherigen Nucleotids angelagert, woraus die Wachstumsrichtung der m-RNA von 5' nach 3' resultiert. Erreicht die RNA-Polymerase den Terminatorbereich, löst sie sich vom codogenen DNA-Strang und setzt die fertige mRNA frei.

3 *Diese Aufgabe entspricht einer Leistung im AFB II, da Sie im Unterricht erworbenes Wissen mit Informationen, die Sie aus dem Material 1 gezielt entnehmen, verknüpfen müssen. Die Aufgabenstellung erfordert eine Erklärung für die Folgen der Hemmung der Aktivität von HIV-Enzymen, die in Abb. 1 dargestellt sind. Gefragt ist im Besonderen nach der Wirkung dieser Enzyme auf die Vermehrung des Virus. Enzyme erkennen Sie meist an der typischen Endung „-ase". In der Abbildung werden folgende Enzyme angeführt: Reverse Transkriptase, Integrase und Protease. Die Bezeichnung dieser Enzyme zusammen mit der Betrachtung der Abbildung liefern die relevanten Informationen, um die Folge der Hemmung dieser drei Enzyme abzuleiten. Zuerst sollte allgemein die Funktion der Enzyme genannt werden, um dann die Folgen der enzymatischen Hemmung zu erklären.*

Die **reverse Transkriptase** synthetisiert aus der viralen RNA eine komplementäre DNA-Kopie. Wird dieses Enzym gehemmt, kann das virale Erbgut nicht in DNA umgeschrieben werden, wodurch das virale Erbgut nicht ins menschliche Genom eingebaut werden kann. Dies hat zur Folge, dass die Vermehrung des Virus in den Wirtszellen nicht mehr stattfinden kann.

Das HI-Virus gehört zu den RNA-Viren, dessen Erbgut aus RNA besteht. Man spricht auch von Retroviren, da diese Viren ihre RNA erst in DNA zurückwandeln (lat. retro bedeutet rückwärts) müssen, um sie dann ins Wirtsgenom einzubauen. Das Virus übernimmt für die eigene Vermehrung somit den Syntheseapparat der Wirtszelle. Die virale RNA muss dafür zuerst in DNA umgeschrieben werden, da das menschliche Erbgut (bis auf das mitochondriale) aus DNA besteht.

Die **Integrase** ist für den Einbau der viralen DNA, die die reverse Transkriptase aus der viralen RNA herstellt, ins menschliche Erbgut verantwortlich. Wird dieses Enzym gehemmt, kann das virale Erbgut nicht ins menschliche Genom eingebracht und somit auch nicht exprimiert werden. Auch in diesem Fall kommt es schlussendlich zur Unterbindung der Vermehrung des Virus.

Die **Protease** hat die Aufgabe, synthetisierte Virus-Proteine an bestimmten Stellen zu schneiden (hydrolytisch zu spalten), wodurch sie funktionsfähig werden. Fällt dieser Schritt durch Hemmung der Protease aus, wird der Lebenszyklus des HI-Virus unterbrochen. Die virale Vermehrung wird auch in diesem Fall unterbunden.

4 *Diese Analyse der Mutation CCR5Δ32 auf der zellulären Ebene sowie hinsichtlich der HIV-Resistenz für den Menschen erfordert eine Anwendung des im Unterricht erworbenen Wissens auf ein neues Beispiel und gehört somit dem Anforderungsbereich II an. Hierzu relevante Informationen entnehmen Sie dem Material 2 und der Abbildung 2.*

Beim Vergleich zwischen dem DNA-Strang der Mutation CCR5Δ32 mit dem DNA-Strang des Wildtyps fällt im Fall der Mutation eine Deletion von 32 Basen auf. Daraus resultiert eine **Leserasterverschiebung**, die beim vierten Triplett des codogenen Strangs zum Triplett ATT anstelle von AGT (Wildtyp) führt. Das DNA-Triplett ATT wird bei der Transkription in das **Stopp-Codon** UAA (mRNA) umgeschrieben, sodass es an dieser Stelle zum **vorzeitigen Abbruch** der Proteinbiosynthese kommt. Beim Wildtyp würde AGT zum Triplett UCA (mRNA) umgeschrieben werden, was für die Aminosäure Serin codiert.

Die Leserasterverschiebung kommt in diesem Fall dadurch zustande, dass bei der Mutation eine Zahl an Nucleotiden fehlt (32), die kein Vielfaches von 3 ist. Würden 33 Basenpaare fehlen, ginge nach der Deletion die Transkription ohne Verschiebung des Leserasters normal weiter. Jedoch wäre auch hier ein unvollständiges Protein (genau um 11 Aminosäuren kürzer) das Endprodukt.

Das durch die Mutation CCR5Δ32 verkürzte Protein verbleibt im Zytoplasma und ragt nicht aus der Zellmembran, da die drei C-terminalen Bereiche nicht vorhanden sind. Damit wird das Andocken der HI-Viren stark erschwert. Menschen mit der Mutation CCR5Δ32 weisen deshalb eine hohe Resistenz gegenüber den meisten HIV-Stämmen auf.

5 *Diese Aufgabe erfordert eine Erschließung von Informationen aus den Materialien 2 und 3 (AFB II) und die Formulierung einer Bewertung auf der Grundlage von Fachkenntnissen (AFB III). Das Fazit ist individuell, soll jedoch durch eine Auswahl und Gewichtung der angeführten oder auch weiteren Pro- und Contra-Argumenten nachvollziehbar sein.*

Pro:
Die CRISPR-Cas9-Methode stellt eine moderne molekularbiologische Technik dar, um DNA gezielt zu schneiden und zu verändern *(Genome Editing)*. Es handelt sich dabei um eine Art Genschere, die spezifisch programmiert werden kann, um bestimmte Gene auszuschalten. Neben der Programmierbarkeit und somit Spezifität können als weitere Argumente für den Einsatz von CRISPR-Cas9 angeführt werden, dass diese Methode in Genlaboren einfach und mit geringem finanziellem Aufwand eingesetzt werden kann.
Speziell für die Vorbeugung von HIV-Infektionen mit CRISPR-Cas9 spricht der hohe Grad der Resistenz durch die künstliche Erzeugung der CCR5Δ32-Mutation sowie die Tatsache, dass diese künstlich erzeugte Mutation von einer entsprechenden natürlichen Mutation nicht unterscheidbar ist.

Contra:
Der Einsatz der CRISPR-Cas9-Methode wird jedoch diskutiert, weil den Vorzügen ebenfalls berechtigte Contra-Argumente gegenübergestellt werden können. Die Methode kann nur in Embryonalzellen sinnvoll eingesetzt werden, die sich noch in sehr frühen Stadien embryonaler Entwicklung befinden. Nur so kann die erzeugte Mutation in die Keimbahn eingehen und somit an die Nachkommen weitervererbt werden. Ein Grund für eine gewisse Skepsis oder zumindest Vorsicht fußt auf der noch begrenzten Kenntnis hinsichtlich eventueller Spätfolgen: Der Eingriff betrifft zwar punktuell ein Gen, Gene können jedoch auf komplexe Weise wechselwirken. Hier ist nicht abzusehen, wie sich ein Eingriff in das Genom langfristig auswirkt.
Speziell im Fall der Vorbeugung von HIV-Infektionen besteht ein ernst zu nehmender Einwand in dem möglichen Ausbleiben des Schutzes von Lunge, Leber und Gehirn vor schweren Infektionen und chronischen Erkrankungen, welcher bei Menschen mit der CCR5Δ32-Mutation festgestellt worden ist. Die Mutation kann zudem einen negativen Einfluss auf den Verlauf von Autoimmunkrankheiten wie Multiple Sklerose und Diabetes mellitus Typ I haben. Eine Notwendigkeit für den Einsatz der CRISPR-Cas9-Methode dürfte selten gegeben sein, da es langfristig wirksame und gut verträgliche Therapien zur Unterbindung der viralen Vermehrung durch Hemmung der HIV-Enzyme gibt.

Mögliches Fazit:
Aus meiner Sicht ist die CRISPR-Cas9-Methode durchaus zur Therapie von monogenetischen Erkrankungen denkbar. Sie sollte jedoch erst noch besser untersucht werden und nur bei ganz speziellen Fällen zum Einsatz kommen. Aktuell überwiegen für mich noch die Contra-Argumente.

Leistungskurs Biologie (Berlin): Abituraufgaben 2021
Aufgabe B: Ökologie und Nachhaltigkeit

Thema: Mixotrophe

Fast 98 % der Biomasse in unseren Weltmeeren besteht aus winzig kleinen, mit der Wasserströmung dahintreibenden Lebewesen, dem sogenannten Plankton. Bisher unterteilte man sie in pflanzliches Phytoplankton, tierisches Zooplankton und Bakterioplankton. In jüngster Zeit entdeckte man, dass es eine vierte Gruppe von Kleinstlebewesen gibt, welche sowohl Eigenschaften von pflanzlichem als auch Eigenschaften von tierischem Plankton besitzt: die Mixotrophen.

Aufgaben		**BE**
1	Beschreiben Sie die Trophieebenen in einem Ökosystem.	10
2	Erklären Sie am Beispiel von Mixotrophen zwei interspezifische Beziehungen.	10
3	Vergleichen Sie die verschiedenen Planktongruppen tabellarisch anhand von drei selbst gewählten Kriterien	9
4	Werten Sie die Abbildungen in Material 2 aus. Erklären Sie die dargestellten Zusammenhänge.	14
5	Erörtern Sie, inwiefern die Zunahme von Mixotrophen den Treibhauseffekt verringern könnte.	7

Material 1: Plankton

Als Plankton bezeichnet man die Gesamtheit der im Süß- oder Meerwasser dahintreibenden oder schwebenden Kleinstlebewesen. Diese sogenannten Plankter können sich nicht oder nur in geringem Umfang eigenständig fortbewegen und werden daher passiv von den Strömungen und Bewegungen des Wassers transportiert. Nach der Ernährungsweise wurden sie bisher in drei Gruppen eingeteilt. Die Fotosynthese betreibenden Phytoplankter besitzen meist eine Größe zwischen 2 und 20 Mikrometer, zu ihnen gehören Algen und Cyanobakterien. Die Vertreter des Zooplanktons sind deutlich größer, meist über 200 Mikrometer, sie ernähren sich von anderen Kleinstlebewesen. Die Bakterioplankter tragen zur Mineralisation der organischen Substanz bei, ihre Größe beträgt 0,1 bis 5 Mikrometer.
Vor Kurzem konnte eine Forschergruppe zeigen, dass es eukaryotisches Plankton gibt, dessen Ernährungsweise sowohl auf Fotosynthese als auch auf dem Verzehr von anderen Planktern beruht. Diese als Mixotrophe bezeichneten Organismen werden 2 Mikrometer bis 1 Millimeter groß. Bei einem Teil der Mixotrophen beruht die Fähigkeit zur Fotosynthese auf dem Vorhandensein von eigenen Chloroplasten. Sie werden als konstitutive Mixotrophe bezeichnet. Der andere Teil, die sogenannten nicht konstitutiven Mixotrophen, können keine Chloroplasten bilden. Diese, meist einzelligen Organismen nehmen die Chloroplasten mit der Nahrung auf: Nach dem Fressen von Algen werden deren Chloroplasten nicht verdaut und bleiben funktionsfähig. Bei der Vermehrung durch Zellteilung erhält jede Tochterzelle die Hälfte der Chloroplasten.

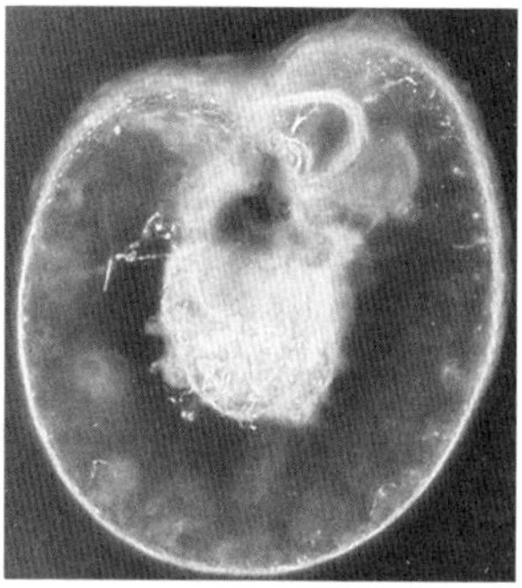

Abb. 1: *Noctiluca scintillans*, mikroskopisches Bild

Quelle: Maria Antónia Sampayo/Wikipedia, CC BY 3.0

Bei günstigen Umweltbedingungen beträgt die Zeit zwischen zwei Zellteilungen wenige Stunden. Einige nicht konstitutive Mixotrophe, wie z. B. *Noctiluca scintillans*, nehmen ganze Algenkolonien auf, die in ihrem Inneren weiterleben und einen Teil ihrer Fotosyntheseprodukte an *Noctiluca* abgeben. Andere Mixotrophe, wie z. B. Vertreter der Gattung *Prymnesium* können Giftstoffe abgeben, welche die Zellmembran von artfremden Einzellern zerstören. Bestimmte Dinoflagellaten, welche ebenfalls zu den nicht konstitutiven Mixotrophen zählen, besitzen Schalen aus Calciumkarbonat ($CaCO_3$), welche nach ihrem Tod auf den Meeresboden absinken.

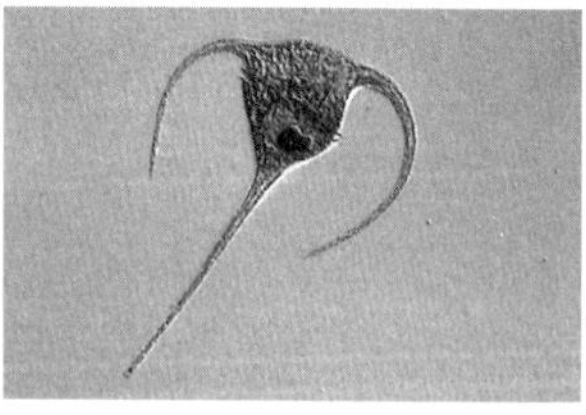

Abb. 2: Dinoflagellat, mikroskopisches Bild

Quelle: Picturepest/Wikipedia, CC BY 2.0

Material 2: Einfluss von Mixotrophen auf die Veränderung der Planktonmenge

Mithilfe von Computermodellen lässt sich die Entwicklung der Planktonmenge in Abhängigkeit von den beteiligten Planktonarten untersuchen. Dabei wurde die Planktonvermehrung für drei unterschiedliche Planktongemeinschaften über einen Zeitraum von 35 Tagen betrachtet. Die Ergebnisse sind in den Abbildungen 4 bis 6 dargestellt. Die Biologin ADITEE MITRA konnte zeigen, dass die beiden Modelle, welche Mixotrophe berücksichtigen, die realen Verhältnisse im Ozean besser widerspiegeln als das Modell ohne Mixotrophe.

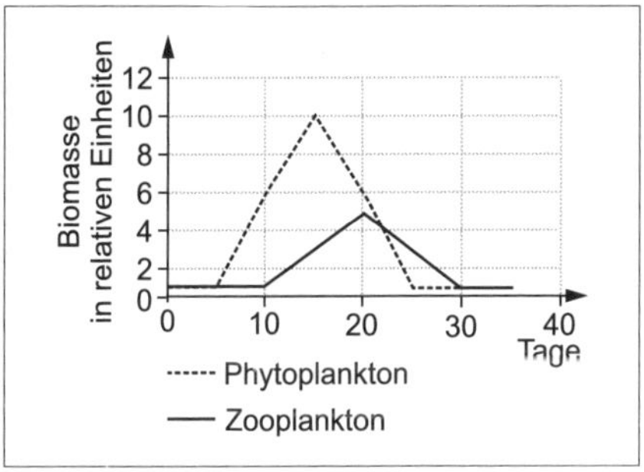

Abb. 3: Vermehrung von Phyto- und Zooplankton

Quelle: Mitra, Aditee: Das Beste aus zwei Welten. In: Spektrum der Wissenschaft, April 2019, S. 54–60

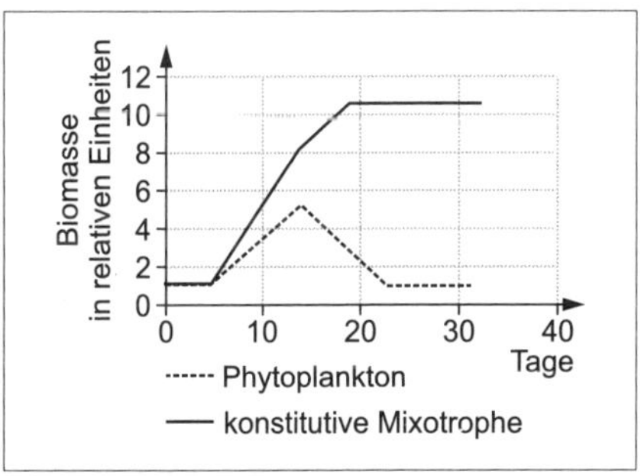

Abb. 4: Vermehrung von Phytoplankton und konstitutiven Mixotrophen

Quelle: Mitra, Aditee: Das Beste aus zwei Welten. In: Spektrum der Wissenschaft, April 2019, S. 54–60

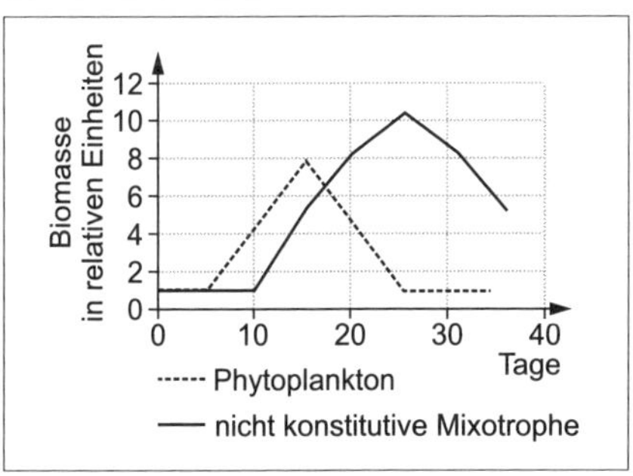

Abb. 5: Vermehrung von Phytoplankton und nicht konstitutiven Mixotrophen

Quelle: Mitra, Aditee: Das Beste aus zwei Welten. In: Spektrum der Wissenschaft, April 2019, S. 54–60

Material 3: Kohlenstoffdioxidfixierung von verschiedenen Planktongruppen

In den Computermodellen zur Entwicklung der Biomasse von verschiedenen Planktongemeinschaften wurde auch die CO_2-Fixierung untersucht. Die Ergebnisse werden in der nebenstehenden Abbildung gezeigt.

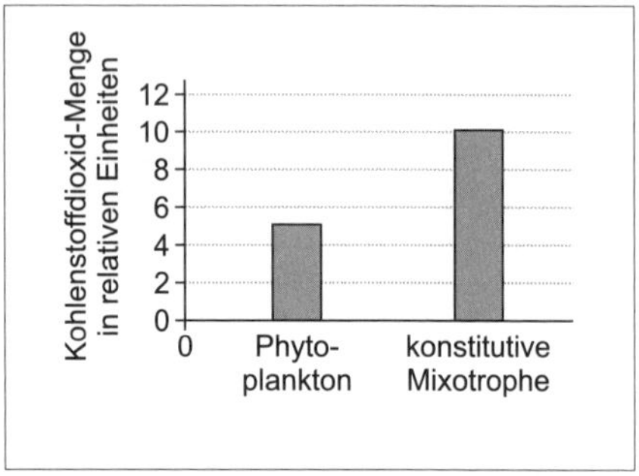

Abb. 6: Kohlenstoffdioxid-Menge, die dem Meerwasser innerhalb von 35 Tagen entzogen wurde

Quelle: Mitra, Aditee: Das Beste aus zwei Welten. In: Spektrum der Wissenschaft, April 2019, S. 54–60

Lösungsvorschläge

1 *Bei dieser Aufgabe müssen Sie die Trophiestufen in einem Ökosystem nennen und genauer beschreiben. Eine bloße Aufzählung der Begriffe ist nicht ausreichend. Ein Bezug zu den Materialien ist nicht notwendig. Da es sich hierbei um die Wiedergabe von im Unterricht erworbenen Fachkenntnissen handelt, ist diese Aufgabe dem AFB I zuzuordnen.*

Produzenten sind autotrophe Organismen, die aus anorganischen und energiearmen Stoffen organische und energiereichere Stoffe aufbauen und somit Biomasse produzieren. Hierzu gehören alle grünen Pflanzen und Cyanobakterien, die Fotosynthese betreiben und dabei die Produkte Wasser und Kohlenstoffdioxid nutzen, um mithilfe von Lichtenergie Glucose zu bilden.

Neben den photoautotrophen Organismen gibt es auch chemoautotrophe Organismen, die zu den Produzenten zählen. Diese gewinnen ihre Energie aus der Oxidation anderer anorganischer Substanzen. Hierzu zählen beispielsweise Schwefelbakterien oder nitrifizierende Bakterien.

Konsumenten sind heterotrophe Organismen, die körpereigene organische Stoffe durch die Aufnahme von organischem und energiereichem Material aufbauen oder die Stoffe für die Zellatmung nutzen. Konsumenten 1. Ordnung (Primärkonsumenten) ernähren sich dabei von Produzenten; man spricht hierbei auch von Herbivoren. Konsumenten 2. Ordnung (Sekundärkonsumenten) hingegen ernähren sich von den Konsumenten 1. Ordnung; man spricht hierbei von Carnivoren.

Destruenten sind Organismen, die totes organisches Material (Biomasse) als Nahrung nutzen (also ebenso wie Konsumenten Zellatmung betreiben) und die Biomasse wieder in anorganisches Material abbauen (zersetzen). Hierbei unterscheidet man zwischen den Saprobionten (Insekten, Würmer), die tote Biomasse zerkleinern und vorverdauen, diese jedoch nicht vollständig in anorganisches Material umwandeln, und den Mineralisierern (Bakterien, Pilze), welche organische Stoffe dann in anorganische, energiearme Stoffe umwandeln.

2 *Da diese Aufgabe eine Erklärung von Wechselbeziehungen mit Bezug zu einem konkreten Fall verlangt, sollten Sie zunächst eine allgemeine Definition der Wechselbeziehung liefern, auf die Sie eingehen wollen, und dann am konkreten Fall, den Mixotrophen, erklären, warum diese Definition erfüllt ist. Der Aufgabentyp entspricht anteilig dem AFB I und dem AFB II, da die Definitionen verschiedener Wechselbeziehungen im Unterricht behandelt wurden (Wiedergabe von Wissen, AFB I), die Erklärung aber verknüpfend zu neuen Informationen erfolgen muss (AFB II). Es gibt hier mehrere Möglichkeiten, von denen nur zwei angeführt werden müssen.*

Interspezifische Konkurrenz:
Sie liegt dann vor, wenn eine nur begrenzt vorhandene Ressource von mehreren Individuen verschiedener Arten genutzt wird. Diese Wechselbeziehung liegt zwischen den Mixotrophen und anderen Einzellern oder Zooplankton vor, da diese gemeinsam um Nahrung konkurrieren.

Licht wäre ebenfalls als Konkurrenzfaktor denkbar: Da konstitutive Mixotrophe Chloroplasten besitzen und nicht konstitutive Mixotrophen durch Aufnahme von Algen Chloroplasten enthalten, sind sie zur Fotosynthese fähig. Daher konkurrieren sie mit anderen fotosynthetisch aktiven Lebewesen wie Algen um Licht als wichtigem Faktor für die Fotosynthese.

Trophische Beziehung:
Bei der trophischen Beziehung nutzt eine Art die andere als Nahrungsgrundlage (bei Tieren spricht man häufig von einer Räuber-Beute-Beziehung). Da die Mixotrophen Algen fressen, lässt sich auch hier eine trophische Beziehung erkennen. Die Mixotrophen ernähren sich von den Algen, deren Population sie durch den Fraßdruck reduzieren.

Zur Erklärung: Trophische Beziehungen verweisen allgemein auf Nahrungsbeziehungen. Bei carnivoren Tieren lässt sich auch der Begriff Räuber-Beute-Beziehung anwenden. Dieser Begriff passt jedoch nicht bei herbivoren Tieren (man kann nicht von einer Pflanze als Beute sprechen) oder bei manchen Einzellern. Daher bietet es sich an, hier allgemeiner von trophischen Beziehungen zu sprechen. Die Regeln zur Beschreibung der Räuber-Beute-Beziehung (etwa die Lotka-Volterra-Regeln) lassen sich auch auf trophische Beziehungen anwenden.

Symbiose:
Symbiose ist definiert als interspezifische Wechselbeziehung zum gegenseitigen Vorteil bei enger räumlicher Nähe. Dies trifft auf die Art *Noctiluca scintillans* und verschiedene Algen zu. Nach der Aufnahme der Algen durch *N. scintillans* werden diese nicht abgebaut und sind somit im Körper von *N. scintillans* vor Fressfeinden geschützt (Vorteil für die Algen). Der Vorteil für *N. scintillans* liegt in der Bereitstellung der Fotosyntheseprodukte (Glucose) durch die aufgenommenen Algen. Da sich die Algen in ihrem Symbiosepartner befinden (konkret in der Zelle von diesem), kann man hier von einer (zellulären) Endosymbiose sprechen.

3 *Zur Bearbeitung dieser Aufgabe müssen Sie den Text in Material 1 analysieren und mit Blick auf wichtige Informationen auswerten. Beachten Sie, dass Vergleichskriterien nicht nur Unterschiede, sondern auch Gemeinsamkeiten betreffen. Da selbstständig für den Vergleich geeignete Kriterien aus dem Text ausgewählt und ausgewertet werden müssen, ist diese Aufgabe dem AFB II zuzuordnen. Es bedarf hierbei keiner zusätzlichen Erklärung für die vergleichende Gegenüberstellung.*

Kriterium	Phyto-plankton	Zooplankton	Bakterio-plankton	Mixotrophe
Ernährungs-weise	autotroph	heterotroph	heterotroph	auto- und heterotroph
Größe	2–20 Mikrometer	> 200 Mikrometer	0,1 bis 5 Mikrometer	2 Mikrometer bis 1 Millimeter
Fortbewegung	passiv mit der Wasserbewegung			

4 *Bei dieser Aufgabe aus dem AFB II müssen Sie Informationen aus Diagrammen herleiten und im Zusammenhang erklären. Die Erklärung muss dabei immer fachlich korrekt und in Übereinstimmung mit den Befunden in den Diagrammen sein. Trennen Sie bei der Auseinandersetzung mit Diagrammen immer die Beobachtungsebene von der Interpretation. Diagramme enthalten grundsätzlich nur Daten und keine Erklärungen. Diese leiten Sie aus den Daten ab; das sollte sprachlich in Ihrer Antwort deutlich werden. Vermeiden Sie Formulierungen, die Beobachtung, Auswertung und Interpretation vermischen.*

Aus **Abb. 3** geht hervor, dass das Wachstum der Biomasse des Zooplanktons zeitlich versetzt (5 Tage) dem Wachstum des Phytoplanktons folgt. Dasselbe gilt auch für die Abnahme der Biomasse (Phytoplankton nach ca. 15 Tagen; Zooplankton nach ca. 20 Tagen). Diese Abhängigkeit der Kurven ist erklärbar durch die zugrunde liegende trophische Beziehung beider Organismengruppen. Da sich das Zooplankton vom Phytoplankton ernährt, kann deren Biomasse erst bei ansteigender Biomasse des Phytoplanktons wachsen. Nach Dezimierung der Biomasse des Phytoplanktons durch Fraß nimmt daher auch die Biomasse des Zooplanktons ab (auch aufgrund interspezifischer Konkurrenz um Nahrung innerhalb der Zooplankter).

Die Kurven folgen in ihrem Verlauf den Kurven, die man aus den Lotka-Volterra-Modellen zur Beschreibung trophischer Beziehungen kennt (zeitlich versetzter Verlauf).

Der **Abb. 4** lässt sich entnehmen, dass die Vermehrung des Phytoplanktons zeitgleich mit dem Wachstum der Biomasse der konstitutiven Mixotrophen auftritt, wenngleich Erstere weniger stark wachsen. Die Begründung für das zeitgleiche Wachstum ist in der beiden gegebenen Fotosyntheseaktivität zu sehen. Sie benötigen keine Aufnahme wichtiger organischer Stoffe, die das Wachstum schnell limitieren könnte. Der stärkere Anstieg der Biomasse der konstitutiven Mixotrophen ist durch deren trophische Beziehung zum Phytoplankton zu erklären: Dieses wird von den konstitutiven Mixotrophen als Nahrung verwendet und daher wird das Biomassewachstum des Phytoplanktons reduziert. Das Wachstum der konstitutiven Mixotrophen bleibt nach Reduzierung des Phytoplanktons durch Fraß auf hohem Niveau konstant, da die Fotosynthesefähigkeit die Versorgung mit organischen Stoffen sichert. Die Begrenzung des Wachstums bei 10 relativen Einheiten ist durch die Kapazitätsgrenze des Lebensraumes (wird in das Modell einbezogen) zu erklären.

Abb. 5 modelliert einen um 5 Tage versetzten Anstieg der Biomasse bei nicht konstitutiven Mixotrophen, der dem Wachstum des Phytoplanktons folgt und stärker ausfällt (10 relative Einheiten im Vergleich zu knapp 8 beim Phytoplankton). Dieser versetzte Anstieg ist ebenfalls durch die trophische Beziehung zwischen den nicht konstitutiven Mixotrophen und dem Phytoplankton zu erklären: Da Letztere den nicht konstitutiven Mixotrophen als Nahrungsgrundlage dienen, nimmt die Biomasse des Phytoplanktons bei steigender Biomasse der nicht konstitutiven Mixotrophen ab. Mit der Abnahme des Phytoplanktons geht auch eine zeitlich versetzte Dezimierung der Biomasse der nicht konstitutiven Mixotrophen einher, da diese – im Gegensatz zu den konstitutiven Mixotrophen – nicht selbstständig Chloroplasten bilden können, sondern diese durch Aufnahme erwerben, und die Anzahl der Chloroplasten mit jeder Zellteilung abnimmt. Die Tochterzellen erhalten die Hälfte der in der Mutterzelle vorhandenen Chloroplasten. Damit kann die Fotosyntheseaktivität und auch das Wachstum der Biomasse nicht auf dem Niveau konstant bleiben, wie es bei konstitutiven Mixotrophen der Fall ist.

5 *Bei dieser Aufgabe des AFB III müssen Sie eigenständige Argumente für oder gegen eine These anführen und fachlich fundiert zu einem abschließenden Urteil kommen. Das es hierbei um Hypothesen geht bzw. um Aussagen, die sich nicht direkt überprüfen lassen, sollte im Konjunktiv oder hinsichtlich der Aussagen zurückhaltend formuliert werden. Ein abschließendes Fazit sollte Ihr Urteil deutlich werden lassen; hierbei müssen Sie sich nicht festlegen. Es reicht auch ein Ausblick auf weitere notwendige Forschungen.*

Pro:
Abbildung 6 zeigt, dass Mixotrophe dem Meerwasser in 35 Tagen etwa doppelt so viel Kohlenstoffdioxid entziehen wie Phytoplankton. Die Kohlenstofffixierung wirkt dem Treibhauseffekt entgegen, weil Kohlenstoffdioxid gebunden wird. Da Mixotrophe im Besonderen dazu in der Lage sind, könnte eine Zunahme dieser Organismen den Treibhauseffekt verringern. Ein weiterer Aspekt betrifft einige Dinoflagellaten mit Kalkschale. Nach deren Absterben sinken die Schalen auf den Meeresboden und der im Material der Schale (Calciumcarbonat) enthaltene Kohlenstoff wird somit zunächst dem Kohlenstoffkreislauf entzogen.

Zur Präzisierung: Bei der Bildung von Exoskeletten (Außenskeletten) aus Calciumcarbonat werden Carbonat-Ionen benötigt. Diese stammen aus der Dissoziationsreaktion der Kohlensäure. Kohlensäure bildet sich wiederum aus Kohlenstoffdioxid und Wasser. Damit führt schlussendlich die Bildung von Kalk zur Fixierung von Kohlenstoffdioxid.

Contra:
Da jedoch die Biomasse der Mixotrophen von Konsumenten und Destruenten wieder abgebaut wird (beide Vertreter nehmen organisches Material auf und verstoffwechseln es), wird durch eine hohe Biomasse an Mixotrophen auch die Zellatmungsrate und damit die Kohlenstoffdioxid-Abgabe durch die Konsumenten und Destruenten erhöht. Gelangt dieses Kohlenstoffdioxid in die Atmosphäre, wäre das für den Treibhauseffekt sogar förderlich.

Mögliches Fazit:
Durch weitere Computermodelle müsste die exakte Kohlenstoffdioxid-Bilanz (Kohlenstoffdioxid-Fixierung vs. Kohlenstoffdioxid-Abgabe) aller Prozesse und Beziehungen ermittelt werden, an denen Mixotrophe beteiligt sind. Erst dann lässt sich eine verlässliche Aussage über eine potenzielle Verringerung des Treibhauseffekts treffen.

Leistungskurs Biologie (Berlin): Abituraufgaben 2021
Aufgabe C: Evolution und Zukunftsfragen

Thema: Verwandtschaftsverhältnisse der Bären

Die Verwandtschaftsverhältnisse der Bären sind nicht eindeutig zu klären. Morphologisch-anatomische und genetische Vergleiche führen manchmal zu unterschiedlichen Ergebnissen. So wurde der Große Panda einmal den Katzenbären, in einer anderen Betrachtung den echten Bären zugeordnet. Auch die Datierung der Abspaltung der Eisbären von den Braunbären schwankt beträchtlich.

Abb. 1: Großer Panda
Quelle: J. Patrick Fischer/Wikipedia, CC BY-SA 3.0

Aufgaben **BE**

1 Erklären Sie die Ausbildung des gemeinsamen Merkmals „breite Mahlzähne“ bei Kleinem und Großem Panda sowohl für den Fall, dass es sich um ein analoges als auch für den Fall, dass es sich um ein homologes Merkmal handelt. 8

2 Erklären Sie Ablauf und Prinzip von DNA-Hybridisierungsversuchen zur Klärung von Verwandtschaftsbeziehungen.
Werten Sie die vorliegenden Untersuchungsergebnisse von Material 1 und 3 aus und diskutieren Sie diese im Hinblick auf die Verwandtschaftsverhältnisse des Großen Pandas. 20

3 Erklären Sie mithilfe der synthetischen Evolutionstheorie die Entstehung der hohen Fetttoleranz des Eisbären. 6

4 Entwickeln Sie ein Stammbaumschema zu den Untersuchungsergebnissen von Material 5. 8

5 Erklären Sie den Umstand, dass Braun- und Eisbären fruchtbare Nachkommen zeugen können, obwohl sie als getrennte Arten betrachtet werden. Stellen Sie eine Hypothese auf, die den Einfluss der Warmzeiten auf diese Zeugungsfähigkeit darstellt. 8

Material 1: Verwandtschaftsverhältnisse des Großen Pandas

Lange Zeit herrschte Uneinigkeit darüber, ob der Große Panda näher mit dem Kleinen Panda oder dem Schwarzbären verwandt ist. Der Kleine Panda gehört zu den Katzenbären *(Ailuridae)*, der Schwarzbär dagegen zu den Echten Bären *(Ursidae)*.
Die folgende Tabelle führt einige Merkmale der entsprechenden Tiergruppen auf.

Merkmal	Kleiner Panda	Großer Panda	Schwarzbär
Nahrung	überwiegend Bambus	überwiegend Bambus	Allesfresser
Backenzähne	breite Mahlzähne	breite Mahlzähne	Mahlzähne
Zahl der Finger	6. „Pseudofinger"	6. „Pseudofinger"	5
Gestalt	klein, waschbären-artig	groß, stämmig	groß, stämmig
Gewicht	4,5–6 kg	75–160 kg	40–230 kg
Winterruhe	keine Winterruhe	keine Winterruhe	Winterruhe
Gang	kein Passgang	Passgang	Passgang
Schwanzlänge	lang	kurz	kurz

Abb. 1: Merkmale von Kleinem Panda, Großem Panda und Schwarzbär

Material 2: DNA-Hybridisierungen zur Klärung von Verwandtschaftsverhältnissen

Zur Klärung von Verwandtschaftsverhältnissen kann man DNA-Hybridisierungen durchführen. Der Schmelzpunkt T_{50} gibt an, bei welcher Temperatur 50 % der DNA-Hybride wieder getrennt werden.

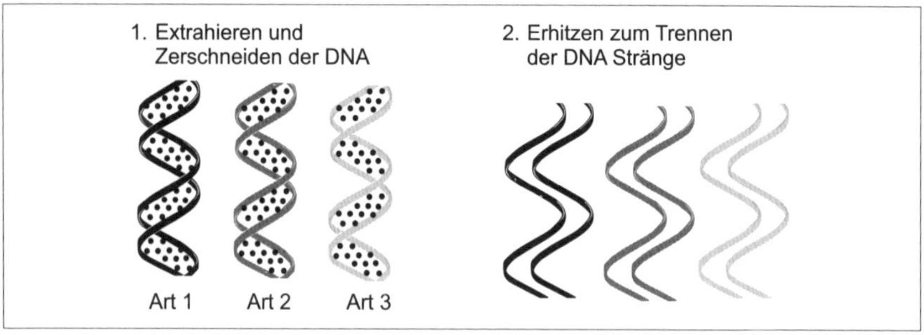

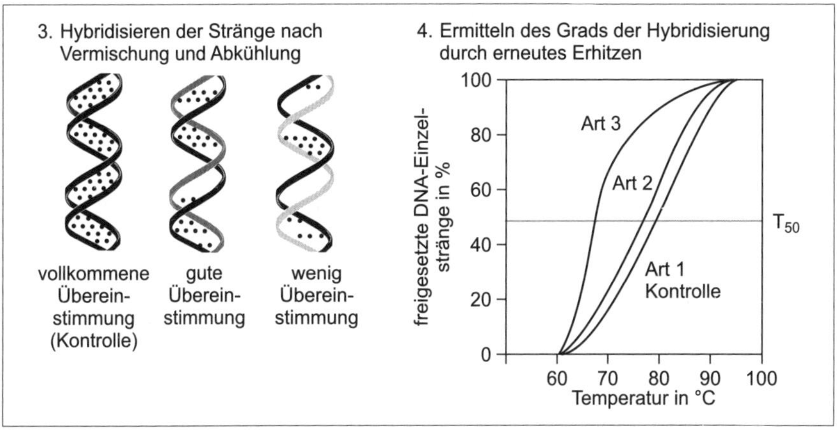

Abb. 2: Prinzip der DNA-Hybridisierung

Quelle: Prof. U. WEBER (Hrsg.): Biologie Oberstufe. Cornelsen Berlin 2015

Material 3: DNA-Hybridisierungen des Großen Pandas

DNA-Hybridisierungen des Großen Pandas mit mehreren systematisch relevanten Bärenarten ergaben folgende Ergebnisse:

DNA der Art ...		Schmelzpunkt T_{50} in °C von DNA-Hybriden
... Braunbär (echter Bär)	+ DNA des Großen Pandas	80,2 °C
... Kragenbär (echter Bär)		83,1 °C
... Schwarzbär (echter Bär)		83,4 °C
... Brillenbär (echter Bär)		87,1 °C
... Kleiner Panda (Katzenbär)		74,0 °C
... Großer Panda		99,0 °C

Tab. 2: Ergebnisse von verschiedenen Hybridisierungsversuchen

Quelle: Jungbauer, Wolfgang: Biologie, Evolution, Abitur- und Klausuraufgaben. Aulis-Verlag, Seelze 2018

Material 4: Die Fetttoleranz der Eisbären

Eisbären haben gemeinsame Vorfahren mit den Braunbären. Sie unterscheiden sich von diesen vor allem durch zwei Besonderheiten: Erstens sind sie durch ihre weiße Fellfarbe gut getarnt. Zweitens ernähren sie sich extrem fettreich von Robbenspeck und erreichen im Extremfall einen Körperfettanteil von annähernd 50 %. Ein solcher Fettanteil und entsprechende Blutfettwerte stellen ein extremes Gesundheitsrisiko in Bezug auf Arteriosklerose („Arterienverkalkung") und ihre Folgekrankheiten dar. Ein internationales Forscherteam ging der Frage nach, welche Gene diese Besonderheiten der Eisbären bewirkt haben. Tatsächlich fand man in der Analyse neben zwei Genen, die für die Fellfarbe verantwortlich sind, noch neun weitere Gene, die in Zusammenhang mit dem Fettstoffwechsel stehen. Dazu zählt insbesondere eine Variante des Gens APOB. Es codiert das Apolipoprotein B, mit dessen Hilfe Cholesterin, Fettsäuren und andere Lipide im Blut transportiert werden und die Eisbären offenbar vor den negativen Folgen der hohen Blutfettwerte schützen.

Material 5: Genetische Untersuchungen zur Abstammung des Eisbären

Bei neueren Untersuchungen von 2010/2011 verglich man das gesamte Genom verschiedener Bärenarten (jeweils mehrere Tiere), um Rückschlüsse auf deren Stammbaum ziehen zu können. Dabei zeigte sich, dass Braun- und Eisbären schon seit ca. 600 000 Jahren eine getrennte Entwicklung nehmen. Des Weiteren fand man heraus, dass sich die Linie des Großen Pandas von den übrigen Bärengruppen schon vor ca. 14–24 Millionen Jahren trennte. Vor 9–17 Millionen Jahren spaltete sich die Linie des Brillenbären ab. Der Schwarzbär trennte sich von den Braun- und Eisbären vor ca. 1–5 Millionen Jahren.

Quelle: http://www.senckenberg.de/root/index.php?page_id=16896 (07. 07. 2019)
http://www.scienceticker.info/2014/05/08/wie-der-braunbaer-zum-eisbaeren-wurde/ (07. 07. 2019)

Material 6: Einfluss von Warmzeiten auf die Paarung

Eisbären und Braunbären können noch heute fruchtbare Nachkommen zeugen, wenn sie sich am Rand ihrer Lebensräume begegnen. Die zunehmend späte oder fehlende Vereisung während einer Warmzeit zwang die Eisbären, länger auf dem Festland zu bleiben. Dadurch stieg die Wahrscheinlichkeit, auf paarungsbereite Braunbären zu treffen, die ihrerseits durch höhere Temperaturen weiter nach Norden vordrangen. Die Abbildung 3 zeigt Warmzeiten (hellgrau markiert) und Kaltzeiten (dunkelgrau markiert) der letzten eine Millionen Jahre.

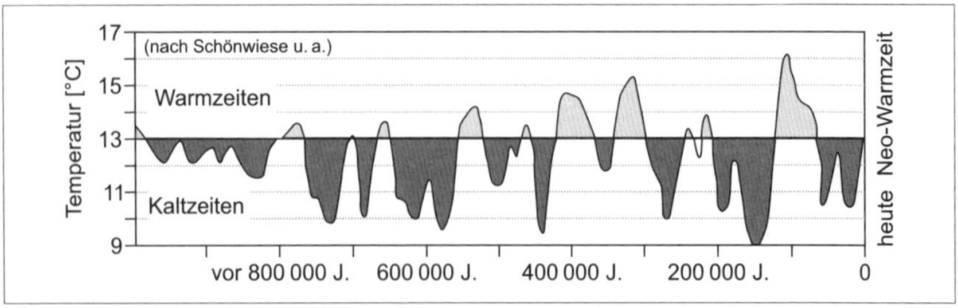

Abb. 3: Temperaturkurve der letzten eine Millionen Jahre nach SCHÖNWIESE

Quelle: Wolfram Benz: Von der Entstehung unserer Landschaft im Westallgäu. In: Ratzenried – Eine Allgäuer Heimatgeschichte. Ratzenried, Verein zur Pflege von Heimat und Brauchtum e.V., 1986

Lösungsvorschläge

1 *Bei dieser Aufgabe müssen Sie das im Unterricht erworbene Wissen zum Konzept der Analogie bzw. Homologie in der Evolutionsbiologie auf einen konkreten Fall anwenden (AFB I). Eine detaillierte Auswertung des Materials ist hierbei nicht notwendig.*

Analoge Merkmale weisen eine Übereinstimmung in Funktion und meistens auch Form auf, die aufgrund ähnlicher Umweltbedingungen und damit dem Druck ähnlicher Selektionsfaktoren entstanden sind. Analoge Merkmale können dabei mehrfach unabhängig im Lauf der Evolution der Arten entstehen und sind kein Hinweis auf eine stammesgeschichtliche Verwandtschaft. Diese Entwicklung bezeichnet man als konvergent. Die Mahlzähne des Kleinen sowie des Großen Pandas wären dann vor dem Hintergrund eines ähnlichen Nahrungsspektrums (hier: Bambus) unabhängig voneinander entstanden, da durch ihre Form und Struktur das Zermahlen von pflanzlicher Nahrung effizient gewährleistet ist.

Homologe Merkmale sind durch enge stammesgeschichtliche Verwandtschaft bestimmt, können aber aufgrund unterschiedlicher Umweltbedingungen und damit dem Druck unterschiedlicher Selektionsfaktoren verschiedene Ausprägungen annehmen. Wenn es sich bei den Mahlzähnen um homologe Organe handelt, sind diese auf eine gemeinsame Stammart von Kleinem und Großem Panda zurückzuführen und durch ihnen zugrunde liegende gemeinsame genetische Informationen begründet. Zur Überprüfung einer vermeintlichen Homologie werden drei Homologiekriterien angewendet.

Die Homologiekriterien beziehen sich auf die Lage im Gesamtbauplan (Kriterium der Lage) sowie die spezifische Qualität der Struktur oder des Organs (Kriterium der Qualität). Ein drittes Kriterium betrifft die Verbindung über Zwischenformen (Kriterium der Kontinuität).

2 *Diese Aufgabe ist zweigeteilt. Die Erklärung der Methode der DNA-Hybridisierung (AFB I) kennen Sie aus dem Unterricht und Sie können zudem die Abb. 2 als Hilfestellung verwenden. Im zweiten Schritt ist eine Auswertung gefordert (AFB II). Es ist sinnvoll, zunächst Material 3 in Ihre Darstellung einzubeziehen, und erst dann Material 1, da sich Material 3 direkt auf die zuvor dargestellte DNA-Hybridisierung bezieht. Anschließend sollte dann auch die Tabelle in Material 1 ausgewertet und mit den bisherigen Ergebnissen kritisch abgeglichen werden. Beachten Sie die hohe BE-Zahl von 20, die Ausführungen sollten also detailliert sein.*

Ablauf und Prinzip von Hybridisierungsversuchen:
Wenn Arten auf ihre Verwandtschaft hin untersucht werden sollen, wird bei Hybridisierungsversuchen die DNA der zu untersuchenden Arten zunächst isoliert und erhitzt. Dadurch werden die Wasserstoffbrückenbindungen des Doppelstrangs gelöst und die DNA in Einzelstränge überführt (Denaturierung der DNA). In einem zweiten Schritt werden die Einzelstränge der jeweiligen artspezifischen DNA zusammengebracht und abgekühlt. Durch die Abkühlung verbinden sich die

Einzelstränge zu einem Doppelstrang, der nun als DNA-DNA-Hybrid-Doppelstrang bezeichnet wird, da er zu 50 % aus der DNA der einen und zu 50 % aus der DNA der anderen Art besteht. Nun wird die Hybrid-DNA erneut erhitzt und gemessen, welche Temperatur (Schmelztemperatur) benötigt wird, um die DNA wieder denaturieren zu lassen. Als Orientierungswert für die Verwandtschaftsanalyse wird dabei der T_{50}-Wert genommen, bei dem 50 % der Hybrid-DNA denaturiert ist.
Das Prinzip dahinter ist folgendes: Bei eng verwandten Arten geht man von einer hohen Übereinstimmung in ihren Genen (Basenabfolge) aus. Je höher die Schmelztemperatur, desto mehr Wasserstoffbrückenbindungen können sich aufgrund der Basenentsprechung bei der Hybridisierung der beiden DNA-Einzelstränge bilden. Daraus kann gefolgert werden, dass sich die DNA-Stränge bei einem hohen T_{50}-Wert in ihrer Basenabfolge sehr ähnlich sind und damit die Arten als eng verwandt anzusehen sind.

Hinweis zur Abbildung 2 zum Prinzip der DNA-Hybridisierung: Das Aussehen und die Beschriftung der Schmelzkurven im Diagramm unter Punkt 4 könnten suggerieren, dass sich die Kurven auf die Denaturierungstemperatur der artreinen DNA beziehen. Die Schmelzkurven beziehen sich jedoch auf Hybrid-DNA, die jeweils aus der DNA der Art 1 (50 %) und der zu vergleichenden Art (50 %) gebildet wird. Art 1 wird deshalb im Diagramm auch als Kontrolle bezeichnet.

Auswertung Material 3: Die DNA des Großen Pandas zeigt die größte Übereinstimmung mit der DNA des Brillenbärs *(Ursidae)*, da erst bei einer Temperatur von 87,1 °C der T_{50}-Wert erreicht ist. Die geringste Übereinstimmung in der Basenabfolge findet sich bei der DNA des Kleinen Pandas *(Ailuridae)*, dessen Hybrid-DNA bereits bei 74 °C zu 50 % denaturiert ist. Die drei übrigen Bären weisen mit Temperaturen von 80,2 °C (Braunbär) und um die 83 °C (Kragenbär, Schwarzbär) Werte dazwischen auf.

Auswertung Material 1: Die Tabelle enthält sowohl morphologische als auch ethologische (auf das Verhalten bezogene) Merkmale. Beim Vergleich des Großen Pandas mit dem Kleinen Panda und dem Schwarzbären fällt auf, dass der Große Panda Ähnlichkeiten zu beiden Arten aufweist. So besitzt er wie der Kleine Panda, der zu den Katzenbären gehört, breite Mahlzähne und einen 6. Pseudofinger. Hinsichtlich des Verhaltens ähnelt er dem Kleinen Panda darin, dass der Große Panda keine Winterruhe hält und hauptsächlich Bambus frisst. Der kurze Schwanz, das Körpergewicht und die stämmige Gestalt (morphologische Merkmale) und der Passgang stellen hingegen Übereinstimmungen mit dem Schwarzbären (Echter Bär) dar.

Diskussion: Da morphologische Merkmale auch durch konvergente Entwicklung entstehen können und nicht sicher ein Hinweis auf stammesgeschichtliche Verwandtschaft sind und sich zudem auch einige morphologische Merkmale des Großen Panda mit denen des Schwarzbären decken, ist aufgrund der engen genetischen Ähnlichkeit davon auszugehen, dass der Große Panda eher zu den Echten Bären *(Ursidae)* als zu den Katzenbären *(Ailuridae)* gehört.

3 *Das grundlegende Erklärungsschema der synthetischen Evolutionstheorie kennen Sie aus dem Unterricht. Da Sie dieses Schema nun auf einen konkreten Fall anwenden müssen, entspricht diese Aufgabe dem AFB II. Achten Sie bei den Ausführungen auf eine strukturierte Darstellung sowie die Verwendung wichtiger Fachbegriffe und verknüpfen Sie einzelne Schritte logisch miteinander (es eignen sich hierfür Wörter wie „somit“, „dadurch“ oder auch „folglich“).*

Durch eine **zufällige Mutation** entsteht eine Veränderung der Basenabfolge am APOB-Gen, eine Genvariante entsteht. Somit ist eine größere **Variabilität** innerhalb der Eisbärenpopulation gegeben. Die Mutation bewirkt eine Veränderung des Fettstoffwechsels: Fettsäuren, Cholesterine und andere Lipide werden durch das neue Genprodukt (Apolipoprotein B) nun effizienter im Blut transportiert, wodurch das Risiko kardiovaskulärer Erkrankungen reduziert wird. Diese Wirkung des Genprodukts stellt einen **Selektionsvorteil** hinsichtlich der Verwertung der Nahrung dar: Die Eisbärindividuen mit dem Gen für Apolipoprotein B **erhöhen ihre Fitness** durch die bessere Verwertung der Nahrung und durch den schnelleren Transport der Stoffe des Fettstoffwechsels im Blut. Träger des ursprünglichen Gens werden selektiert, da sie anfälliger für sehr hohe Blutfettwerte und daraus resultierenden Krankheiten sind (geringere Fitness). Die Träger des mutierten Gens haben dadurch weniger Konkurrenz und einen **höheren Reproduktionserfolg**. Das mutierte APOB-Gen wird somit häufiger **weitervererbt** und seine Häufigkeit innerhalb der Eisbärenpopulation nimmt zu.

4 *Achten Sie darauf, übersichtlich zu arbeiten und eventuell eine Beschriftung zu ergänzen, die die Grafik leicht verständlich macht. Sie müssen zur Bearbeitung dieser Aufgabe alle für die Erstellung des Stammbaumschemas zentralen Informationen aus dem Text in Material 5 entnehmen (dazu gehören die einzelnen Arten und die Datierung der hypothetischen Abspaltung). Eine schriftlich ausformulierte Erklärung der Grafik ist nicht notwendig.*

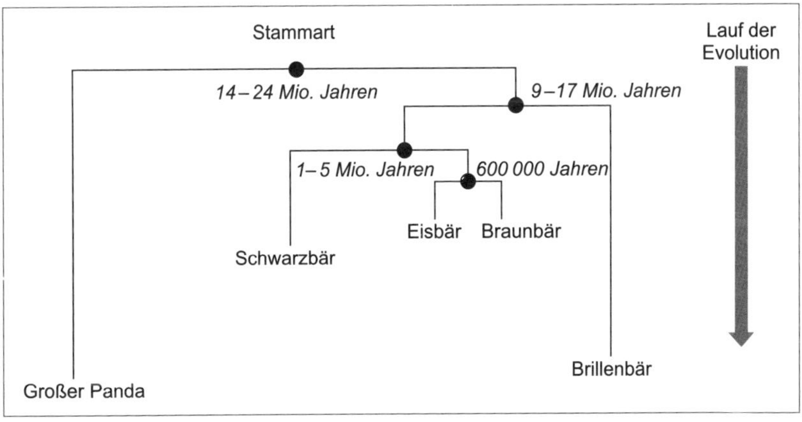

5 *Im ersten Teil der Aufgabe sollen Sie zunächst klären, warum der Umstand, dass Eisbär und Braunbär als eigene Arten gelten, vor dem Fakt, dass sie fruchtbare Nachkommen erzeugen, auffällig ist. Das Bilden von Hypothesen gehört grundsätzlich dem AFB III an, da Sie hier selbstständig Erklärungsansätze für ein gegebenes Phänomen entwickeln müssen. Da es sich dabei um Annahmen handelt, sollten Sie im Konjunktiv formulieren. Beachten Sie, dass es für diese Aufgabe eine vergleichsweise geringe Anzahl an Punkten gibt. Daher sollten die Ausführungen nicht zu umfangreich, dafür aber präzise und klar verständlich sein.*

Erklärung:
Nach dem reproduktiven Artkonzept sind Arten reproduktiv voneinander isoliert; das bedeutet, sie erzeugen keine fertilen (fruchtbaren) Nachkommen. Dies ist jedoch bei den beiden Bärenarten der Fall, weshalb es verwundert, dass sie als eigene Arten gelten. Offensichtlich hat die geographische und auch ökologische Isolation der beiden Arten (noch) nicht zu einer reproduktiven Isolation geführt, weshalb man davon ausgehen muss, dass der Artbildungsprozess noch nicht vollends abgeschlossen ist.

Mögliche Hypothese:
Die regelmäßigen Warmzeiten auch nach der getrennten Entwicklung von Eisbär und Braunbär vor ca. 600 000 Jahren könnten dazu beigetragen haben, dass beide Arten sich im selben Gebiet aufhielten und auch die Möglichkeit zur Fortpflanzung gegeben war. Damit wäre die reproduktive Isolation verhindert worden, da der regelmäßige Genfluss immer noch möglich gewesen wäre. Durch die Veränderung des Lebensraums des Eisbären durch die Warmzeiten sind für seinen Lebensraum typische Selektionsfaktoren (niedrige Temperatur, Packeis als Umgebung) hinsichtlich ihres Selektionsdruckes eventuell abgeschwächt worden. Damit wiesen auch die weniger gut angepassten Braunbären einen stabilen Reproduktionserfolg im Gebiet der Eisbären auf, wodurch zwei stabile Populationen entstanden und stetiger Genfluss zwischen beiden hypothetisch möglich war; dies hätte dann ebenfalls der reproduktiven Isolation entgegengewirkt.

Grund- und Leistungskurs Biologie (Berlin)
Abituraufgaben 2022

Um Ihnen die Prüfung 2022 schnellstmöglich zur Verfügung stellen zu können, bringen wir sie in digitaler Form heraus.

Sobald die Original-Prüfungsaufgaben 2022 freigegeben sind, können sie als PDF auf der Plattform **MyStark** heruntergeladen werden (Zugangscode vgl. Farbseiten vorne im Buch).

Prüfung 2022

www.stark-verlag.de/mystark

Erhöhtes Anforderungsniveau Biologie (Brandenburg): Abituraufgaben 2019
Aufgabe A: Zellbiologie, Genetik

Thema: „Peel it, boil it, cook it – or forget it!" („schälen, kochen, braten oder vergessen")

Diese Empfehlung richtet sich an Tropenreisende, von denen jedes Jahr 20 bis 80 % an Durchfall erkranken. Meist ist diese lästige Erkrankung nach 3–7 Tagen überstanden, manchmal dauert die Genesung aber auch bis zu vier Wochen. Einer der bakteriellen Durchfallerreger, dessen Vermehrung durch warme Temperaturen und mangelnde Hygiene gefördert wird, ist *Vibrio cholerae.*

Aufgaben

1 Untersuchen Sie die drei Proben A, B und C auf das Vorhandensein von Glucose. Wählen Sie die richtigen Geräte und Chemikalien aus Material 1 aus.
Protokollieren Sie Ihre Durchführungen und Beobachtungen und werten Sie diese aus. 11

2 Vergleichen Sie aktive und passive Transportvorgänge tabellarisch mithilfe selbstgewählter Kriterien.
Beschreiben und erklären Sie die Untersuchungsergebnisse zum Glucosetransport durch Membranen. 12

3 Erläutern Sie die krankmachende Wirkung des Bakteriums mithilfe des Materials 4.
Begründen Sie die Entstehung der Durchfälle. 8

4 Entwickeln Sie ein Fließschema für die Umsetzung der genetischen Information von der DNA zum Bakterieneiweiß.
Begründen Sie den Einsatz von Tetracyclinen bei der Bekämpfung von Cholerabakterien. 10

5 Das Gen für Choleratoxin wird erst bei hoher Keimdichte und sinkender Glucosekonzentration im Darm aktiviert.
Beurteilen Sie diesen Vorgang als Überlebensstrategie des Endoparasiten *Vibrio cholerae.*
Begründen Sie die im Eingangstext erwähnten Empfehlungen an Tropenreisende. 9

Material 1: Nachweis von Glucose

Für den Nachweis stehen Ihnen folgende Geräte und Chemikalien zur Verfügung: Reagenzgläser, Wasserbad, Schutzbrille, drei Lösungen A, B, C, Fehling I und Fehling II, 3 %ige Natronlauge, Iod-Kaliumiodid-Lösung (Lugolsche Lösung)

Material 2: Informationen zum Choleraerreger

Das Cholerabakterium ist ein kommaförmiges, salzliebendes Bakterium, das fakultativ anaerob leben kann. Einfache Kohlenhydrate wie Glucose und andere einfache Kohlenhydrate, die im Darm des Menschen bei der Verdauung entstehen und in das Blut transportiert werden, sind seine Energiequellen. Mithilfe seiner langen Geißel kann es sich sehr schnell fortbewegen.
Es kommt normalerweise in salzhaltigem Brackwasser vor. Die Übertragung auf den Menschen erfolgt oft durch ungenügend aufbereitetes Trinkwasser oder Lebensmittel, die mit verunreinigtem Trinkwasser in Berührung gekommen sind.
Cholerabakterien sind säureempfindlich. Das heißt, wenn nicht eine sehr hohe Zahl von Krankheitserregern aufgenommen wird, überleben nicht genügend Bakterien das Magenmilieu eines gesunden Menschen.
Bei den meisten Menschen verläuft die Infektion ohne Symptome oder mit leichten Durchfällen.
Bei hoher Keimbelastung kommt es aber auch zu heftigen Durchfällen, bei denen bis zu einem Liter Flüssigkeit pro Stunde ausgeschieden wird. Wenn nicht genügend Wasser und Mineralsalze zugeführt werden, kommt es zur Austrocknung des Körpers.
Eine Behandlung mit Antibiotika verkürzt die Dauer der Krankheit und senkt die Ausscheidung von Krankheitserregern.
Als Antibiotika werden zum Beispiel Tetracycline eingesetzt, die die Anlagerung der tRNA verhindern.

Material 3: Glucosetransport durch Membranen

In einem Experiment wurde der Glucosetransport durch Membranen untersucht. Bei A wurde eine biologische Membran verwendet, bei B eine künstliche Lipiddoppelschicht eingesetzt.
Die Ergebnisse zeigt das nebenstehende Diagramm.

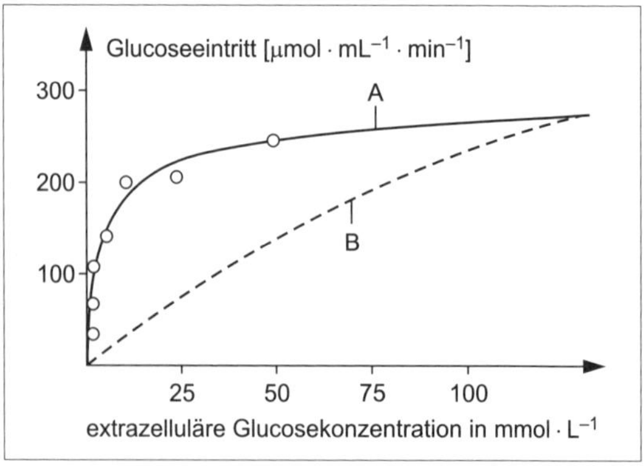

Abb. 1

Material 4: Die krankmachende Wirkung des Bakteriums *Vibrio cholerae*

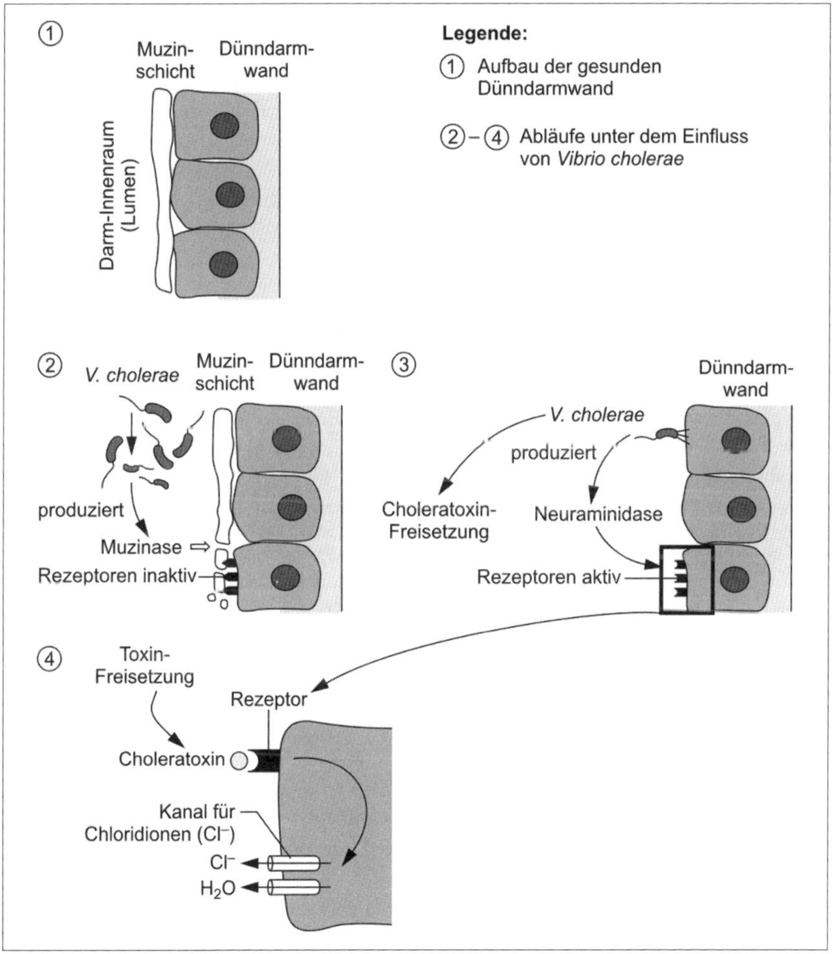

Abb. 2

Material basiert auf:
Unterricht Biologie, Friedrich Verlag GmbH Seelze, Heft 408, 2015, S. 13.
Unterricht Biologie, Friedrich Verlag GmbH Seelze, Heft 233, 2018.
Schroedel Verlag GmbH, Hannover, Lehrermaterialien Biologie, Teil 1–3, 1999, S. 34.

Lösungsvorschläge

1 *Bei dieser praktischen Aufgabe kommt es darauf an, die richtigen Chemikalien aus Material 1 für den Nachweis von Glucose auszuwählen und drei Reagenzgläser mit den Proben A, B und C mit den gleichen Chemikalien im gleichen Mischungsverhältnis zu versehen. Die Durchführung muss bei jeder Probe auf dieselbe Art und Weise erfolgen. Beim Experimentieren sollte sauber und gemäß den Sicherheitsvorschriften mit Schutzbrille, Kittel, Pipetten und Reagenzglasklammer gearbeitet werden. Die ausgewählten Chemikalien sowie die dazugehörigen Mengenangaben sind für die Nachweisreaktion und folglich für die Beobachtung von entscheidender Bedeutung.*

Durchführung:
Um Glucose nachzuweisen, wird die Fehling-Probe angewendet. Dazu werden in drei Reagenzgläser jeweils 8–10 Tropfen Fehling I und 8–10 Tropfen Fehling II gegeben. Anschließend werden die Reagenzgläser mit etwa 2 mL der Proben A, B und C versehen, sodass in jedem Reagenzglas das Fehling-Gemisch und eine der drei Proben sind. Die Lösungen in den drei Reagenzgläsern werden nun durch Schwenken etwas vermischt und nacheinander für etwa zwei Minuten in ein heißes Wasserbad gestellt. Nach den zwei Minuten erfolgt die Beobachtung.

Beobachtung:
Die Reagenzgläser mit den Proben A und B erscheinen nach dem Wasserbad tiefblau. Das Reagenzglas mit Probe C verfärbt sich orange bis rötlich.

Auswertung:
In Probe C ist Glucose enthalten, da die Fehling-Probe bei Vorhandensein von Glucose eine orange bis rötliche Färbung verursacht. Demzufolge ist in den Proben A und B keine Glucose enthalten, da die Fehling-Probe hier negativ ist.

Die freie Aldehydgruppe der Glucose wird zu einer Carboxylgruppe oxidiert und die in der Fehling-Lösung enthaltenen Kupferionen reduziert. Dies ist am roten Niederschlag zu erkennen.

2 *Die Schwierigkeit dieser Aufgabe besteht darin, dass hier drei verschiedene Teilaufgaben aufgeführt sind, die drei unterschiedliche Operatoren beinhalten. Da 12 BE vergeben werden, sollten Sie auf eine ausführliche Beantwortung achten. Der Operator „vergleiche […] tabellarisch" erfordert eine Tabelle. Wichtig hierbei ist eine eindeutige Ausformulierung der Kriterien sowie eine Auflistung von Gemeinsamkeiten und Unterschieden. Zur Beschreibung und Erklärung der Untersuchungsergebnisse muss hier Material 3 herangezogen werden. Die Beschreibung der Untersuchungsergebnisse verlangt eine genaue Analyse der beiden Kurven, wobei insbesondere die Anstiege und das Erreichen der Extremwerte ins Verhältnis mit unterschiedlichen Glucosekonzentrationen gesetzt werden müssen. Der Operator „erklären" verlangt schließlich eine Begründung der jeweiligen Kurvenverläufe unter Einbezug der Informationen zu den verschiedenen Membranen.*

Tabellarischer Vergleich der Transportvorgänge:

Vergleichs-kriterien	aktive Transport-vorgänge	passive Transportvorgänge
Energieverbrauch (in Form von ATP)	ja	nein (über Diffusion)
Transportrichtung	entgegen des Konzentrationsgradienten	mit dem Konzentrationsgradienten
Art der Transportvorgänge	primär aktiver Transport, sekundär aktiver Transport	einfache Diffusion, kanalvermittelte Diffusion, Carrier-vermittelte Diffusion
Spezifität für die transportierten Stoffe	Spezifität der Transportproteine (z. B. Ionenpumpe oder Protonenpumpe)	unspezifisch bei Diffusion (kleine polare Moleküle), spezifisch bei kanalvermittelter und Carrier-vermittelter Diffusion (große Moleküle)
Teilchengröße	abhängig von der Transportart (häufig Ionen und große Moleküle)	kleine polare Moleküle (bei Diffusion), Ionen bis hin zu großen Molekülen
Hemmbarkeit	ja	ja (bei kanal- und Carrier-vermittelter Diffusion)
zu überwindende Barriere	Membranen	Membranen

Beschreibung:
Material 3 zeigt ein Diagramm zum Glucoseeintritt bei verschiedenen Membranen bei unterschiedlichen Glucosekonzentrationen in einem extrazellulären Medium. Die **Kurve A** veranschaulicht hierbei den Glucoseeintritt durch eine biologische Membran. Die Kurve ist durch einen steilen – fast logistischen – Anstieg gekennzeichnet. Ab einer Glucosekonzentration im Außenmedium von etwa 20 $mmol \cdot L^{-1}$ flacht die Kurve ab und nimmt die Form einer Sättigungskurve an. Bei dieser Konzentration ist bereits ein Glucoseeintritt von 200 $\mu mol \cdot mL^{-1} \cdot min^{-1}$ zu erkennen, der bei einer Erhöhung der Außenkonzentration auf 100 $mmol \cdot L^{-1}$ lediglich auf etwa 250 $\mu mol \cdot mL^{-1} \cdot min^{-1}$ steigt. Die **Kurve B** zeigt den Glucoseeintritt einer künstlichen Lipiddoppelschicht. Sie hat einen deutlich flacheren Anstieg und verläuft konstant linear. Ein Glucoseeintritt von 200 $\mu mol \cdot mL^{-1} \cdot min^{-1}$ wird hier erst bei einer Außenkonzentration von etwa 80 $mmol \cdot L^{-1}$ erreicht.

Erklärung:
Zu erklären sind diese Unterschiede bei den Glucoseeintritten durch den Bau der hier untersuchten Membranen. Da in einer **biologischen Membran** Carrierproteine vorhanden sind, kann Glucose sowohl Carrier-vermittelt als auch über einfache Diffusion durch die Membran gelangen. Mithilfe dieser Transportproteine (Carrier) kann Glucose bereits bei sehr geringen Konzentrationen im Außenmedium in großen Mengen durch die Biomembran transportiert werden. Allerdings

ist deren Transportkapazität begrenzt. Wenn alle Transportproteine besetzt sind, kann auch durch eine Steigerung der Konzentration im Außenmedium der Glucoseeintritt nicht mehr erhöht werden. In **künstlichen Lipiddoppelschichten** fehlen diese Carrier, sodass eine erleichterte Diffusion von Glucose hier nicht möglich ist, was eine geringere Diffusionsrate bedeutet und den flacheren und linearen Anstieg der Kurve erklärt.

3 *Diese Aufgabe ist zweigeteilt und enthält zwei Operatoren. Die Erläuterung soll sich dabei auf die Abbildungen in Material 4 beziehen und erfordert eine verdeutlichende Ausformulierung der hier abgebildeten Teilschritte. Die Entstehung des Durchfalls muss anhand der Abbildung 4 hergeleitet werden. Greifen Sie dabei auf Ihre Kenntnisse zu Osmose und Diffusion aus dem Unterricht zurück.*

Im gesunden Zustand sind die Dünndarmwand und die sich dort befindenden Zellen durch eine Muzinschicht bedeckt. Befindet sich *Vibrio cholerae* im Dünndarm, sondert dieses Bakterium das Enzym Muzinase ab, welches die schützende Muzinschicht abbaut. Dadurch werden die Dünndarmwandzellen für das Bakterium direkt erreichbar. Das Bakterium setzt sich anschließend auf die Zellen der Dünndarmwand und produziert ein weiteres Enzym, die Neuraminidase. Dieses Enzym aktiviert auf den Dünndarmwandzellen befindliche Rezeptoren, die ursprünglich in einem inaktiven Zustand waren. Eine Aktivierung jener Rezeptoren hat zur Folge, dass sich das von den Bakterien freigesetzte Choleratoxin nun an diese Rezeptoren binden kann. Das Besetzen dieser Rezeptoren bewirkt eine Öffnung von Chloridionenkanälen in den Darmwandzellen. Folglich strömen Chloridionen entlang des Konzentrationsgradienten in das Darmlumen. Der durch die Chloridionen entstehende elektrochemische Gradient zwischen Darmlumen und Darmwandzellen bewirkt eine zusätzliche Diffusion von Wassermolekülen ins Darmlumen. Dies bedingt dann den massiven Durchfall. Je mehr Chloridionenkanäle durch das Choleratoxin geöffnet werden, desto mehr Wasser strömt passiv in das Darmlumen nach und desto stärker ist der Durchfall.

4 *Die Herausforderung dieser Aufgabe besteht insbesondere darin, die üblicherweise intensiv behandelte Proteinbiosynthese übersichtlich zusammengefasst und unter Verwendung von Fachsprache in einem Fließschema darzustellen. Dafür sind 5 BE vorgesehen. Die Begründung zum Einsatz von Tetracyclinen basiert auf der Aussage in Material 2: „Als Antibiotika werden zum Beispiel Tetracycline eingesetzt, die die Anlagerung der tRNA verhindern.“ Es muss daher im zweiten Teil der Aufgabe eine kausale Verknüpfung zwischen dieser Aussage und einem möglichen Absterben der Bakterien hergeleitet werden.*

Fließschema:

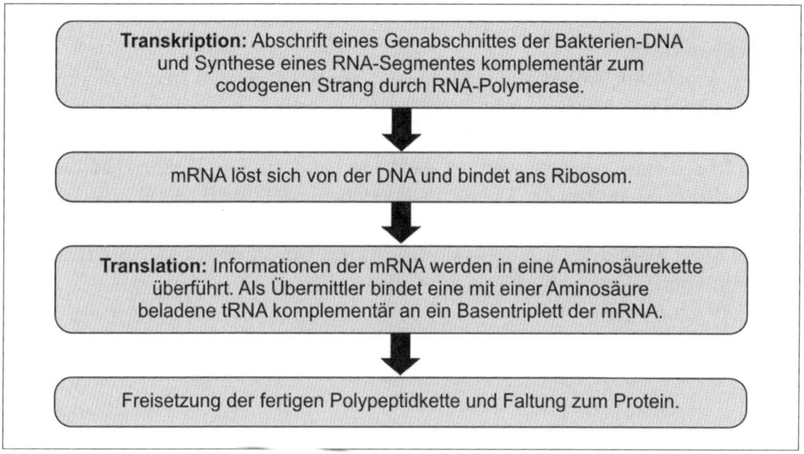

Begründung:
Tetracycline verhindern die Anlagerung der tRNA an die Ribosomen und damit auch an die mRNA. Folglich können keine Aminosäuren zu einer Polypeptidkette am Ribosom verbunden werden. Letztlich ist dadurch die Proteinbiosynthese gestört und die Bakterien können ihre lebenswichtigen Enzyme nicht mehr produzieren. Dieser Umstand führt folglich zum Tod der Bakterien.

5 *Beachten Sie zur Lösung der Aufgabe die Begriffe Endoparasit und Überlebensstrategie. Es soll die Aussage zur glucose- und populationsabhängigen Genexpression von Choleratoxin als eine mögliche Überlebensstrategie des Parasiten betrachtet werden. Dazu muss auch die Durchfallerscheinung als zu beurteilende Variable mit herangezogen werden, ebenso wie der Umstand einer zu großen Parasitenpopulation in einem Wirt. Diese Teilaufgabe entspricht dem AFB III.*
Abschließend sollen die im Eingangstext aufgestellten Empfehlungen mithilfe der Übersetzung als mögliche Schutzmaßnahmen für Tropenreisende begründet werden. Wichtig ist hierbei, dass Sie die Empfehlungen einzeln betrachten.

Beurteilung:
Parasiten nutzen ihre Wirte als Nahrungsquelle und als Ort der Vermehrung. Bei *Vibrio cholerae* ist zu beobachten, dass das durchfallauslösende Choleratoxin erst bei einer hohen Keimdichte und bei sinkenden Glucosekonzentrationen aktiviert wird. Dieser Umstand deutet darauf hin, dass innerartliche Konkurrenzerscheinungen, in diesem Fall um den Nährstoff Glucose, den Wassereinstrom aus der Darmschleimhaut in den Darm über die Genexpression von Choleratoxin stimulieren. Durch die eintretenden Durchfallerscheinungen wird ein Teil der Keime aus dem Ursprungswirt herausgeführt, um die Konkurrenz zu vermindern. Potenziell können diese Bakterien nun neue Wirte befallen. Die Vermeidung von innerartlicher

Konkurrenz durch das Verlassen des Wirts über den Durchfall kristallisiert sich somit bei *Vibrio cholerae* als Überlebensstrategie heraus.

Begründung:
Tropenreisende sollten einige Empfehlungen beachten, um Durchfallerkrankungen zu vermeiden. Nahrungsmittel, wie Früchte, sollten geschält **(peal it)** werden, da somit mögliche Keime (wie Cholerabakterien), die auf der Oberfläche der Nahrung zu finden sind, beseitigt werden. Auch ein Erhitzen oder Kochen **(boil it, cook it)** führt zum Absterben der Keime, da überlebenswichtige Enzyme bzw. Proteine bei diesen Temperaturen denaturieren. Um ganz sicherzugehen, sollte man potenziell belastete Nahrung gar nicht erst essen **(forget it)**, sodass mögliche Keime sicher nicht vom Körper aufgenommen werden.

Erhöhtes Anforderungsniveau Biologie (Brandenburg): Abituraufgaben 2019
Aufgabe B: Neurobiologie, Zellbiologie, Genetik, Ökologie, Evolution

Thema: Nobelpreis 1997: Das älteste Rad der Welt

Sie ist für das bloße Auge nicht sichtbar und man kann sie nicht spüren, aber bis zu 40 % der Energie unseres Körpers fließen in die mikroskopisch kleinen Natrium-Kalium-Pumpen, um sie mit der benötigten Energie zu versorgen. Die Natrium-Kalium-Pumpe wurde 1957 vom dänischen Mediziner J. C. SKOU entdeckt. Er hatte damit den ersten Vertreter einer Enzymklasse gefunden, der wie eine ständig laufende Klimaanlage die Bedingungen im Inneren der Zelle reguliert. Sie funktioniert nach Art eines „Wasserrades“, das von einem Ionenstrom in Rotation versetzt wird. 1997 erhielt er für seine Entdeckung den Nobelpreis.

Nobelpreisträger Dr. J. C. SKOU
Quelle: Lars Kruse/wikipedia, CC BY-SA 2.5

Aufgaben

1 Skizzieren und beschriften Sie ein typisches Wirbeltierneuron. Markieren Sie die Bereiche, an denen die Na^+-K^+-Pumpe gehäuft auftritt. 10

2 Beschreiben Sie unter Verwendung von Material 1 den Bau und die Funktionsweise einer Na^+-K^+-Pumpe. Erläutern Sie zwei Bedeutungen der Na^+-K^+-Pumpe. 13

3 Analysieren und interpretieren Sie die in Material 2 dargestellten Untersuchungsergebnisse in Hinblick auf die Wirkungsweise der Na^+-K^+-Pumpe. 6

4 Entwickeln Sie eine Hypothese zu Folgen der Giftwirkung von Palytoxin auf Membranpotenziale und Erregbarkeit von Nervenzellen. 5

5 Die Tabelle in Material 4 zeigt mRNA-Sequenzen, die für den extrazellulären Teil der α-Untereinheit der Na^+-K^+-Pumpe von Mensch, Tabakschwärmer und Monarchfalter codieren. Übersetzen Sie die in der Tabelle aufgelisteten Basentripletts mithilfe einer Code-Sonne in die Aminosäuresequenz. Leiten Sie aus dem Vergleich der Aminosäuresequenzen eine Hypothese über die Toleranz der Monarchfalter gegenüber Fingerhutglykosiden ab. 10

6 Erläutern Sie an drei Beispielen die ökologische und evolutionsbiologische Bedeutung von Giften. 6

Material 1: Bau und Funktionsweise einer Natrium-Kalium-Pumpe

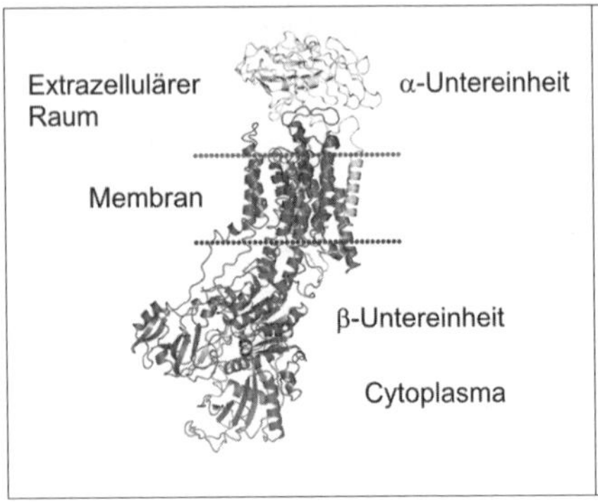

Abb. 1: Na^+-K^+-Pumpe des Menschen

Quelle: OPM Database, Sodium-potassium pump, E2P state, conformation 3

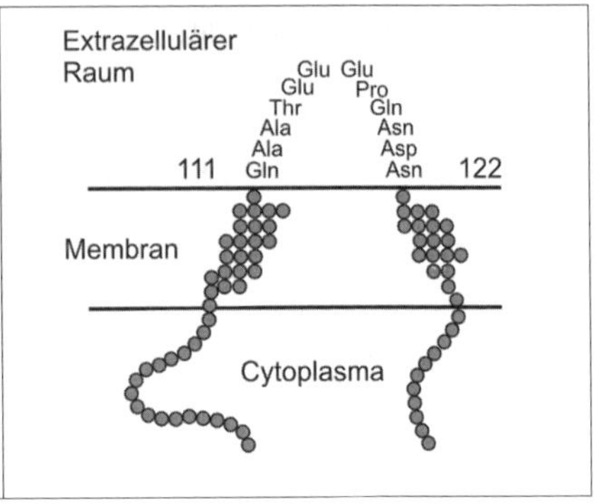

Abb. 2: Ausschnitt aus der α-Untereinheit Na^+-K^+-Pumpe des Menschen

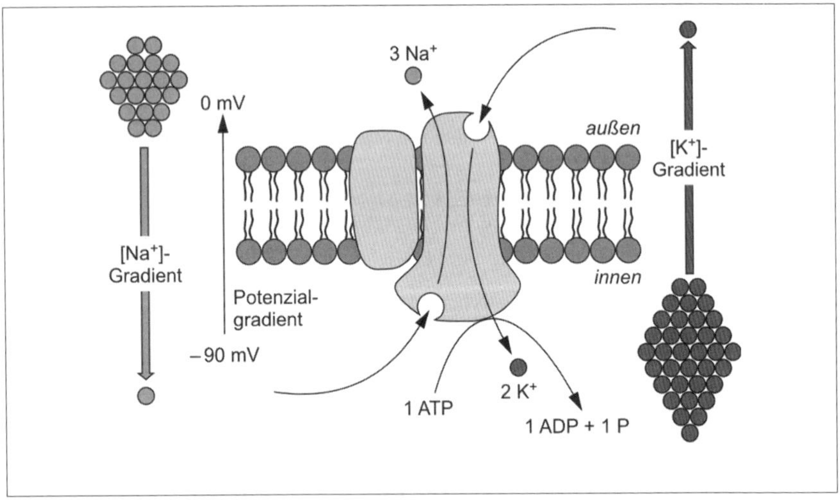

Abb. 3

Material 2: Experimentelle Untersuchungen der Natrium-Kalium-Pumpe

Man kann die Arbeit der Na^+-K^+-Pumpe experimentell indirekt verfolgen, indem man den Na^+-Ausstrom an der Nervenmembran in Abhängigkeit von verschiedenen Bedingungen zwischen t_1 und t_2 misst. Bei den Bedingungen a bis c ergaben sich die in den Abbildungen dargestellten Ergebnisse:

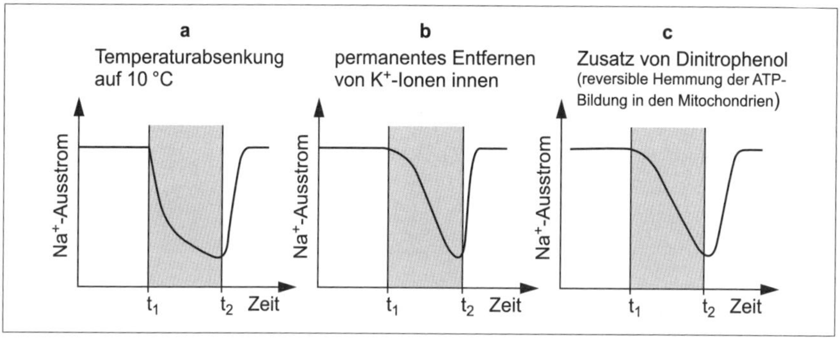

Abb. 4

Material 3: Palytoxin – das Gift der Anemone

Krustenanemonen gehören zu den Korallentieren. Aufgrund ihrer schönen Färbung sind sie seit einiger Zeit bei Aquarianern in Mode. Nur ist offenbar nicht allen Haltern bewusst, dass einige Arten ein starkes Gift absondern – Palytoxin. Palytoxin gehört zu den giftigsten tierischen Wirkstoffen und kann bei Berührungen über die Haut aufgenommen werden. Folgen sind Atemnot, Herzrasen, Muskelkrämpfe bzw. Taubheitsgefühle. Palytoxin bindet an die Natrium-Kalium-Pumpe und verformt diese zu einem permanent offenen Kanal für einwertige Kationen, wie Na^+ und K^+.

Krustenanemone
Quelle: Ross Church/wikipedia

Material 4: Fingerhut – Kraft für das Herz oder Todesengel?

Fingerhutglykoside zählen zu den ältesten Heilmitteln. Sie steigern die Kraft, mit der das Herz kontrahieren kann, und werden daher gerne zur Behandlung von Herzschwäche eingesetzt. Sie wirken, indem sie an die Na^+-K^+-Pumpe von Herzmuskelzellen binden und deren Aktivität hemmen.
Fingerhutglykoside binden bevorzugt an einen extrazellulären Teil der α-Untereinheit (Aminosäuren 111 bis 122). Es gibt jedoch Insekten, bei denen die Glykoside auch in hohen Dosen nahezu keine Wirkung haben. Ein Beispiel ist der Monarchfalter. Der Tabakschwärmer dagegen reagiert ganz ähnlich wie der Mensch. Der molekulargenetische Vergleich beider Schmetterlingsarten gibt Hinweise auf die Wirkzusammenhänge.

Position (Aminosäure)	111	112	113	114	115	116
Mensch	CAG	GCG	GCU	ACC	GAA	GAA
Tabakschwärmer	CAG	GCG	AGU	ACC	GUA	GAA
Monarchfalter	CAG	GCG	AGU	ACC	GUU	GAA

Position (Aminosäure)	117	118	119	120	121	122
Mensch	GAA	CCC	CAA	AAU	GAU	AAC
Tabakschwärmer	GAA	CCC	UCC	GAU	GAU	AAC
Monarchfalter	GAA	CCC	UCG	GAC	GAC	CAC

Codesonne und Kurzbezeichnung der Aminosäuren

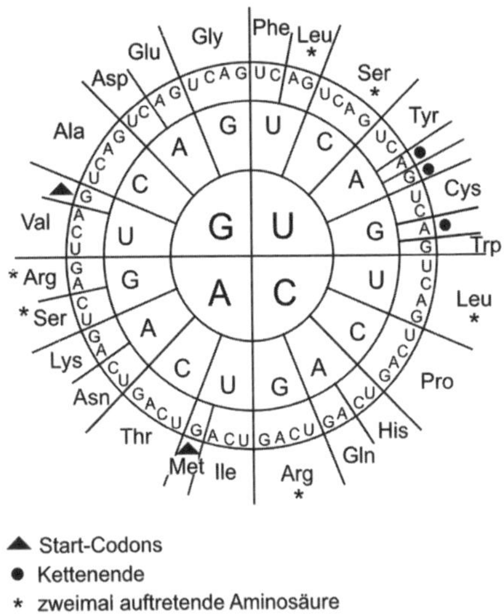

Ala	Alanin
Arg	Arginin
Asn	Asparagin
Asp	Asparaginsäure
Cys	Cystein
Gln	Glutamin
Glu	Glutaminsäure
Gly	Glycin
His	Histidin
Ile	Isoleucin
Leu	Leucin
Lys	Lysin
Met	Methionin
Phe	Phenylalanin
Pro	Prolin
Ser	Serin
Thr	Threonin
Trp	Tryptophan
Tyr	Tyrosin
Val	Valin

Material basiert auf:
Koch, K. (1997): Chemie-Nobelpreis 1997: Das älteste Rad der Welt. Dtsch Ärztbl 1997; www.aerzteblatt.de/archiv/8277/Chemie-Nobelpreis-1997-Das-aelteste-Rad-der-Welt;
Unterricht Biologie, Friedrich Verlag GmbH Seelze, Heft 415, 2016;
Berit Uhlmann, Das Gift der Anemone. Süddeutsche Zeitung vom 08.02.2018, https://www.sueddeutsche.de/wissen/haustiere-das-gift-der-anemone-1.3859604

Lösungsvorschläge

1 *Der Operator „skizzieren" fordert nicht dazu auf, eine perfekte Zeichnung anzufertigen, sondern die wesentlichen Eigenschaften des Wirbeltierneurons zu veranschaulichen. Da sich das Wirbeltierneuron von dem der meisten Wirbellosen durch eine Myelinisierung des Axons unterscheidet, sollte diese dargestellt werden. Die Aufgabe ist mit 10 BE relativ hoch angesetzt, sodass eine ausführliche Beschriftung der Bestandteile erfolgen sollte. Vergessen Sie nicht den zweiten Teil der Aufgabenstellung und markieren Sie die Bereiche, an denen die Na^+-K^+-Pumpe gehäuft auftritt, gut sichtbar (hier durch Pfeile und dunklere Schattierungen dargestellt). Sie müssen dabei auf Ihr Wissen aus dem Unterricht zum Aktionspotenzial und zur Wiederherstellung des Ruhepotenzials zurückgreifen.*

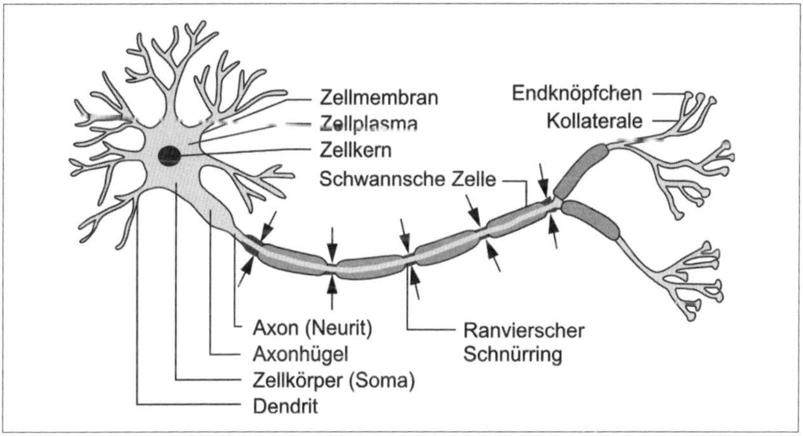

Die durch Pfeile und dunklere Schattierungen hervorgehobenen Bereiche stellen die Orte dar, an denen die Na^+-K^+-Pumpe gehäuft auftritt; nämlich überall dort, wo Aktionspotenziale generiert werden und anschließend ein schneller Ionen-Rücktausch erfolgen muss.

Bei der Skizze handelt es sich um eine vereinfachte Darstellung. Die Markierungen beschränken sich darin auf die im Unterricht thematisierten Bereiche, an denen das Vorhandensein von Na^+-K^+-Pumpen essenziell ist. Auch an anderen Stellen der Nervenzellmembran sind im Realobjekt Na^+-K^+-Pumpen integriert.

2 *Hier ist gefordert, das Material 1 auszuwerten und mit eigenem Wissen über den Bau und die Funktion von Proteinen, speziell dem Transportprotein Na^+-K^+-Pumpe zu verbinden, und in einem zusammenhängenden Text darzustellen. In der zweiten Teilaufgabe müssen Sie auf Ihr Wissen zu den Vorgängen und Ionenverhältnissen beim Ruhe- und Aktionspotenzial zurückgreifen. Die Tatsache, dass es 13 BE gibt, legt die Vermutung nahe, dass die Ausführungen ausführlich und detailliert erfolgen sollten.*

Bau:
In den Abbildungen wird deutlich, dass es sich bei der **Na^+-K^+-Pumpe** um ein **Protein** handelt. Dieses besitzt alle vier Strukturebenen. Man erkennt auf der rechten Abbildung einen Ausschnitt der **Primärstruktur**, in der die Abfolge einiger Aminosäuren der α-Untereinheit dargestellt ist. Diese Polypeptidkette nimmt, wie in der linken Abbildung ersichtlich, die typische **Sekundärstruktur** in Form von α-Helices sowie β-Faltblattstrukturen an, die durch Wasserstoffbrückenbindungen stabilisiert werden. Durch weitere bogen- und faltenartige Auffaltungen entsteht eine räumliche Struktur des Proteins, diese wird als **Tertiärstruktur** bezeichnet. Sowohl Disulfidbrücken, hydrophobe Wechselwirkungen, Ionenbindungen als auch Wasserstoffbrückenbindungen stabilisieren diese Strukturebene. In der linken Abbildung des Materials ist erkennbar, dass die Na^+-K^+-Pumpe in ihrer Quartärstruktur aus zwei Untereinheiten besteht. Diese werden als α- und β-Untereinheit bezeichnet. Als transmembranes Protein oder **Carrierprotein** durchspannt es die Biomembran, wobei die α-Untereinheit auf der Außenseite der Membran herausragt und die β-Untereinheit sowohl in die Biomembran integriert ist als auch ins Cytoplasma hineinragt. Weiterhin wird in der unteren Abbildung ersichtlich, dass das Protein Bindungsstellen für Natriumionen und Kaliumionen besitzt, sowie eine Kontaktstelle für ATP auf der Innenseite der Membran.

Funktion:
Beim Transport von Ionen über die Na^+-K^+-Pumpe handelt es sich um einen **aktiven Transportmechanismus**, der unter Energieverbrauch in Form von ATP stattfindet und bei dem die Ionen entgegen ihres **Konzentrationsgefälles** befördert werden. Im Material ist zu erkennen, dass jeweils drei Natriumionen aus dem Cytoplasma gegen zwei Kaliumionen aus dem extrazellulären Raum ausgetauscht werden. Dieser Vorgang wird als **Antiport** bezeichnet.

Bedeutungen:
Die Na^+-K^+-Pumpe ist zum einen für die Aufrechterhaltung des **Ruhepotenzials** verantwortlich, indem sie auftretenden Leckströmen entgegenwirkt und damit den Konzentrationsgradienten von Natrium- und Kaliumionen aufrechterhält. Zum anderen besitzt sie enorme Bedeutung bei der Wiederherstellung der Ionenverhältnisse des Ruhepotenzials nach erfolgtem **Aktionspotenzial**, indem sie die dabei in das Cytoplasma hineindiffundierten Natriumionen gegen die bei der Repolarisation ausgeströmten Kaliumionen austauscht.

3 *Bei dieser Aufgabe ist die genaue Analyse der in Material 2 dargestellten Sachverhalte nötig. Dabei soll die Veränderung des jeweiligen Parameters in seinen physiologischen Auswirkungen auf die Funktion der Na^+-K^+-Pumpe bezogen werden.*

Im **Versuch a** ist zu erkennen, dass die Arbeit der Na^+-K^+-Pumpe temperaturabhängig ist. Bei einer Absenkung der Temperatur auf 10 °C ist dabei ein rascher Abfall des Natriumionenausstroms und damit eine starke Abnahme der Aktivität der Na^+-K^+-Pumpe zu verzeichnen.

In diesem Zusammenhang kann die **RGT-Regel** (Reaktionsgeschwindigkeits-Temperatur-Regel) herangezogen werden, die folgendermaßen lautet: Bei einer Temperaturerhöhung um 10 °C erhöht sich die Reaktionsgeschwindigkeit aller chemischen Reaktionen um das Zwei- bis Dreifache. Das bedeutet im Umkehrschluss, dass bei einer Temperaturerniedrigung um 10 °C auch eine Abnahme der Reaktionsgeschwindigkeit um das Zwei- bis Dreifache zu verzeichnen ist.

Im **Versuch b** sinkt der Natriumionenausstrom durch ein permanentes Entfernen der Kaliumionen innen. Wenn Kaliumionen entfernt werden, werden die für das Ruhepotenzial wichtigen Konzentrationsgradienten gestört. Eine mögliche Erklärung für den sinkenden Natriumionenausstrom wäre, dass nun die Leckströme der Natriumionen nach innen den von der Na^+-K^+-Pumpe gewährleisteten Natriumionenausstrom überwiegen. Ab einer gewissen Zeit könnten insgesamt zu wenige Kaliumionen im System sein, sodass die Na^+-K^+-Pumpe nicht mehr funktioniert. Als Antiporter ist sie auf das Vorhandensein beider Ionenarten angewiesen. Erst dann, wenn die spezifischen Bindungsstellen des Proteins mit beiden Ionenarten besetzt sind, findet eine Konformationsänderung und damit ein Ionentransport durch die Membran statt. Damit nimmt der Natriumionenausstrom, wie in der Grafik ersichtlich, ab.

Mit **Versuch c** wird die Notwendigkeit des Vorhandenseins von ATP für die Funktion der Na^+-K^+-Pumpe verdeutlicht. Dabei ist zu erkennen, dass bei einer reversiblen Hemmung der mitochondrialen ATP-Synthese nach kurzer Zeit eine Abnahme des Natriumionenausstroms zu verzeichnen ist. Da die Na^+-K^+-Pumpe entgegen des Konzentrationsgradienten arbeitet, verbraucht sie für ihre Tätigkeit Energie in Form von ATP. Dieses ist nach kurzer Zeit aufgebraucht, da eine Neusynthese unterbunden wird, wodurch die Na^+-K^+-Pumpe ihre Aktivität einstellt.

4 *Dies ist eine Aufgabe des AFB III. Für die Entwicklung einer Hypothese ist das Material 3 zu analysieren. Arbeiten Sie sowohl die Auswirkungen auf den Organismus als auch auf die zelluläre Ebene heraus und setzen Sie diese anschließend anhand Ihres Fachwissens über Membranpotenziale in einen Zusammenhang. Beachten Sie bei der Herleitung, dass Sie sich auf die Auswirkungen auf Membranpotenziale und auf die Erregbarkeit der Nervenzelle konzentrieren.*

In Material 3 werden die Auswirkungen des Giftes auf den Organismus beschrieben, welche in Form von Atemnot, Herzrasen, Muskelkrämpfen bzw. Taubheitsgefühlen vorliegen. Weiterhin werden die Vorgänge auf zellulärer Ebene dargelegt: das Gift bindet an die Na^+-K^+-Pumpe und führt dort zu einer Konformationsänderung des Proteins, welches damit zu einem permanent offenen Kanal verformt wird, der für Natrium- und Kaliumionen durchlässig ist.

Diese veränderte Eigenschaft hat Auswirkungen auf das Ruhepotenzial, da der durch die Membran aufrechterhaltene Ionengradient (hohe Konzentration an Natriumionen im extrazellulären Raum und hohe Kaliumionenkonzentration im intrazellulären Raum) so nicht mehr bestehen kann. Natriumionen passieren nun ungehindert entlang ihres Konzentrationsgefälles vom extrazellulären Raum die Nervenzellmembran ins Zellinnere. Damit wird das Zellinnere immer positiver. Es ist wahrscheinlich, dass bei überschwelliger Reizung weitere spannungsabhängige Natriumionenkanäle geöffnet werden und ein Aktionspotenzial ausgelöst wird, auch wenn ursprünglich keine Erregung vorgelegen hat. Das würde die plötzlich auftretenden symptomatischen Krampfanfälle erklären.

Gleichzeitig verlassen Kaliumionen entlang ihres Konzentrationsgefälles den intrazellulären Raum. Dies erfolgt so lange, bis ein Ladungsausgleich zwischen extrazellulärem und intrazellulärem Raum hergestellt ist. Das Membranpotenzial liegt dann bei 0 mV. Damit bricht das Ruhepotenzial zusammen und kann durch die fehlende Tätigkeit der Na^+-K^+-Pumpe auch nicht wiederhergestellt werden. Weitere Aktionspotenziale können infolgedessen nicht mehr ausgelöst werden, was zum Beispiel das Taubheitsgefühl erklären würde. Die Nervenzelle ist nicht mehr in der Lage, Erregungen zu verarbeiten und weiterzuleiten.

5 *Die vorliegende Aufgabe beinhaltet mehrere Teilschritte, die Sie in der angegebenen Reihenfolge bearbeiten müssen. Zunächst sollten Sie sich eine übersichtliche Darstellungsform für die erste Teilaufgabe überlegen. Hier empfiehlt sich die Verwendung einer Tabelle, um anschließend einen direkten Vergleich der Aminosäuresequenzen durchführen zu können. Gehen Sie bei der Ermittlung der Aminosäuren unter Verwendung der Codesonne wie im Unterricht vor. Da es sich um Ausschnitte aus längeren Aminosäuresequenzen handelt, ist die Suche nach einem Start- und einem Stoppcodon hinfällig. Markieren Sie anschließend am besten die im Vergleich der Arten abweichenden Aminosäuren. Studieren Sie den Text in Material 4 hinsichtlich der Wirkung des Giftes auf die drei genannten Arten. Beziehen Sie alle relevanten Informationen aus dem Text und Ihrem Aminosäuresequenzvergleich in die Formulierung einer Hypothese ein.*

Position (Aminosäure)	111	112	113	114	115	116	117	118	119	120	121	122
Mensch	Gln	Ala	Ala	Thr	Glu	Glu	Glu	Pro	Gln	Asn	Asp	Asn
Tabak-schwärmer	Gln	Ala	Ser	Thr	Val	Glu	Glu	Pro	Ser	Asp	Asp	Asn
Monarch-falter	Gln	Ala	Ser	Thr	Val	Glu	Glu	Pro	Ser	Asp	Asp	His

Die dargestellten Aminosäuren befinden sich in der α-Untereinheit der Na^+-K^+-Pumpe. Hier binden die Fingerhutglykoside bevorzugt und hemmen damit die Aktivität des Transportproteins. Im Material wird beschrieben, dass der Monarchfalter nahezu resistent gegen die Giftwirkung ist.

Vergleicht man die Aminosäuresequenz der drei Arten, fällt auf, dass Tabakschwärmer und Monarchfalter sich nur in einer Aminosäure auf der Position 122 voneinander unterscheiden. Dabei besitzt der Monarchfalter die Aminosäure Histidin, der Tabakschwärmer hingegen die Aminosäure Asparagin. Mensch und Tabakschwärmer stimmen an dieser Position hinsichtlich ihrer Aminosäure überein. Beide sind für das Gift sensibel, was vermuten lässt, dass das Gift durch das Vorhandensein von Histidin an Position 122 daran gehindert wird, an die α-Untereinheit der Na^+-K^+-Pumpe zu binden. Dies könnte an einer veränderten Tertiärstruktur oder an damit einhergehenden veränderten elektrostatischen Wechselwirkungen liegen.

Die weiteren vier Unterschiede in der Aminosäuresequenz des Menschen im Vergleich zu den beiden Falterarten an Position 113, 115, 119 und 120 scheinen keine Auswirkungen auf die Fingerhutglykosid-Toleranz zu haben, da sowohl Tabakschwärmer als auch Mensch sensibel auf das Gift reagieren.

6 *Der Operator „erläutern“ verlangt hier, die wesentlichen Bedeutungen von Giften aus ökologischer und evolutionsbiologischer Sicht an drei Beispielen verständlich zu machen. Verknüpfen Sie daher das Wissen aus zwei verschiedenen Themenkomplexen. Viele alternative Beispiele sind hier denkbar.*

Ein Beispiel ist die **Wespe**, die ihr Gift mit dem Stachel in einen Angreifer injiziert. Hier fungiert das Gift als Wehrsekret, das Angreifer wirkungsvoll abwehren soll. Aus ökologischer Sicht werden Nahrungsbeziehungen beeinflusst. Eine mögliche Beute kann sich durch das Gift wehren. Evolutionsbiologisch ist hier auch die schwarzgelbe Färbung auffällig, die möglichen Fressfeinden bereits die Giftigkeit signalisiert.

Im Pflanzenreich finden Gifte Anwendung zur Abwehr von Tierfraß. So produziert die **Tollkirsche** in allen Pflanzenteilen ein Alkaloid namens Atropin, welches auf das Nervensystem von Säugetieren und Insekten schädlich wirkt. Vögel hingegen sind gegenüber dem Gift resistent. Diese fressen die Früchte und scheiden die Samen später unverdaut aus. Dieser Ausbreitungsmechanismus hat für die Tollkirsche den Vorteil, dass die Samen an weit entfernte Standorte gelangen. Die Vögel erhalten im Gegenzug Nahrung. Auch evolutionsbiologisch macht die Verbreitung mithilfe der Vögel an neue Standorte für die Pflanze Sinn.

Gifte haben evolutionsbiologische Bedeutung in Form von Selektionsfaktoren, da sie Auswirkungen auf die Zusammensetzung des Genpools einer Population haben und diesen in eine vorgegebene Richtung verändern können. Resistente oder weniger anfällige Varianten können sich gegenüber sensiblen Organismen eher durchsetzen und werden sich daher stärker vermehren. Ein Beispiel dafür ist die Antibiotikaresistenz von **Bakterien**. Aus ökologischer Sicht können sich ganze Ökosysteme verändern, wenn einzelne Arten durch den Einsatz von Giften wegfallen.

Erhöhtes Anforderungsniveau Biologie (Brandenburg): Abituraufgaben 2019
Aufgabe C: Ökologie

Thema: Pflanzenläuse

Blattläuse sind wenige Millimeter große Insekten, die zu den Pflanzenläusen gehören. Diese zählen zu den häufigsten Schädlingen an Nutzpflanzen, hohe Ertrags- und Qualitätsverluste sind die Folge. Deshalb werden schon seit vielen Jahren Möglichkeiten gesucht, diese Schädlinge effektiv zu bekämpfen.

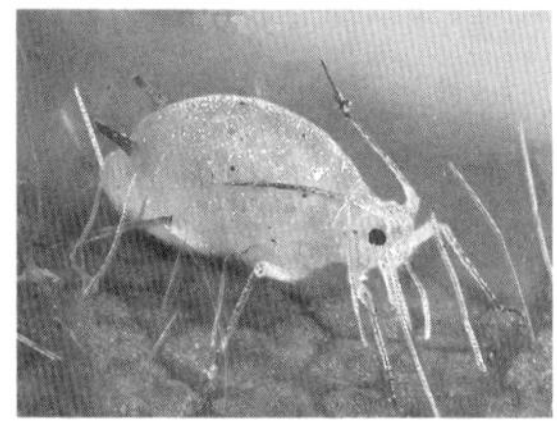

Quelle: Claudio Gratton/ wikipedia

Aufgaben

1 Erstellen Sie eine Übersicht über mögliche Formen biologischer Wechselbeziehungen von Organismen und ordnen Sie die in Material 1 angeführten Beziehungen der Blattläuse der jeweils entsprechenden Form zu. 8

2 Benennen Sie die Strukturen A–H des Blattquerschnittes in Material 1.
Begründen Sie die Bedeutung der mit den Pflanzensäften aufgenommenen Kohlenhydrate und Proteine für die Lebensprozesse der Blattlaus. 8

3 Erläutern Sie unter Verwendung von Material 3 die Faktoren, die zum Auftreten geflügelter Blattläuse in den Populationen führen.
Diskutieren Sie Vor- und Nachteile geflügelter und ungeflügelter Blattlaus-Formen in der Population unter Verwendung von Material 2 und 3. 12

4 In der Schädlingsbekämpfung werden Insektizide eingesetzt.
Veranschaulichen Sie in einer beschrifteten Skizze die Wirkungsweise eines enzymhemmenden Insektizids. 6

5 Begründen Sie die im Material 4 dargestellten Populationsentwicklungen anhand der zugrundeliegenden Gesetzmäßigkeiten vor und nach dem Insektizid-Einsatz. 8

6 Die Ergebnisse eines weiteren Versuches zur Bekämpfung von Schädlingen sind im Material 5 dargestellt.
Stellen Sie die Daten der Tabelle in einem Diagramm grafisch dar.
Beurteilen Sie den Erfolg der Maßnahme bis 1974. 8

Material 1: Blattlausbeziehungen

Für alle Pflanzenläuse ist der Saugrüssel charakteristisch, mit dessen Hilfe sie die Blätter fast aller Blütenpflanzen anbohren, um an den Pflanzensaft zu kommen. Dieser hat einen hohen Zuckergehalt, aber nur geringe Anteile von stickstoffhaltigen Verbindungen.

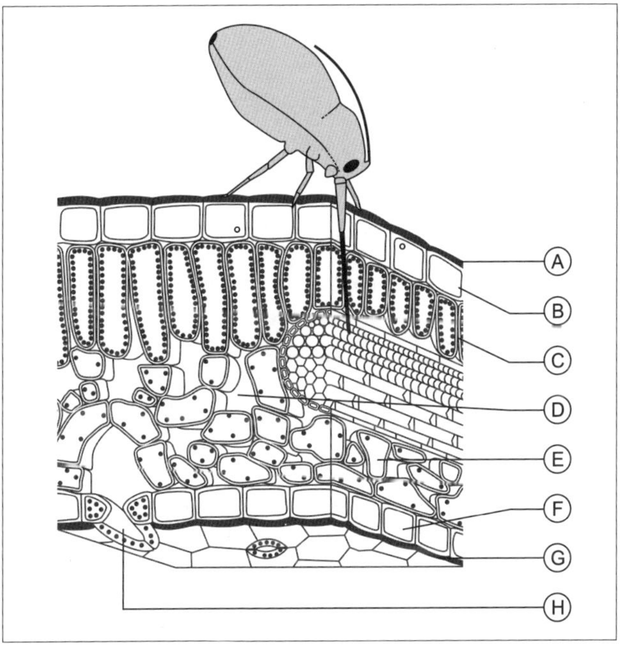

Abb. 1: Blattquerschnitt

Zur Herstellung wichtiger Proteine sind deshalb große Mengen an Pflanzensaft notwendig, die durch den Darm von Blattläusen geschleust werden müssen. Der entstehende zuckerhaltige Kot (Honigtau) wird ausgeschieden und dann von Ameisen, Bienen oder anderen Insekten aufgenommen. Für einige Ameisenarten ist der Honigtau eine lebensnotwendige Nahrung, die sie durch „Betrillern" mit den Antennen von den Blattläusen erhalten. Dafür beschützen sie die Blattläuse vor ihren natürlichen Feinden, füttern sie und nehmen deren Eier zum Überwintern mit in ihr Nest.
Bakterien im Darm von Blattläusen leben ebenfalls vom zuckerreichen Pflanzensaft. Untersuchungen zeigten, dass eine Entfernung dieser Bakterien zur Gewichtsabnahme und verminderter Wachstumsrate bzw. Fortpflanzung der Blattläuse führte. Wahrscheinlich erleichtern die Bakterien die notwendige Stickstoffaufnahme in die Blattlaus. In natürlichen Habitaten ernähren sich Marienkäfer und Florfliegen bzw. deren Larven von Blattläusen. Einige Schlupfwespen legen ihre Eier in die Blattläuse und sichern so das Nahrungsangebot ihrer Nachkommen im Larvenstadium. Diese ernähren sich von den inneren Organen der Läuse. Spätestens wenn sich die Larve verpuppt, geht die Blattlaus zugrunde.

Material 2: Geflügelte und ungeflügelte Blattläuse

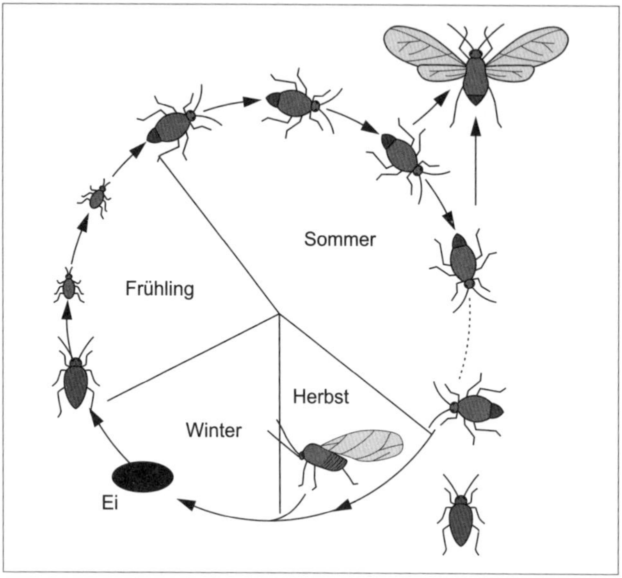

Abb. 2: Lebenszyklus der Blattläuse

Die meisten Nachkommen haben keine Flügel, aber ab und zu treten auch geflügelte Blattlaus-Weibchen auf. Geflügelte Blattläuse haben wesentlich weniger Nachkommen als ihre ungeflügelten Artgenossinnen. Zum Herbst kommt es zur Bildung von Männchen und Weibchen, die geflügelt oder ungeflügelt sein können und sich geschlechtlich fortpflanzen. Nach der Paarung werden die befruchteten Eier an den Pflanzen abgelegt, überwintern und entwickeln sich im Frühling zu einer ungeflügelten Generation von Weibchen, die sich unbefruchtet fortpflanzen. Diese sind die Stamm-Mütter der neuen Sommer-Blattlausgeneration.

Material 3: Untersuchungen an Blattläusen

Der Besitz von Flügeln bei Blattläusen gilt als ursprünglich, die Flügellosigkeit als abgeleitet und evolutiv später entstanden. Da in den Populationen auch immer wieder geflügelte Formen auftreten, sollten Untersuchungen Auskunft über die Faktoren der Flügelbildung geben. Die Ergebnisse sind in den folgenden Grafiken wiedergegeben.

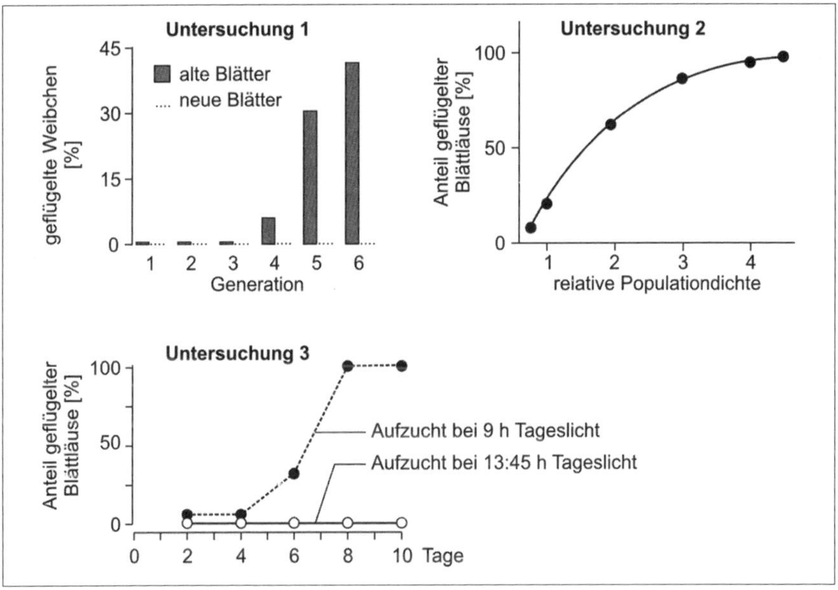

Abb. 3

Material 4: Populationsentwicklungen – Ergebnis einer Simulation

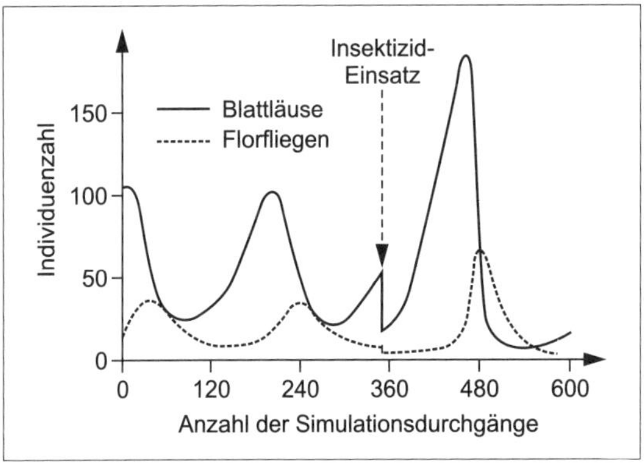

Abb. 4

Material 5: Schädlingsbekämpfung von Schildläusen

Schildläuse sind eine weitere Gruppe der Pflanzenläuse. Eine aus Amerika eingeschleppte Schildlaus *Quadraspidiotus perniciosus* richtete in Obstplantagen Südwestdeutschlands großen Schaden an, da nur 1 % der Schädlinge von heimischen Schildlausparasiten befallen wurden.
Nun versuchte man durch eingeführte Schlupfwespen *Prospaltella perniciosi*, deren Larven sich ausschließlich in dieser Schildlausart entwickeln, das Problem zu lösen. Das Ergebnis zeigt folgende Tabelle.

Jahr	**1960**	**61**	**62**	**63**	**64**	**65**	**66**	**67**
Dichte der Schildlaus (% des Jahres 1960)	100	60	55	53	30	23	20	39
Parasitierung durch Schlupfwespe (%)	5	15	20	18	30	25	32	37

Jahr	**68**	**69**	**70**	**71**	**72**	**73**	**1974**
Dichte der Schildlaus (% des Jahres 1960)	34	22	20	18	10	8	5
Parasitierung durch Schlupfwespe (%)	39	31	29	46	43	36	36

Material basiert auf:
https://www.spektrum.de/lexikon/biologie/blattlaeuse/9218
https://www.fsbio-hannover.de/oftheweek/193.htm. Unterricht Biologie, Friedrich Verlag GmbH Seelze, 26.Jg. (2002), Heft 272, S. 42.
Unterricht Biologie, Friedrich Verlag GmbH Seelze 23.Jg. (1999), Heft 243, S. 45.
Linder Biologie, Lehrermaterialien Teil 1,1999 Schroedel Verlag GmbH, Hannover, S. 78.

Lösungsvorschläge

1 *Überlegen Sie sich zunächst eine übersichtliche Darstellungsform für die biologischen Wechselbeziehungen von Organismen und nehmen Sie die Ihnen aus dem Unterricht bekannten Fachtermini darin auf. Studieren Sie anschließend das Material 1 gründlich und ordnen Sie die genannten Beispiele für die Blattlaus Ihren vorher aufgeführten Fachbegriffen zu.*

Übersicht über biologische Wechselbeziehungen von Organismen:

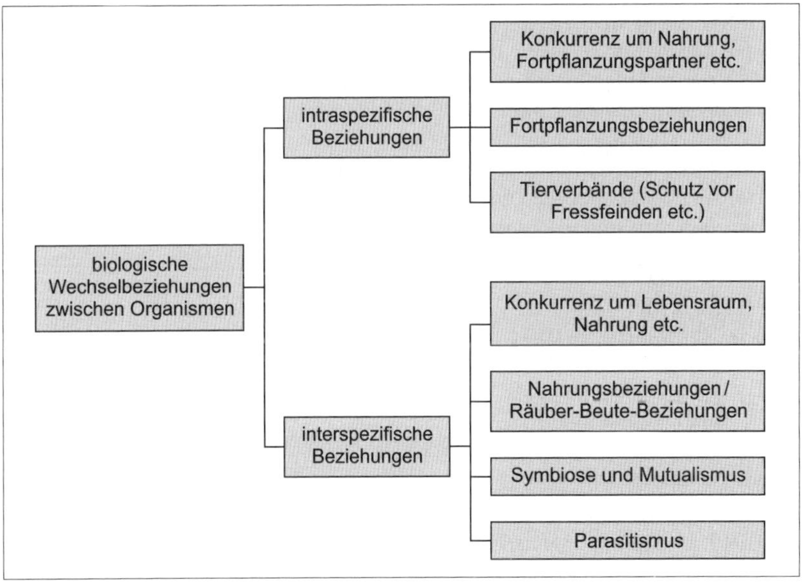

Zuordnung:

– Blattläuse und Pflanze: Parasitismus

Dies kann man als parasitäre Beziehung werten, da sich die Blattläuse durch das Anbohren der Blätter vom Pflanzensaft ernähren, die Pflanze damit negativ beeinflussen bzw. schädigen, jedoch im Normalfall nicht zum Absterben dieser führen.

– Blattläuse und Ameisenarten: Mutualismus *(oder Symbiose)*

Die Ameise ist auf den von der Blattlaus ausgeschiedenen Honigtau zur eigenen Ernährung angewiesen. Im Gegenzug dafür beschützt sie die Blattlaus vor deren Fressfeinden, füttert diese und unterstützt deren erfolgreiche Überwinterung, indem sie die Blattlauseier mit in ihr Nest nimmt, um diese vor Umwelteinflüssen etc. zu schützen.

– Blattläuse und andere Ameisenarten, Bienen, Wespen: Nahrungsbeziehung
– Blattläuse und Bakterien im Darm: Mutualismus *(oder Symbiose)*

- Blattläuse und Marienkäfer, Florfliege (Larven): Nahrungsbeziehung (Räuber-Beute-Beziehung)
- Blattläuse und Schlupfwespe: Parasitismus

Die Entwicklung der Schlupfwespenlarve erfolgt in einer Blattlaus, indem sie sich von deren inneren Organen ernährt. Die Blattlaus wird nachhaltig geschwächt und überlebt diese Interaktion spätestens ab dem Verpuppen der Schlupfwespe nicht mehr.

2 *Nutzen Sie für den ersten Aufgabenteil am besten die angegebenen Buchstaben, um eine Legende zu erstellen, in der Sie die Bestandteile des Laubblattes benennen. Der zweite Aufgabenteil verlangt, die Bedeutung der aufgenommenen Nährstoffe (Kohlenhydrate und Proteine) für die Lebensprozesse der Blattlaus zu begründen. Dabei sollten Sie auf Ihr Wissen zum molekularen Aufbau bestimmter Strukturen in Lebewesen, zum Themenbereich Zytologie sowie zum Themenbereich Ernährung der Sekundarstufe I zurückgreifen. Beachten Sie, dass Sie sich auf die Blattlaus beziehen sollen. Formulieren Sie hier also nicht zu allgemein.*

A: Kutikula
B: obere Epidermis
C: Palisadenparenchym
D: Interzellularraum/Interzellulare
E: Schwammparenchym
F: untere Epidermis
G: Kutikula
H: Stoma/Spaltöffnung

Kohlenhydrate sind lebenswichtige Energielieferanten für den Stoffwechsel der Blattlaus. Sie ermöglichen die Gewinnung von ATP, was für viele andere Stoffwechsel- und Transportprozesse von Bedeutung ist. Dementsprechend sind sie die Grundlage für alle Lebensprozesse wie zum Beispiel Wachstum und Fortpflanzung, ohne die die Blattlaus nicht existieren kann.

Proteine stellen die Grundlage zum Aufbau körpereigener Proteine dar, welche zum Beispiel in Form von Enzymen benötigt werden. Weiterhin sind Proteine Bestandteil von Biomembranen und erfüllen dort wichtige Transportfunktionen. Damit besitzen auch Proteine für das Leben der Blattlaus essenzielle Bedeutung.

3 *Bei dieser Aufgabe müssen Sie aus den drei Diagrammen bzw. Untersuchungen zunächst die wesentlichen Zusammenhänge verständlich wiedergeben. Im zweiten Teil der Aufgabe erfordert der Operator „diskutieren" ein Abwägen von Vor- und Nachteilen geflügelter und ungeflügelter Blattlausformen. Hinweise dazu sind aus Material 2 und 3 zu entnehmen.*

In Untersuchung 1 ist zu erkennen, dass sich geflügelte Blattlausweibchen ausschließlich auf alten Blättern entwickeln können. Dabei steigt die Anzahl der geflügelten Vertreter ab der 4. Generation mit jeder Folgegeneration. Untersuchung 2 verdeutlicht, dass sich bei steigender relativer Populationsdichte der Blattläuse ebenso mehr geflügelte Blattläuse finden lassen. Die Anzahl ist somit auch abhängig von der Populationsdichte. Untersuchung 3 veranschaulicht das Vorkommen von geflügelten Blattlausformen in Abhängigkeit der simulierten Tageslänge. Es ist zu erkennen, dass sich geflügelte Blattläuse bei einer Tageslänge von 13,45 Stunden nicht ausbilden. Hingegen entwickeln sich bei einer Tageslänge von 9 Stunden nach dem vierten Versuchstag auch geflügelte Formen, wobei sich ab dem achten Versuchstag bei einer simulierten Tageslänge von 9 Stunden ausschließlich geflügelte Blattläuse bilden. Faktoren, wie alte Blätter, relative Populationsdichte und die Tageslänge, bedingen also das Auftreten geflügelter Formen.

Vorteile von **geflügelten Blattlausformen** sind, dass sich die Population ausbreiten kann und so neue Standorte erschlossen werden können. Damit einher geht auch das Vermeiden von innerartlicher Konkurrenz bei zu großen Populationsdichten z. B. in Bezug auf Nahrungsressourcen. Ein Nachteil bei geflügelten Formen ist die hohe Energieaufwendung zur Ausbildung und Verwendung der Flügel und folglich steht weniger Energie für die Erzeugung von Nachkommen zur Verfügung. Außerdem muss bedacht werden, das geflügelte Formen mehr Angriffsfläche für Wind bieten und so möglicherweise auch bei der Nahrungssuche behindert werden können.

Ungeflügelte Blattlausformen haben den Nachteil, dass sie bei einer drohenden Nahrungsverknappung oder bei Auftreten von Fressfeinden den Standort nicht großräumig wechseln könnten. Vorteilhaft hingegen ist die Fokussierung auf eine Nahrungsquelle bzw. einen Nahrungsstandort, es wird keine Energie verschwendet, um mögliche andere Standorte aufzusuchen. Dementsprechend wird auch viel Energie in eine hohe Zahl an Nachkommen investiert.

4 *Bei dieser Aufgabe soll am Beispiel eines Insektizides eine allgemeine enzymhemmende Reaktion skizziert und beschriftet werden. Die Skizze sollte insbesondere darstellen, wie das aktive Zentrum eines Enzyms entweder besetzt oder durch einen allosterischen Inhibitor strukturell verändert wird, sodass die Arbeit des Enzyms behindert ist. Auch die Skizze einer kompetitiven Hemmung ist möglich.*

Beispiel für eine allosterische bzw. nichtkompetitive Enzymhemmung:

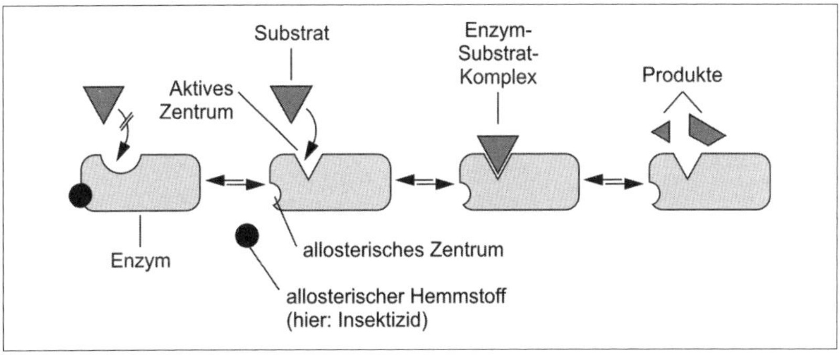

Das Enzym besitzt ein aktives Zentrum und ein allosterisches Zentrum. Es ist zu erkennen, dass dieses Enzym ein Substrat gemäß Schlüssel-Schloss-Prinzip binden kann und so das Substrat in zwei Produkte umgesetzt werden kann. Ein potenzielles Insektizid kann an das allosterische Zentrum des Enzyms binden. Diese Bindung führt zu einer Konformationsänderung des Enzyms, sodass das aktive Zentrum keine Substrate mehr binden kann. Demnach ist der durch das Enzym katalysierte Stoffwechselprozess durch das Insektizid behindert und das Insekt wird dadurch geschädigt. Die Enzymhemmung kann sowohl reversibel als auch irreversibel sein.

5 *Hier soll der typische wechselseitige Verlauf von Räuber-Beute-Populationen durch die VOLTERRA-Gesetze begründet werden. Achten Sie darauf, dass Sie die Entwicklung der Populationen beispielhaft auch mit Zahlenwerten belegen.*

Die Individuenzahlen von Florfliege (Räuber) und Blattlaus (Beute) schwanken bei konstanten Bedingungen periodisch. Nach der 1. VOLTERRA-Regel sind die erreichten Maxima der Populationen phasenverschoben. So folgt beispielsweise das Maximum von etwa 40 Florfliegen beim 240sten Simulationsdurchgang erst etwa 40 Simulationsdurchgänge später nach dem Maximum von etwa 100 Blattläusen. Steigt also die Populationsdichte der Räuberpopulation, wird demnach mehr Beute gefressen, was langfristig zum Absinken der Beutepopulation führt. Dieses Absinken bedeutet aber eine knapper werdende Nahrungsgrundlage und damit erhöhte innerartliche Konkurrenz für die Räuber. Folglich wird auch die Individuenzahl der Räuberpopulation sinken und die Beutepopulation kann sich wieder erholen. Nach der 2. VOLTERRA-Regel bleiben jedoch die Durchschnittsgrößen der Räuber- und Beutepopulationen langfristig konstant. Der Einsatz von Insektiziden führt zum Zusammenbrechen beider Populationen, wobei sich nach der 3. VOLTERRA-Regel die Beutepopulation schneller erholt als die Räuberpopulation. Dies kann durch eine – im Vergleich zu den Räubern – höhere Reproduktionsrate und durch die zunächst fehlenden Fressfeinde begründet werden.

6 *Hier sollen Sie die Werte aus der Tabelle in ein Diagramm überführen. Achten Sie dabei auf eine sinnvolle Achseneinteilung und auf die Beschriftung der Achsen. Bei der Beurteilung müssen Sie die Ergebnisse zunächst zusammenfassen sowie mit Zahlenbeispielen belegen und dann entscheiden, ob die geplante Maßnahme ein Erfolg war.*

Darstellung der Daten in einem Diagramm:

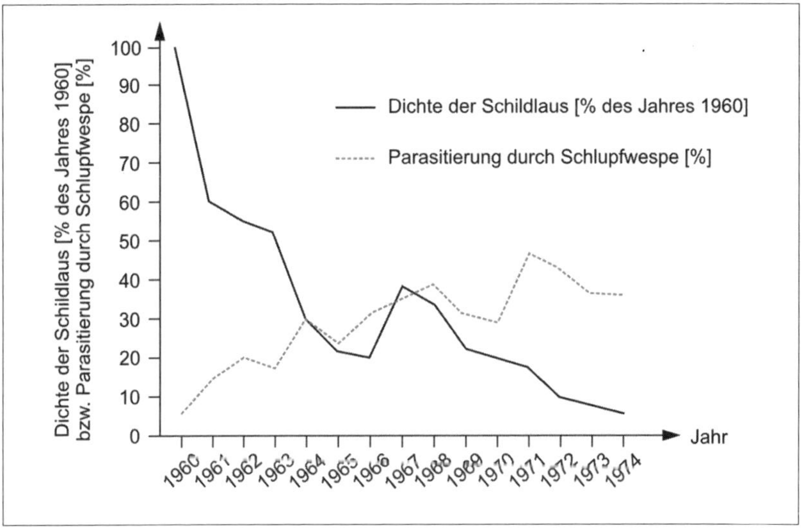

Beurteilung:
Die biologische Schädlingsbekämpfung war erfolgreich, da nach 14 Jahren die Schildlauspopulation auf ca. 5 % ihrer Größe des Jahres 1960 vermindert wurde. Die hoch spezialisierte Schlupfwespe erreicht ohne Konkurrenz von anderen Parasiten an der Schildlaus eine Parasitierung von bis zu 46 %. Das bedeutet aber auch, dass die Schildlaus im Untersuchungszeitraum nicht ausgerottet wurde und diese Population sich möglicherweise wieder erholen kann, gemäß den Gesetzmäßigkeiten bei Räuber-Beute-Populationen.

Erhöhtes Anforderungsniveau Biologie (Brandenburg): Abituraufgaben 2020
Aufgabe A: Zellbiologie, Genetik

Thema: Phytomining – Pflanzen als echte Heavy-Metal-Fans

Pflanzen entnehmen dem Boden Nährstoffe zum Wachsen. Einige Pflanzen sind sogar in der Lage, dem Boden giftige Schwermetalle zu entziehen. Die Hallersche Schaumkresse *Arabidopsis halleri* ist ein wahrer Meister darin. Jetzt wurden rund 2 000 Exemplare dieser Art aus ganz Europa untersucht. Gefunden wurde eine überraschende Vielfalt an Eigenschaften, die die Pflanzen im Laufe der letzten 500 000 Jahre ihrer Evolution entwickelt haben – ein enormes Potenzial zur Entgiftung von Böden oder zur Gewinnung wirtschaftlich interessanter Metalle.

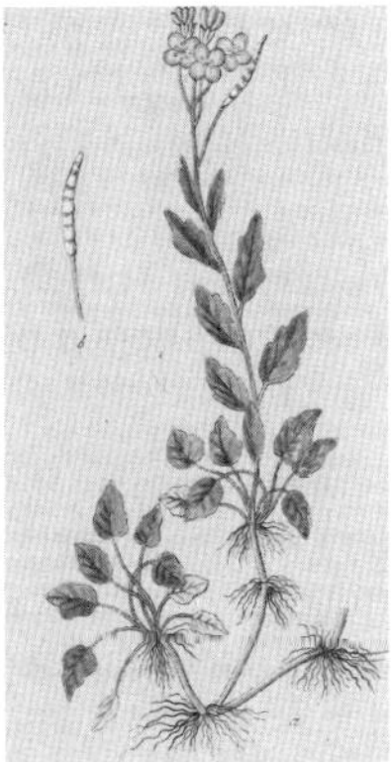

Aufgaben

1 Skizzieren Sie einen beschrifteten Versuchsaufbau zur Untersuchung der Beeinflussbarkeit enzymatischer Reaktionen durch Schwermetall-Ionen.
Nutzen Sie dazu die im Material 1 angegebenen Materialien.
Erläutern Sie die zu erwartenden Beobachtungen.
Begründen Sie die Wirkung von zwei weiteren äußeren Faktoren, die enzymatische Reaktionen beeinflussen. 14

2 Werten Sie die in Material 2 dargestellten Forschungsergebnisse aus. 4

3 Stellen Sie einen allgemeinen Stoffkreislauf und den Energiefluss in den Trophiestufen schematisch dar.
Beurteilen Sie die Stellung und Wirkung der Hyperakkumulatoren in diesen Systemen mithilfe des Materials 3. 10

4 Vergleichen Sie die im Material 4 dargestellten Untersuchungsergebnisse für die beiden *Arabidopsis*-Arten und erklären Sie die Unterschiede mithilfe des Materials 5. 12

5 Erläutern Sie mithilfe der synthetischen Evolutionstheorie die Entstehung der Hyperakkumulatoren. 10

Material 1: Untersuchung der Beeinflussbarkeit enzymatischer Reaktionen durch Schwermetall-Ionen

Lebende Zellen besitzen das Enzym Katalase, welches überschüssiges Wasserstoffperoxid (H_2O_2) schnell zu Wasser und Sauerstoff abbaut. H_2O_2 ist ein starkes Zellgift, das abgebaut werden muss. Die Wirkung von Schwermetall-Ionen auf die Aktivität von Katalase soll geprüft werden. Dazu stehen folgende Materialien zur Verfügung: rohe geriebene Kartoffeln, Kupfersulfatlösung, 3 %ige Wasserstoffperoxid-Lösung, (Vorsicht: giftig und ätzend, Schutzbrille), Reagenzglasständer, Reagenzgläser (RG), Pipetten, Spatel.

Material 2: Forschungsergebnisse zur Beziehung zwischen den Zink-Ionen-Konzentrationen im Boden und in den Blättern von *Arabidopsis halleri* (*A. halleri*)

Für jede einzelne Pflanze nahmen die Forscher Boden- und Blattproben.
Jeder Datenpunkt repräsentiert eine *A. halleri*-Pflanze.

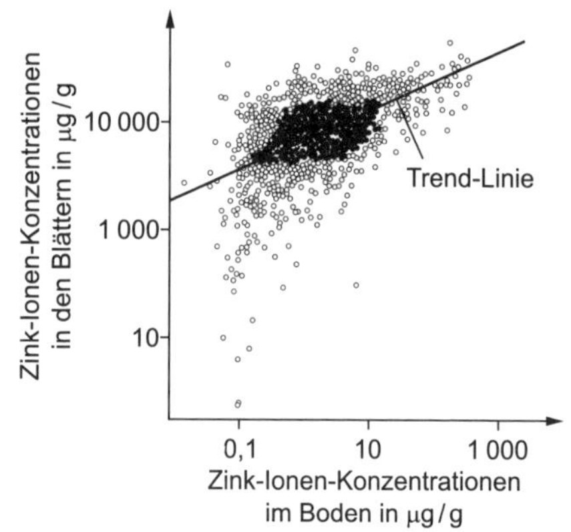

Abb. 1

Quelle: Stein, R. J., Höreth, S., Melo, J. R., Syllwasschy, L., Lee, G., Garbin, M. L., Clemens, S. and Krämer, U. (2017): Relationships between soil and leaf mineral composition are element-specific, environment-dependent and geographically structured in the emerging model Arabidopsis halleri. New Phytologist 213: S. 1 274 –1 286. CC BY 4.0

Material 3: Phytomining durch Hyperakkumulatoren

Sowohl an einigen natürlichen Standorten, wie im Harz, als auch in ehemals bergbaulich oder industriell genutzten Gebieten ist der Boden oft so stark mit Schwermetallen angereichert, dass er als verseucht gilt. Deutschlandweit sind rund drei Prozent der Nutzflächen unbrauchbar. Auf solche Schwermetalle, wie Zink, Nickel, Cobalt, Thallium und andere bei Hightech-Firmen dringend benötige Rohstoffe, kann nicht ohne weiteres verzichtet werden.
Hyperakkumulatoren (wörtlich übersetzt: „Über-Sammler") überleben auf diesen ansonsten unfruchtbaren, schwermetallhaltigen Böden. Das sind Pflanzen, auf die Schwermetalle nicht toxisch wirken, wenn sie diese in ihren Blättern oder Wurzeln anreichern.
Bisher wurden rund 300 Pflanzenarten entdeckt, die man als Hyperakkumulatoren bezeichnet. Eine Möglichkeit für den Menschen, diese Fähigkeit der Pflanzen zu nutzen,

ist das Phytomining. So ernten Bauern in Albanien, auf dem Gelände eines ehemaligen Eisen- und Nickel-Bergwerks, das Mauer-Steinkraut *Alyssum murale*. Die Asche der verbrannten Pflanzen besteht zu einem Fünftel aus Nickel.
Theoretisch ist es möglich, dass auch ganz andere Metalle in Pflanzen angereichert werden. Seltene und edle Metalle wie Platin, Palladium und Germanium, die in Katalysatoren, Elektrofahrzeugen oder in der Medizintechnik gebraucht werden.

Material 4: Untersuchungsergebnisse für zwei *Arabidopsis*-Arten

Zink-Ionen-Konzentration in den Blättern und Wurzeln bei unterschiedlicher Konzentration der Nährlösungen

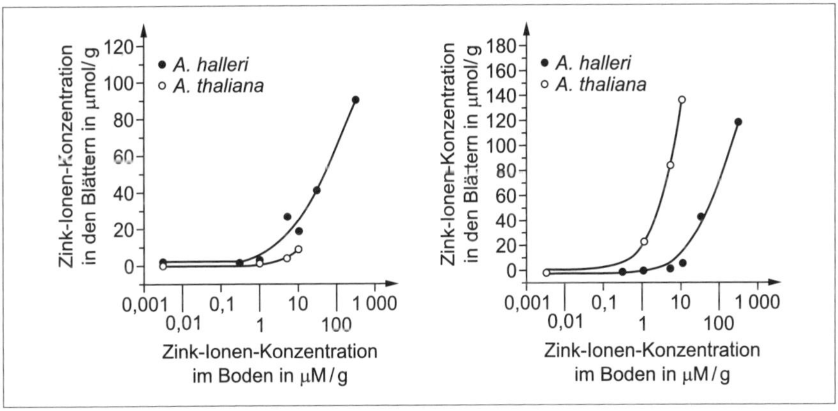

Abb. 2

Quelle: Krämer, Ute: Vergleichende Genomik. https://www.ruhr-uni-bochum.de/mgpp/Seiten_dt/Comparative_Genomics_d.html

Material 5: Modell zum Mechanismus der Zink-Hyperakkumulation

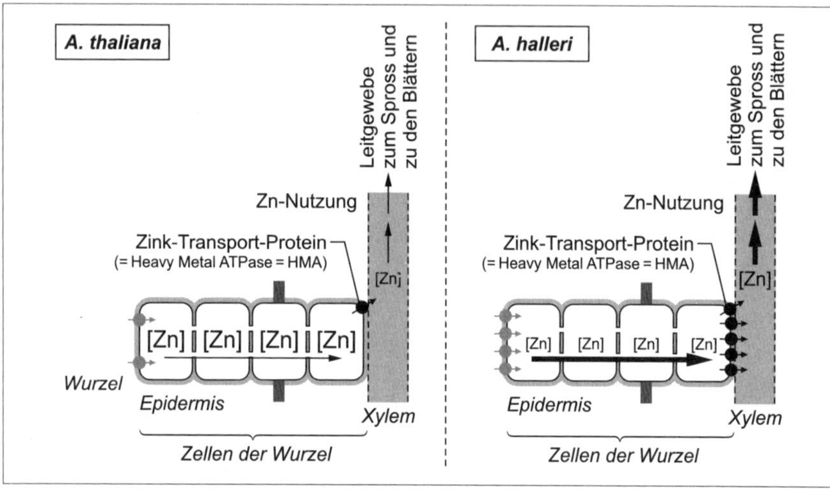

Abb. 3

Quelle: Krämer, Ute: Vergleichende Genomik.
https://www.ruhr-uni-bochum.de/mgpp/Seiten_dt/Comparative_Genomics_d.html

Dargestellt sind die Prozesse in der Wurzel, die die Raten des Zink-Ionen-Transports bestimmen. Die Größe der Symbole [Zn] und Stärke der Pfeile zeigt die Menge der vorhandenen und transportierten Ionen.

Material basiert auf:
Deinlein, Ulrich: Untersuchung des Beitrags von Nicotianaminsynthase zur Zinkhyperakkumulation in Arabidopsis halleri. Dissertation,
https://epub.uni-bayreuth.de/232/1/Diss.pdf
Redaktion Pflanzenforschung.de: Biostaubsauger für Bodengifte – Phytomining mit Arabidopsis halleri. Bearbeitungsstand: 03. 11. 2016.
URL: https://www.pflanzenforschung.de/de/journal/journalbeitrage/biostaubsauger-fuer-bodengifte-phytomining-mit-arabidop-10717

Lösungsvorschläge

Üblicherweise enthält der Aufgabenteil A eine praktische Aufgabe. Diese ist in dieser Prüfung aufgrund verschärfter Vorsichtsmaßnahmen bezüglich des Coronavirus in ein Gedankenexperiment umgeformt worden.

1 *Lesen Sie zunächst die dreiteilige Aufgabenstellung und sichten Sie Material 1. Der Operator „skizzieren" impliziert, dass Sie die Sachverhalte auf das Wesentliche reduziert übersichtlich grafisch darstellen. Dabei stehen die Ansätze in den beiden Reagenzgläsern vergleichend im Vordergrund der Skizze. Reagenzglasständer und Spatel können der Übersichtlichkeit halber vernachlässigt werden. Achten Sie auf eine vollständige Beschriftung, sodass Ihre Ausführungen im Anschluss auf die Skizze bezogen werden können.*
Bei der Erläuterung Ihrer zu erwartenden Beobachtungen sollten Sie den Versuchsaufbau noch einmal knapp umreißen und mit zusätzlichen Informationen zu den ablaufenden biochemischen Prozessen versehen. Gehen Sie hierbei auf beide Versuchsansätze ein.
Anschließend sollen Sie unabhängig vom Gedankenexperiment zwei weitere Einflussfaktoren auf enzymatische Reaktionen nennen und deren Wirkung begründen.

Skizze:

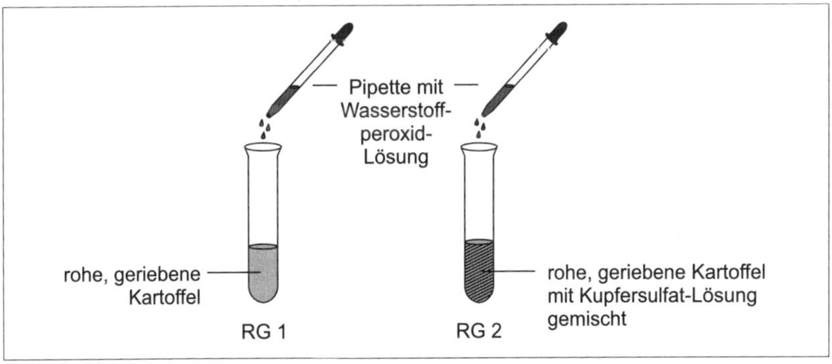

Erläuterung:

- **Reagenzglas 1:**
  Im Reagenzglas 1, in dem die rohen, geriebenen Kartoffeln mit Wasserstoffperoxid-Lösung versetzt werden, ist eine starke Schaumbildung zu erwarten, die sich auf eine hohe Gasentwicklung zurückführen lässt. In den geriebenen Kartoffeln befindet sich das Enzym Katalase, das die Reaktion von Wasserstoffperoxid zu den ungiftigen Produkten Sauerstoff und Wasser katalysiert, indem es die Aktivierungsenergie der Reaktion herabsetzt. Die dabei entstehenden Sauerstoffbläschen sind für die Schaumbildung verantwortlich.

- **Reagenzglas 2:**
  Im Reagenzglas 2, in dem sich zusätzlich zum ersten Ansatz Kupfersulfat-Lösung befindet, sollte keine Schaumbindung auftreten oder diese deutlich schwächer ausgeprägt sein. Das lässt sich auf die Wirkung der in der Kupfersulfat-Lösung befindlichen Schwermetallionen auf das Enzym Katalase zurückführen. Schwermetalle verändern die Raumstruktur von Proteinen und beeinträchtigen damit häufig deren katalytische Wirkung als Enzyme, sodass zum Beispiel die Bildung von Enzym-Substrat-Komplexen ausbleibt. Die Reaktion zur Umwandlung von Wasserstoffperoxid in Wasser und Sauerstoff kann damit nicht oder nur sehr langsam stattfinden.

Begründung:
Weitere Einflussfaktoren auf enzymatische Reaktionen können zum Beispiel die Temperatur, der pH-Wert oder die Substratkonzentration sein. Dabei kommt es immer darauf an, wo das Optimum des jeweiligen Enzyms in Bezug auf diese Einflussfaktoren liegt.

- **Temperatur:**
  Da es sich bei Enzymen um Proteine handelt, weisen sie eine Sensibilität in Bezug auf Hitze auf. Wird die Temperatur so stark erhöht, dass eine Denaturierung einsetzt, wird die Struktur des Enzyms irreparabel beschädigt, sodass es seine Wirkung verliert. Auch zu niedrige Temperaturen beeinflussen enzymatische Reaktionen, obwohl die Proteinstruktur davon nicht beschädigt wird. Hier findet die RGT-Regel (Reaktionsgeschwindigkeit-Temperatur-Regel) ihre Anwendung. Diese besagt, dass sich bei einer Temperaturerhöhung um 10 °C die Reaktionsgeschwindigkeit von chemischen Reaktionen um das Zwei- bis Dreifache erhöht. Das bedeutet im Umkehrschluss, dass bei einer Temperaturerniedrigung um 10 °C auch eine Abnahme der Reaktionsgeschwindigkeit um das Zwei- bis Dreifache zu verzeichnen ist.
- **pH-Wert:**
  Auch der pH-Wert kann die Proteinstruktur eines Enzyms beeinflussen. Auf diese Weise kann sich die Raumstruktur so verändern, dass das aktive Zentrum des Enzyms verformt ist und die Substratbindung nicht mehr hergestellt werden kann. Damit verliert das Enzym seine Funktion.

Alternativ könnte auch die Substratkonzentration als weiterer Faktor begründet werden: Die Substratkonzentration beeinflusst dahingehend die Reaktionsgeschwindigkeit, dass diese mit Erhöhung der Substratkonzentration zunimmt. Das liegt daran, dass mehr Ausgangsstoffe für die Reaktion zur Verfügung stehen und damit die Wahrscheinlichkeit steigt, dass das Enzym auf ein Substrat trifft und mit diesem einen Enzym-Substrat-Komplex bildet. Diese positive Korrelation besteht so lange, bis ein Sättigungswert erreicht ist, bei dem alle Enzymmoleküle mit Substraten besetzt sind (maximale Geschwindigkeit des Substratumsatzes). Ab diesem Wert ist keine weitere Steigerung der Reaktionsgeschwindigkeit mehr möglich.

2 *Analysieren Sie das im Material 2 dargestellte Diagramm ausführlich. Beschreiben Sie die dargestellten Zusammenhänge zunächst knapp. Interpretieren Sie anschließend die dargestellten Datenpunkte, indem Sie sie in Beziehung zueinander setzen. Beachten Sie dabei auch die eingezeichnete Trend-Linie.*

In der Grafik ist die Zinkionenkonzentration in den Blättern von *Arabidopsis halleri (A. halleri)* in Abhängigkeit von der Zinkionenkonzentration im Boden aufgetragen. Zu erkennen ist dabei, dass sich die Zinkionenkonzentrationen in den Blättern zwischen den untersuchten Individuen von *A. halleri* sehr stark unterscheiden. Dies gilt auch dann, wenn sie der gleichen Zinkionenkonzentration im Boden ausgesetzt sind. Vor allem bei geringer Zinkionenkonzentration ist eine hohe Streuung zu erkennen. Trotzdem ist ein Trend zu erkennen. Mit steigender Zinkionenkonzentration im Boden nimmt auch die Zinkionenkonzentration in den Blättern von *A. halleri* zu. Das heißt, dass Pflanzen, die an Standorten mit hoher Zinkionenbelastung wachsen, die Zinkionen in ihren Blättern auch stärker anreichern können.

3 *Die Herausforderung besteht hier in der offenen Vorgabe „einen allgemeinen Stoffkreislauf" und „den Energiefluss in den Trophiestufen" schematisch zu veranschaulichen (AFB I). Es bietet sich aufgrund der Übersichtlichkeit an, zwei unterschiedliche Schemata anzufertigen, da der Energiefluss im Unterricht häufig in Form von Energieflusspyramiden veranschaulicht wird und beim allgemeinen Stoffkreislauf nicht notwendigerweise Konsumenten verschiedener Ordnungen unterzubringen sind. Natürlich sind auch andere Darstellungsformen denkbar und die Definitionen beim allgemeinen Stoffkreislauf könnten auch durch kurze Beschreibungen ersetzt werden. Im zweiten Teil der Aufgabe sollen die Hyperakkumulatoren auf diese Schemata übertragen werden und deren Stellung soll mithilfe von Material 3 beurteilt werden. Der Operator „beurteilen" deutet darauf hin, dass die Hyperakkumulatoren eine gewisse Bedeutung in einem Ökosystem einnehmen, die hier erkannt und in ihrer Wirkung abgeschätzt werden soll (AFB III).*

Allgemeiner Stoffkreislauf:

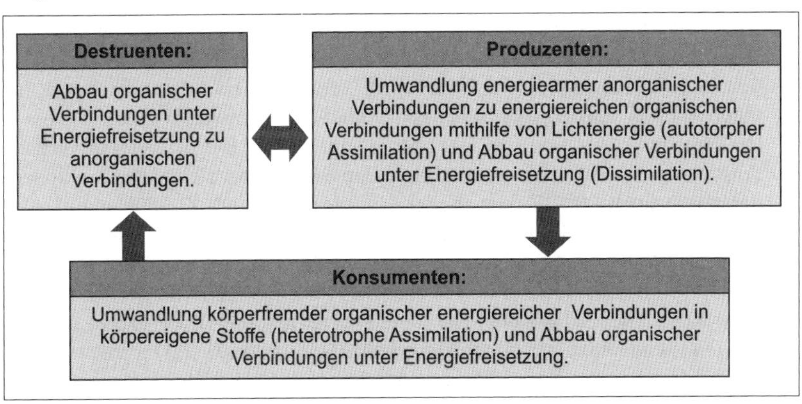

Energiefluss in den Trophiestufen:

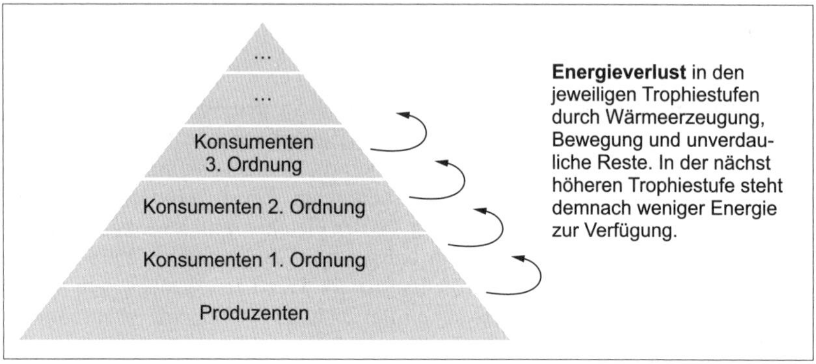

Beurteilung:
Hyperakkumulatoren sind Pflanzen und damit Produzenten, die Schwermetalle anreichern können. Da die Schwermetalle über Konsumenten in höhere Trophiestufen gelangen und sich in diesen ansammeln, kann dies zu Schädigungen der Konsumenten führen. Entfernt der Mensch die Hyperakkumulatoren, stellt dies kurzfristig einen Eingriff in die Stoffkreisläufe des jeweiligen Ökosystems dar. Langfristig besteht jedoch die Chance, dass verseuchte Böden von den Schwermetallen befreit werden können.

4 *Der Vergleich kann hier sowohl tabellarisch als auch im Fließtext erfolgen. Es ist dabei zu berücksichtigen, dass eindeutige Vergleichskategorien formuliert werden, die anhand der Diagramme abgeleitet werden können (Kurvenverläufe und Achsenbeschriftungen beachten). Belegen Sie Unterschiede oder Gemeinsamkeiten ggf. mit konkreten Daten. Im zweiten Aufgabenteil nutzen Sie Material 5 und das Basiskonzept vom Zusammenhang von Struktur und Funktion zur Erklärung.*

Vergleich:
Eine Gemeinsamkeit beider Pflanzenarten ist, dass sie sowohl in ihren Wurzeln als auch in ihren Blättern Zinkionen speichern können. Unterschiede zwischen beiden Arten zeigen sich, wenn man die Zinkionenkonzentration in den Blättern bei steigender Konzentration in der Nährlösung vergleicht. Hier zeigt die Art *A. halleri* einen starken Anstieg der Ionenkonzentration auf etwa 90 $\mu mol \cdot g^{-1}$ bei einer Zinkionenkonzentration von 100 $\mu M \cdot g^{-1}$ im Boden. Bei *A. thaliana* verläuft der Anstieg der Zinkionenkonzentration in den Blättern bei steigender Zinkionenkonzentration im Boden flacher als bei *A. halleri*. Ab einer Zinkionenkonzentration von 10 $\mu M \cdot g^{-1}$ im Boden sind keine weiteren Messergebnisse für diese Art aufgetragen. Weitere Unterschiede zwischen beiden Pflanzenarten zeigen sich bei der Zinkionenkonzentration in den Wurzeln in Abhängigkeit von der Zinkionenkonzentration in der Nährlösung. Die Ionenkonzentration in den Wurzeln steigt bei *A. thaliana* schon bei einer Nährlösungskonzentration von 1 $\mu M \cdot g^{-1}$ an und erreicht ihren Maximalwert von 140 $\mu mol \cdot g^{-1}$ bei einer Nährlösungskonzentration von

$10\,\mu M \cdot g^{-1}$. Die Zinkionenkonzentration in den Wurzeln von *A. halleri* beginnt erst ab einer Zinkionenkonzentration im Boden von etwa $10\,\mu M \cdot g^{-1}$ anzusteigen und erreicht ihren Maximalwert bei einer Nährlösungskonzentration von mehr als $100\,\mu M \cdot g^{-1}$. Der Graph beginnt demnach später und etwas flacher anzusteigen.

Erklärung:
A. halleri enthält sowohl in den Epidermiszellen als auch am Übergang zum Leitgewebe viele Zinktransportproteinkomplexe (HMA). Dadurch können gleichsam viele Zinkionen in die Wurzel aufgenommen sowie in das Leitgewebe und in die Blätter weitertransportiert werden. Durch den effektiven Weitertransport der Ionen in das Leitgewebe bleibt die Konzentration der Zinkionen in der Wurzel im Vergleich zu *A. thaliana* längere Zeit geringer.
A. thaliana enthält vergleichsweise wenige Zinktransportproteinkomplexe (HMA) in den Epidermiszellen und noch weniger am Übergang zum Leitgewebe. Dadurch werden weniger Zinkionen in die Wurzelzellen aufgenommen und auch weniger Ionen in das Leitgewebe und in die Blätter weitertransportiert. Durch den gedrosselten Abtransport ist die Zinkionenkonzentration in der Wurzel höher als bei *A. halleri.*

5 *Das Stichwort synthetische Evolutionstheorie verlangt hier den Einbezug der Grundkenntnisse zur Wirkung verschiedener Evolutionsfaktoren. Ebenso verweist der Operator „erläutern" (AFB II) auf das Hinzuziehen von Beispielen und Zusatzinformationen, die sich in dem Fall aus den verschiedenen Materialien bereits erschlossen haben. Beachten Sie, dass hier auch Prozesse der Artbildung einfließen sollten. Durch die offen formulierte Aufgabenstellung sind hier verschiedene Szenarien denkbar.*

Ursprung der evolutiven Entwicklung von Hyperakkumulatoren war eine Ausgangspopulation einer Ursprungsart, deren Individuen größtenteils noch keine Schwermetalle anreichern konnten. Innerhalb dieser Ausgangspopulation traten jedoch **Variationen** auf, bei denen Schwermetalle im Boden nicht toxisch wirkten. Vorstellbar ist dies durch zufällige **Mutationen** und genetische **Rekombinationen**. Intraspezifische Konkurrenz um Ressourcen, wie beispielsweise Wasser oder Mineralstoffe, führt zur **Selektion**: Die am besten an die Umweltbedingungen angepassten Individuen haben einen Selektionsvorteil. Die Pflanzenvariationen, die die Schwermetalle im Boden vertragen, konnten auf ursprünglich ungeeigneteren Böden wachsen und hatten dort einen **Selektionsvorteil**. Dies stellt eine Habitatisolation dar, da nicht mutierte Pflanzen auf diesen Böden einen geringeren Fortpflanzungserfolg hatten und somit über längere Zeit der Genfluss zwischen der Ausgangspopulation und den mutierten Variationen unterbrochen war. Durch weitere zufällige Mutationen und Rekombinationen veränderte sich das Erbgut der beiden Populationen dermaßen stark, dass im Laufe der Zeit eine reproduktive **Isolation** eintrat und keine fruchtbaren Nachkommen zwischen den beiden Populationen entstehen konnten und sich die sympatrische Artbildung zu Hyperakkumulatoren vollzogen hatte.

Erhöhtes Anforderungsniveau Biologie (Brandenburg): Abituraufgaben 2020
Aufgabe B: Neurobiologie, Zellbiologie, Genetik, Ökologie, Evolution

Thema: Lachse als Anpassungskünstler

Lachse führen ein Leben, das im Süßwasser beginnt. Sie wechseln dann zum Salzwasser und kehren später wieder in das Süßwasser des Heimatflusses zurück. Geleitet vom Magnetfeld der Erde, ziehen sie in die Laichgründe – auch der Geruch der Heimat leitet sie auf ihrer gefährlichen, aber unvermeidlichen Reise zurück.

Quelle: NOAA Photo Library

Aufgaben

1	Nennen Sie Vorteile für das Leben der Lachse in Fluss und Meer und leiten Sie Nachteile ab (Material 1).	8
2	Prüfen Sie die eindeutige Zuordnung des Lachses zu einer Fortpflanzungsstrategie.	8
3	Erläutern Sie mithilfe des Materials 2 die Osmoregulation von Lachsen im Salz- und Süßwasser. Gehen Sie dabei auch auf aktive und passive Transportvorgänge ein.	10
4	Skizzieren und beschriften Sie einen Ausschnitt eines DNA-Moleküls.	8
5	Der Ablauf des Prozesses zur Erzeugung transgener Lachse im Material 3 ist sehr vereinfacht dargestellt und an vielen Stellen problematisch. Beschreiben Sie die Erzeugung transgener Lachse. Stellen Sie zwei mögliche gentechnische Probleme im Prozess der Herstellung transgener Lachse dar.	10
6	Fast zwanzig Jahre dauerte es bis zur Zulassung des transgenen Lachses in den USA. Bewerten Sie Chancen und Risiken der Zucht transgener Lachse.	6

Material 1: Leben der Lachse in Fluss und Meer

Im Frühjahr, wenn es in den Bächen und Flüssen noch kalt ist, schlüpfen 100 bis 200 Tage nach der Befruchtung Lachslarven aus ihren Eiern.
Sie bleiben noch etwa 4 Wochen in ihren Vertiefungen im Kiesbett eines kleinen schnellfließenden Flusses oder Baches mit sauberem, sauerstoffreichem Wasser und zehren von ihrem Dottervorrat.
Dann machen sie sich im bodennahen Wasser auf die Jagd nach kleinen Wirbellosen wie z. B. Bachflohkrebsen, Steinfliegenlarven und Eintagsfliegenlarven. Später sind sie dann groß genug, um auch kleine Fische zu erbeuten.
Nach ein bis zwei Jahren ziehen die Junglachse in kleinen Gruppen flussabwärts. Dabei prägen sie sich den Geruch des Heimatgewässers und markante Punkte ein. Ihr Körper stellt sich langsam auf das Leben im Salzwasser um. In den Jagdgründen des Nordatlantik angekommen, ernähren sich die Lachse besonders von Heringen, Makrelen und kleinen Krebsen. Durch die reichliche Nahrung im Meer wachsen sie schneller als Arten, die nur im Süßwasser leben.
In den nächsten Jahren legen sie große Reserven an. Weibchen werden bis zu 1 m lang und 20 kg schwer, Männchen werden bis 1,5 m lang und sogar 40 kg schwer.
Im Winter ziehen dann Tausende von Lachsen gegen die Strömung zum Laichen in ihre Ursprungsgewässer zurück. Bei dieser Wanderung nehmen die Lachse keine Nahrung mehr auf. Sie leben von ihren Fettreserven. Kommen sie in den Laichgewässern an, legt das Weibchen 5 000–25 000 Eier in kieshaltigen Laichgruben ab, die sofort von Männchen besamt werden. Fast alle Lachse sterben nach dem Ablaichen.

Material 2: Osmoregulation von Lachsen im Salz- und Süßwasser

Der Salzgehalt des Meeres liegt bei 30 bis 35 Promille (Gramm pro Liter), der des Süßwassers liegt dagegen bei 0. Die Körperflüssigkeit der Lachse liegt etwa bei 15 Promille.
Als Wanderer zwischen den Wasserwelten sind die Lachse daran angepasst. Die passive Durchlässigkeit der Fischhaut ist für Wasser gering.
Da die Kiemenoberfläche aber nur eine dünne Gewebeschicht darstellt, ist deren Durchlässigkeit sehr hoch.
Kiemen können auch gelöste Stoffe aktiv abgeben und aufnehmen.
Fische können wie andere Tiere Ausscheidungsprodukte mit dem Urin abgeben. Damit gehen auch immer Salze und andere gelöste Stoffe verloren.

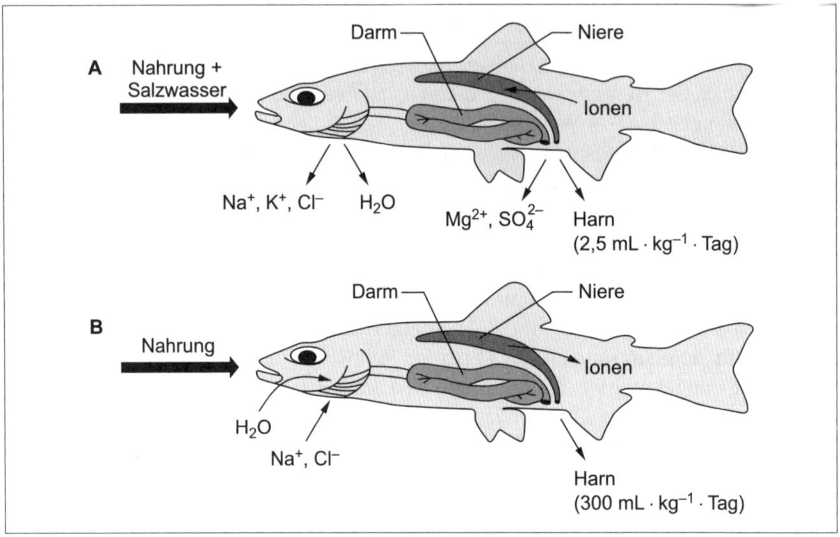

Abb. 1

Material 3: Genlachse – Segen oder Fluch?

Vor 30 Jahren gefror im kalten Neufundland versehentlich das Wasser in einem Tank mit Fischen. Erstaunlicherweise überlebten sie. Später entdeckte man ein Anti-Frost-Protein, das die Fische vor dem Erfrieren schützte.

Eine amerikanische Firma beschäftigte sich in der Folgezeit mit der kommerziellen Anwendung des Gens, das für das Anti-Frost-Protein codiert.

In Versuchen wurden zwei Gene in das Genom von Atlantik-Lachsen übertragen, ein Gen für ein Wachstumshormon des in Nordamerika und Ostasien verbreiteten Königslachses und ein Regulator-Gen des für ein Anti-Frost-Protein (AFP) codierenden Gens der Amerikanischen Aalmutter, einem in nordamerikanischen Küstenmeeren vorkommenden Fisch.

Die Expression des eingebrachten Gens für das Wachstumshormon aus dem Königslachs unter der Kontrolle des AFP-Regulatorgens hat zur Folge, dass der transgene Atlantik-Lachs schneller wächst als der Wildtyp des Atlantischen Lachses. Durch den AFP-Regulator, der aus einer an kalte Meeresregionen angepassten Fischart stammt, ist der gentechnisch veränderte Lachs im Gegensatz zum Wildtyp-Lachs in der Lage, auch bei niedrigen Wassertemperaturen und somit ganzjährig Wachstumshormone zu bilden.

Der transgene Lachs wird in der Hälfte der Zeit schlachtreif, da er das ganze Jahr wächst. Die Genehmigung des Antrages von 1997 auf die Zulassung des gentechnisch veränderten Lachses hat fast 20 Jahre auf sich warten lassen.

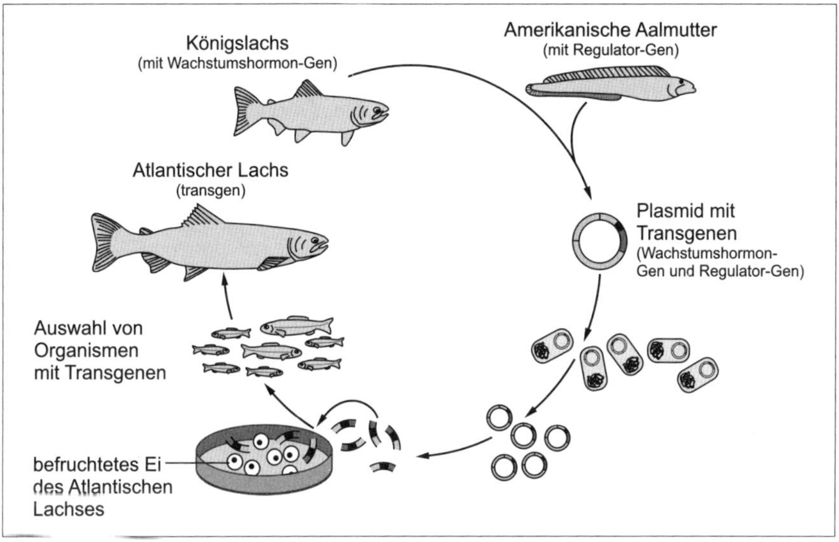

Abb. 2

Material basiert auf:
Unterricht Biologie, Heft 316, Friedrich Verlag GmbH Seelze, 2006
CD Unterricht Biologie, Klausur& Abitur 6, Friedrich Verlag GmbH Seelze, 2015
Lehrermaterialien 2, Schroedel, Bildungshaus Schulbuchverlage GmbH Braunschweig 2006
Lehrerhandbuch, Band 1, Schroedel Schulbuchverlag 1990, S. 196
www.noz.de/deutschland-welt/gut-zu-wissen/artikel/445637/die-letzte-reise-der-lachse, 15. 02. 2019
Linder Biologie SII, Arbeitsheft 1, 23. neu bearbeitete Auflage, Schroedel Verlag, 2010

Lösungsvorschläge

1 *Bei dieser Aufgabe ist es zunächst notwendig, Kriterien aus Material 1 zu gewinnen, die für das Leben der Lachse zum einen im Fluss und zum anderen im Meer von Vorteil sind. Der Operator „nennen" lässt hier eine stichpunktartige Aufzählung zu. Im zweiten Teil der Aufgabe sollen dann Nachteile dieser Lebensweise abgeleitet werden. Hilfreich ist hier auch, einen Blick auf die folgenden Aufgaben zu werfen, um mögliche Lösungsansätze zu erkennen.*

Vorteile im Fluss:
- sauberes, sauerstoffreiches Wasser
- Schutz der Jungtiere/Eier im Kiesbett
- passende Nahrung für Jungtiere, wie zum Beispiel kleine Wirbellose und später kleine Fische

Vorteile im Meer:
- ausreichendes Nahrungsangebot
- schnelleres Wachstum als im Süßwasser möglich

Nachteile:
Aufgrund der unterschiedlichen Lebensräume in Süß- und Salzwasser muss der Körper diese Umstellung durch osmoregulatorische Vorgänge kompensieren können. Hinzu kommen die weiten und gefährlichen Wanderungen durch die Flüsse in das Meer bzw. wieder zurück zum Laichgebiet. Beide Aspekte sind für den Lachs sehr energieaufwendig und dadurch nachteilig.

2 *Bei dieser Aufgabe ist es wichtig, die Aufgabenstellung sorgfältig zu analysieren. Der Begriff „Fortpflanzungsstrategie" verlangt zunächst nach Eigenschaften von r- und K-Strategen. Die „Zuordnung des Lachses" verlangt, die Lebensweise des Fisches nun diesen Eigenschaften von r- und K-Strategen zuzuordnen. Der Operator „Prüfen Sie die eindeutige Zuordnung" erfordert zudem eine Argumentation und Schlussfolgerung dahingehend, inwieweit die Lebensweise des Lachses ausschließlich einer Strategie zuzuordnen ist oder nicht.*

Lachse zeigen Merkmale von **r-Strategen**, weil sie viele Eier legen und keine intensive Brutpflege betreiben, da sie kurz nach der Eiablage sterben. Für die Zuordnung zu **K-Strategen** spricht, dass Lachse im Vergleich zu anderen Lebewesen im Fluss relativ groß sind und zudem eine relativ lange Lebensdauer haben. Auch die verhältnismäßig lange Zeit bis zur Geschlechtsreife ist ein Merkmal von K-Strategen. Zusammenfassend kann gesagt werden, dass der Lachs von beiden Fortpflanzungsstrategien Merkmale aufzeigt und demnach nicht eindeutig als r- oder K-Stratege bezeichnet werden kann.

3 *Diese Aufgabe des AFB II erfordert die Auseinandersetzung mit Material 2. Die in der Abbildung dargestellten Pfeile zeigen die Osmoregulation der Fische zum einen im Salzwasser und zum anderen im Süßwasser. Die in der Abbildung angedeuteten Prozesse sollen nun durch Informationen aus dem Material und durch Ihr Fachwissen zu aktiven und passiven Transportprozessen bzw. zur Diffusion und Osmose ausführlich dargestellt werden.*

Lachse im **Meerwasser** leben in einem für sie hypertonen Medium. Daher verlieren sie an den Kiemen aufgrund des Konzentrationsunterschiedes zwischen Blut und Meerwasser Wasser. Diesen Verlust gleichen sie durch absichtliches Trinken von Meerwasser aus, wobei sie jedoch damit auch wieder gelöste Ionen (wie Na^+ und Cl^-) im Überschuss aufnehmen, die über aktive Transportprozesse entgegen dem Konzentrationsgefälle aus dem Blut unter Energieverbrauch entfernt werden, um die Homöostase im Körper aufrechtzuerhalten. Andere überschüssige Ionen wie Mg^+ und SO_4^{2-} werden über den Darm und die Niere ausgeschieden. Meerwasserfische scheiden – auch bedingt durch den Wasserverlust an den Kiemen – verhältnismäßig wenig Harn aus. Zusammenfassend ergibt sich durch das viele Trinken und die geringe Harnabgabe ein Nettogewinn an Wasser bei Meeresfischen, was den Verlust an den Kiemen ausgleicht.

Fische, die im **Süßwasser** leben, befinden sich in einem für sie hypotonen Medium. Sie nehmen aufgrund des Konzentrationsunterschiedes zwischen Blut und Süßwasser Wasser über die Kiemen auf. Hier müssen zudem Ionen wie Na^+- und Cl^--Ionen entgegen dem Konzentrationsgradienten über Ionenpumpen unter Energieverbrauch in den Körper gelangen. Durch die übermäßige Aufnahme von Wasser muss dieses hauptsächlich über den Harn den Körper wieder verlassen, was auch einen Verlust von Ionen bedeutet. Dieser Verlust wird an den Nieren durch eine Reabsorption von Ionen zurück ins Blut teilweise ausgeglichen. Zusammenfassend ermöglichen die regulatorischen Maßnahmen den Verlust von Nährsalzen im Süßwasser möglichst gering zu halten.

4 *Bei dieser Aufgabe geht es um die Reproduktion von im Unterricht behandelten Inhalten, wobei es darauf ankommt, eine übersichtliche Skizze der relevanten Strukturen zu erstellen. Die symbolische Darstellung kann dabei von der hier gezeigten abweichen und einen abstrakteren Charakter haben, sollte jedoch die Zuordnung der Basenpaare zueinander abbilden. Verwenden Sie unbedingt die Fachbegriffe bei der Beschriftung. Beachten Sie, dass die DNA aus zwei antiparallel verlaufenden Strängen besteht, die dementsprechend zu beschriften sind.*

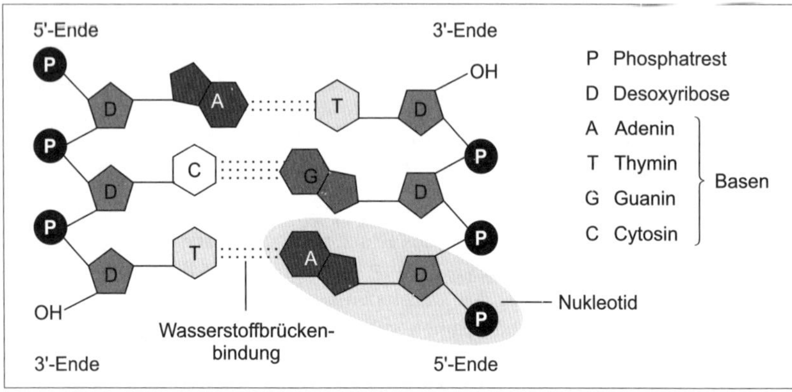

5 *Hier ist Ihr Fachwissen zum allgemeinen Verfahren der gentechnischen Herstellung von transgenen Organismen gefragt. Dies soll auf die Erzeugung transgener Lachse ausgehend von Material 3 übertragen werden (AFB II). Anschließend soll selbstständig hergeleitet werden, inwieweit der Herstellungsprozess problematisch sein kann. Hierbei ist darauf zu achten, dass sich die Probleme nicht auf die transgenen Individuen beziehen, sondern auf mögliche Hindernisse im Labor. Der Operator „darstellen" verlangt hier eine Benennung und Begründung des Problems.*

Erzeugung transgener Lachse:
Zunächst werden das Wachstumshormon-Gen aus dem Königslachs und das Regulator-Gen aus der Aalmutter isoliert. Für eine solche gezielte Isolation werden Restriktionsenzyme verwendet. Beide Gene werden anschließend in den Plasmidring eines Bakteriums gesetzt und dann durch die Teilung des Bakteriums automatisch repliziert und vervielfältigt. Dann wird wieder mithilfe von Restriktionsenzymen der Teil der Plasmidringe entfernt, der die rekombinante DNA enthält. Diese DNA-Fragmente werden dann dem Erbgut von befruchteten Eiern des Atlantischen Lachses hinzugefügt. Nach der embryonalen Entwicklung müssen dann jene Lachse aussortiert werden, die ein verstärktes Größenwachstum zeigen, da dies Anzeichen einer erfolgreichen gentechnischen Veränderung ist. Diese transgenen Lachse werden anschließend weitergezüchtet.

Gentechnische Probleme:
Problematisch bei diesem gentechnischen Verfahren ist beispielsweise die Auswahl der transgenen Lachse, da ein verstärktes Wachstum auch auf andere Faktoren zurückzuführen sein kann, wie beispielsweise natürlich vorkommende unterschiedliche Hormonkonzentrationen oder unterschiedliche Zuchtbedingungen. Ebenso sind auch die Gewinnung des Wachstumshormon-Gens und des Regulator-Gens aus Eukaryoten und die Aufbereitung zum Einbau in den Plasmidring bei Prokaryoten problematisch. Hierzu müssen die Restriktionsenzyme an spezifischen Stellen der DNA schneiden, wobei nicht immer direkt zu erkennen ist, ob hier die richtigen Fragmente entfernt und wieder verknüpft worden sind.

Alternative gentechnische Probleme:
- *Herstellung von transgenen Plasmiden und Vervielfältigung in Bakterien*
- *Isolierung der transformierten Bakterien*
- *Einsetzen der vervielfältigten Wachstumshormon-Gene in die Eizellen des Lachses*

6 *Diese Aufgabe des AFB III fordert nun eine stärker ökologische und ökonomische Bewertung der Zucht transgener Lachse. Achten Sie darauf, Chancen und Risiken in die Beantwortung einfließen zu lassen, und belegen Sie Ihre Aussagen mit stichhaltigen Argumenten.*

Die Zucht transgener Lachse bietet zunächst ökonomische **Vorteile** für die Zuchtbetriebe. Durch die Kälteresistenz können nun Lachse auch in kälteren Regionen gezüchtet werden, was gleichzeitig auch zur Ansiedlung von Zuchtbetrieben in diesen Regionen führt. Hinzu kommt, dass durch die Wachstumshormone die Fische schneller wachsen und demnach auch mehr Fisch verkauft werden kann, was letztlich zu höheren Gewinnen führt. Es ist auch denkbar, dass insbesondere in den Zuchtregionen die Nahrungsgrundlagen des Menschen durch das Lachsfleisch bereichert werden können.

Eine solche Zucht bietet jedoch auch **Risiken**. Sollten transgene Lachse aus Zuchtbetrieben entweichen, kann dies zur Veränderung des ökologischen Gleichgewichts führen, wenn man bedenkt, dass sich diese Lachse gegenüber natürlichen Populationen durchsetzen könnten. Einen weiteren Aspekt stellt der Konsum des Lachses durch den Menschen dar. Die langfristige Wirkung von transgenem Lachsfleisch kann man nicht einschätzen, sodass z. B. Allergien und Unverträglichkeiten nicht auszuschließen sind.

Thema: Antibiotikaresistenzen – Wettlauf mit den Keimen

Vor 90 Jahren entdeckte ALEXANDER FLEMING das Antibiotikum Penicillin und rettete damit viele Menschen vor dem Tod.
Unter Antibiotika versteht man Stoffe, die das Wachstum von Bakterien oder Pilzen beeinträchtigen (*anti* = gegen, *bios* = Leben). Schon damals warnte der Arzt vor inflationärem Gebrauch und Resistenzen.
„Es besteht die Gefahr, dass die Mikroben lernen, resistent gegen Penicillin zu werden. Und wenn die Mikrobe einmal resistent ist, bleibt sie auch für lange Zeit resistent.“ So deutlich formulierte ALEXANDER FLEMING die Gefahren in seiner Nobelpreisrede.

FLEMING in seinem Labor

Aufgaben

1 Stellen Sie das Wachstum einer Bakterienkultur in Form einer beschrifteten Wachstumskurve dar. Erklären Sie deren Verlauf in den einzelnen Phasen. 10

2 Antibiotika beeinträchtigen das Wachstum von Bakterien. Beschreiben Sie die im Material 1 dargestellten Wirktypen.
Formulieren Sie für die „Bakterizide“ und „Bakteriostatika“ Definitionen. 8

3 Beschreiben Sie die Wirkung und die Folgen des Einsatzes von Penicillinen als Antibiotika auch mithilfe von Fachbegriffen aus der Enzymatik.
Ordnen Sie die Penicilline begründet einem Wirktyp der Antibiotika zu.
Begründen Sie die gute Verträglichkeit der Penicilline für den Menschen. 8

4 Erläutern Sie die Entstehung von Antibiotikaresistenzen durch Konjugation und deren Bedeutung für die Evolution.
Erklären Sie in diesem Zusammenhang die Entstehung resistenter Bakterien durch übermäßigen und unsachgemäßen Einsatz von Antibiotika. 12

5 Erklären Sie Ursachen und Folgen der Antibiotika-Resistenz von MRSA (**M**ethicillin-**r**esistenten ***S**taphylococcus **a**ureus*). 6

6 Bakteriophagen sind Viren, die ausschließlich Bakterien befallen. Sie gelten in der Forschung als neuer Hoffnungsträger in der MRSA-Behandlung.
Diskutieren Sie die Eignung und den Einsatz von Phagen auf Basis ihrer Eigenschaften und Lebensweise. 6

Material 1: Wirkung von Antibiotika

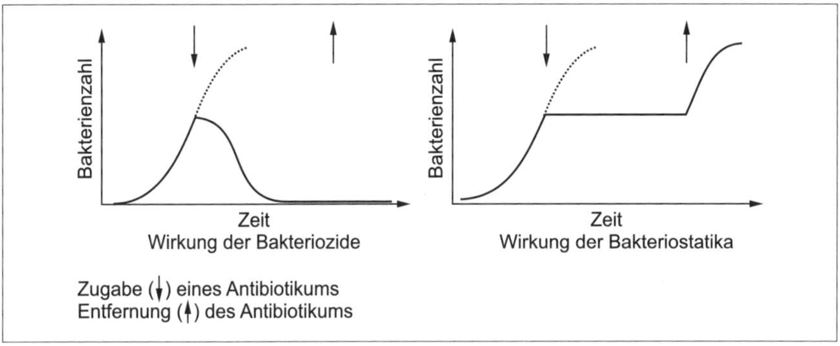

Abb. 1

Material 2: Angriffspunkte der Penicilline bei Bakterien

Penicilline sind eine Gruppe von Antibiotika, welche die Zellwandsynthese von Bakterien unterbrechen. Der Wirkmechanismus der Penicilline wurde 1965 erstmals (von PARK und STROMINGER) beschrieben. Die Zellwand von Bakterien besteht aus langen Zuckerketten (Mureingerüst), die durch Peptidketten quervernetzt sind (s. Abbildung). Die Vernetzung wird durch das Enzym Transpeptidase (auch als **p**enicillin**b**indendes **P**rotein = PBP bezeichnet) katalysiert.
Befinden sich Bakterien in der Wachstums- und Vermehrungsphase, können Penicilline die Zellwandproduktion stören. Die Wirkung der Penicilline ist in der Abbildung dargestellt.

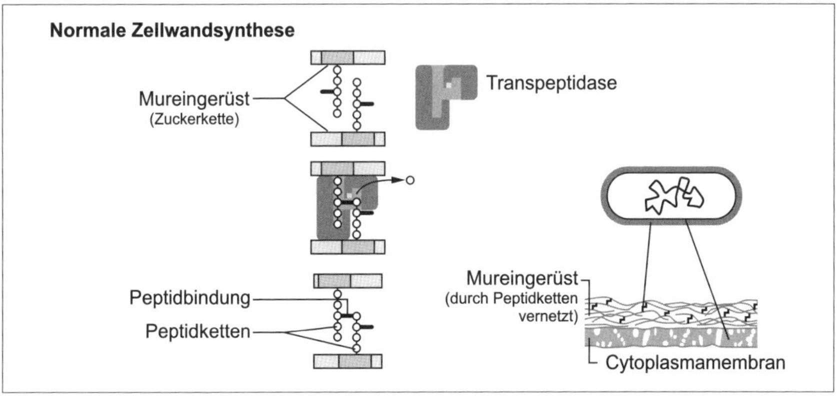

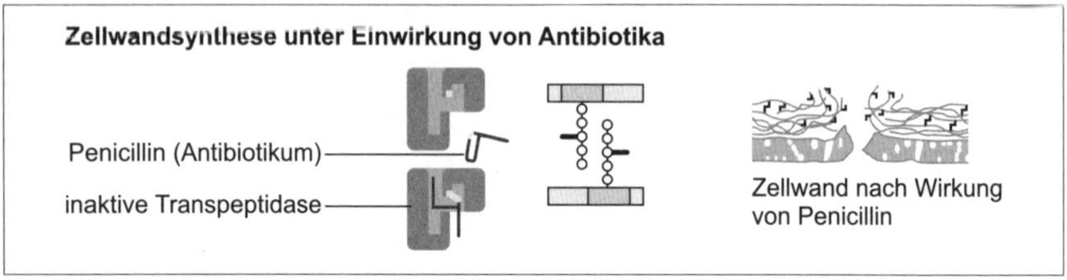

Abb. 2
verändert nach: Mcstrother/Wikipedia, CC BY 3.0

Material 3: Antibiotikaresistenzen

Die Resistenzbildung gegen Antibiotika ist ein natürlicher Anpassungsmechanismus der Bakterien.
Man unterscheidet verschiedene Arten und Mechanismen z. B.

- die natürliche Resistenz, d.h. Bakterien sind grundsätzlich gegen ein Antibiotikum resistent, da sie ein Resistenz-Gen besitzen,
- die erworbene Resistenz, d.h. Bakterien werden durch das Wechselspiel von Mutation und Selektion resistent,
- die erworbene Resistenz durch Konjugation.

Konjugation von Bakterien in vier Schritten:

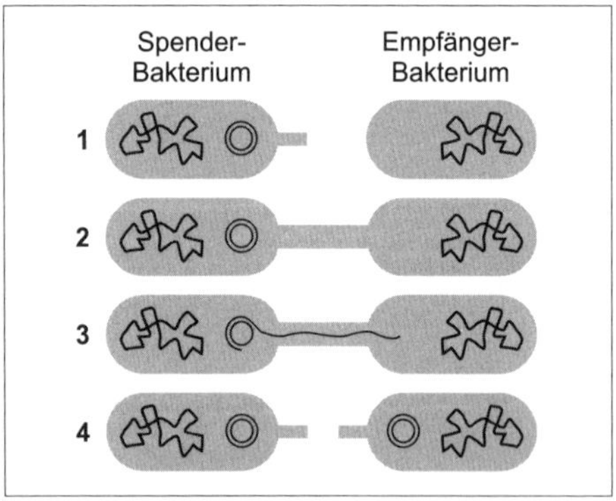

Abb. 3

Material 4: MRSA – ein multiresistenter Keim

Er ist klein, mit dem bloßen Auge unsichtbar und besiedelt bei rund 50 % der Bevölkerung eine ökologische Nische in der Nase. Die Rede ist von *Staphylococcus aureus*, einem eigentlich harmlosen Bakterium. Dieser Keim wird immer mehr zur Herausforderung für Wissenschaft und Medizin, denn in den letzten Jahren nehmen erworbene Resistenzen und Multiresistenzen gegen häufig verwendete Antibiotika wie Methicillin (ein Vertreter der Penicilline) ständig zu. So sind **M**ethicillin-**r**esistente *Staphy-*

lococcus ***aureus*** (MRSA) gefürchtete Erreger von nosokomialen Infektionen (Infektionen, die in einer Klinik erworben werden). Solange die Bakterien nur auf der Haut verweilen, sind sie ungefährlich, wenn aber in Form einer Verletzung oder Operationswunde eine Eintrittspforte in den Körper vorhanden ist, können sie Wundinfektionen, Lungenentzündungen oder Blutvergiftungen hervorrufen.

Ursachen und Folgen der Antibiotikaresistenz:

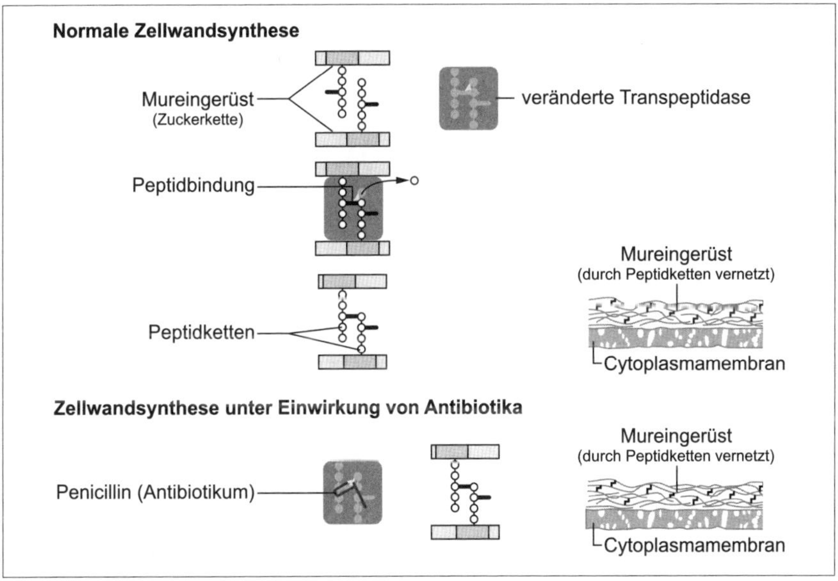

Abb. 4
verändert nach: Mcstrother/Wikipedia, CC BY 3.0

Material basiert auf:
Renneberg, R.; Süßbier, D.; Berkling, V.; Loroch, V.: Biotechnologie für Einsteiger. 5. Aufl., Berlin: Springer, 2018, S. 153
S. Suerbaum et al. (Hrsg.): Medizinische Mikrobiologie und Infektiologie. DOI 10.1007/978-3-642-24167-388, © Springer-Verlag Berlin Heidelberg 2012

Lösungsvorschläge

1 *Bei dieser Aufgabe handelt es sich um die Reproduktion von Unterrichtsinhalten (AFB I). Fertigen Sie eine übersichtliche, beschriftete Grafik an, bei der Sie auf die korrekte Achsenbeschriftung achten. Beleuchten Sie anschließend den Verlauf der einzelnen Abschnitte der Kurve ausführlich mit Ihrem Hintergrundwissen, da für diese Aufgabe relativ viele Bewertungseinheiten angesetzt sind.*

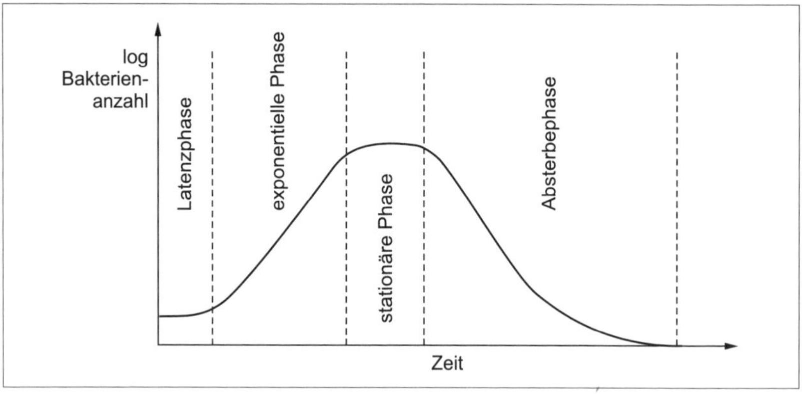

Erklärung:
Die Wachstumskurve einer Bakterienkultur lässt sich grob in vier Phasen einteilen. Die **Anlaufphase** oder **Latenzphase** beginnt direkt nach dem Beimpfen eines Nährmediums mit der jeweiligen Bakterienkultur. Da sich die Bakterien zunächst auf das Nährmedium einstellen müssen, finden wenige Teilungen statt beziehungsweise dauern die einzelnen Teilungsschritte länger.
Daran schließt sich die zweite Phase an, die sogenannte **exponentielle Phase**, die sich dadurch charakterisiert, dass die Teilungsrate einen konstanten Wert erreicht. Die Zellzahl nimmt exponentiell zu, da benötigte Nährstoffe etc. im Überfluss vorhanden sind.
Mit der Zeit nimmt durch die exponentielle Vermehrung der Bakterien die Substratkonzentration der Nährlösung stetig ab. Beim Stoffwechsel entstandene Abfallprodukte können sich anhäufen und den pH-Wert der Kultur verändern, sodass dieser in den Bereich des Pessimums rückt, was dazu führt, dass die Wachstumsrate vermindert wird und ein Gleichgewicht zwischen Teilung und Absterben von Zellen eintritt. Die Gesamtbakterienzahl bleibt also konstant. Diese Phase wird daher als **stationäre Phase** bezeichnet.
Aufgrund negativer Bedingungen wie Nährstoffmangel und das Vorhandensein angereicherter Stoffwechselendprodukte erfolgt zum Ende der Wachstumskurve das beschleunigte Absterben der Zellen in der sogenannten **Absterbephase**.

2 *Zur Lösung der Aufgabe müssen Sie die beiden in Material 1 dargestellten Grafiken betrachten, achten Sie auf Gemeinsamkeiten und Unterschiede. Analysieren Sie die dargestellten Zusammenhänge und geben Sie sie anschließend unter korrekter Verwendung von Fachsprache in eigenen Worten wieder.*
Für die Definitionen sollten Sie den Kernunterschied der beiden Wirktypen herausarbeiten und jeweils sowohl knapp als auch präzise fachsprachlich darstellen.

Beschreibung:
In den Grafiken in Material 1 ist die Entwicklung der Bakterienanzahl über einen Zeitraum dargestellt. Dabei ist die Wirkung der Bakterizide der von Bakteriostatika vergleichend gegenübergestellt.

Es ist zu erkennen, dass die exponentiell ansteigende Bakterienzahl direkt nach Zugabe der **Bakterizide** nicht weiter zunimmt, sondern nach kurzer Zeit logarithmisch fällt, bis sie schließlich den Nullpunkt erreicht. Dies ändert sich auch dann nicht, wenn das Antibiotikum wieder entfernt wird.

Anders sieht die Wachstumskurve bei der Zugabe der **Bakteriostatika** aus. Dort steigt die Bakterienanzahl ebenfalls zunächst exponentiell und wird durch Zugabe des Bakteriostatikums angehalten und konstant auf einem Niveau gehalten. Nach Entfernung des Bakteriostatikums setzt sich der Anstieg der Bakterienzahl so fort, wie es ohne Zugabe des Antibiotikums zu erwarten gewesen wäre.

Definitionen:
- Bei **Bakteriziden** handelt es sich um eine Gruppe von Antibiotika, die eine abtötende Wirkung auf Bakterien hat.
- **Bakteriostatika** sind Antibiotika, die auf Wachstum und Vermehrung von Bakterien eine hemmende Wirkung haben, die jedoch reversibel ist.

3 *Beachten Sie, dass diese Aufgabe aus drei Teilaufgaben besteht, die am besten Schritt für Schritt bearbeitet werden sollten. Nutzen Sie zur Lösung dieser Aufgabe Material 2.*

Beschreibung:
Normalerweise katalysiert die Transpeptidase die Bildung von Peptidbindungen zwischen den Peptidketten, die als Quervernetzung stabilisierend in das Mureingerüst der Bakterienzellwand eingelagert sind.

Penicillin (in diesem Fall der Inhibitor) bindet an das aktive Zentrum (kompetitive Hemmung) des Enzyms Transpeptidase. Das führt zu einer Inaktivierung des Enzyms, sodass eine Bindung der Substrate nicht mehr möglich ist und das Enzym keine Peptidbindungen mehr herstellen kann. Auf diese Weise wird in der Wachstums- und Vermehrungsphase der Bakterien die Zellwandsynthese gestört, sodass keine funktionsfähigen neuen Bakterienzellen entstehen können. Die Folge ist, dass die Zellwand instabil und undicht wird, sodass sie ihre eigentliche Funktion (u. a. Stabilität zu verleihen) verliert und die Zelle unter Umständen platzt.

Zuordnung:
Da nicht nachträglich neue Peptidbindungen geknüpft werden können beziehungsweise die Bakterienzellen unter Einwirkung des Antibiotikums nicht lebensfähig sind, wirken Penicilline bakterizid.

Begründung:
Auf menschliche Zellen hat Penicillin keine schädigende Wirkung, da diese keine Zellwände aufweisen und das Enzym Transpeptidase nicht vorhanden ist.

4 *Konjugation ist ein Thema, das Ihnen aus dem Biologieunterricht bekannt sein sollte. Nutzen Sie als Gedächtnisstütze zur Erläuterung das Material 3, welches den Vorgang noch einmal verbildlicht.*
Arbeiten Sie anschließend die Bedeutung der Konjugation für die Evolution heraus. Überlegen Sie sich für die Erklärung der Entstehung von Resistenzen unter Rückgriff auf Ihr Wissen zu Mutation und Selektion, was mit einem Bakterienstamm passiert, wenn dieser dem Selektionsfaktor Antibiotikum ausgesetzt wird. Wenden Sie das Basiskonzept von Variabilität und Angepasstheit an und bedenken Sie die enorme Geschwindigkeit der Weitergabe von erfolgreichen Variationen durch den Prozess der Konjugation.

Erläuterung:
Unter **Konjugation** wird der DNA-Austausch zwischen Bakterien verstanden. Dabei erwirbt beispielsweise ein Empfänger-Bakterium, das ursprünglich keine Antibiotikaresistenz aufweist, eine Antibiotikaresistenz von einem antibiotikaresistenten Spender-Bakterium. Dazu wird mittels einer Plasmabrücke (Sex-Pilus) ein direkter Zell-Zell-Kontakt hergestellt, anhand dessen einer der beiden DNA-Stränge des Plasmids, auf dem Resistenzgene liegen, in die nicht-resistente Empfängerzelle übertragen wird. Im Anschluss daran werden die beiden Einzelstränge sowohl im Spender- als auch im Empfänger-Bakterium zum Doppelstrang ergänzt, sodass beide Zellen je ein vollständiges Plasmid besitzen und die Antibiotikaresistenz aufweisen.

Die beschriebenen Vorgänge haben einen Einfluss auf die **Evolution**. Konjugation führt zu genetischer Vielfalt bei Bakterien, die mit der Rekombination von Merkmalen bei der sexuellen Fortpflanzung zu vergleichen ist. Auf diese Weise können Bakterien mehrere Resistenzen erwerben. Gleichzeitig besitzen Bakterien eine hohe Vermehrungsrate, sodass Selektionsvorgänge schneller wirken können und mutiertes Erbmaterial wie Resistenzgene sich im Genpool stärker anreichern und schneller verbreiten kann.

Erklärung:
Werden Antibiotika übermäßig (ohne wirklich notwendig zu sein) und unsachgemäß (z. B. zu kurz oder in zu geringer Dosierung) eingesetzt, fördert dies die positive Selektion von Resistenzen. Bakterien ohne Resistenz werden durch das Antibiotikum abgetötet, wodurch Bakterien mit Resistenz einen zusätzlichen Vorteil haben. Weil diese sich nun ungehindert und konkurrenzlos vermehren können, wird deren Anteil unter den Bakterien immer höher.

Ein resistenter Stamm entsteht, sodass bei erneutem Einsatz des Antibiotikums keine Wirkung mehr eintritt. Im schlimmsten Fall können sie ihre Resistenzen auch auf andere Bakterienarten übertragen. Findet dieser Vorgang mehrfach statt, können Erreger entstehen, die gegen viele Antibiotika resistent sind (multiresistente Erreger).

5 *Um diese Aufgabe vollständig bearbeiten zu können, sind Sie auf Material 4 angewiesen. Vergleichen Sie die Grafiken mit denen aus Material 2. Beide Aufgaben sind thematisch miteinander verbunden. Markieren Sie ruhig wichtige Aussagen im Text und Unterschiede in den beiden Grafiken, sodass Sie diese schnell finden und in Ihre Formulierung integrieren können. Gehen Sie nun bei der Formulierung so vor, dass Sie den Gegenstand kurz benennen, nachfolgend Ursachen verdeutlichen und abschließend Folgen herausarbeiten.*

Ursachen:
Im Material 4 wird ersichtlich, dass das Enzym Transpeptidase bei Methicillin-resistenten *Staphylococcus aureus*-Stämmen (MRSA-Stämmen) in veränderter Form vorliegt. Es muss eine Mutation stattgefunden haben, die jedoch keine hemmende Wirkung auf die normale Enzymfunktion aufweist.
Das aktive Zentrum ist jedoch dahingehend verändert, dass viele Antibiotika (wie Methicillin) nicht mehr so gebunden werden, dass sie als Inhibitor fungieren. Die Synthese von Peptidbindungen ist also auch unter Anwesenheit von diesen Antibiotika weiterhin möglich, sodass es zum Aufbau einer funktionstüchtigen Zellwand und damit zur weiteren Vermehrung des Bakteriums kommt.
Das Antibiotikum hat seine Wirkung auf die MRSA-Stämme verloren, eine Resistenz ist entstanden.

Folgen:
In der Folge können diese ursprünglich harmlosen Bakterien nicht mehr durch Antibiotika bekämpft werden, wenn sie durch eine Verletzung oder über eine Operationswunde in den Körper gelangt sind. Dort können sie zu Wundinfektionen, Lungenentzündungen oder gar Blutvergiftungen führen.

6 *Der Operator „diskutieren" verlangt von Ihnen, den Einsatz von Bakteriophagen zur Bekämpfung von multiresistenten Erregern wie MRSA aus verschiedenen Blickwinkeln zu betrachten und diese anhand von Argumenten und Beispielen (pro und kontra) gegeneinander abzuwägen. Beziehen Sie Ihre Argumente unbedingt auf die speziellen Eigenschaften sowie die Lebensweise von Bakteriophagen. Fertigen Sie sich zuvor eventuell Stichpunkte an, sodass Sie die Argumente sinnvoll strukturieren können. Das abschließende Fazit gibt die persönliche Meinung wieder, sodass viele individuell unterschiedliche Lösungen möglich sind. Im Folgenden ist nur ein denkbares Beispiel notiert.*

Pro-Argumente:
Der Mensch kann sich Bakteriophagen prinzipiell zur Bekämpfung resistenter Bakterien zunutze machen, da diese jeweils spezifische Bakterienzellen befallen (Schlüssel-Schloss-Prinzip), um sich selbst zu vermehren, wobei die Wirtszellen absterben (Lyse). Dadurch werden die schädlichen Bakterien gezielt bekämpft, nützliche Bakterien (z. B. Darmflora) jedoch nicht beeinträchtigt. Auch die Zellen des Menschen, der therapiert werden soll, werden nicht befallen und tragen keinen Schaden davon, da Phagen zur Vermehrung ausschließlich Bakterienzellen als Wirte nutzen. Ein weiterer Vorteil ist, dass sich die Phagen exponentiell vermehren, sodass zu Beginn der Behandlung nur wenige Exemplare benötigt werden. Wenn alle Bakterien abgetötet wurden, sind keine Wirtszellen mehr für die Phagen vorhanden, sodass deren Vermehrung gestoppt wird.

Kontra-Argumente:
Da Bakteriophagen im Hinblick auf ihre Wirtszellen sehr spezifisch sind, müssen für die zu bekämpfenden Bakterien die passenden Phagen gefunden werden, um eine Behandlung zu ermöglichen. Weiterhin könnten Bakterien in seltenen Fällen Resistenzen gegen Bakteriophagen entwickeln, sodass diese für den Menschen als Heilmittel unwirksam werden. Zudem sind noch unbekannte Wechselwirkungen zwischen Bakterien und Bakteriophagen, die sich auf den Menschen negativ auswirken könnten, nicht auszuschließen.

Fazit:
Bakteriophagen bieten eine Chance bei der MRSA-Behandlung, da sie sehr spezifisch wirken und gezielt MRSA-Bakterien angreifen. Allerdings sollte in diesem Bereich noch weitergeforscht werden, um mögliche Nebenwirkungen ausschließen und eine erfolgreiche MRSA-Behandlung mit hoher Wahrscheinlichkeit gewährleisten zu können.

Grundkurs Biologie (Brandenburg): Abituraufgaben 2021
Aufgabe A: Zellbiologie, Stoffwechsel

Thema: Chloroplasten und Mitochondrien – Zellorganellen mit Sonderstatus

Mitochondrien und Plastiden sind wichtige Bestandteile eukaryotischer Zellen. Seit ihrer Entdeckung vor mehr als 100 Jahren wurden stetig neue Erkenntnisse über diese lebenswichtigen Organellen gewonnen: Sie wurden als Ort zahlreicher energetischer Grundprozesse charakterisiert.
Weiterentwicklungen in der Lichtmikroskopie, der Einsatz von Fluoreszenzfarbstoffen und neue zytologische Untersuchungsmethoden lieferten Details über strukturelle Eigenschaften dieser Zellorganellen.

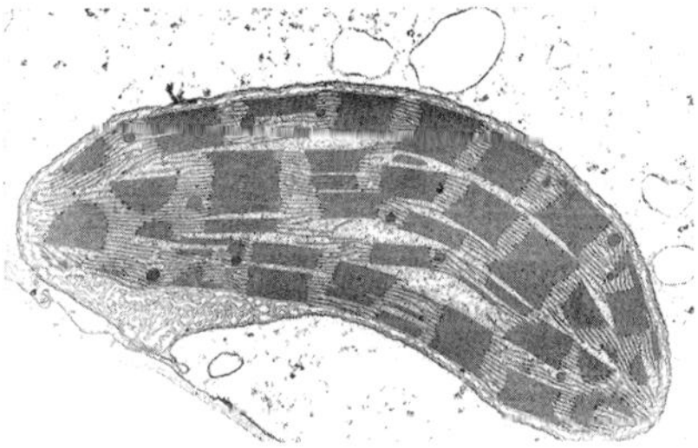

Chloroplast
Science History Images/Alamy Stock Photo

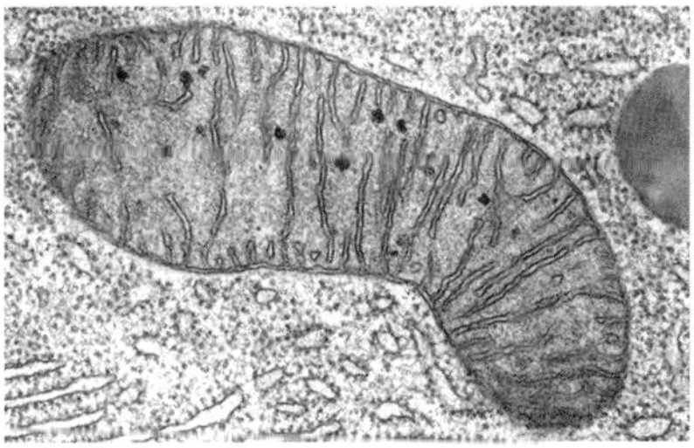

Mitochondrium
Science History Images/Alamy Stock Photo

Aufgaben

		BE
1	Vergleichen Sie Chloroplasten und Mitochondrien tabellarisch anhand selbst gewählter Kriterien. Begründen Sie die Bezeichnung „Organellen mit Sonderstatus".	12
2	Um Zellbestandteile voneinander zu isolieren, nutzt man das Verfahren der Zentrifugation. Beschreiben Sie unter Verwendung des Materials 1 die Gewinnung von Mitochondrien.	6
3	Für die durch Zentrifugation gewonnenen Zellorganellen kann man deren Volumenanteile bestimmen und daraus auf die Funktion und das Alter von Zellen rückschließen. Analysieren Sie die Diagramme und erklären Sie die Unterschiede.	8
4	Zur Herstellung von ATP wird das Enzym ATP-Synthase benötigt. Beschreiben Sie Vorkommen, Bau und Struktur der ATP-Synthase.	8

5 Erläutern Sie Funktionsweise der ATP-Synthase und entwickeln Sie eine Hypothese zur Beeinflussbarkeit der enzymatischen Reaktion durch den pH-Wert. 6

Material 1: Isolierung von Mitochondrien

Der belgische Mediziner und spätere Nobelpreisträger ALBERT CLAUDE erkannte Anfang der 1940er-Jahre, dass man durch Zentrifugation Zellen in ihre Bestandteile aufteilen kann. Die so erhaltenen Mitochondrien konnte er für weitere Experimente nutzen und unter dem Elektronenmikroskop genauer untersuchen.

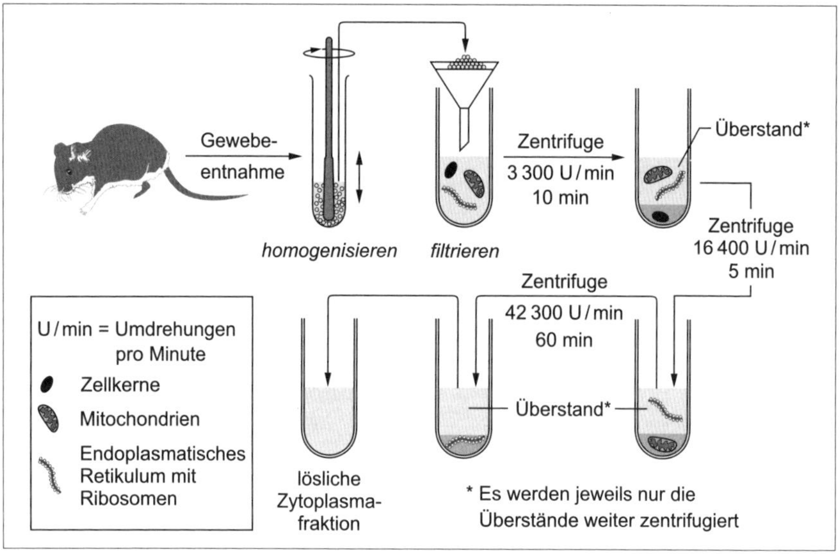

Abb. 1

Material 2: Volumenanteile von Zellorganellen in verschiedenen Zellarten

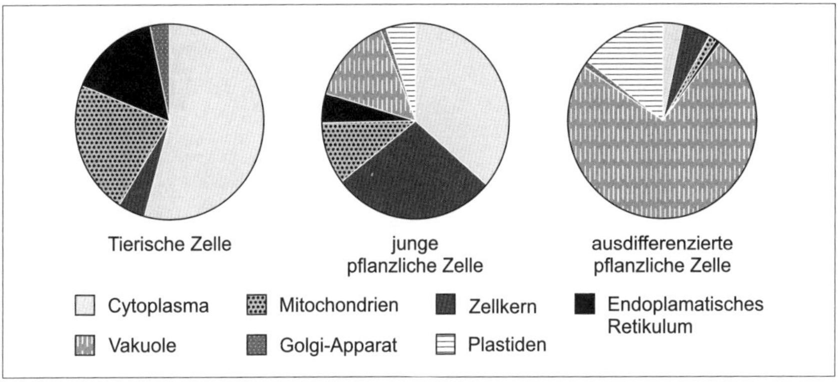

Abb. 2

Material 3: Die ATP-Synthase – ein molekulares Wasserrad

Im Stoffwechsel von Zellen spielt ATP als energiereiche Verbindung eine wichtige Rolle. ATP wird als universeller Energiespeicher verwendet, um z. B. Proteine aus Aminosäuren aufzubauen. Sowohl Chloroplasten als auch Mitochondrien sind Energieumformer, die durch die Fotosynthese bzw. die Atmungskette Energie in Form von ATP produzieren. Eine zentrale Rolle spielt dabei das Enzym ATP-Synthase.
Bei Eukaryoten liegt der ATP-Synthase-Komplex in den Membranen der Mitochondrien und Chloroplasten.

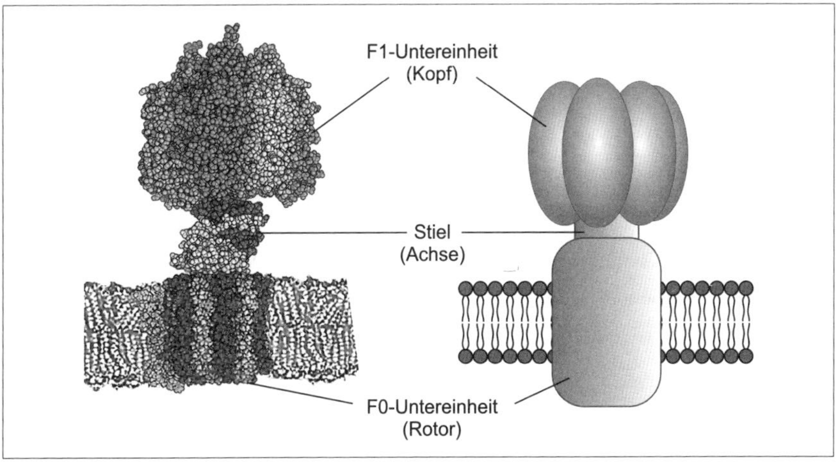

Abb. 3
Quelle: Alex.X/Wikipedia, CC BY-SA 3.0

Die ATP-Synthase funktioniert wie ein Wasserrad, das durch osmotische Transportprozesse angetrieben wird. Die dabei entstehende Energieform wird für die enzymatische Reaktion genutzt.

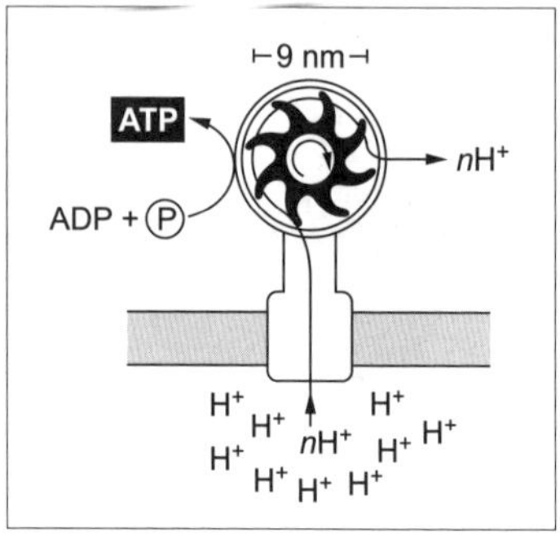

Abb. 4

Material basiert auf:
http://www.chemgapedia.de/vsengine/vlu/vsc/de/ch/8/bc/vlu/stoffwechsel/atmungskette.vlu/Page/vsc/de/ch/8/bc/stoffwechsel/oxidphospho/mechanismus.vscml.html
Friedrich-Verlag GmbH, Unterricht Biologie, Heft 232, S. 41, Seelze Februar 1998
Cornelsen Verlag GmbH, Klausuren Zellbiologie und Stoffwechsel, S. 21 Abbildung 01 verändert, Berlin 2020

Lösungsvorschläge

1 *Diese Aufgabenstellung aus den Anforderungsbereichen I und II ist mit 12 BE relativ stark gewichtet, sodass Ihre Ausarbeitung nicht zu knapp sein sollte. Wählen Sie für die tabellarische Gegenüberstellung relevante Kriterien aus, die die beiden Organellen von anderen Zellorganellen abgrenzen und ihre Gemeinsamkeiten und ihre Unterschiede aufzeigen.*
Im zweiten Teil der Aufgabenstellung kommt es darauf an, die Eigenständigkeit dieser beiden Organellen darzustellen.

Vergleichskriterien	**Chloroplasten**	**Mitochondrien**
Vorkommen	nur in Pflanzenzellen	in Pflanzen- und Tierzellen
Art der Begrenzung	Doppelmembran	Doppelmembran
Erbinformation	eigene DNA	eigene DNA
Vermehrung	eigenständig durch Teilung	eigenständig durch Teilung
Ribosomen	enthalten	enthalten
Funktion	Fotosynthese	Zellatmung
innerer Aufbau	Thylakoidmembranen (gestapelt und nicht gestapelt) und Stroma	stark gefaltete innere Membran und Matrix

Alternative Vergleichskriterien sind hier denkbar. Beispielsweise könnte auch die ursprüngliche Entstehung der beiden Organellen durch die Endosymbiontentheorie aufgegriffen oder als weitere Gemeinsamkeit die Oberflächenvergrößerung der inneren Membran angegeben werden.

Begründung:
Im Vergleich zu anderen Zellorganellen von Tier- und Pflanzenzelle fällt auf, dass Mitochondrien und Chloroplasten einerseits eigene Ribosomen enthalten und andererseits über eine eigene DNA verfügen. Somit sind sie zur Proteinbiosynthese fähig und können sich selbst vermehren, wodurch sie begrenzt eigenständig sind.

Weiterhin verfügen sie im Gegensatz zu den anderen Zellorganellen – ausgenommen vom Zellkern – über eine Doppelmembran.

Aus diesen strukturellen Gegebenheiten ist die Endosymbiontentheorie hervorgegangen.

2 *Zur Lösung dieser Aufgabe müssen Sie nach der Erfassung eines methodischen Ablaufes diesen fachsprachlich richtig wiedergeben.*
Sichten Sie das Material 1 gründlich. Sie werden feststellen, dass nicht der gesamte dargestellte Ablauf für die Lösung der Aufgabe relevant ist. Formulieren Sie nun einen fachsprachlichen Text, in dem Sie die Begrifflichkeiten aus dem Schema verwenden.

Beschreibung:
Zunächst wird einem Organismus – hier der Maus – Gewebe entnommen. Dieses wird homogenisiert. Dadurch liegen die Zellorganellen und das umgebende Zellmaterial wie Membran und Cytoplasma in Mischung gelöst vor. Im nächsten Schritt wird diese Lösung filtriert, sodass größere Bestandteile entfernt werden. Nun wird das Filtrat bei geringerer Drehzahl (3 300 U/min) für zehn Minuten zentrifugiert. Auf diese Weise werden die Zellkerne separiert. Im Überstand sind endoplasmatisches Reticulum und Mitochondrien enthalten, die durch eine weitere, nun fünfminütige Zentrifugation bei einer Drehzahl von 16 400 U/min voneinander getrennt werden. Nach Entfernung des Überstandes, in dem sich das endoplasmatische Reticulum befindet, erhält man die Mitochondrien-Fraktion.

3 *Lesen Sie die Aufgabenstellung gründlich und markieren Sie Hinweise, die Ihnen später bei der Formulierung der Lösung dienen können. So sollte auf die Schlagwörter „Funktion" und „Alter" unbedingt eingegangen werden.*
Ziehen Sie das Material 2 hinzu und analysieren Sie die Diagramme. Es kann hilfreich sein, zunächst stichpunktartige Notizen zu machen, die sich anschließend leichter strukturieren lassen. Arbeiten Sie in der anschließenden Ausformulierung die markanten Unterschiede zwischen den Zellen heraus.
Gehen Sie bei der Erklärung der Unterschiede auf die für Alter und Funktion der Zellen relevanten Volumenanteile ein.

Analyse der Diagramme:
Die Diagramme in Material 2 zeigen, dass in den drei Zellarten (tierische Zelle, junge pflanzliche Zelle, ausdifferenzierte pflanzliche Zelle) Cytoplasma, Zellkern, Mitochondrien, endoplasmatisches Reticulum sowie Golgi-Apparat enthalten sind. Die Bestandteile Vakuolen und Plastiden fehlen der tierischen Zelle und sind nur in den zwei pflanzlichen Zellarten enthalten. Hinsichtlich der Volumenanteile der einzelnen Bestandteile weisen die drei Zellarten große Unterschiede auf.
Der Volumenanteil an **Mitochondrien** ist bei der tierischen Zelle viel größer als bei den pflanzlichen Zellen. Im Vergleich ist dieser Anteil bei ausdifferenzierten pflanzlichen Zellen noch einmal geringer als bei jungen Pflanzenzellen.
Der Volumenanteil an **Cytoplasma** nimmt bei der tierischen Zelle über 50 % des gesamten Volumens ein. Bei der jungen pflanzlichen Zelle ist dieser Anteil schon kleiner und bei der ausdifferenzierten pflanzlichen Zelle ist der Anteil noch mal deutlich geringer.

Bei der tierischen Zelle liegen die Volumenanteile des **endoplasmatischen Reticulums und des Golgi-Apparats** über den Anteilen bei den zwei pflanzlichen Zellen.
Betrachtet man die Volumenanteile des **Zellkerns**, so sieht man, dass der der jungen Pflanzenzellen anteilig den der älteren und den der tierischen Zelle übersteigt. Weiterhin ist zu erkennen, dass der Anteil von **Vakuole und Plastiden** bei ausdifferenzierten pflanzlichen Zellen höher ist als bei jungen pflanzlichen Zellen. Bei der ausdifferenzierten pflanzlichen Zelle macht der Volumenanteil der Vakuole sogar etwa 75 % aus.

Erklärung der Unterschiede:
Die Tierzelle ist zur Energiegewinnung auf Zellatmung angewiesen, die in den Mitochondrien stattfindet. Daher ist der Volumenanteil der Mitochondrien in diesem Zelltyp sehr groß (ca. 20 %). Ihre offensichtlich hohe Stoffwechselaktivität wird durch das ausgeprägte endoplasmatische Reticulum gewährleistet.
Pflanzenzellen verfügen über Plastiden zur Energiegewinnung. Daher fällt ihr Volumenanteil an Mitochondrien geringer aus. Trotzdem sind junge pflanzliche Zellen, die noch nicht ausdifferenziert sind, auf Energiegewinnung mittels Zellatmung angewiesen, sodass auch hier ein höherer Anteil an Mitochondrien vorliegt als bei der ausdifferenzierten Pflanzenzelle, die ihre Energie überwiegend über Fotosynthese bereitstellt und einen höheren Plastidenanteil besitzt.
Der große Volumenanteil des Zellkerns sowie der kleine Anteil der Vakuole der jungen Pflanzenzelle sprechen ebenfalls dafür, dass es sich um eine noch undifferenzierte, sehr teilungsaktive Zelle handelt.

4 *Zur Lösung dieser Aufgabe müssen Sie die Informationen aus den Materialien erschließen. Bereits in der Aufgabenstellung sowie im Einführungstext des Materials 3 fallen Begriffe wie Enzym und Protein. Daher sollten Sie sich die Inhalte aus dem Biologieunterricht zur Struktur von Proteinen und Enzymen vergegenwärtigen. Lassen Sie diese Kenntnisse bei Ihrer Beschreibung der ATP-Synthase einfließen.*

Bei der **ATP-Synthase** handelt es sich um ein Enzym, welches als Transmembranprotein in die Membran von Chloroplasten und Mitochondrien integriert ist. Es besteht aus Proteinen, die in ihrer räumlichen Tertiär- oder Quartärstruktur vorliegen. Als Enzym verfügt die ATP-Synthase über ein aktives Zentrum. Insgesamt setzt sich der ATP-Synthase-Komplex aus drei Teilen zusammen. Die sogenannte F0-Untereinheit (Rotor) ist in der Membran verankert und ragt zu beiden Seiten daraus hervor. Daran schließt sich der Stiel (Achse) an, der letztendlich mit der F1-Untereinheit (Kopf) verbunden ist.

5 *Nutzen Sie das Schema aus Material 3 und den zugehörigen Text. Aktivieren Sie Ihr Wissen zu den Transportvorgängen an der Membran und beziehen Sie dies in Ihre Erläuterungen ein. Leiten Sie anschließend die in der Aufgabenstellung geforderte Hypothese her. Beachten Sie, dass enzymatische Reaktionen in beide Richtungen beeinflussbar sind.*

Die ATP-Synthase wird durch einen Protonengradienten angetrieben. Dabei werden H^+-Ionen entlang des Konzentrationsgefälles von der Seite der F0-Untereinheit hin zur Seite der F1-Untereinheit geleitet. Dort wird durch den Protonenstrom eine chemische Reaktion katalysiert, indem sich ADP und P an die aktiven Zentren anlagern und anschließend zu ATP umgeformt werden. Die H^+-Ionen werden anschließend auf der F1-Seite freigesetzt.

Der pH-Wert ist ein Indikator für die Protonenkonzentration in Lösungen. Dabei entspricht ein niedriger pH-Wert einer hohen Protonenkonzentration (H^+-Ionen). Die Änderung des pH-Wertes entspricht der Änderung des Protonengradienten.

So müsste ein großer Protonengradient die enzymatische Reaktion positiv beeinflussen. Die ATP-Bildung müsste ansteigen. Verringert sich hingegen der Protonengradient, müsste sich die Tätigkeit der ATP-Synthase verlangsamen oder zum Erliegen kommen.

Grundkurs Biologie (Brandenburg): Abituraufgaben 2021
Aufgabe B: Genetik, Neurobiologie, Zellbiologie

Thema: Das Rett-Syndrom

Das Rett-Syndrom ist eine schwere Entwicklungsstörung des Zentralnervensystems aufgrund einer Genmutation. In den ersten 18 Monaten entwickeln sich die geborenen Kinder normal. Danach verlernen sie schon erworbene fein- und grobmotorische Fähigkeiten, es kommt zu Störungen der Bewegungskoordination. Auch die Fähigkeit zu sozialer Interaktion geht verloren.

Aufgaben		BE
1	Definieren Sie den Begriff Mutation. Beschreiben Sie mithilfe des Materials 1 die verschiedenen Formen von Genmutationen und deren Folgen.	9
2	Vergleichen Sie die beiden im Material 2 dargestellten Erbgänge. Ziehen Sie Schlussfolgerungen hinsichtlich des jeweiligen Vererbungsmodus.	8
3	Skizzieren und beschriften Sie eine erregende, interneuronale Synapse.	7
4	In der Fachliteratur wird diskutiert, dass es beim Rett-Syndrom zur „Störung“ der Erregungsübertragung kommt. Entwickeln Sie ein Fließschema für die Prozesse im präsynaptischen Endknöpfchen nach Eintreffen eines Aktionspotenzials. Stellen Sie drei unterschiedliche Möglichkeiten der Störung der Erregungsübertragung an der Synapse dar, die zu den genannten Symptomen führen können.	10
5	Beurteilen Sie die Eignung der drei im Material 3 aufgeführten Methoden und Verfahren zur Früherkennung des Rett-Syndroms.	6

Material 1: Formen von Genmutationen, wie sie sich in der mRNA und in den Proteinen äußern

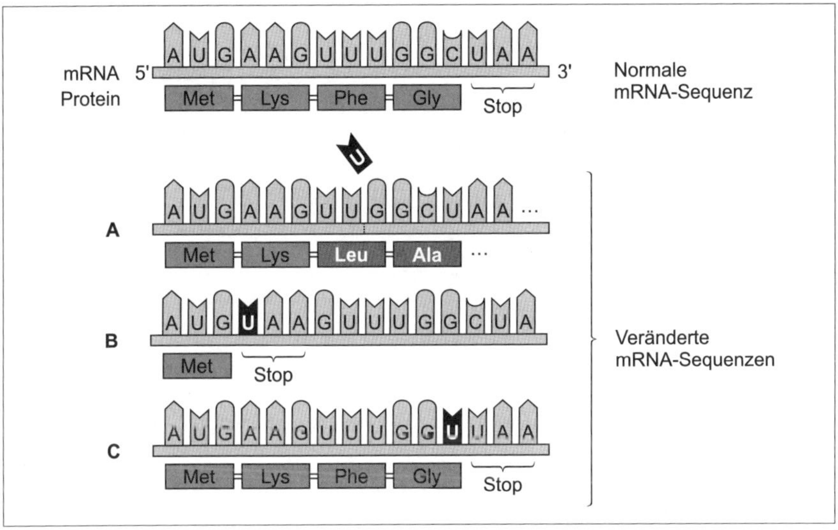

Abb. 1

Material 2: Erbgänge

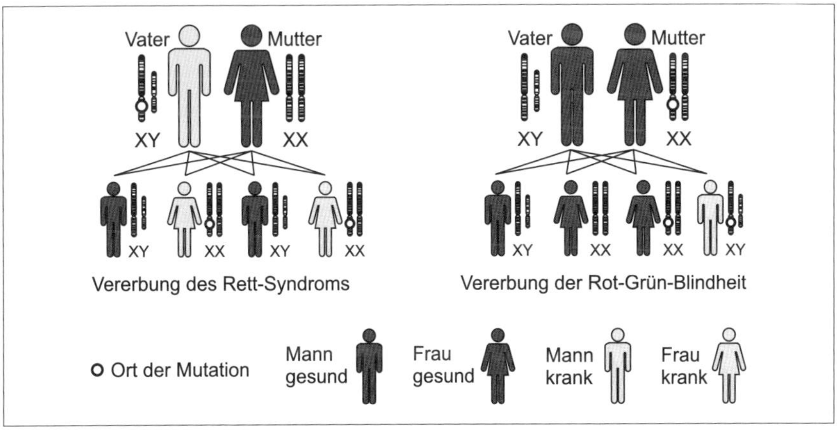

Abb. 2

Material 3: Methoden und Verfahren zur Erkennung von Erbkrankheiten

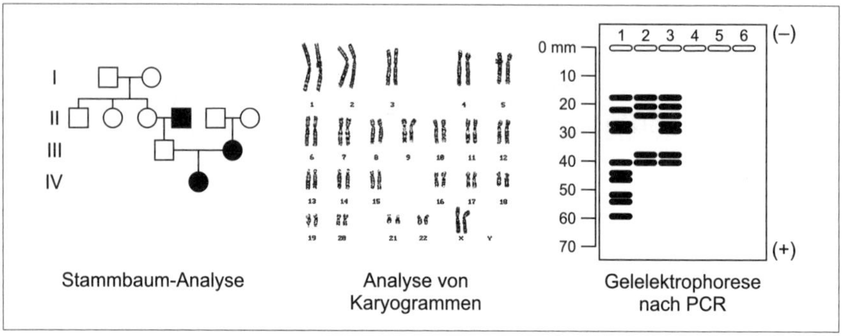

Abb. 3

Material basiert auf:
Neil A. Campbell, Jane B. Reece: Campbell Biologie, Gymnasiale Oberstufe, Pearson Deutschland GmbH, 2011
https://www.seltenekrankheiten.de/krankheitsbilder/rett-syndrom/
https://www.msdmanuals.com/de-de/heim/gesundheitsprobleme-von-kindern/lern-undentwicklungsst%C3%B6rungen/rett-syndrom
Conatex Genetik –Vaterschaftsdiagnostik gefunden unter:
https://www.conatex.com/media/manuals/BADE/BADE_1093050.pdf.

Lösungsvorschläge

1 *Bei dieser in den AFB I und II angelegten Aufgabe ist erworbenes Fachwissen zu reproduzieren und auf dargestellte Phänomene anzuwenden. Beschreiben Sie im zweiten Teil der Aufgabe jeweils knapp, was in Material 1 dargestellt wird und welche Auswirkungen dies auf die Proteinbiosynthese hat. Benennen Sie die Formen der dargestellten Genmutationen mit den jeweiligen Fachbegriffen.*

Definition:
Bei einer Mutation handelt es sich um eine spontan auftretende oder experimentell erzeugte Veränderung des Erbguts. Bei Auftreten in der Keimbahn ist sie vererbbar. Im Gegensatz dazu gibt es somatische Mutationen, die nicht vererbbar sind.

Beschreibung:
In der **Abbildung A** ist eine Deletion dargestellt. Die Base Uracil ist verloren gegangen, wodurch sich die Aminosäuresequenz ändert (statt Phe und Gly wird Leu und Ala gebildet). Das Stoppcodon geht damit ebenfalls verloren, sodass die Aminosäurekette verlängert wird.

In der **Abbildung B** wurde die Base Uracil hinzugefügt, es handelt sich um eine Insertion. Das führt in diesem Fall dazu, dass verfrüht ein Stoppcodon entsteht und es nicht zur Bildung der Aminosäurekette kommt (Aminosäureketten-Abbruch).

In der **Abbildung C** wird lediglich eine Base (Cytosin) gegen eine andere (Uracil) ausgetauscht, es liegt also eine Substitution vor. Dies hat keine Auswirkung auf die Aminosäuresequenz. Es handelt sich um eine stille Mutation.

2 *Analysieren Sie das Material 2 gründlich. Notieren Sie dazu gegebenenfalls am Rand Ihre Gedanken. Betrachten Sie, wo die Krankheit lokalisiert ist, und untersuchen Sie, wer die Krankheiten überträgt sowie wer daran erkrankt. Der Operator „vergleichen" legt nicht fest, ob Sie einen kontinuierlichen Text formulieren oder einen diskontinuierlichen Text zum Beispiel in Form einer Tabelle realisieren. Achten Sie bei beiden Varianten auf die Übersichtlichkeit und einfache Zuordnung der Vergleichskriterien.*

Beim Vergleich der beiden Erbgänge (Rett-Syndrom und Rot-Grün-Blindheit) wird ersichtlich, dass die Mutationen das Rett-Syndrom betreffend und die Rot-Grün-Blindheit betreffend beide auf dem X-Chromosom lokalisiert sind. Es handelt sich damit bei beiden Erkrankungen um einen gonosomalen Erbgang (X-chromosomaler Erbgang).
Beim **Rett-Syndrom** gibt der Vater das X-Chromosom mit der Mutation für das Rett-Syndrom nur an seine Töchter weiter, die beide das Rett-Syndrom aufweisen. Die Söhne sind gesund, weil sie das Y-Chromosom des Vaters erhalten und ein X-Chromosom von der Mutter, das keine Mutation für das Rett-Syndrom aufweist.
Bei der **Rot-Grün-Blindheit** hingegen gibt die Mutter ihr X-Chromosom mit der Mutation mit einer Wahrscheinlichkeit von 50 % sowohl an die Töchter als auch an die Söhne weiter. Im Falle der Rot-Grün-Blindheit erkranken jedoch nur die Jungen, da sie lediglich ein X-Chromosom besitzen. Die Mädchen hingegen sind

gesund, fungieren aber, falls sie ein X-Chromosom mit Mutation besitzen, als Konduktorinnen (Überträgerinnen). Das bedeutet, dass die Rot-Grün-Blindheit gonosomal (X-chromosomal) rezessiv vererbt wird. Im Gegensatz dazu wird das Rett-Syndrom gonosomal (X-chromosomal) dominant vererbt, weil die Mädchen auch mit einem X-Chromosom mit Mutation das Rett-Syndrom im Phänotyp ausprägen.

3 *Achten Sie bei Ihrer Skizze auf Sauberkeit und Übersichtlichkeit. Der Begriff interneuronal legt Ihnen nahe, dass Sie keine motorische Endplatte (Verbindung von Nerven- und Muskelzelle) zeichnen sollen, sondern eine Synapse zwischen zwei Nervenzellen. Vergessen Sie nicht, Strukturen auch zu beschriften. Verwenden Sie gegebenenfalls eine Legende. Lassen Sie irrelevante Strukturen weg, die mit der Entstehung eines EPSPs nicht in direkter Verbindung stehen. Das nachfolgende Beispiel ist sehr detailliert, vereinfachte Varianten sind denkbar.*

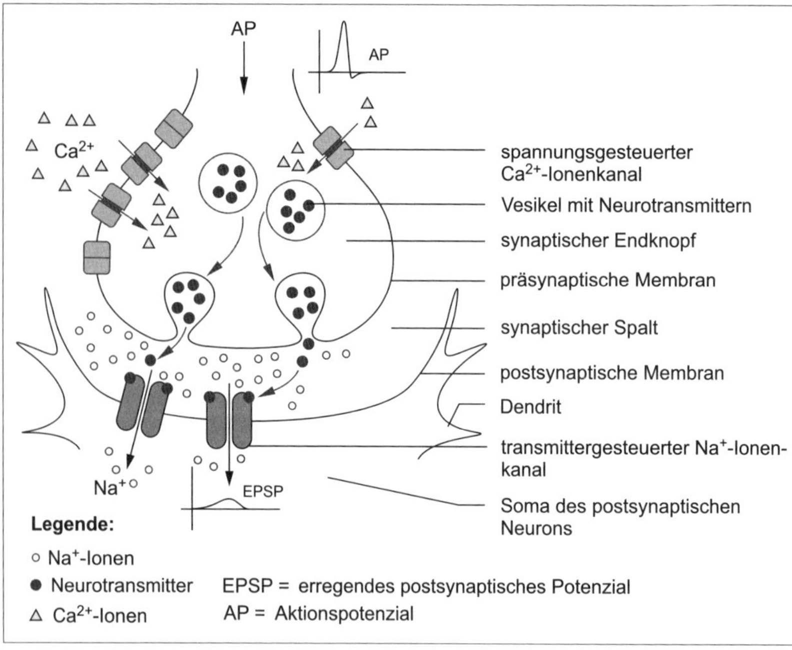

4 *Im ersten Teil der zweigliedrigen Aufgabenstellung werden Sie zur Erstellung eines Fließschemas aufgefordert. Fließschemata dienen der Darstellung von Abläufen, Entwicklungen oder Herstellungsprozessen in einer schrittweisen, strukturierten Form. Dabei ist eine Verbindung der Teilschritte anhand von Pfeilen üblich. Beachten Sie, dass nicht der gesamte Funktionsmechanismus einer Synapse dargestellt werden soll, sondern dass nur die Teilschritte relevant sind, die im präsynaptischen Endknöpfchen ablaufen.*
Der zweite Teil der Aufgabe sollte im Fließtext fachsprachlich realisiert werden. Knüpfen Sie dazu an den Stellen an, die für eine reibungslose Funktion der Erregungsübertragung notwendig sind. Es sind nur drei Möglichkeiten zur Störung der Erregungsübertragung verlangt, wobei auch alternative Ansätze neben den hier dargestellten denkbar sind.

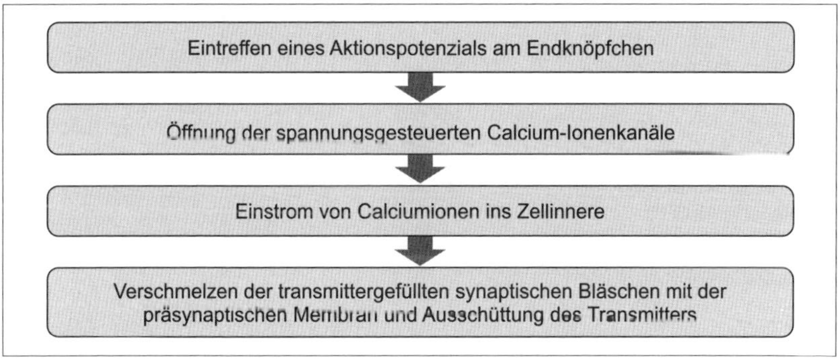

Möglichkeiten der Störung der Erregungsübertragung:

1. Die Verschmelzung der transmittergefüllten synaptischen Bläschen mit der präsynaptischen Membran könnte nicht funktionieren. Damit käme es nicht zur Ausschüttung von Transmittern in den synaptischen Spalt, sodass keine Erregungsübertragung an die nächste Nervenzelle erfolgen kann.
2. Eine weitere Möglichkeit besteht in der Veränderung oder dem Abbau von Rezeptoren oder Ionenkanälen. Damit würde der Ioneneinstrom verhindert werden und es könnte keine Erregungsweiterleitung erfolgen.
3. Käme es gänzlich zur Zerstörung von neuronalen Membranen (z. B. im synaptischen Bereich), bräche das Membranpotenzial zusammen und es könnten keine Erregungen mehr übertragen werden.

5 *Der Operator „beurteilen“ verlangt von Ihnen, zum dargelegten Sachverhalt ein selbstständiges Urteil zu bilden, das unter Verwendung von Fachwissen formuliert und begründet werden muss. Die drei relevanten Methoden finden Sie in Material 3. Aus dem Einführungstext ist ersichtlich, dass es sich beim Rett-Syndrom um eine Genmutation handelt. Der Begriff „Früherkennung“ weist darauf hin, dass bei einem Kind, das noch keine Krankheitssymptome aufweist, überprüft werden soll, ob es vom Rett-Syndrom betroffen ist.*

Die Methode der **Stammbaumanalyse** ist zur Früherkennung nicht geeignet, da sie keine genauen Ergebnisse, sondern nur die statistische Wahrscheinlichkeit ermitteln kann, mit der das Kind von der Krankheit betroffen sein wird. Sie könnte allerdings für eine Risikoabschätzung künftiger Schwangerschaften herangezogen werden.

Die Erstellung eines **Karyogramms** ist auch nicht zur Früherkennung des Rett-Syndroms geeignet, da so nur Genommutationen erkannt werden können und nicht Genmutationen (wie sie beim Rett-Syndrom vorliegen).

Die Methode der **PCR und Gelelektrophorese** ist hingegen geeignet, da eine mögliche Genmutation (wie sie beim Rett-Syndrom vorliegt) durch das Bandenmuster zu sehen ist.

Grundkurs Biologie (Brandenburg): Abituraufgaben 2021
Aufgabe C: Ökologie, Stoffwechsel, Evolution

Thema: Frühe Blüher

Frühblüher sind Pflanzenarten, die im zeitigen Frühjahr blühen. Dazu gehören z. B. Schneeglöckchen und Leberblümchen (Foto rechts).
„In der Schönheit ihrer krautigen Frühlingsflora übertreffen viele sommergrüne Laubmischwälder […] alle Hartlaub- und Regenwälder, wie schon mancher Weitgereiste mit Heimweh erfahren musste“.
(ELLENBERG 1996)

Quelle: IKAI/Wikipedia, CC BY-SA 3.0

Aufgaben		**BE**
1	Nennen Sie die Schichten eines typischen mitteleuropäischen Laubmischwaldes und geben Sie für jede Schicht zwei typische Vertreter an.	8
2	Nennen und begründen Sie Anpassungen des Leberblümchens, mit denen es ihm möglich ist, langfristig in unseren Laubwäldern zu überdauern. Prüfen Sie die Anwendbarkeit des Begriffes Ökologische Nische. (Material 1)	8
3	Stellen Sie die im Material 2 gegebenen Werte in einem Diagramm dar. Untersuchungen der Fotosynthese beim Märzenbecher in den Monaten Februar/März zeigten optimale Fotosyntheseleistungen. Begründen Sie die Untersuchungsergebnisse zur Fotosynthese im Zusammenhang mit den Materialien 2 und 3.	10
4	Erläutern Sie am Beispiel der Speicherorgane der Frühblüher die Begriffe analoge und homologe Organe.	8
5	Beschreiben Sie die Entstehung der Speicherorgane bei Frühblühern auf der Grundlage der synthetischen Evolutionstheorie.	6

Material 1: Frühblüher

Zu der großen Gruppe der Frühblüher gehören krautige Pflanzen, wie z. B. Buschwindröschen, Märzenbecher, Scharbockskraut, aber auch Gehölze wie Kornelkirsche und Seidelbast.

Viele bekannte Frühblüher sind Geophyten, die gut geschützt zwischen dem dunklen Laub aus dem Vorjahr in unseren Laubmischwäldern wachsen und blühen können. Ihre Überlebensstrategien sind sehr vielfältig, da die zur Verfügung stehenden Ressourcen im Jahresverlauf unterschiedlich und begrenzt sind.

Als Geophyten werden Pflanzen bezeichnet, deren Überdauerungsorgane unterirdisch im Boden liegen. Sie speichern Nährstoffe in verschiedenen Speicherorganen. So findet man bei Schneeglöckchen und Märzenbecher Zwiebeln. Die Krokusse bilden Sprossknollen, wohingegen das Scharbockskraut Wurzelknollen hat. Beim Leberblümchen entwickeln sich lange waagerecht wachsende Sprossachsen, die Rhizome genannt werden.

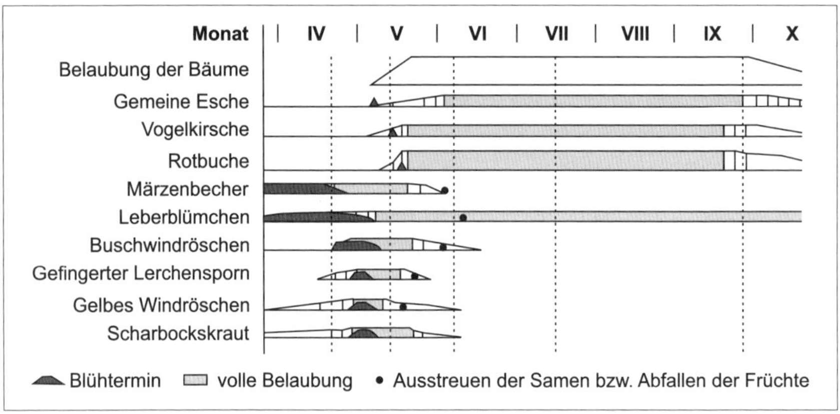

Abb. 1: Entwicklung verschiedener Pflanzen in einem Wald

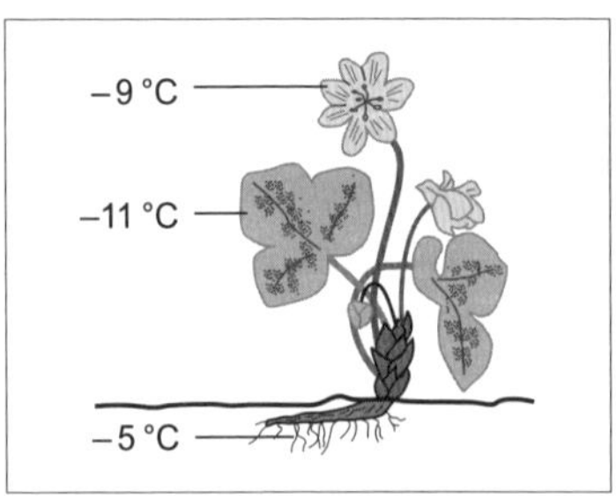

Abb. 2: Frostempfindlichkeit der Organe des Leberblümchens

Material 2: Lichtmengen und Temperaturen am Boden in einem mitteleuropäischen Laubwald

Monat	Lichtmenge (%)	durchschnittliche Temperatur (°C)
Jan	52	−2
Feb	52	−3
Mär	52	+1
Apr	32	+2
Mai	6	+8
Jun	4	+10
Jul	7	+12
Aug	7	+15
Sep	7	+12
Okt	12	+5
Nov	30	+2
Dez	49	−2

Tab. 1

Material 3: Fotosyntheseraten in Abhängigkeit von der Temperatur

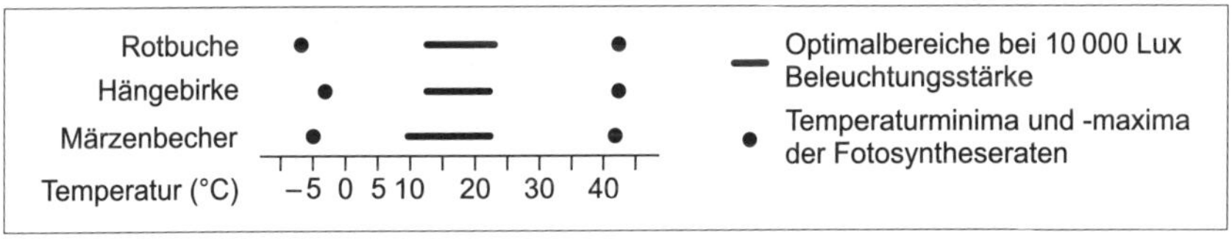

Abb. 3

Material 4: Homologe und analoge Organe

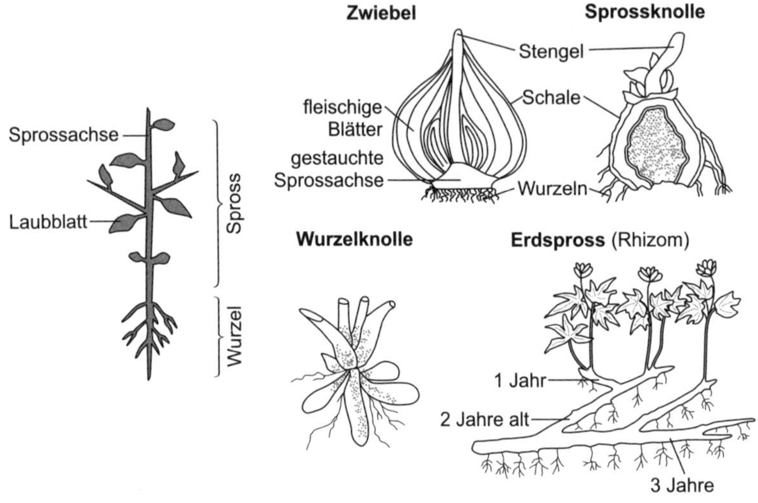

Schematischer Aufbau einer Sprosspflanze

Speicherorgane von Frühblühern

Abb. 4

Material basiert auf:
UB 275/26. Jahrgang/Juni 2002, E. Friedrich Verlag GmbH Seelze
UB 202/19. Jahrgang/Februar 1995, E. Friedrich Verlag GmbH Seelze
UB Sammelband Baum & Wald, E. Friedrich Verlag GmbH Seelze,1998
Linder Biologie 2, Lehrermaterialien Teil 1, Westermann Schroedel Diesterweg Schöningh Winklers GmbH, Braunschweig 2011

Lösungsvorschläge

1 *Für diese Aufgabe sind verhältnismäßig viele Bewertungseinheiten vorgesehen. Halten Sie sich bei der Bearbeitung jedoch nicht zu lange auf, da die Operatoren „nennen" und „angeben" keine Textproduktion verlangen.*
Aktivieren Sie Ihr Fachwissen zur Ökologie. Gehen Sie beispielsweise tabellarisch oder stichpunktartig vor, achten Sie aber unbedingt auf eine eindeutige Zuordnung der Beispielvertreter zu den einzelnen Schichten. Es sind je Schicht nur zwei Beispielvertreter verlangt, wobei viele verschiedene Vertreter möglich sind.

Schichten des Waldes	Beispielvertreter
Baumschicht	Rotbuche, Stieleiche, *(Kiefer, Lärche, …)*
Strauchschicht	Hasel, Holunder, *(Weißdorn, …)*
Krautschicht	Waldmeister, Buschwindröschen, *(Adlerfarn, Leberblümchen, …)*
Moosschicht	Lebermoos, Besenmoos, *(Flechten, …)*
Wurzelschicht	Pilze, Regenwurm, *(Bakterien, …)*

2 *Zur Lösung des ersten Aufgabenteils müssen Sie zuerst das angegebene Material 1 gründlich analysieren. Formulieren Sie Ihre Antwort strukturiert und lassen Sie Fachbegriffe mit einfließen.*
Für den zweiten Aufgabenteil sollten Sie sich den Begriff der ökologischen Nische ins Gedächtnis rufen und prüfen, ob sie ihn auf das Leberblümchen anwenden können.

Angepasstheiten des Leberblümchens:
Die **geringe Frostempfindlichkeit** (s. Abb. 2: Blüte, Blatt und Rhizom sind frostresistent) ermöglicht dem Leberblümchen, im Frühjahr bei ungünstigen Temperaturverhältnissen vor der Belaubung der Bäume auszutreiben und am Waldboden die maximale Lichtintensität zur Fotosynthese zu nutzen. Die im Vergleich zu den anderen Pflanzen **sehr lange Blütezeit** liegt zwischen Ende März und Mitte Mai (s. Abb. 1), wodurch sich sein Fortpflanzungserfolg erhöht. Dadurch dass das Leberblümchen bereits vor den meisten anderen Frühblühern blüht, vermeidet es im Hinblick auf die Bestäubung interspezifische Konkurrenz. Diese Konkurrenzvermeidung erstreckt sich ebenfalls auf das Nährstoff- und Lichtangebot. Das **späte Ausstreuen der Samen** Anfang Juni (s. Abb. 1) ermöglicht der Pflanze, diese maximal mit Nährstoffen zu versorgen und dem Keimling somit bestmögliche Bedingungen zu bieten.
Die **fast ganzjährliche Belaubung** (s. Abb. 1) sorgt für optimales Wachstum sowie eine lange Fotosyntheseperiode, wodurch eine maximale Ausbeute und anschließende Speicherung von Nährstoffen im Rhizom erreicht wird. Dieses **Überdauerungsorgan** im Boden dient der Pflanze dazu, ungünstige Witterungsverhältnisse zu überstehen. Die im Rhizom gespeicherten Reservestoffe werden dann wiederum für die frühzeitige Blüte und den Blattaustrieb bereitgestellt.

Anwendbarkeit des Begriffs Ökologische Nische:
Unter dem Begriff ökologische Nische versteht man die Gesamtheit der Wechselwirkungen zwischen einem Organismus und den ihn umgebenden abiotischen und biotischen Faktoren. Die Tatsache, dass ein Organismus im Ökosystem zu existieren vermag, bedeutet, dass eine Einnischung stattgefunden haben muss. Das Leberblümchen weist, wie oben dargestellt, sehr spezielle Angepasstheiten an die bestehenden abiotischen und biotischen Umweltfaktoren in seinem Lebensraum auf, die ihm ein langfristiges Überdauern ermöglichen.

3 *Lesen Sie die Aufgabenstellung genau und analysieren Sie die zugehörigen Materialien. Wählen Sie anschließend einen geeigneten Diagrammtyp aus und stellen Sie die in Material 2 gegebenen Werte übersichtlich grafisch dar. Da es sich um einen Verlauf von Daten über den Zeitraum eines Jahres handelt und Lichtmenge sowie Durchschnittstemperaturen nicht aufeinander bezogen werden müssen, bietet sich ein Liniendiagramm an.*
Die Begründung der hohen Fotosyntheseleistungen ist nur im Hinblick auf die angegebene Lichtmenge aus Material 2 direkt möglich. In Bezug auf die Temperatur muss aus der Tatsache der fehlenden Belaubung und der Angabe von Durchschnittswerten geschlossen werden, dass es durchaus Zeiträume geben muss, in denen optimale Fotosyntheseleistungen erzielt werden können.
Ziehen Sie Material 3 hinzu und gleichen Sie den dort angegebenen „Optimalbereich" (Präferendum) mit den in den Monaten Februar und März vorliegenden Durchschnittstemperaturen ab. Finden Sie abschließend eine mögliche Erklärung für den Widerspruch.

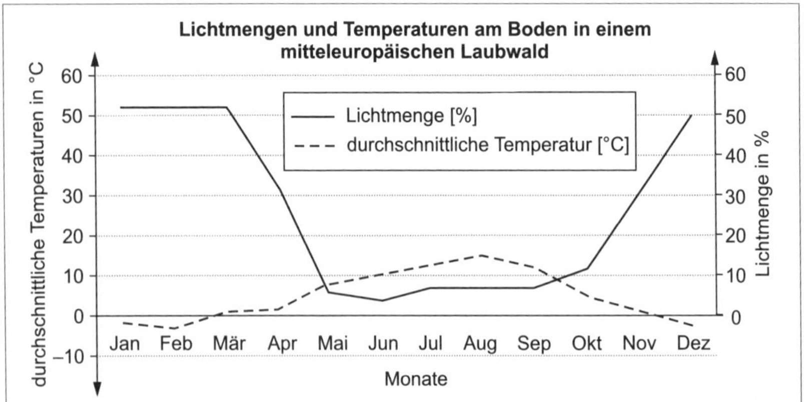

Begründung:
Die bei Untersuchungen festgestellten optimalen Fotosyntheseleistungen des Märzenbechers im Februar und März lassen sich damit erklären, dass in diesen Monaten die Lichtmenge am Boden ihr Maximum im Jahresverlauf erreicht. Mit steigender Lichtintensität nimmt die Fotosyntheserate zu. Aber auch die Temperatur

beeinflusst den Ablauf dieser chemischen Reaktion. Das Präferendum für die Fotosynthese liegt beim Märzenbecher im Bereich von 9 bis 22 °C (s. Material 3). Die Durchschnittstemperaturen erreichen jedoch in den Monaten Februar und März lediglich Werte von –3 und +1 °C, was einer hohen Fotosyntheserate abträglich ist. Es ist jedoch anzunehmen, dass die im positiven Temperaturbereich liegenden Abweichungen von den Durchschnittswerten den Präferenzbereich des Märzenbechers erreichen und damit eine hohe Fotosyntheserate erzielt werden kann. Das könnte durch die Erwärmung des Bodens tagsüber erklärt werden, wenn die Sonnenstrahlen durch die fehlende Belaubung der Laubbäume den Boden erreichen und erwärmen.

4 *Ziehen Sie zur Lösung dieser Aufgabe Material 4 hinzu und analysieren Sie die Abbildungen. Rufen Sie sich die Fachbegriffe „analoge" und „homologe Organe" ins Gedächtnis zurück und notieren Sie sich jeweils eine Definition.*
Wenden Sie diese nun auf die im Material abgebildeten Speicherorgane von Frühblühern an. Formulieren Sie dazu eine stichhaltige Zuordnung der Fachbegriffe, indem Sie sie mithilfe der Beispiele greifbar machen.

Homologe Organe sind auf einen gemeinsamen Grundbauplan zurückzuführen. Dabei muss mindestes eines der drei **Homologiekriterien** erfüllt sein (Kriterium der Lage, Kriterium der Kontinuität und Kriterium der speziellen Struktur). **Rhizome** (auch Erdsprosse genannt) sind unterirdische verholzte Sprossachsengebilde, die eine Speicherfunktion erfüllen. Ebensolcher Art ist auch die **Sprossknolle** mit ihrer festen Schale. Sie weist zwar morphologisch eine andere Gesamtstruktur auf, da sie gedrungener ist als das Rhizom, befindet sich aber in Bezug auf die sich anschließenden Pflanzenstrukturen an der gleichen Position wie das Rhizom. Damit wird das Homologiekriterium der Lage erfüllt.

Analoge Organe erfüllen die gleiche Funktion, besitzen allerdings einen unterschiedlichen Grundbauplan. Sie sind das Ergebnis von Anpassungsvorgängen an gleiche Umweltbedingungen. Dies wird im Vergleich von **Zwiebel** und **Sprossknolle** ersichtlich. Deren Gesamtform weist große Ähnlichkeit auf, auch liegen beide als Speichereinheiten geschützt unter der Erde und erfüllen damit die gleiche Funktion. Im Aufbau unterscheiden sie sich aber stark voneinander. Die Blätter der Sprossknolle werden oberirdisch ausgebildet und weisen keine Speicherfunktion auf. Diese wird von der Sprossachse übernommen. Im Gegensatz dazu sind die Blätter der Zwiebel an der Basis stark verdickt und besitzen ein Speichergewebe. Die Sprossachse ist stark gestaucht und erfüllt keine Speicherfunktion.

Alternatives Beispiel: Beim Vergleich von Sprossknolle und Wurzelknolle fällt ein zum Teil ähnlicher Aufbau auf. Weiterhin verfügen sie über die gleiche Speicherfunktion. Ihre Strukturen sind jedoch verschiedenen Ursprungs, wie bereits der Name vermuten lässt. Bei der Sprossknolle ist das Speicherorgan ein verdickter Spross. Bei der Wurzelknolle ist es ein verdickter Wurzelteil. Damit weicht der Grundaufbau voneinander ab. Es handelt sich also um analoge Organe.

5 *Diese Aufgabe (AFB I und II) erfordert, bekanntes biologisches Wissen zur synthetischen Evolutionstheorie an einem konkreten Beispiel (Entstehung der Speicherorgane bei Frühblühern) anzuwenden.*

Die **synthetische Evolutionstheorie** besagt, dass verschiedene evolutionäre Prozesse zur Bildung neuer Arten führen. Im Falle der Entstehung von Frühblühern mit Speicherorganen ist folgende Erklärung denkbar: Die Vorfahren der heutigen Geophyten variierten durch zufällig stattgefundene Mutationen und anschließende Rekombinationen untereinander, sodass eine erhöhte Variabilität gegeben war. Einige Frühblüher wiesen erste Speicherorgane oder Vorstufen dieser auf. Dabei muss die Fähigkeit zur Speicherung von Nährstoffen in Blatt, Sprossachse oder Wurzel für die jeweilige Pflanze in ihrer biotischen und abiotischen Umwelt von Vorteil gewesen sein, sie hatten also einen Selektionsvorteil. Dieser könnte darin bestehen, dass die Pflanzen im Frühjahr die gespeicherten Nährstoffe einsetzen können, um sehr frühzeitig zu blühen. Diese Individuen müssen also höhere Überlebenschancen gehabt haben (Selektion) und auch einen erhöhten Reproduktionserfolg aufgewiesen haben. Das hat dann zur Anreicherung der Gene jener Pflanzen im Genpool der Population geführt, wodurch sich diese Pflanzen nach und nach durchgesetzt haben.

Leistungskurs Biologie (Brandenburg): Abituraufgaben 2021
Aufgabe A: Stoffwechsel, Ökologie

Thema: Leguminosen – Pflanzen mit Potenzial

Die Leguminosen oder auch Hülsenfrüchtler sind eine der artenreichsten Pflanzenfamilien und gehören zur Ordnung der Schmetterlingsblütenartigen. Im Bereich der menschlichen Ernährung sind insbesondere Sojabohnen, Erbsen und Bohnen weltweit von enormer Bedeutung. Die Gattung Rasselschoten (*Crotalaria,* s. Abb.) gehört auch zu den Schmetterlingsblütlern. Viele der in Afrika und anderen subtropischen Ländern heimischen *Crotalaria* bilden mittels pflanzeneigener Enzyme ein giftiges Alkaloid namens Monocrotalin. Dieses schützt die Pflanze vor Fressfeinden, wie wurzelfressenden Fadenwürmern des Bodens. Kommen sie mit Monocrotalin in Kontakt, sterben sie und die Wurmpopulation geht zurück. Auch Weidetiere vergiften sich an Monocrotalin und meiden daher die Pflanzen.

Quelle: Forest & Kim Starr/Wikipedia, CC BY 3.0

Aufgaben **BE**

1 Hülsenfrüchte haben einen Kohlenhydratgehalt von etwa 10–20 %, davon ca. 75 % Stärke.
Mikroskopieren Sie Bohnenstärke nach der Anleitung (Material 1). Zeigen Sie das mikroskopische Bild des gefärbten Präparates der aufsichtführenden Lehrkraft. Fertigen Sie eine mikroskopische Zeichnung von drei typischen Stärkekörnern der Bohne an. Begründen Sie die Verwendung von Iod-Kaliumiodid-Lösung. 14

2 Benennen Sie die Ausgangsstoffe und Reaktionsprodukte der Fotosynthese. Erläutern Sie die Zusammenhänge zwischen der Fotosynthese und der Stärkebildung in Palisadenzellen und Speicherzellen (Material 2). 10

3 Erstellen Sie eine Übersicht über biotische Umweltfaktoren. Ordnen Sie die Beziehung zwischen Schmetterlingsblütlern und Rhizobien begründet ein. 8

4 Analysieren und interpretieren Sie die Untersuchungsergebnisse zum Monocrotalin-Gehalt der Rasselschote. 8

5 Diskutieren Sie die Auswirkung einer intensiven Nitrat-Düngung auf die Rasselschote und Pflanzen ohne die Fähigkeit zum Leben mit Rhizobien. Beziehen Sie in Ihre Ausführungen auch Konsequenzen für Fressfeinde und die Qualität des Bodens ein. 10

Material 1: Schabepräparat von Samen der Gartenbohne

Geräte und Chemikalien:

- vorgequollene Bohnensamen
- Spatel/Messer
- Pipette
- 2 Objektträger
- 2 Deckgläser
- Wasser
- (gelbfarbige) Iod-Kaliumiodid-Lösung (LUGOLsche Lösung)
- Mikroskop

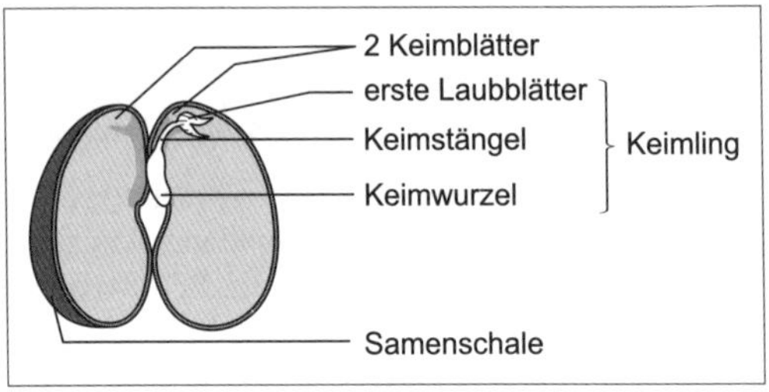

Abb. 1

Durchführung:

Ein vorgequollener Bohnensame wird der Länge nach halbiert und von einem Keimblatt etwas Speichergewebe abgeschabt und anschließend mikroskopisch untersucht.

Dazu wird das abgeschabte Gewebe

a) … einmal in einen Tropfen Wasser auf den Objektträger

b) … und einmal in einen Tropfen Iod-Kaliumiodid-Lösung (LUGOLsche Lösung) gegeben und das Deckglas vorsichtig aufgelegt.

Material 2: Bildung von Speicherstoffen in der Gartenbohne

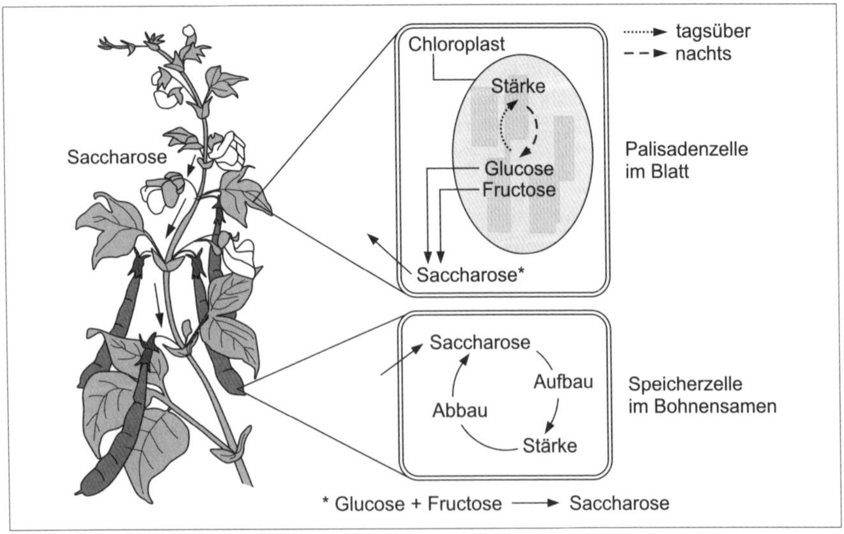

Abb. 2

Quelle: Bonelli, G. (1771–1793): Hortus Romanus. 8 Bände. Roma: Junchi.Houtte (1845–1880): Flore des serres et des jardins de l'Europe (Hrsg.: L. B. van Houtte). 23 Bände. Gent: van Houtte

Material 3: Beziehung zwischen Schmetterlingsblütlern und Rhizobien (Knöllchenbakterien)

Stickstoff ist für Pflanzen ein lebensnotwendiges Element, das in großen Mengen z. B. als Bestandteil der DNA und auch für die Synthese von Proteinen benötigt wird. In der Atmosphäre stellt der Stickstoff mit ca. 78 Vol.-% den Hauptanteil der Gase dar.
Da Pflanzen den Luftstickstoff nicht direkt binden können, sind sie in der Regel auf einen Boden mit ausreichend Stickstoffverbindungen angewiesen. Nur dann können sie sich gut entwickeln und entsprechend viel Biomasse produzieren.
Schmetterlingsblütler sind vom mineralischen Stickstoffgehalt im Boden unabhängig. Ist der Stickstoffgehalt des Bodens hoch, wird er zur Produktion von Stickstoffverbindungen verwendet. Ist der Gehalt, wie in den stickstoffarmen Böden der tropischen Savannen, zu niedrig, senden die Pflanzenwurzeln einen Botenstoff aus. Dieser lockt Rhizobien (Bakterien) an ①. Durch einen wechselseitigen Signalaustausch vermehren sich die Rhizobien und binden an die Wurzelhärchen der Pflanze, die sich daraufhin einkrümmen und einen Infektionsschlauch bilden ②. Die Bakterien gelangen über diesen Infektionsschlauch in Wurzelzellen ③. Dort führen bestimmte Faktoren zur raschen Teilung der infizierten Wurzelzellen, es bilden sich Knöllchen ④ und ⑤. Die Rhizobien werden so zu Knöllchenbakterien. Als solche bilden sie in den Knöllchen einen Enzymkomplex (Nitrogenase), mit dem sie Luftstickstoff (N_2) fixieren können. Nach der Infektion mit Rhizobien produziert die Pflanze in den Wurzelknöllchen mithilfe von Enzymen das Alkaloid Monocrotalin.

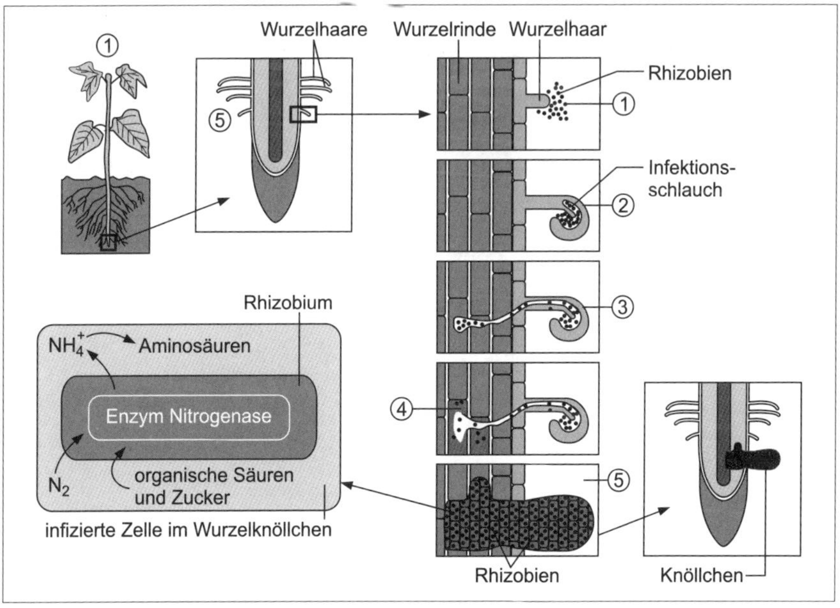

Abb. 3

Material 4: Monocrotalin-Gehalt der Rasselschoten *(Crotalaria)*

Forscher untersuchten verschiedene wildwachsende *Crotalaria*-Arten hinsichtlich des Monocrotalin-Gehaltes.

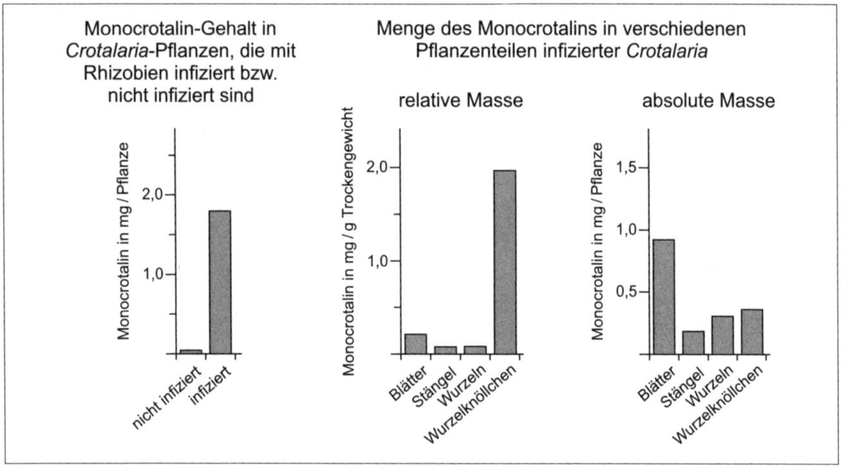

Abb. 4

Material basiert auf:
https://www.unibielefeld.de/Universitaet/Einrichtungen/Zentrale%20Institute/IWT/FWG/Genomforschung/
Friedrich-Verlag GmbH, Unterricht Biologie, Heft 443, S. 41, Seelze Februar 1998
UB_Klausur_OhneRhizobienkeinSex_Engelhardt_AB
Friedrich-Verlag GmbH, Unterricht Biologie, Heft UB444, kompakt
http://www.springer.com/cda/content/document/cda_downloaddocument/37-07.pdf?SGWID=0-0-45-753545-0, verändert

Lösungsvorschläge

1 *Diese Aufgabe erfordert die Anwendung von zwei praktischen Arbeitsweisen, zum einen die Präparatherstellung und zum anderen die Anfertigung einer mikroskopischen Zeichnung.*
Bei der Präparatherstellung ist auf ein sauberes und strukturiertes Arbeiten zu achten. Sie sollten hierzu ein Schabepräparat anfertigen und dabei die Anleitung in Material 1 beachten. Dosieren Sie das abgeschabte Bohnengewebe sowie das verwendete Wasser und die Iod-Kaliumiodid-Lösung so, dass das Deckgläschen plan auf dem Objektträger liegen kann. Überprüfen Sie ebenso, ob das abgeschabte Material feinkörnig genug ist und nicht in kompakten Bröckchen vorliegt. Wenn Sie das Deckgläschen auf den Objektträger legen, kann überschüssige Flüssigkeit mit einem Tuch entfernt werden. Denken Sie bei der Präparatherstellung an ein sauberes Deckgläschen und an einen sauberen Objektträger, ebenso an eine exakte Ausrichtung des Deckgläschens auf dem Objektträger.
Suchen Sie für die mikroskopische Zeichnung möglichst drei nebeneinanderliegende Stärkekörner, die sich nicht überlappen und bei denen die typischen ringförmigen Strukturen zu erkennen sind. Die mikroskopische Zeichnung soll sich an den aus dem Unterricht bekannten Kriterien orientieren. Insbesondere sollte auf eine durchgehende Linienführung geachtet werden, die mit einem harten angespitzten Bleistift ausgeführt wird. Beachten Sie die Größenproportionen der Körner und den Verlauf der exzentrischen Stärkeschichten. Versehen Sie das Blatt mit einer sauberen einheitlichen Beschriftung und halten Sie Präparatform, Färbung, Vergrößerung sowie die Art auf Ihrem Blatt fest.

Mikroskopische Zeichnung:

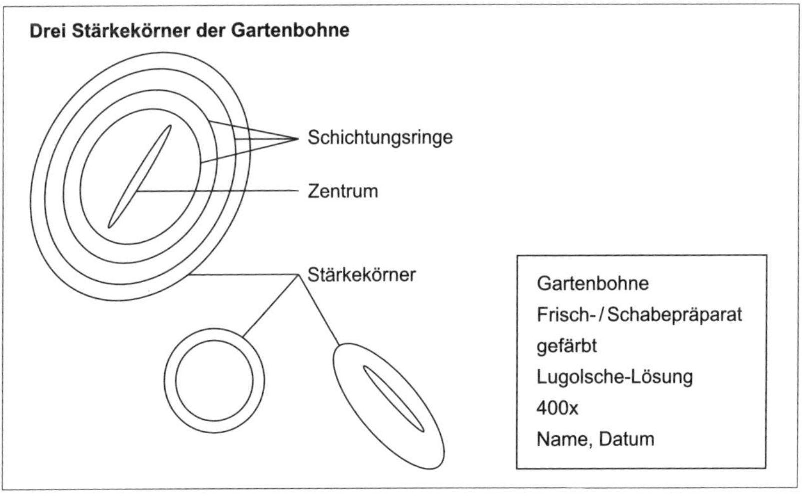

Begründung: Bohnenstärke liegt in Form von Stärkekörnern vor. Stärke ist ein komplexes Kohlenhydrat, das als Polysaccharid aus vielen Glucosemolekülen besteht. Die Bausteine der Stärke sind Amylopektin und Amylose. Nachgewiesen werden kann Stärke mit Iod-Kaliumiodid-Lösung, wobei sich Iodionen in die komplexe Kette aus Amylose einbinden und dabei eine typische blau-bräunliche Färbung entsteht. Die Anfärbung durch Iod-Kaliumiodid-Lösung unterstützt die Sichtbarkeit der Stärke und vereinfacht die Beobachtung unter dem Mikroskop.

2 *Der Operator „benennen" verlangt eine reine Aufzählung der Stoffe ohne weitere Ausführungen. Im zweiten Teil der Aufgabe soll Material 2 hinzugezogen werden. Hier ist es wichtig, sowohl die zeitliche als auch die räumliche Betrachtungsebene in die Erläuterung mit einzubeziehen. Es muss also hinterfragt werden, welche Funktion Stärke in den jeweiligen Zellformen übernimmt und inwieweit der Prozess der Fotosynthese darauf Einfluss hat. Der Operator „erläutern" erfordert hierbei weiterführende Ausführungen, die über den reinen Informationsgehalt des Materials hinausgehen.*

Ausgangsstoffe: Wasser und Kohlenstoffdioxid

Reaktionsprodukte: Sauerstoff, Glucose und Wasser

Erläuterung: In den Chloroplasten der Palisadenzellen wird aus Glucose, dem Primärprodukt der Fotosynthese, tagsüber Stärke bzw. Assimilationsstärke aufgebaut. Diese kann nachts bei Bedarf zu Glucose abgebaut und zusammen mit Fructose in den Transportzucker Saccharose umgewandelt werden. Saccharose gelangt über Leitbahnen in die Speicherzellen der Bohnensamen und wird hier zu Stärke verarbeitet. Diese ist im Gegensatz zu den Palisadenzellen eine Reservestärke, die langfristig gespeichert werden kann und beispielsweise erst im nächsten Frühjahr wieder zur Bereitstellung von Glucose dient.

3 *Eine Übersicht erfordert die hierarchische Anordnung von Fachbegriffen mit Über- und Unterbegriffen. Darauf aufbauend soll nun die Wechselbeziehung der beiden Organismen zugeordnet werden. Nutzen Sie für die Begründung Informationen aus dem Einleitungstext und aus Material 3.*

Biotische Umweltfaktoren

- **Intraspezifische Wechselbeziehungen**
  - Konkurrenz um Nahrung, Sexualpartner …
  - Tierverbände / Schwarmverhalten
  - Fortpflanzungsbeziehungen
- **Interspezifische Wechselbeziehungen**
  - Symbiose (Mutualismus und Eusymbiose)
  - Kommensalismus
  - Nahrungsbeziehungen, Räuber-Beute-Beziehungen
  - Parasitismus
  - Konkurrenz um Nahrung, Lebensraum

Einordnung der Beziehung: Die Beziehung zwischen Schmetterlingsblütlern und Rhizobien kann als eine **Symbiose** eingestuft werden, da es ein Zusammenleben zweier Arten mit wechselseitigem Vorteil ist. Die Bakterien stellen den Pflanzen fixierten Stickstoff zur Verfügung. Im Austausch bekommen die Bakterien von der Pflanze Kohlenstoffverbindungen (organische Säuren und Zucker).

4 *Verlangt ist hier die Auswertung des Materials 4. Die Operatoren „analysieren" und „interpretieren" erfordern eine Beschreibung der Ergebnisse. Hierbei sollten Sie sich zunächst direkt an den Diagrammen orientieren, um dann anschließend eine Verallgemeinerung der Ergebnisse zu übergeordneten Zusammenhängen vorzunehmen. Strukturieren Sie die Antwort so, dass zuerst die Abhängigkeit zum Rhizobien-Gehalt betrachtet wird und im Anschluss die Diagramme zur Menge in verschiedenen Pflanzenteilen. Die Schwierigkeit liegt hier auch beim Auseinanderhalten der Begriffe relative Masse und absolute Masse, reflektieren Sie also auch die unterschiedliche Bedeutung dieser Begriffe.*

Im ersten Diagramm ist zu erkennen, dass der **Monocrotalin-Gehalt** bei *Crotalaria*-Pflanzen, die mit Rhizobien infiziert sind, deutlich höher ist (etwa 1,8 mg je Pflanze) als bei Pflanzen ohne Rhizobien (weniger als 0,1 mg je Pflanze). Die Wurzelknöllchen – demnach die Symbiose mit Rhizobien – tragen also dazu bei, dass Monocrotalin synthetisiert wird.

Im zweiten Diagramm ist die **relative Masse des Monocrotalins** dargestellt und es ist erkennbar, dass das relative Gewicht mit etwa 2 mg je Gramm Trockengewicht in den Wurzelknöllchen am höchsten ist. In Blättern, Stängeln und Wurzeln werden keine Werte über 0,3 mg je Gramm Trockengewicht erreicht. Hiervon ist abzuleiten, dass in den Wurzelknöllchen der relative Monocrotalin-Gehalt bzw. die Monocrotalinkonzentration am höchsten ist, hier demnach auch der Bildungsort dieses Giftes vermutet werden kann.

Die **absolute Masse des Monocrotalins** ist jedoch in den Blättern mit etwa 0,9 mg/Pflanze am höchsten, da anzunehmen ist, dass das Gift von den Wurzeln auch in die Blätter transportiert wird. Da Blätter den größten Anteil der Pflanze ausmachen, sind die absoluten Werte für Monocrotalin hier auch am größten.

5 *Beim Diskutieren sollten Vor- und Nachteile bzw. Pro- und Contra-Argumente abgewogen werden, in diesem Fall konkret bezüglich des Einsatzes einer Nitrat-Düngung auf Pflanzen mit und ohne die Fähigkeit, Rhizobien zu bilden, sowie auf Fressfeinde und die Qualität des Bodens. Gefordert ist an dieser Stelle das Ableiten von kausalen Zusammenhängen, die sich sowohl auf den Stoffwechsel und die Lebensweise der Pflanzen beziehen aber auch auf allgemeine ökologische Gesetzmäßigkeiten, um die Auswirkungen als vorteilig oder nachteilig einzuordnen. Achten Sie insbesondere darauf, dass Sie am Ende Ihrer Argumentation Vor- und Nachteile abwägen und ein Fazit mit Tendenz formulieren. Um Ansatzpunkte für mögliche Auswirkung der Düngung zu finden, sollten Sie noch mal alle Materialien inklusive Einleitungstext analysieren, da hier wichtige Zusammenhänge bereits angeführt werden.*

Pro:
Vorteile einer intensiven Nitrat-Düngung liegen zum einen im guten Wachstum aller Pflanzen, da eine Zugabe von Nitraten den Aminosäurestoffwechsel positiv beeinflusst, was zu einem Anstieg der Biomasse führt. Zum anderen können durch die Düngung Pflanzen der Gattung Rasselschote (*Crotalaria*-Pflanzen) ohne Symbiose mit Rhizobien wachsen, was bedeutet, dass in diesem Fall kein Monocrotalin produziert wird und die Pflanzen für andere Organismen keine Vergiftungsgefahr mehr darstellen. Die Pflanzen können dann sogar als Nahrung für Weidetiere dienen.

Contra:
Nachteilig bei einer intensiven Nitrat-Düngung ist jedoch, dass durch die Beweidung der Bestand an *Crotalaria*-Pflanzen verringert wird. Ebenso kann durch das fehlende Monocrotalin von einem stärkeren Befall durch Fadenwürmer ausgegangen werden. Können sich diese ungehemmt im Boden vermehren, wird der zunehmende Wurzelfraß dazu führen, dass auch das Wachstum anderer Pflanzen im gleichen Lebensraum negativ beeinträchtigt wird.

Es sind auch weitere alternative Nachteile denkbar: Eine weitere problematische Auswirkung einer Nitrat-Düngung sind die negativen Veränderungen des Nährsalzgehaltes bzw. eine mögliche Versauerung im Boden. Zudem kann eine zunehmende Konkurrenz durch andere stickstoffliebende Arten einsetzen und ggf. werden seltene oder geschützte Arten verdrängt.

Mögliches Fazit:
Zusammenfassend kann festgehalten werden, dass der intensive Einsatz von Nitrat-Dünger in dem jeweiligen Gebiet in einer Veränderung des Ökosystems resultiert, die langfristig tendenziell negativ ist, wenn sich z. B. Fadenwürmer massiv ausbreiten können.

Thema: Axolotl – ein Leben als Dauerlarve

Quelle: LoKiLeCh/Wikipedia, CC BY-SA 3.0

Der Axolotl *(Ambystoma mexicanum)* ist ein gut 30 cm langer Molch, der im Xochimilco-See bei Mexiko-City lebt. Die Azteken sahen in ihm ein heiliges Tier und meinten, in ihm den Todesgott Xolotl erkannt zu haben. Sie nannten es Axolotl, „Wassermonster".

Der Xochimilco-See ist heute ein Überbleibsel eines ursprünglich ausgedehnten Gewässersystems, das teilweise nur noch kanalartig ausgeprägt ist aber nie austrocknet.

Die Axolotl halten sich vorzugsweise auf dem Grund des Gewässers auf, da sie kühles und sauerstoffreiches Süßwasser bevorzugen. Die Tiere sind aber, bedingt durch negative Einflüsse des Menschen, in der freien Natur sehr selten geworden und zählen daher zu den vom Aussterben bedrohten Arten. Bei uns werden die Axolotl von Aquarianern nachgezogen und sind auch für die Wissenschaft von großem Interesse.

Aufgaben		**BE**
1	Definieren Sie den Begriff Genmutation. Vergleichen Sie die Genmutation mit anderen Mutationsarten.	8
2	Begründen Sie, dass Axolotl als Dauerlarve überhaupt existieren können.	6
3	Beschreiben Sie mithilfe des Materials 2 den Transport, die Ursachen für spezielle Transportbedingungen und die Wirkung des Schilddrüsenhormons Thyroxins auf Zielzell-Ebene.	10
4	Erläutern Sie die Regulation der Genaktivität eines eukaryotischen Gens durch Thyroxin.	10
5	Vergleichen Sie tabellarisch anhand selbst gewählter Kriterien Stammzellen mit Gewebezellen.	8
6	Stellen Sie die Entwicklung einer ausdifferenzierten Muskelzelle aus einer ruhenden Satellitenzelle in einem Fließschema dar. Erklären Sie die Bedeutung des Proteins MyoD bei der Muskelregeneration.	8

Material 1: Der mexikanische Axolotl – ein neotenes Lebewesen

Der Axolotl ist eine Molch-Art und gehört zu den Amphibien. Im Allgemeinen können Amphibien sowohl im Wasser als auch an Land leben, wobei die Molche das Wasser bevorzugen. Sie können aber jederzeit den Lebensraum wechseln.
Der Axolotl bildet hier eine Ausnahme, er verbringt normalerweise das gesamte Leben im Wasser und verharrt unter natürlichen Bedingungen zeitlebens im Larvenstadium. Er besitzt außenliegende Kiemen und eine nicht vollständig entwickelte Lunge.
In dieser Form wird der Axolotl auch geschlechtsreif. Dieses Phänomen bezeichnet man als Neotenie (Geschlechtsreife ohne Metamorphose).
Die Neotenie ist auf eine Schilddrüsenunterfunktion zurückzuführen. Wahrscheinlich durch eine Punktmutation haben Axolotl die Fähigkeit verloren, das für die Entwicklung nötige Schilddrüsenhormon Thyroxin zu bilden. Durch künstliche Gabe des Schilddrüsenhormons Thyroxin lässt sich die Metamorphose zu einem terrestrischen, lungenatmenden Molch dennoch experimentell herbeiführen.
Wildlebende Axolotl ernähren sich als Lauerjäger von Krebstieren, weiteren wasserbewohnenden Wirbellosen (beispielsweise Insektenlarven), kleinen Fischen und dem Laich sowie Jungtieren von anderen Lurchen. Natürliche Feinde sind selten.

Material 2: Transport und Wirkung des Schilddrüsenhormons Thyroxin

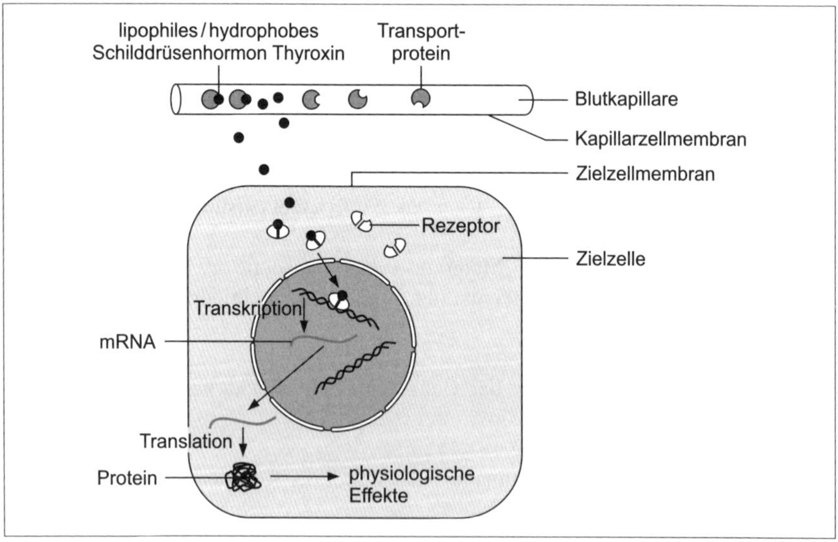

Abb. 1

Material 3: Axolotl im Fokus der Genetiker – Regeneration von Muskelzellen

Was die Wissenschaftler am meisten interessiert, ist die erstaunliche Regenerationsfähigkeit von Körperteilen des Axolotls. Verliert das Tier ein Körperteil, wächst innerhalb weniger Wochen ein perfekter Ersatz mit Knochen, Muskeln und Nerven an den

richtigen Stellen nach. Auch durchtrenntes Rückenmark und verletztes Netzhautgewebe kann der Axolotl wiederherstellen.
Ein internationales Forscherteam entschlüsselte die gesamte Erbinformation des Axolotls. Auffallend ist, dass das wichtige und weit verbreitete Entwicklungsgen *PAX3* beim Axolotl vollständig fehlt. Dessen Funktion übernimmt stattdessen ein verwandtes Gen namens *PAX7*. Forscher haben nun entdeckt, dass das Gen *PAX7* auch beim Menschen die Bildung von Muskelzellen in verletztem Gewebe durch die Umwandlung von Stammzellen auslösen kann. Bei Schädigungen von Muskelfasern werden Satellitenzellen aktiviert. Satellitenzellen sind Muskelstammzellen, die kaum ausdifferenziert sind und sich im Gegensatz zur erwachsenen Muskelfaser teilen können. Für den Regenerationsprozess spielen mehrere Gene eine Schlüsselrolle.

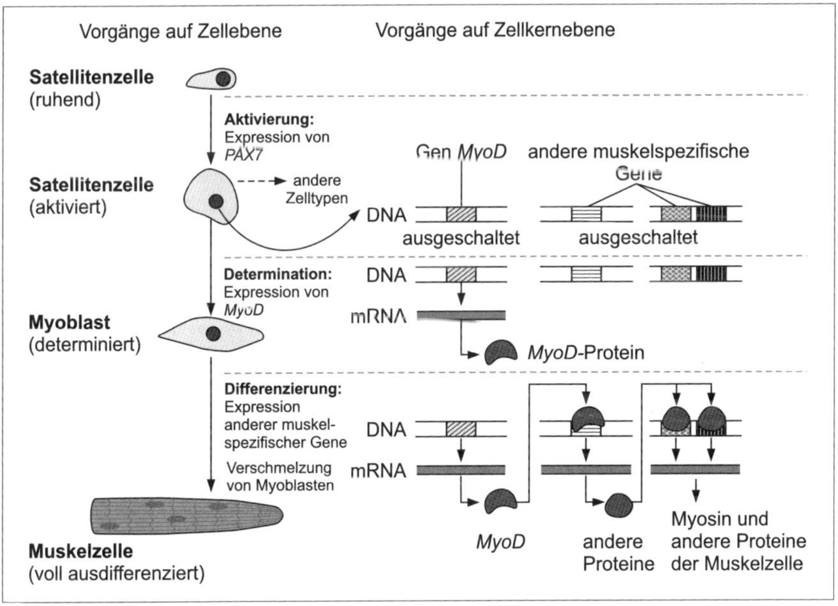

Abb. 2: Regenerationsprozesse im Überblick, Determination und Differenzierung zu Muskelzellen

Material basiert auf:
https://www.axolotl-online.de/html/herkunft.html
https://duepublico2.unidue.de/servlets/MCRFileNodeServlet/duepublico_derivate_00029063/Diss_Friedrichs.pdf
Markl Arbeitsheft Biologie Oberstufe, Genetik/Immunbiologie, S. 32 (verändert)
https://www.deutsche-apotheker-zeitung.de/daz-az/2014/daz-13-2014/was-uns-steuertk4_1180469_1974758_1395819618-471x600.jpg
https://www.zeit.de/wissen/2018-01/genom-entziffert-axolotl-entschluesselung-erbgut-regeneration-nature-lurch-gene-dna

Lösungsvorschläge

1 *Diese klassische Aufgabe des AFB I erfordert die Reproduktion von Fachwissen zum Begriff Genmutation und eine Gegenüberstellung mit anderen Mutationsformen. Der Vergleich kann tabellarisch oder in Textform erfolgen. Achten Sie darauf, dass Sie Unterschiede und Gemeinsamkeiten herausarbeiten.*

Die **Genmutation** ist eine Mutationsform, bei der die Veränderung des Erbgutes eine codierende Basensequenz innerhalb eines Genabschnittes betrifft. Hierbei können Basen verloren gehen, vertauscht oder eingeschoben werden.

Eine **Gemeinsamkeit** zwischen Genmutation und Chromosomen- sowie Genommutationen besteht in der Eigenschaft, dass alle Mutationsformen eine Veränderung des Erbgutes darstellen. Die **Unterschiede** ergeben sich jedoch in der jeweils betroffenen Strukturebene. So wird bei einer Chromosomenmutation nicht eine einzelne Base verändert, sondern die Struktur einzelner Chromosomen. Bei der Genommutation wird sogar der ganze Chromosomensatz verändert, sodass es hier zu einer abweichenden Anzahl der Chromosomen kommt.

2 *Diese Aufgabe deutet einen Konflikt an, den Sie durch eine passende Argumentation auflösen müssen. Der Konflikt bezieht sich hierbei auf die dauerhafte Existenz des Larvenstadiums, also einem Entwicklungsabschnitt, der eigentlich zeitlich begrenzt sein müsste. Demnach muss es Vorteile dieses Entwicklungsstadiums geben, die in der jeweiligen Umwelt einen Reproduktionsvorteil darstellen. Es müssen ökologische und evolutive Betrachtungsweisen angelegt werden, um diese Aufgabe des AFB III zu beantworten. Suchen Sie hierzu nach Hinweisen im Einleitungstext und analysieren Sie das Material 1. Wenden Sie ebenso das Basiskonzept Variabilität und Angepasstheit an.*

Aus ökologischer Perspektive betrachtet ist ein Axolotl eine verhältnismäßig große Larve, die sich als Lauerjäger erfolgreich räuberisch ernährt und selbst kaum natürliche Feinde hat. Somit kann der Axolotl auch in Konkurrenz zu anderen Räubern im Süßwasser überleben. Ebenso trägt das Fressen von Laich dazu bei, dass andere Populationen, die eine potenzielle Nahrungskonkurrenz darstellen würden, nicht so stark wachsen können. Demnach sind keine biotischen Faktoren gegeben, die das Leben als Larvenform massiv einschränken würden. Auch die abiotischen Umweltfaktoren scheinen in seinem Lebensraum stabil, da beispielsweise der Wasserstand im See konstant zu sein scheint und der See nicht austrocknet.

Würde sich der Axolotl weiterentwickeln und die Metamorphose vollenden, dann repräsentiert das Entwicklungsendstadium keinen evolutionsrelevanten Vorteil. Demnach hat der Axolotl in seiner Form als Dauerlarve im Xochimilco-See den größten Reproduktionserfolg und besetzt dort mit seinen Angepasstheiten eine ökologische Nische.

3 *Im Fokus dieser Aufgabe steht das Material 2, welches vor dem Hintergrund verschiedener Teilfragestellungen von Ihnen beschrieben werden soll. Achten Sie darauf, dass Sie beim Beschreiben der „Ursachen für spezielle Transportbedingungen" hier auf die chemischen Eigenschaften von Thyroxin und die Wechselwirkung mit verschiedenen Strukturen (Blut, Zellmembran) eingehen. Auf „Zielzellebene" müssen Kenntnisse zur Proteinbiosynthese und deren Regulation abgerufen werden.*

Transport und Ursachen für Transportbedingungen:
Da das Schilddrüsenhormon Thyroxin hydrophob ist, ist es schlecht in Blut löslich. Folglich muss es an Transportproteine gebunden werden, um in den Blutkapillaren transportiert werden zu können. Diese Eigenschaft hat jedoch auch Vorteile, da Thyroxin als lipophile Struktur Zellmembranen (Kapillarzellmembran, Zielzellmembran) passieren kann, um so in die Zielzellen zu gelangen.

Wirkung:
Innerhalb der Zielzellen wird das Thyroxin im Zellplasma an Rezeptoren gebunden. Dieser Hormon-Rezeptor-Komplex gelangt in den Zellkern und bindet dort an die DNA. Hier wird nun die Transkription initiiert und eine mRNA gebildet, die aus dem Zellkern ins Zellplasma überführt wird. Dort findet die Translation statt, bei der das entsprechende Protein gebildet wird. Dieses hat dann physiologische Effekte auf den Organismus, wie zum Beispiel die Metamorphose beim Axolotl.

4 *Die Aufgabe erfordert Ihr Fachwissen zur Genregulation bei Eukaryoten. Der Operator erfordert eine Verdeutlichung an Beispielen. Verwenden Sie zur Lösung der Aufgabe die Information zum Einfluss von Thyroxin aus dem Material 2. Die Höhe der Punkte (10 BE) verweist auf eine strukturierte Darstellung von Informationen, die über den Informationsgehalt von Material 2 hinausgehen.*

Die Genregulation bei Eukaryoten basiert auf einer Stimulation der RNA-Polymerase II durch spezifische Proteinstrukturen. Die Polymerase kann sich ohne diese nicht stabil an die Initiatorregion des Promotors anlagern. Bei diesen Proteinen spricht man deshalb auch von **Transkriptionsfaktoren**, da sie die Transkription durch die Polymerase beeinflussen. Solche Transkriptionsfaktoren können sich direkt in unmittelbarer Nähe zur Initiatorregion an die sogenannte TATA-Box anheften (allgemeine Transkriptionsfaktoren) oder an regulatorische Bereiche der DNA, die einige Tausend Basenpaare von der codierenden Sequenz entfernt sind (spezifische Transkriptionsfaktoren). Bei den Anheftungsregionen von Transkriptionsfaktoren können Transkriptionsfaktoren die Transkription verstärken (Enhancerregion) oder abdämpfen (Silencerregion). Bindet ein solcher spezifischer Transkriptionsfaktor an eine Enhancerregion, dann führt dies zu einer Schleifenbildung der DNA. Erst so wird die räumliche Nähe zur Promotorregion hergestellt, die die Transkription initiiert. Im konkreten Beispiel bindet demnach Thyroxin an einen Rezeptor im Zellplasma. Dieser Hormon-Rezeptor-Komplex wandert dann in den Zellkern und wirkt hier als spezifischer oder allgemeiner Transkriptionsfaktor. Denkbar ist also eine Anlagerung direkt in der Promotorregion oder in einer

Enhancerregion. Resultat der Wirkung des Thyroxin-Rezeptorkomplexes als Transkriptionsfaktor ist eine Stimulation der RNA-Polymerase II und damit eine Transkription der Gensequenz und demnach die Initiation der Proteinbiosynthese.

5 *Hier ist Ihr Fachwissen zum Thema Stammzellen gefragt. Achten Sie beim Vergleich auf die Formulierung konkreter Vergleichskategorien. Bedenken Sie, dass es zu den hier vorgeschlagenen Kategorien noch Alternativen gibt, z. B. Form der Zellteilung, Anzahl aktiver Gene, Vorkommen in embryonalen Entwicklungsabschnitten. Einige Hinweise zur Besonderheit von Stammzellen sind auch in Material 3 zu finden.*

	Stammzelle	**Gewebezelle**
zellulärer Grundaufbau	weitgehend ähnlich	
Teilungsfähigkeit	unbegrenzt	begrenzt
Differenzierungsgrad	wenig differenziert	differenziert
Fähigkeit zur Weiterdifferenzierung	vorhanden	nicht vorhanden

6 *Für diese Aufgabe des AFB III gilt es, Material 3 zu analysieren. Die Schwierigkeit ergibt sich hier vor allem in der Interpretation der komplexen Darstellung. Das Stichwort Fließschema verlangt die komprimierte Darstellung eines kausalen Ablaufs. Bei der Erklärung müssen Sie auf Ihre Vorkenntnisse zur Genregulation zurückgreifen, die Sie schon bei Aufgabe 4 artikuliert haben. Um sich die Bedeutung einer Struktur vor dem Hintergrund anderer Prozesse vor Augen zu führen, hilft es manchmal sich vorzustellen, was wäre, wenn es diese Struktur nicht geben würde.*

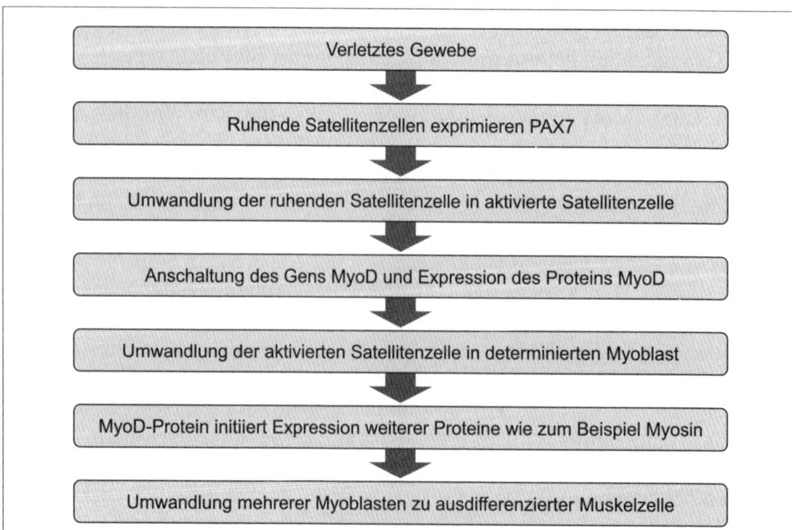

Das **Protein MyoD** wirkt als Transkriptionsfaktor und induziert die Transkription weiterer DNA-Abschnitte, die wiederum für weitere Transkriptionsfaktoren codieren. Diese Transkriptionsfaktoren können dann die Bildung von Proteinen wie Myosin initiieren. MyoD steht demnach am Anfang einer längeren Kausalkette. Ohne das Einwirken von MyoD würden keine Transkriptionsfaktoren gebildet werden, die dann nicht die weitere Ausdifferenzierung zur Muskelzelle beeinflussen könnten.

Leistungskurs Biologie (Brandenburg): Abituraufgaben 2021
Aufgabe C: Ökologie, Neurobiologie

Thema: Baumwolle

Die Baumwolle *Gossypium spec.* wird vom Menschen seit mehreren Jahrtausenden als Ölpflanze, hauptsächlich aber zur Gewinnung von Naturfasern angebaut. In Europa wurde die Faser erst ab dem 19. Jahrhundert wirtschaftlich genutzt und verdrängte so das Leinen. Trotz Konkurrenz zu den heutigen synthetischen Kunstfasern, besteht eine große Nachfrage an Baumwollfasern. Grund dafür sind ihre Eigenschaften wie Festigkeit, Spinnbarkeit, Anfärbbarkeit und die gute Hautverträglichkeit.

Baumwollpflanze mit Blüten

Aufgaben **BE**

1 Vergleichen Sie aktive und passive Transportvorgänge tabellarisch mithilfe selbstgewählter Kriterien.
Erklären Sie unter Verwendung von Material 1 die Größenzunahme einer Baumwollfaserzelle. 12

2 Entwickeln Sie aus den Daten des Materials 2 zwei Diagramme für die Entwicklung der Larven und Feinde mit und ohne Pestizid-Einsatz.
Beurteilen Sie Anwendbarkeit der 1. und 3. Volterra-Regel. 12

3 Diskutieren Sie unter Verwendung des Materials 3 den Erfolg des Pestizideinsatzes.
Entwickeln Sie einen begründeten Vorschlag für eine alternative Form der Schädlingsbekämpfung unter Berücksichtigung ökologischer und ökonomischer Kriterien. 7

4 Skizzieren und beschriften Sie eine chemische Synapse. 8

5 Stellen Sie mithilfe des Materials 4 die neurophysiologische Wirkungsweise des Pestizids Azodrin als Fließschema dar und leiten Sie mögliche Folgen für tierische Organismen ab. 7

6 Bei Vergiftungen mit Azodrin kann man Atropin als Gegenmittel einsetzen.
Stellen Sie eine Hypothese über die Wirkung von Atropin auf. 4

Material 1: Wachstum einer Baumwollfaserzelle

Nach der Befruchtung reifen an der Baumwollpflanze Fruchtkapseln mit drei bis fünf Fächern heran. Nach der Reifung öffnen sie sich und die weißen Baumwollfasern treten heraus. Eine Baumwollkapsel enthält rund 30 Samen, an jedem Samen sitzen 2 000 bis 7 000 Baumwollfaserzellen. Diese entwickeln sich aus den äußeren Epidermiszellen der Samen.

Abb. 1: Reife geöffnete Baumwollkapsel
Quelle: Begonia/Wikipedia, CC BY-SA 3.0

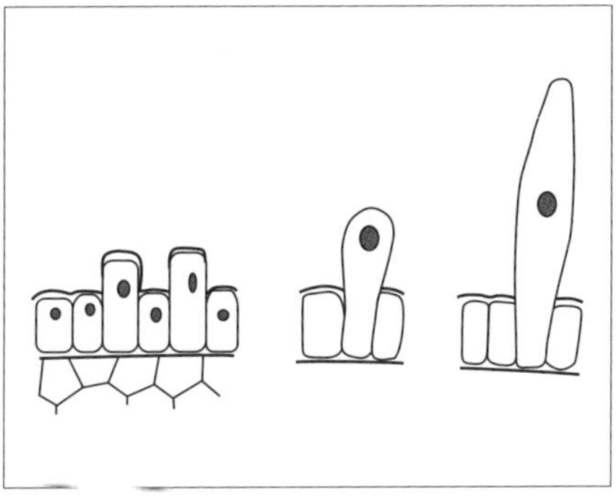

Abb. 2: Wachstum der Baumwollfaserzellen aus Epidermiszellen

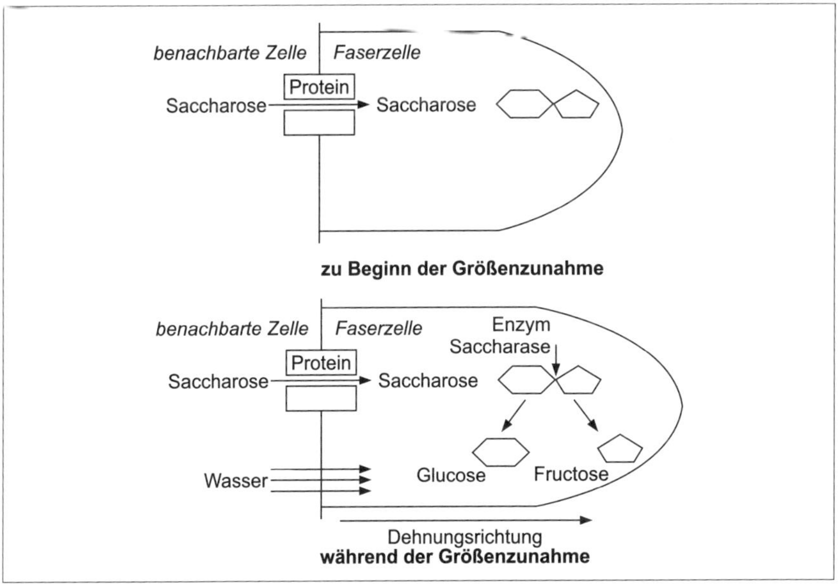

Abb. 3: Schematische Darstellung der Größenzunahme einer Baumwollfaserzelle

Material 2: Anwendung der Volterra-Regeln

Rund 2,4 % der Ackerflächen weltweit sind Baumwollplantagen. Es sind dicht bepflanzte Monokulturen, die ohne den enormen Einsatz von Insektiziden, Herbiziden und Fungiziden nicht existieren könnten.
In Amerika wurde eine baumwollschädigende Larve des Eulenfalters *Heliothis*, die bevorzugt Blütenknospen und Kapseln befallen, mit einem Pestizid namens Azodrin bekämpft. Der Einsatz des Pestizids erfolgte nach einem festgelegten Schema, gleichgültig, wie groß der Befall durch die Schädlinge jeweils war. Die folgende Tabelle gibt Auskunft über die durchschnittliche Zahl der Larven und ihrer natürlichen Feinde auf mit Azodrin behandelten Flächen und unbehandelten Kontrollflächen.

	Anzahl der Larven auf 300 Kapseln		**Anzahl der Feinde auf 300 Kapseln**	
	ohne Pestizid	**mit Pestizid**	**ohne Pestizid**	**mit Pestizid**
		1. Behandlung		1. Behandlung
23.8.	3	2	15	1,5
30.8.	2,5	4	20	5
6.9.	2	22	23	8,5
		2. Behandlung		2. Behandlung
13.9.	16	29	18	5
		3. Behandlung		3. Behandlung
20.9.	17	21,5	13	2
21.9.	19	23	12	1
27.9.	23,5	34,5	7	1,5
28.9.	22	33	6,5	1,5
5.10.	21	26	8	6
6.10.	20	24	9	7

Tab. 1

Material 3: Veranschaulichung zum Erfolg des Gifteinsatzes

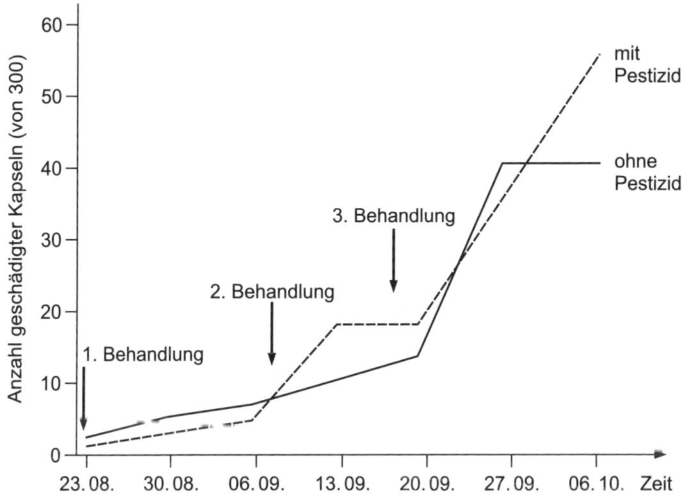

Abb. 4

Material 4: Informationen zum Pestizid Azodrin

Folgende Informationen stammen aus dem ICSC (International Chemical Safety Cards), das sind internationale Datenblätter, die wichtige Sicherheits- und Gesundheitsinformationen zu Chemikalien enthalten.

Erscheinungsform	farblose hygroskopische Kristalle
Chemische Risiken	Zersetzung beim Erhitzen oder beim Verbrennen unter Bildung giftiger Dämpfe (Phosphoroxide, Stickoxide), greift Eisen, Stahl und Messing an
Aufnahmewege	Die Substanz kann in den Körper aufgenommen werden durch Inhalation, über die Haut und durch Verschlucken.
Wirkung	Möglich sind Effekte auf das Nervensystem. Bildung von Krämpfen, Atemstörungen, Cholinesterasehemmung. Exposition kann zum Tode führen.
Umweltgefahren	schädlich für die Umwelt, vor allem für Säugetiere, Insekten, Vögel

Tab. 2

Material 5: Strukturformeln von Acetylcholin und Atropin

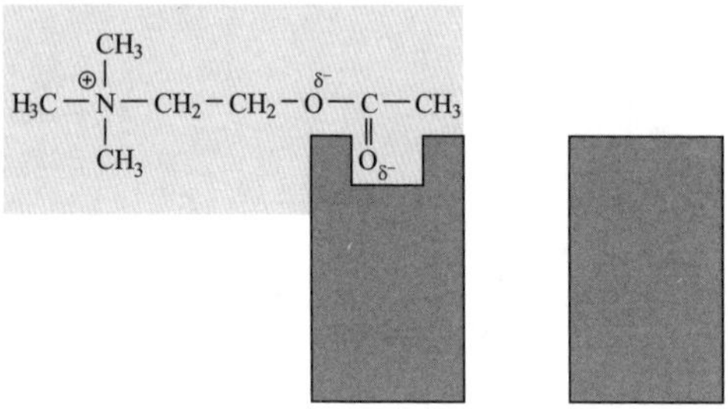

Acetylcholin (hellgrau) am Rezeptor des Natriumionen-Kanals (dunkelgrau)

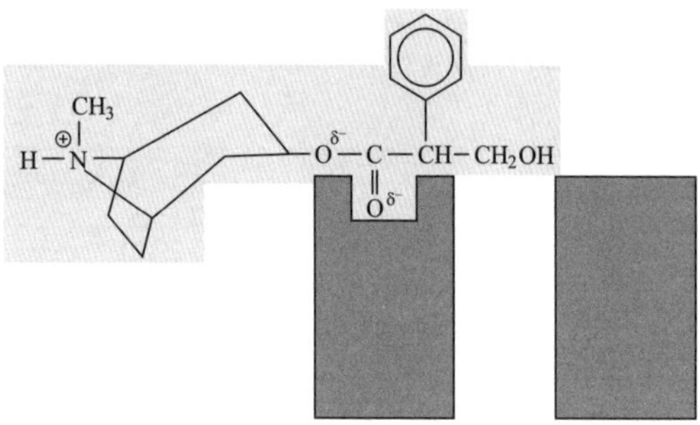

Atropin (hellgrau) am Rezeptor des Natriumionen-Kanals (dunkelgrau)

Abb. 5

Material basiert auf:
https://www.wzu.uni-augsburg.de/download/publikationen/Reader_Download.pdf
UB 261/25. Jahrgang/Januar 2001 (S.22), Friedrich Verlag GmbH Seelze
Abitur Prüfungsaufgaben Sachsen 2007, Stark Verlagsgesellschaft mbH 2008
Jaenicke, J., Materialienhandbuch Kursunterricht Biologie Bd. 7, Aulis Verlag, Köln, 1999
Jaenicke, J., Materialienhandbuch Kursunterricht Biologie Bd. 3/1, Aulis Verlag, Köln, 1994

Lösungsvorschläge

1 *Beide Teilaufgaben gehen hier gleichwertig in die Bepunktung (12 BE) ein. Achten Sie beim Vergleich auf die Formulierung konkreter Kategorien. Nutzen Sie Ihr Fachwissen zu den Transportprozessen auch für die Erklärung des Vorgangs in Material 1.*

	aktive Transportvorgänge	**passive Transportvorgänge**
Verbrauch von Energie	ja	nein
Transportrichtung	gegen das Konzentrationsgefälle	mit dem Konzentrationsgefälle
Membranpassage durch Carrier	beide	
Membranpassage direkt durch die Membran	nein	ja
Kopplung zweier Prozesse als Pumpe möglich	ja	nein

Erklärung:
Saccharose wird zu Beginn der Größenzunahme – vermutlich mittels sekundär aktivem Symport – über Proteine in die Baumwollfaserzelle transportiert. Im Anschluss daran erfolgt die Spaltung der Saccharose in Glucose und Fructose durch das Enzym Saccharase. Die Reaktionsprodukte der Aufspaltung bewirken eine Vergrößerung der Osmolarität der Baumwollfaserzelle. Folglich kommt es zum Einstrom von Wasser durch die semipermeable Membran (Osmose) in die Faserzelle und letztlich zu einer Vergrößerung der Baumwollfaserzelle.

2 *Achten Sie bei der Erstellung der Diagramme auf eine einheitliche Achseneinteilung und nutzen Sie die Vorgaben aus der Tabelle in Material 2. Um den zeitlichen Verlauf und die Änderung der Populationsgrößen möglichst schnell zu erfassen, sollte die Zeitachse auf der x-Achse abgetragen werden. Um die Anwendbarkeit der Volterra-Regeln zu beurteilen, sollten Sie diese zunächst formulieren und dann mit den Daten aus den Diagrammen abgleichen. Seien Sie also dahingehend kritisch, inwieweit von den Daten wirklich die konkreten Volterra-Gesetzmäßigkeiten ableitbar sind.*

Diagramm 1: Entwicklung ohne Pestizid

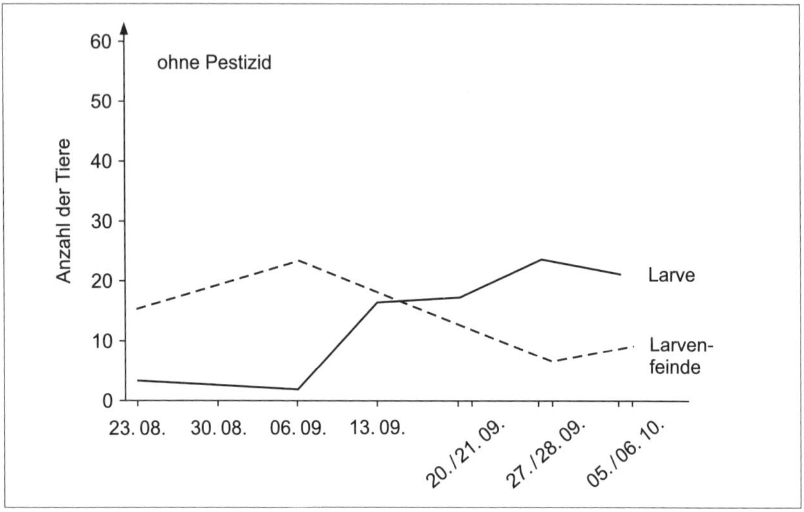

Diagramm 2: Entwicklung mit Pestizid

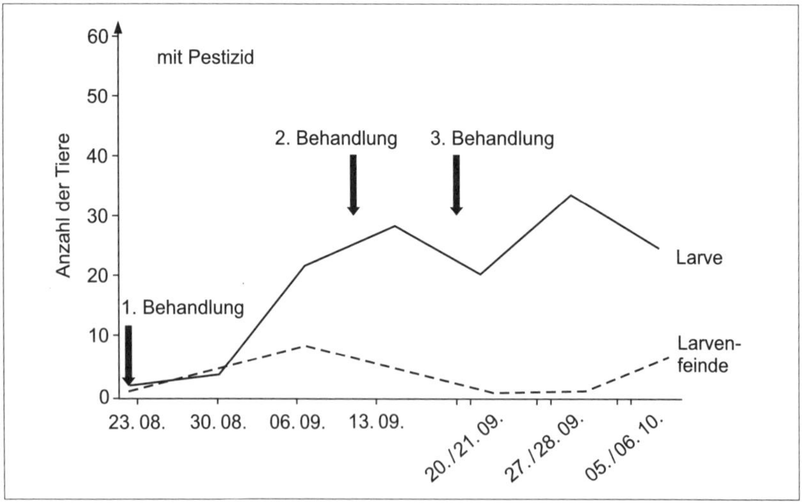

Die **1. Volterra-Regel** besagt, dass die Populationskurven einer Räuber- und einer Beutepopulation periodisch schwanken, wobei die Maxima der Räuberpopulation phasenverzögert denen der Beutepopulation folgen. In Bezug auf Diagramm 1 ist diesbezüglich keine eindeutige Aussage möglich. Es ist zwar eine periodische Schwankung erkennbar und auch ein zeitlich versetzter Anstieg der Räuber- und Beutepopulation zu vermerken, jedoch ist der Beobachtungszeitraum zu kurz, um langfristige Prognosen abzugeben. In diesem Fall müssten weitere Populationsgrößen auch in den Folgemonaten erhoben werden. Durch den menschlichen Eingriff kann im zweiten Diagramm keine Regelmäßigkeit gemäß der 1. Volterra-Regel erkannt werden.

Die **3. Volterra-Regel** berücksichtigt auch äußere Einflüsse und besagt, dass bei einer Störung, bei der die Räuber- und Beutepopulation verringert wird, sich im Anschluss die Beutepopulation schneller erholt als die Räuberpopulation. Das Diagramm 2 zeigt durch den Pestizideinsatz klar einen äußeren Einfluss auf die Populationen durch den Menschen. Zudem ist erkennbar, dass nach diesem Einsatz die Anzahl der Beuteindividuen wieder schneller zunimmt und die Räuberpopulation nur geringfügig und langsamer zunimmt, später sogar wieder absinkt. Die 3. Volterra-Regel ist demnach anwendbar.

3 *Leiten Sie zur Lösung der ersten Teilaufgabe aus dem Material Vor- und Nachteile des Pestizideinsatzes ab und wägen Sie diese in einem Fazit ab. Vergleichen Sie hierzu die Anzahl der geschädigten Kapseln nach den jeweiligen Behandlungen. Bei der Formulierung eines alternativen Vorschlages sollten Sie an die aktuelle Diskussion zum Einsatz von Pestiziden und im Zusammenhang damit an allgemeine Maßnahmen zum Schutz der Biodiversität denken.*

Diskussion:
Für den Einsatz eines Pestizids spricht die Entwicklung nach der ersten Behandlung mit dem Pestizid, da in dieser Zeitspanne weniger geschädigte Kapseln als ohne Pestizid vorhanden sind. Gegen den Einsatz der Pestizide sprechen die Entwicklungen nach der zweiten und dritten Behandlung. In diesem Zeitraum findet man größtenteils höhere Werte an geschädigten Kapseln, demnach verursacht hier der Verzicht auf das Pestizid einen geringeren Schaden. Möglicherweise wurden die natürlichen Fressfeinde der Larven durch das Pestizid beeinträchtigt, sodass diese natürliche Schädlingsbekämpfung nur eingeschränkt erfolgen konnte. Insgesamt kann festgehalten werden, dass der langfristige Einsatz der Pestizide in dieser Form keine Ertragssteigerung bringen wird.

Begründeter Vorschlag:
Alternativ zum Pestizideinsatz könnte der Anbau resistenter Baumwollarten gefördert werden, die – z. B. durch gentechnische Veränderung – Proteine hervorbringen, die den Befall durch schädigende Larven verhindern. Dadurch wären andere Insektenarten nicht durch Pestizide bedroht und die Biodiversität in dem jeweiligen Lebensraum könnte aufrechterhalten werden. Gleichzeitig kann so gentechnisch verändertes Saatgut hervorgebracht werden, was wiederum wirtschaftliche Einsparungen bedeuten kann, da das Aufbringen der Pestizide entfällt.

Es wären auch viele weitere Alternativen denkbar, wie z. B. Förderung natürlicher Feinde, Absammeln der Larven, spezialisierterer Pestizideinsatz.

4 *Achten Sie auf eine übersichtliche und saubere Darstellung. Berücksichtigen Sie vor allem jene Strukturen, die mit dem Signalwort „chemisch" verknüpft sind. Gefordert sind demnach sämtliche Strukturen, die mit der Ausschüttung von Neurotransmittern zusammenhängen.*

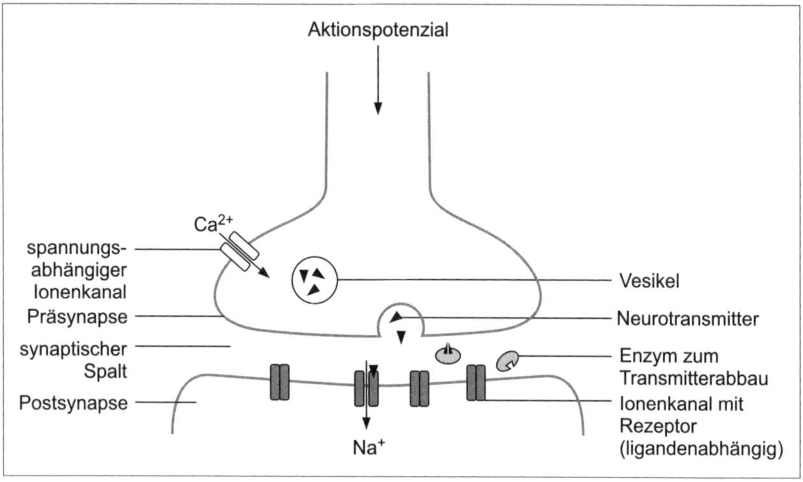

5 *Berücksichtigen Sie für diese Aufgabe Ihre Skizze aus Aufgabe 4. In Material 4 wird noch mal die Wirkung von Azodrin tabellarisch veranschaulicht. Um die neurophysiologische Wirkungsweise abzuschätzen, müssen Sie Ihr Wissen zur Erregungsleitung und Erregungsübertragung an Synapsen abrufen. Zentrale Informationen für die Gestaltung des Fließschemas ist die Cholinesterasehemmung und das Auftauchen von Krampferscheinung als neurophysiologische Wirkungsweise.*

Fließschema zur neurophysiologischen Wirkungsweise:

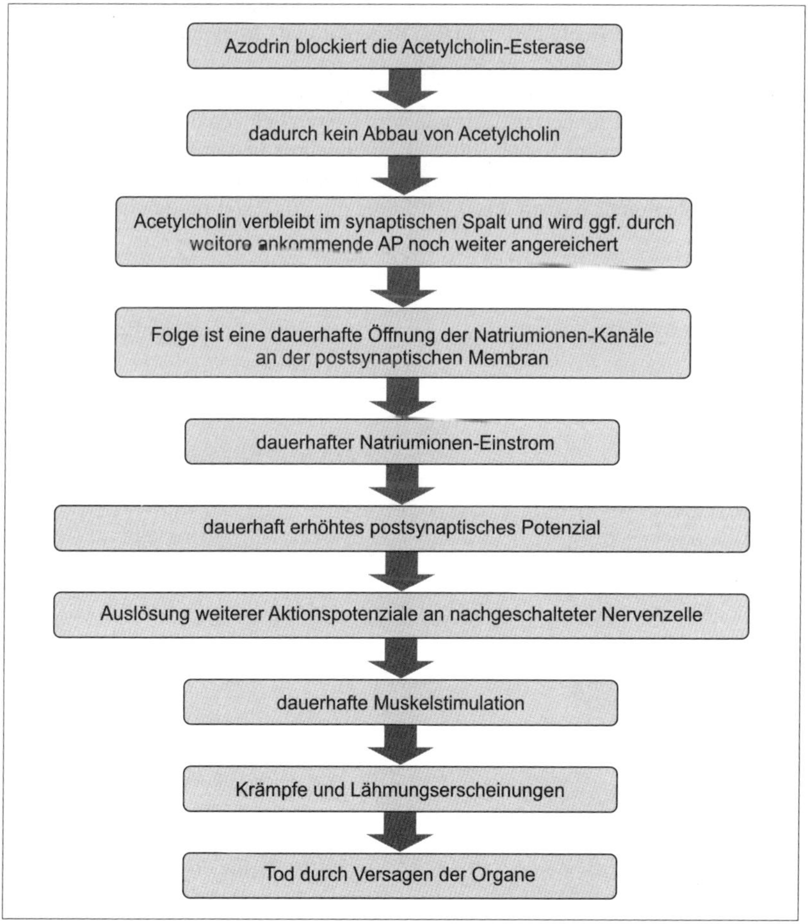

6 *Für diese Aufgabe des AFB III ist das Material 5 zu analysieren. Die Erkenntnisse sollten mit dem Fließschema aus Aufgabe 5 verknüpft werden. Denken Sie bei der Formulierung einer Hypothese auch an die entsprechende gedankliche Herleitung.*

In Material 5 ist zu erkennen, dass die Moleküle von Acetylcholin und Atropin ähnliche Bindungsstellen an den Proteinen des Natriumionen-Kanals der Postsynapse zeigen. Ebenso ist aber zu erkennen, dass das Atropinmolekül von seinen Ausmaßen her sogar den Kanaldurchlauf mit abdeckt. Es kann angenommen werden, dass Atropin also den Rezeptor am Natriumionen-Kanal blockiert. Atropin bindet zwar wie Acetylcholin an den Rezeptor und öffnet den Kanal, aber laut Material 5 kommt es durch die Molekülgröße und Form dennoch zu einer Blockade des Natriumionendurchflusses. Gleichzeitig wird eine weitere Anlagerung von Acetylcholin verhindert und Atropin wird womöglich von der Cholinesterase nicht oder langsamer vom Kanal gelöst. Dadurch würde in der postsynaptischen Membran der Natriumionen-Einstrom versiegen und kein postsynaptisches Schwellenpotenzial erreicht werden. Letztlich würde die Dauerkontraktion nachlassen.

Grund- und Leistungskurs Biologie (Brandenburg)
Abituraufgaben 2022

Um Ihnen die Prüfung 2022 schnellstmöglich zur Verfügung stellen zu können, bringen wir sie in digitaler Form heraus.

Sobald die Original-Prüfungsaufgaben 2022 freigegeben sind, können sie als PDF auf der Plattform **MyStark** heruntergeladen werden (Zugangscode vgl. Farbseiten vorne im Buch).

Prüfung 2022

www.stark-verlag.de/mystark

Dein kostenloses **Stärkenprofil**

Du wagst demnächst den Schritt in die Berufswelt, aber weißt noch nicht, was du als Stärken angeben kannst?
Mit **Aivy** findest du es auf spielerische Art heraus.

Aivy ist…

…für dich kostenlos.

…interaktiv und spielerisch.

…ganz auf deine Person fokussiert.

Lerne dich selbst besser kennen und **entdecke deine Berufung!**

www.stark-verlag.de

STARK

Bist du bereit für deinen Einstellungstest?

Hier kannst du testen, wie gut du in einem Einstellungstest zurechtkommen würdest.

1. Allgemeinwissen
Der Baustil des Kölner Doms ist dem/der ... zuzuordnen.

a) Klassizismus b) Romantizismus
c) Gotik d) Barock

2. Wortschatz
Welches Wort ist das?

N O R I N E T K T A Z N O

3. Grundrechnen
-11 + 23 - (-1) =

a) 10 b) 11 c) 12 d) 13

4. Zahlenreihen
Welche Zahl ergänzt die Reihe logisch?

17 14 7 21 18 9 ?

5. Buchstabenreihen
Welche Auswahlmöglichkeit ergänzt die Reihe logisch?

e d f f e g g f h ? ? ?

a) h i j b) h g i c) f g h d) g h i

Lösungen: 1 c; 2 Konzentration; 3 d; 4 27; 5 b

Alles zum Thema Einstellungstests findest du hier:

www.stark-verlag.de

STARK

Bei Fragen rund um das
Thema „Bewerbung“
helfen dir unsere Bücher.

www.stark-verlag.de

STARK

PRÜFUNGS-ANGST

STOPP DIE PANIK

Mit der Fußsohlen-Methode

Prüfungen können Angst- und Fluchtsituationen sein. Dein Körper schüttet Adrenalin aus und dämpft das Gefühl in den Füßen. Z. B. beim Weglaufen ist es gut, wenn man die Füße nicht spürt. Eine Prüfung ist aber **keine Gefahrensituation**. Signalisiere deinem Körper, dass du nicht weglaufen musst, und bring das Gefühl in deine Füße zurück:

Setze oder stelle dich hin.
Die Füße müssen den **Boden** berühren.

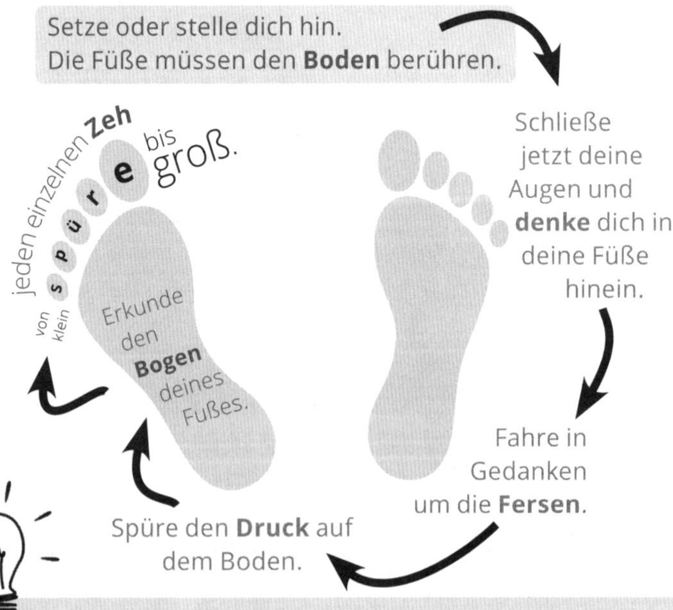

Dein Körper **fühlt** die Füße wieder und denkt, er sei in keiner Panik-Situation, sondern in **Sicherheit**.

www.stark-verlag.de STARK